Orte des Überflusses

Luxus und Moderne

―

Die Ambivalenz des Überflüssigen in Kulturkonzeptionen
der Literatur und Ästhetik seit dem 18. Jahrhundert

Herausgegeben von
Christine Weder und Hans-Georg von Arburg

Band 3

Orte des Überflusses

Zur Topographie des Luxuriösen in Literatur
und Kultur der Moderne

Herausgegeben von
Hans-Georg von Arburg, Maria Magnin
und Raphael J. Müller

DE GRUYTER

Publiziert mit Unterstützung der Universität Genf.

Der Band geht zurück auf eine Tagung mit dem Titel „Orte des Überflusses. Zur Topographie des Luxuriösen", die vom 25. bis zum 27. März 2021 an der Universität Lausanne im Rahmen des SNF-Forschungsprojekts *Luxus und Moderne: Die Ambivalenz des Überflüssigen in Kulturkonzeptionen der Literatur und Ästhetik seit dem 18. Jahrhundert* der Universitäten Genf und Lausanne stattgefunden hat.

ISBN 978-3-11-153756-6
e-ISBN (PDF) 978-3-11-067423-1
e-ISBN (EPUB) 978-3-11-067431-6

Library of Congress Control Number: 2022931647

Bibliografische Information der Deutschen Nationalbibliothek
Die Deutsche Nationalbibliothek verzeichnet diese Publikation in der Deutschen Nationalbibliografie; detaillierte bibliografische Daten sind im Internet über http://dnb.dnb.de abrufbar.

© 2024 Walter de Gruyter GmbH, Berlin/Boston
Dieser Band ist text- und seitenidentisch mit der 2022 erschienenen gebundenen Ausgabe.
Coverabbildung: Joseph Nash: Interior View of the Crystal Palace, Hyde Park,
showing the Opening of the Great Exhibition in 1851 (Lithographie),
© London Metropolitan Archives/ Bridgeman Images.

www.degruyter.com

Inhalt

Hans-Georg von Arburg, Maria Magnin, Raphael J. Müller
Moderne Luxusorte. Einleitung —— 1

I Aufklärung und Romantik

Stephan Kammer
Überfluss auf Felsenburg. Zur Handlungs- und Erzählökonomie von Schnabels *Wunderlichen Fata einiger See-Fahrer* —— 21

René Waßmer
Londoner Schaufenster. Zu einem Motiv der deutschen Großstadtliteratur um 1800 —— 47

Andrea Polaschegg
Morgenländische Luxusorte in Bewegung. Orient-Importe und Text(raum)-konstitution in der Moderne —— 67

Ruth Signer
Leben im Elfenbeinturm. Luxus und Autonomie in Ludwig Tiecks *Des Lebens Überfluß* —— 91

II Realismus und Gründerzeit

Sebastian Meixner
Die Topologie des Überflusses in Freytags *Soll und Haben* —— 113

Maria Magnin
Landluxus für Städter in Gottfried Kellers *Landvogt von Greifensee* —— 137

Cornelia Pierstorff
Im Reich des Zuckers und der Schokolade. Begehrensökonomien in Wilhelm Raabes *Fabian und Sebastian* —— 157

Kira Jürjens
Überhitzte Räume. Wärmelehre des Luxus (Alexandre Dumas fils und Zola) —— 181

III Décadence und klassische Moderne

Anne-Berenike Rothstein
„L'esprit créateur en art" oder Luxus im (Über-)Fluss. Von ästhetisierten Gender-, Genre- und Gesellschaftsräumen im *Fin de siècle*-Roman —— 219

Raphael J. Müller
Emmerich Kálmáns *Herzogin von Chicago* und die Luxustopographie der Wiener Operette —— 247

Hans-Georg von Arburg
Luxusarchen. Der Ozeandampfer als moderne Wohnutopie zwischen Autarkie, Abundanz und Askese —— 285

Kurzbiographien —— 319

Register Orte des Überflusses —— 323

Hans-Georg von Arburg, Maria Magnin, Raphael J. Müller
Moderne Luxusorte. Einleitung

I A wonderful place—vast—strange new and impossible to describe...

Am 6. Juni 1851 besuchte Charlotte Brontë die Great Exhibition in London, die als erste Weltausstellung von tatsächlich globalen Ausmaßen in die Geschichte eingehen sollte. Ihre Eindrücke vom Crystal Palace, dem gigantischen Ausstellungsgebäude aus Gusseisen und Glas des Gartenarchitekten Joseph Paxton im Hyde Park, hielt Brontë in einem Brief aus dem Machtzentrum der damaligen Welt an ihren Vater in der nordenglischen Provinz fest:

> Yesterday I went for the second time to the Crystal Palace—we remained in it about three hours—and I must say I was more struck with it on this occasion tha[n] at my first visit. It is a wonderful place—vast—strange new and impossible to describe. Its grandeur does not consist in <u>one</u> thing but in the unique assemblage of <u>all</u> things—Whatever human industry has created—you find there—from the great compartments filled with Railway Engines and boilers, with Mill-machinery in full work—with splendid carriages of all kinds—with harness of every description—to the glass-covered and velvet spread stands loaded with the most gorgeous work of the goldsmith and silversmith—and the carefully guarded caskets full of real diamonds and pearls worth hundreds of thousands of pounds. It may be called a Bazaar or a Fair—but it is such a Bazaar or Fair as eastern Genii might 'have' created. It seems as if magic only could have gathered this mass of wealth from all the ends of the Earth—as if none but supernatural hands could have arranged it thus—with such a blaze and contrast of colours and marvellous power of effect. The multitude filling the great aisles seems ruled and subdued by some invisible influence—Amongst the thirty thousand souls that peopled it the day I was there, not one loud noise was to be heard—not one irregular movement seen—the living tide rolls on quietly—with a deep hum like the sea heard from a distance.[1]

In Brontës fast schon impressionistisch anmutender Schilderung erscheint der Crystal Palace in doppelter Hinsicht als ein Ort des Überflusses. Zum einen ist da die überbordende Warenfülle und materielle Vielfalt aus aller Welt, die der Autorin sprachlich kaum zu bewältigen erscheint („impossible to describe") und die auf den enormen wirtschaftlichen und technologischen Fortschritt im neunzehnten Jahrhundert verweist. Zum anderen überflutet in Brontës Beschreibung

---

[1] Charlotte Brontë: Brief an Patrick Brontë vom 7. Juni 1851. In: *The Letters of Charlotte Brontë*. 3 Bde. Hg. Margaret Smith. Bd. 2: 1848–1851. Oxford 2000, S. 630–632, hier S. 630 f.; Hervorhebungen im Original.

eine riesige Menschenmasse das Gebäude, wobei die „living tide" gespenstisch ruhig durch das Gebäude strömt und akustisch nur als entferntes Meeresrauschen zu vernehmen ist. Tatsächlich verzeichnete die Great Exhibition während etwas mehr als fünf Monaten über sechs Millionen Besucher, die gekommen waren, um die von siebzehntausend Ausstellern[2] im Crystal Palace angehäufte „mass of wealth from all the ends of the Earth" zu sehen. „Jedes Volk", so berichtete der Schriftsteller Friedrich Wilhelm Hackländer der heimatlichen Leserschaft, „hat sich dort seine Zellen gebaut und darin das Schönste und Glänzendste niedergelegt, was es hervorzubringen im Stande war".[3] Als Leistungsschau der Nationen, so das Kalkül der Organisatoren, sollte die Ausstellung den internationalen Wettbewerb unter den Bedingungen des Freihandels propagieren und gleichzeitig die wirtschaftliche Potenz des britischen Empires demonstrieren.[4] Kulturtopologisch lässt sich der Crystal Palace dabei als eine Heterotopie im Sinne Michel Foucaults begreifen, bei der „mehrere reale Räume, mehrere Orte, die eigentlich nicht miteinander verträglich sind, an einem einzigen Ort nebeneinander" stehen.[5] Seinen spezifischen Charakter als ein heterotopischer Ort des Überflusses und des Luxus gewinnt der Crystal Palace durch die temporäre geographische Konzentration einer schier unüberschaubaren Menge von üblicherweise weit verstreuten Artefakten in einem in ein soziales Machtzentrum eingeschlossenen Ausnahmeraum. Die machtpolitischen Bedingungsstrukturen werden dabei in symptomatischer Weise in den Bereich des scheinbar autonomen Schönen verschoben. Denn wie sich aus Brontës Bericht herauslesen lässt, haben neben den Neuheiten aus dem Bereich des Maschinenbaus vor allem Luxusgüter wie Schmuck und Edelsteine eine besondere Faszinationskraft entfaltet.[6]

---

2 Erik Mattie: *World's Fairs*. New York 1998, S. 11.
3 Friedrich Wilhelm Hackländer: London 1851. In: Ders.: *Tagebuch-Blätter*. Bd. 2. Stuttgart 1861, S. 1–70, hier S. 49.
4 Vgl. Utz Haltern: *Die Londoner Weltausstellung von 1851. Ein Beitrag zur Geschichte der bürgerlich-industriellen Gesellschaft im 19. Jahrhundert*. Münster / Westf. 1971, S. 35–51.
5 Michel Foucault: Von anderen Räumen. In: Ders.: *Schriften in vier Bänden. Dits et Ecrits*. Bd. 4: 1980–1988. Hg. Daniel Defert und François Ewald. Übers. v. Michael Bischoff et al. Frankfurt / M. 2005, S. 931–942, hier S. 938. Zum heterotopischen Charakter von Weltausstellungen am Beispiel der Pariser *Exposition universelle* von 1867 vgl. Volker Barth: Mikrogeschichte eines Weltereignisses. Semantische Strukturen und das Problem der Wahrnehmung auf der Pariser Weltausstellung von 1867. In: *Österreichische Zeitschrift für Geschichtswissenschaften* 20/1 (2009), S. 42–65, bes. S. 42–46.
6 Vgl. Judy Rudoe: Jewellery at the Great Exhibition. In: *Die Weltausstellung von 1851 und ihre Folgen. The Great Exhibition and its Legacy*. Hg. Franz Bosbach und John R. Davis. München 2002, S. 67–80.

Doch nicht nur als real existierender Ort während des Sommerhalbjahrs 1851 faszinierte der Crystal Palace das Publikum. Das Gebäude und die darin befindliche Ausstellung war und ist als Gegenstand unzähliger Texte und Bilder auch jenen zugänglich, die sich entweder wie Charlotte Brontës Vater fern von London aufhielten und die Ausstellung nicht persönlich besuchen konnten oder aber sich als Nachgeborene überhaupt nur anhand medialer Zeugnisse ein Bild der Great Exhibition machen können. Als Diskursphänomen ist der Crystal Palace dabei maßgeblich von den rhetorischen, literarischen und bildkünstlerischen Verfahren geprägt, die bei seiner medialen Vermittlung zum Einsatz kommen. Auf welche Art und Weise dies geschehen konnte und heute noch kann, dafür liefert Brontës Brief ein frühes und äußerst anschauliches Beispiel. Dem Rückgriff auf den Unsagbarkeitstopos zum Trotz zieht Brontë alle möglichen Sprachregister, um das angeblich Unbeschreibliche zu beschreiben. Nachdem sie zunächst einzelne Ausstellungsstücke aufgezählt hat, kehrt sie das Argument unversehens um und behauptet, die Pracht des Crystal Palace bestünde „not [...] in one thing but in the unique assemblage of all things" und die ganze Ausstellung sei ein großer „Bazaar or Fair". Es ist allerdings keine gewöhnliche Messe, die Brontë vor den Augen des väterlichen Empfängers aufsteigen lässt, sondern ein Bazar „as eastern Genii might ‚have' created". Als Vergleichsmaßstab zur Beschreibung der Pracht des Crystal Palace dienen also die phantastischen erzählten Welten der topisch mit Überfluss und Luxus assoziierten orientalischen Literatur. Mehr noch: Wenn Brontë bei der Ausgestaltung des Crystal Palace „magic", „supernatural hands" und eine „invisible influence" am Werk sieht, dann scheint das Gebäude eher einem Märchen aus *Tausendundeiner Nacht* zu entstammen als den nüchternen Plänen der Royal Commission, die für die Organisation der Ausstellung verantwortlich war. Literatur bzw. literarische Texte fungieren in Brontës Brief also nicht nur als Hilfsmittel zur Beschreibung eines real existierenden Ortes des Überflusses und des Luxus, sondern scheinen auch schon die Wahrnehmung der Briefschreiberin und Ausstellungsbesucherin Brontë präfiguriert zu haben. Diese doppelte Funktion der Literatur ist für die Diskursivierung des Luxusortes ‚Crystal Palace' typisch, denn auch andere Autoren bedienten sich bei der literarischen Evokation des großartigen Kristallpalasts für das Publikum in der fernen Heimat ähnlicher Mittel. So hielt etwa der preußische Journalist Lothar Bucher fest, es sei „nüchterne Oekonomie der Sprache, wenn ich den Anblick desselben unvergleichlich, feenhaft nenne. Es ist ein Stück Sommernachtstraum in der Mittagssonne".[7] Und der bereits erwähnte Hackländer schwärmte nicht zufällig von den

---

[7] Lothar Bucher: *Kulturhistorische Skizzen aus der Industrieausstellung aller Völker*. Frankfurt / M. 1851, S. 11.

Exponaten aus den „fernen Märchenländer[n] Egypten und Türkei, China und Indien", dass „jedes Stück für uns ein Gedicht" sei, „ein Märchen, eine Erzählung, die sich jetzt beim Rauschen der Stoffe von Damaskus, beim Glanz der Waffen und Geschmeide von Hindostan vor dem inneren Auge entwickelt".[8]

Der Besuch des Crystal Palace als eine genuin ästhetische Erfahrung wird in Brontës Brief aber auch noch an einer anderen Stelle greifbar: Wenn die Besucherin vom überwältigenden „blaze and contrast of colours and marvellous power of effect" spricht, dann verschwimmt die im Crystal Palace ausgebreitete Warenwelt zu einem atmosphärischen Farbenspektakel von Turner'schen Dimensionen. Einer ähnlichen stimmungshaften Wirkungsästhetik ist auch der 1854 erschienene Band *Dickinsons' Comprehensive Pictures of The Great Exhibition* verpflichtet.[9] In fünfundfünfzig Farblithographien wird dort die Pracht der eben vergangenen Ausstellung im Medium des illustrierten Buches wiederbelebt und konserviert, wobei die Abbildungen weit mehr als bloß dokumentarischen Anspruch erheben. Durch die Abfolge der Lithographien und die begleitenden Texte wird ein enzyklopädischer Rundgang durch den Crystal Palace mit einer geradezu halluzinogenen Gesamtwirkung inszeniert, der am Tag der Eröffnung beginnt, durch die verschiedenen Abteilungen der Ausstellung führt und mit der rauschenden Schlussfeier endet. Die Lithographie Joseph Nashs, die auf dem Umschlag des vorliegenden Bandes abgedruckt ist, eröffnet diese kaleidoskopische Bilderfolge und soll das Innere des Crystal Palace kurz vor der Ausstellungseröffnung durch Königin Victoria zeigen. Während die einzelnen Sektionen der Ausstellung später im Band als farbenprächtige Assemblagen ins Bild gesetzt werden, sind es hier die beiden üppig wuchernden Bäume, die den Crystal Palace als einen Ort des Überflusses ausweisen. Im luxurierenden Wuchern der Natur kommt das auch in schriftlichen Zeugnissen immer wieder hervorgehobene Moment der sinnlichen Überforderung bildkünstlerisch zum Ausdruck. Die windschiefen Bäume, die etwa die Hälfte der Bildfläche einnehmen, sprengen die rasterhafte und durch die Zentralperspektive wie abgezirkelt erscheinende Eisenkonstruktion des Gebäudes; tatsächlich war der Crystal Palace um die bestehenden Bäume auf dem Bauplatz im Hyde Park herum gebaut worden. Die dargestellte Szenerie lässt sich programmatisch lesen: Die nicht nur den Zaun auf dem Bild, sondern auch den Rand des Bildes selbst (und damit gleichsam den Wahrnehmungsrahmen des imaginären Ausstellungsbesuchers, der am Betrachterstandpunkt zu denken ist) ‚überfließende' Natur weist auf die Überfülle

---

[8] Hackländer, *London 1861*, S. 53f.
[9] Joseph Nash, Louis Haghe und David Roberts: *Dickinsons' Comprehensive Pictures of The Great Exhibition*. London 1854.

an sinnlichen Eindrücken voraus, die sowohl die Besucherinnen und Besucher des Crystal Palace als auch die Leserinnen und Betrachter des Bildbandes erwartet. Dabei wird hier manifest, wie eng die Diskursivierung von materiellem Überfluss mit Bildern und Vorstellungen der ungezähmten Natur verbunden ist. Schon beim Begriff des ‚Überflusses' handelt es sich schließlich um eine hydrologische Metapher.

Am zitierten Brief Charlotte Brontës und der Lithographie Joseph Nashs wird deutlich, wie vielfältig die Affinitäten des Crystal Palace als Ort des Überflusses und des Luxus zu Literatur und Kunst sind. Daran anknüpfend lässt sich die Ausgangshypothese des vorliegenden Bandes formulieren: Orte, die wie der Crystal Palace mit Überfluss und Luxus assoziiert werden, scheinen einerseits über ein erhebliches imaginatives Potential zu verfügen und daher in besonderer Weise zu Literarisierungen und anderen Formen der künstlerischen Darstellung einzuladen. Andererseits scheint aber auch umgekehrt die Literatur wesentlich zum wahrgenommenen Luxuscharakter solcher Orte beizutragen – man denke etwa an die literarische Einbildungskraft der „eastern Genii", die Brontë in ihrer Beschreibung des Crystal Palace aufruft. Von dieser These ausgehend stellen sich zwei grundsätzliche Fragen: Erstens, mit welchen rhetorischen, narrativen und/ oder (inter-)medialen Mitteln wird das Imaginationspotential von Orten des Überflusses und des Luxus fruchtbar gemacht? Und zweitens, wie sieht der spezifische Anteil der Literatur an der Genese, Tradition und Kritik solcher Orte aus und welche Konsequenzen hat diese literarische Prägung von Luxusorten für die Wahrnehmung und Bewertung eines übertrieben unnützen oder unnötigen Aufwandes?

II Luxusorte in der Literatur, Luxusorte und Literatur

Diese beiden Leitfragen orientieren die konzeptuelle Anlage und die thematische Auswahl des vorliegenden Sammelbandes. Ihm liegt ein Begriffsverständnis zugrunde, das ‚Luxus' als eine Kategorie im (historisch wie systematisch) dynamischen Bedingungsverhältnis von Überflüssigem, Übermäßigem und Unnützem einerseits und Notwendigem, Maßvollem und Nützlichem andererseits situiert.[10] Noch stärker als dem Begriff des ‚Überflusses', der überwiegend quantitativ

---

10 Vgl. Christine Weder, Ruth Signer und Peter Wittemann: Zeitökonomien des Luxus. Einleitung. In: *Auszeiten. Temporale Ökonomien des Luxus in Literatur und Kultur der Moderne.* Hg. Dies. Berlin und Boston 2022, S. 1–21, hier S. 3.

konnotiert ist und begriffshistorisch auf ein Naturphänomen verweist, wohnt dem Begriff des ‚Luxus' ein anthropologisches Moment inne. Denn egal, ob vor der Folie des Notwendigen, des Maßvollen oder des Nützlichen konturiert: Von ‚Luxus' kann nicht die Rede sein ohne eine implizite oder explizite Vorstellung davon, welche menschlichen Bedürfnisse notwendigerweise befriedigt werden müssen, worin das Maß besteht, an dem sich menschliches Verhalten und Begehren orientieren soll, oder aber was dem Menschen zum Erreichen seiner Ziele (welcher Ziele?) nützlich sein könnte. Dieses Begriffsverständnis aktualisiert auch die vielzitierte, ökonomisch grundierte Luxusdefinition des Soziologen Werner Sombart. „Luxus" ist, so definiert Sombart, „jeder Aufwand, der über das Notwendige hinausgeht". Dabei zeigt sich für Sombart rasch, dass Luxus „offenbar ein Relationsbegriff" ist, „der erst einen greifbaren Inhalt bekommt, wenn man weiß, was ‚das Notwendige' sei".[11] Sombarts Formel ist nicht nur bestechend klar und einfach, sie ist zudem hinreichend komplex, um eine möglichst große Bandbreite ästhetischer und imaginativer Luxusproduktionen ins Blickfeld zu rücken. Seine Luxusformel entwickelt Sombart im Rahmen einer Erzählung über die Herausbildung des modernen Kapitalismus, wenn er den Luxuskonsum an den europäischen Fürstenhöfen und das dortige Kurtisanenwesen als entscheidende Treiber dieser wirtschaftsgeschichtlichen Entwicklung identifiziert.[12] Bei Sombart wird damit exemplarisch sichtbar, dass Luxus stets in sozialen und individuellen Handlungsräumen produktiv oder problematisch wird. Diese Raum- und Ortsgebundenheit von Sombarts handlungspraktischer Luxusdefinition ist entscheidend für das in diesem Band verfolgte literatur- und kulturwissenschaftliche Interesse an der Topographie des Luxuriösen in der Moderne. Denn auch in den sprachlich und bildhaft dargestellten Welten von Literatur und Kunst sind Luxus und Überfluss stets in konkreten Räumen verortet, die wie die luxusaffinen Höfe bei Sombart häufig topischen Charakter haben.

Für die literaturwissenschaftliche Luxusortskunde mit ihren ästhetischen und rhetorischen Spezialinteressen kommen sowohl realweltliche als auch fiktive und mythische Topoi in Frage, an denen materielle oder ideelle Güter verausgabt und verschwendet werden. Das mögliche Spektrum reicht hier von der ‚Traumfabrik' Hollywood über das sagenumwobene Eldorado der Eroberer zurück bis zum uranfänglichen Paradies von Adam und Eva. Seine exemplarische Erkundung durch die Beiträgerinnen und Beiträger dieses Bandes orientiert sich an zwei Phänomenbereichen. Beim ersten steht das imaginative Potential von realen Lu-

---

[11] Werner Sombart: *Studien zur Entwicklungsgeschichte des modernen Kapitalismus*. Bd. 1: Luxus und Kapitalismus. München und Leipzig 1913, S. 71.
[12] Vgl. ebd., S. 71–77 („Begriff und Wesen des Luxus").

xusorten im Zentrum. Wer sich einen Ort der Verschwendung und Verausgabung vorstellen will und wer diesen für andere nachvollziehbar darstellen möchte, kommt um ästhetische und im Speziellen literarische Verfahren – und sei es um den Unsagbarkeitstopos wie bei Brontë – nicht herum. Von dieser Unausweichlichkeit künstlerischer und literarischer Vor- und Darstellungsweisen für die Repräsentation luxuriöser Orte her betrachtet fragt sich, welche ästhetischen Mittel das Imaginationspotential von Luxusorten besonders gut erschließen und wie sich diese Mittel zwischen den Epochen und Kulturen verschieben. Beim zweiten Bereich steht die wirklichkeitsbildende Kraft literarischer Luxusdarstellungen im Mittelpunkt. Hier geht es umgekehrt um die Frage, wie Literatur und Kunst unsere Wahrnehmung von realen Orten des Luxus beeinflussen. Schließlich ist das Luxuriöse eines Ortes niemals eine ontologisch gegebene Qualität, sondern stets eine von ideologischen Prämissen abhängige diskursive Zuschreibung. Und diese wahrnehmungspraktische Attribuierung eines Ortes als Luxusort wird wiederum wesentlich in literarischen Texten und anderen künstlerischen Darstellungsformen ausgehandelt. Denn die in der Literatur entwickelten Phantombilder von Orten, an denen mehr als nur notdürftig gelebt werden kann und wo sich also der Mensch als ein Kulturwesen gegenüber seiner belebten und unbelebten Umwelt behauptet, sind nicht einfach aus der Luft gegriffen. Sie haben vielmehr eine eigene Geschichte, die in ihrem Glanz und Elend durch literarische Textreihen und ikonographische Bildtraditionen geformt und thesauriert wird.

Die Beiträge in diesem Band nähern sich diesen beiden Phänomenbereichen je nach historischem und ästhetischem Material auf sehr unterschiedliche Art und Weise. Gemeinsam ist jedoch allen Antwortversuchen, dass sie das Luxuriöse in seiner topischen und topographischen Besonderheit unter dem Vorzeichen der prinzipiellen Ambivalenz des Überflüssigen in der Moderne perspektivieren.[13] Nachdem Luxus unter moralphilosophischen und theologischen Vorzeichen lange Zeit einseitig abgewertet worden war, erlebte er im achtzehnten Jahrhundert eine signifikante ökonomische und anthropologische Aufwertung.[14] Seit dieser begriffs- und ideengeschichtlichen ‚Wende' begleitet die doppelte Codierung von Überschussproduktionen als kulturell progressiven und volkswirtschaftlich wünschenswerten, moralisch und sozial jedoch fragwürdigen Praktiken nicht nur

---

13 Vgl. dazu den Sammelband von Christine Weder und Maximilian Bergengruen (Hg.): *Luxus. Die Ambivalenz des Überflüssigen in der Moderne*. Göttingen 2011.
14 Zur Aufwertung des Luxus im achtzehnten Jahrhundert vgl. Christine Weder und Maximilian Bergengruen: Moderner Luxus. Einleitung. In: Dies. (Hg.), *Luxus* 2011, S. 7–31, bes. S. 8–11; ferner John Sekora: *Luxury. The Concept in Western Thought, Eden to Smollett*. Baltimore und London 1977 und Christopher J. Berry: *The Idea of Luxury. A Conceptual and Historical Investigation*. Cambridge 1994.

die theoretischen und ästhetischen Verhandlungen von Luxusorten, sondern auch ihre narrativen und poetischen Darstellungen. Diese Ambivalenz hat sich im Zeitraum vom achtzehnten bis zum zwanzigsten Jahrhundert – also in der Epoche der ‚langen' Moderne – noch potenziert.[15] Diese neuralgische Periode des ‚modernen' Luxus versuchen die Aufsätze im vorliegenden Band auszuloten. Der Band leistet damit einen Beitrag zu einem Forschungsgebiet, das in jüngerer und jüngster Zeit in den unterschiedlichsten disziplinären Kontexten eine wachsende Aufmerksamkeit erfahren hat. Neben literatur- und kulturwissenschaftlichen Studien[16] haben sich auch kultursoziologische,[17] phänomenologisch-systematische,[18] betriebswirtschaftliche[19] und anlagestrategische[20] Beiträge intensiv mit Luxus befasst. Desiderat geblieben ist bislang jedoch die literaturwissenschaftliche Untersuchung ortsbezogener Implikationen der Luxusthematik in ihrer modernen Spezifik als ein strukturell ambivalentes Phänomen.[21] Auf dieses Bedürfnis reagiert der vorliegende Band.

III Themenschwerpunkte und Analyseachsen

Die in der Literatur erfundenen und beschriebenen Orte, an denen Wertvolles exzessiv konsumiert oder verausgabt wird, folgen in ihrer charakteristischen Topologie oft mythologischen Mustern. Sie sind häufig zeitlich oder räumlich weit entfernt (wie bei Inselutopien), und der Aufenthalt an ihnen ist nicht selten gefährdet (wie im Paradies). Sie grenzen sich durch typische Inklusions- und Ex-

---

15 Vgl. Weder und Bergengruen, Moderner Luxus 2011, S. 11–17.
16 Neben den Sammelbänden von Weder und Bergengruen (Hg.), *Luxus* 2011 und Weder, Signer und Wittemann (Hg.), *Auszeiten* 2022 etwa Matt Erlin: *Necessary Luxuries. Books, Literature, and the Culture of Consumption in Germany, 1770–1815*. Ithaca 2014 und Christof Jeggle et al. (Hg.): *Luxusgegenstände und Kunstwerke vom Mittelalter bis zur Gegenwart. Produktion – Handel – Formen der Aneignung*. Konstanz und München 2015.
17 Patrizia Calefato: *Lusso. Il lato oscuro dell'eccesso*. Milano 2018; englisch: *Luxury. Fashion, Lifestyle and Excess*. Übers. v. Lisa Adams. London und New York 2014.
18 Lambert Wiesing: *Luxus*. Frankfurt / M. 2015.
19 Dominik Pietzcker und Christina Vaih-Baur (Hg.): *Luxus als Distinktionsstrategie. Kommunikation in der internationalen Luxus- und Fashionindustrie*. Wiesbaden 2018.
20 Hans-Lothar Merten: *In Luxus investieren. Wie Anleger vom Konsumrausch der Reichen profitieren*. Wiesbaden 2009.
21 Einen Schwerpunkt in der Vormoderne setzt der Band von Jutta Eming et al.: *Fremde – Luxus – Räume. Konzeptionen von Luxus in Vormoderne und Moderne*. Berlin 2015. Kulturgeschichtlich ausgerichtet ist hingegen Deborah Simonton, Marjo Kaartinen und Anne Montenach (Hg.): *Luxury and Gender in European Towns, 1700–1914*. New York und London 2015. Die ‚Goldstadt' Pforzheim fokussiert der Band von Robert Eikmeyer et al. (Hg.): *luxus!?* Esslingen 2018.

klusionsgesten gegen das Nichtluxuriöse scharf ab und werden gerade deshalb gerne aus dem Blickwinkel von Schwellensituationen und in Überschreitungsszenarien beschrieben. Ihre größte Strahlkraft entfalten sie an den entgegengesetzten Polen von zwei kultursemiotischen Achsen: jener zwischen luxuriösem Stadt- und einfachem Landleben einerseits und jener zwischen feudalem Protz und bürgerlicher Askese andererseits. Typisch für sehr viele literarische Überflusstopographien ist auch ihr implizites oder explizites Gendering: An weiblichen Luxusorten herrschen typischerweise modische Ausschweifungen und materielle Exzesse, an männlichen dagegen technisches Raffinement und distinguierte Eleganz. Mit solchen thematischen Mustern und Modellen korrespondieren stereotype Metaphoriken des Überflusses und Überschusses respektive des Reichtums und der Armut, die wiederum der literarisch evozierten Vorstellung bestimmter Luxusorte ihre charakteristische Dynamik oder Statik verleihen. Die so stilistisch und rhetorisch modellierte Inszenierung von Orten des Überflusses und Überschusses in der Literatur macht dabei auf eine strukturelle Eigenschaft des Luxus als Objekt des kollektiven Begehrens aufmerksam: Luxus ‚klebt' nämlich gerade nicht statisch am materiellen Objekt (und sei es noch so wertvoll), sondern gewinnt seine Qualität erst durch die sozialen Praktiken, in die luxuriöse Dinge eingebunden sind, und durch die Diskurse, in denen sie verhandelt werden. Deshalb haben der Luxus und seine typischen Terrains auch bei aller Unerreichbarkeit eine so frappierende Evidenz: Sie sind uns nicht wesentlich fremd, sondern sie gehören höchstens den anderen. Diese prinzipielle Teilhabe am Luxusleben der anderen wird von stark codierten Sprachspielen begleitet, die mit ihren Lokalisierungen und Qualifizierungen die Fluktuationen von Überschuss und Mangel in einer Gesellschaft sozial wie emotional regulieren. Die Akzeptanz dessen, was man etwa als privates Überflussvergnügen noch gelten lässt und was dann schon als unverantwortliche Verschwendung sanktioniert wird, hängt wesentlich von der imaginativen Ausgestaltung luxuriöser Praktiken an neuralgischen gesellschaftlichen Schauplätzen ab.

Unter formalen Gesichtspunkten lassen sich für die literarische und künstlerische Bearbeitung von Luxus und Luxusorten hauptsächlich zwei auf den ersten Blick gegensätzliche, tatsächlich jedoch komplementäre Verfahrensweisen ausmachen. Zunächst und wenig überraschend sind es *extensive* Darstellungsweisen wie Addition, Reihung, ausführliche Aufzählungen, Listen und ausufernde Beschreibungen, die typische Orte wie Phänomene des Luxus überhaupt assimilieren. In dieser Logik wird die Häufung von Tropen, rhetorischen Figuren, Synonymen, Wiederholungen und Variationen schon 1744 in Zedlers *Universal-*

Lexicon als ‚Stylus luxurians' beschrieben.[22] Das luxustypische Moment liegt hier also nicht in erster Linie auf der thematischen Ebene der *histoire,* sondern im Umgang mit dem Text auf der Ebene von *discours* und *récit.* So beansprucht eine extensive Beschreibung von Luxus verhältnismäßig viel Raum innerhalb der Erzählung und stellt dabei typischerweise eine Pause im Handlungsablauf dar. Solchermaßen gestaltete Stellen in einem Text markieren hinsichtlich der narrativen Ökonomie gleichsam Momente der Verschwendung.

Bezeichnend für die grundlegende Ambivalenz des modernen Luxus jedoch ist die Tatsache, dass bei der Darstellung von Luxus häufig umgekehrt auch *intensive* Verfahrensweisen zur Anwendung kommen. Dies ist oft dann der Fall, wenn sich die Rhetorik eines Textes auf die Beschreibung eines sehr kostbaren Dings oder einer speziell aufwendig gestalteten Zone eines Ortes konzentriert, die um ihrer symbolischen oder symptomatischen Bedeutung willen besonders detailliert geschildert werden. Ein materieller Gegenstand oder ein lokales Element kann zudem ein luxuriöses Potential einschließen, das sich schon bei der bloßen Evokation entlädt. So lässt der Begriff ‚Eldorado' oder das Wort ‚Schlaraffenland' auch ohne präzisierende Angaben zu ihrer spezifischen Beschaffenheit ein ganzes Panorama mit ikonischen Bildern von Luxus und Überfluss aufscheinen. Ebenfalls zu den intensivierenden Darstellungsweisen gehören typische Beschreibungen von Luxus, die der poetologischen Reflexion dienen. Die Affinität von Luxus und Kunst macht Luxusbeschreibungen dafür zu einem privilegierten Ort.[23]

Auf der heuristischen Grundlage der bisher genannten inhaltlichen und formalen Besonderheiten von Luxusorten lässt sich eine Reihe von thematischen Schwerpunkten und Beobachtungsachsen definieren, an denen sich die Beiträgerinnen und Beiträger des vorliegenden Bandes bei ihren Analysen orientiert haben.

1. Topologie und Mythologie

Viele Orte des Überflusses haben sich im Laufe der Zeit zu mythischen Topoi verfestigt, die im Einzelfall keiner narrativen Herleitung mehr bedürfen. Wenn Heinrich Mann einem Roman den Titel *Im Schlaraffenland* (1900) gibt, dann ist von vornherein klar, welche märchenhafte Landschaft als Folie dient, vor der die Ereignisse im Roman zu deuten sind. Aber auch andere mit Überfluss assoziierte

---

[22] Vgl. Art. „Stylus luxurians". In: Johann Heinrich Zedler: *Grosses vollständiges Universal-Lexicon Aller Wissenschafften und Künste,* Bd. 40. Leipzig und Halle 1744, Sp. 1474.
[23] Vgl. zur Affinität von Kunst und Luxus Weder und Bergengruen, Moderner Luxus 2011, S. 17–26.

Orte besitzen oftmals topische Qualitäten, auf die sich das Begehren und die Sehnsüchte der handelnden Figuren richten. So träumt die Protagonistin Doris in Irmgard Keuns *Das kunstseidene Mädchen* (1932) in der Provinzstadt von einer mondänen Existenz in Berlin, ohne zu ahnen, wie hart die Wirklichkeit ist, die sie dort erwartet. Die Literatur trägt wesentlich zur Mythenbildung rund um solche Sehnsuchtsorte bei: Sie lässt sich einerseits von Orten des Luxus inspirieren und trägt andererseits mit ihren Schilderungen wiederum zur kollektiven Imagination von Luxusorten bei, die ihrerseits wieder zu weiteren literarischen Bearbeitungen anregt. Ein Beispiel dafür liefert HANS-GEORG VON ARBURG, der in seinem Aufsatz *Luxusarchen: Der Ozeandampfer als moderne Wohnutopie zwischen Autarkie, Abundanz und Askese* aufzeigt, wie das utopische Potential moderner Ozeandampfer sich nicht zuletzt aus den zahlreichen literarisch überlieferten Schiffsmythen speist. Das Paradebeispiel für die literarische Alimentation von Luxusphantasien ist freilich der Orient, dessen Konstruktion als Ort von Überfluss und Luxus durch die europäische Literatur und Kunst bis heute die westliche Wahrnehmung des Nahen und Mittleren Ostens prägt. Solche Austauschbeziehungen zwischen orientalischem und europäischem Luxus sind das Thema von ANDREA POLASCHEGGS Aufsatz *Morgenländische Luxusorte in Bewegung: Orient-Importe und Text(raum)konstitution in der Moderne*. Aber auch reale Orte wie Paris werden von der Literatur seit Jahrhunderten mit Luxus ausgestattet und erfreuen sich anhaltender Beliebtheit als Stoff für die künstlerische Bearbeitung in der Trivial- wie in der Höhenkammliteratur. So zeigt RENÉ WASSMER in seinem Beitrag *Londoner Schaufenster: Zu einem Motiv der deutschen Großstadtliteratur um 1800* auf, dass die Beschreibung von luxuriösen Schaufensterauslagen in deutschen Reisebeschreibungen nicht nur für das notorisch modische Paris topisch ist, sondern auch für das vermeintlich nüchternere London. Einseitige Assoziationen von bestimmten Orten mit Überfluss und Luxus halten sich hartnäckig, obwohl die Wirklichkeit dem weder im Falle von Paris, dem Orient noch den südamerikanischen Kolonien je in dieser Weise entsprochen hat. Allerdings können literarische Texte auch genau diese Ambivalenz solcher Sehnsuchtsorte inszenieren, indem sie den luxurierenden Phantasien der Figuren die Schattenseiten der Luxusorte gegenüberstellen oder diese Phantasien als solche ausstellen und entlarven. Ein solches Spiel mit Klischees vom altadeligen Luxus Europas und dem neureich-komfortablen Amerika treiben Emmerich Kálmán und seine Mitarbeiter in ihrer Operette *Die Herzogin von Chicago* (1928), wie RAPHAEL J. MÜLLER in seinem Beitrag *Emmerich Kálmáns ‚Herzogin von Chicago' und die Luxustopographie der Wiener Operette* nachzeichnet.

2. Gefährdung und Verlust

Der Aufenthalt an Luxusorten ist selten dauerhaft, vielmehr ist er häufig von Anfang an gefährdet. Bei der Inszenierung dieser Gefährdung kommen nicht zuletzt uralte Gemeinplätze der Luxuskritik zum Tragen, die trotz aller Aufwertungstendenzen seit der Aufklärung auch im einundzwanzigsten Jahrhundert weiterhin Gültigkeit zu haben scheinen. Das Nachwirken tradierter negativer Luxusbilder und -stereotypen zeigt sich unter anderem darin, dass Luxusorte oft einen prekären Status aufweisen. Ihre Fragilität kann räumlicher oder zeitlicher Natur sein, und oft sind diese beiden Dimensionen unauflöslich miteinander verquickt. Der Besuch in einem Luxushotel oder in einem mondänen Ferienort etwa ist normalerweise zeitlich beschränkt, weil ein längerer Aufenthalt dort unerschwinglich ist oder weil die Verstetigung des Außerordentlichen dem Ort seinen Luxuscharakter nehmen würde. In der (spät-)bürgerlichen Literatur wird diese Abnützungserscheinung von Luxusorten gern auch als Abstumpfung und Überreizung der Sinne seiner Bewohner oder Besucher problematisiert und dabei wiederum poetisch fruchtbar gemacht. Der *locus classicus* hierfür ist Jean Floressas des Esseintes' Décadence-Klause Fontenay in Joris-Karl Huysmans *À rebours* (1884), in der die luxurierende Sinnlichkeit des Ästheten nur durch den permanenten Wechsel der Reize einigermaßen befriedigt werden kann. Diese Luxusästhetik ist allerdings höchst instabil, weil sie stets durch physischen oder psychischen Ruin existenziell bedroht ist. Hier zeigt sich die Hartnäckigkeit älterer Prätexte wie z. B. der Venusberg-Episode in Hans Jacob Christoffel von Grimmelshausens *Simplicissimus* (1669), wo der schwelgerische Umgang mit der verlockenden *Luxuria* nicht nur den Helden, sondern auch den Erzähler mit dem Fall in die Todsünde bedroht. Dauerhaftere Luxusorte befinden sich oft zeitlich oder räumlich in so weiter Ferne, dass sie utopischen Charakter annehmen. Liegen sie in der Vergangenheit, so sind sie meist durch menschliche Fehler verloren gegangen wie das archetypische Paradies oder wie viele idyllische Idealwelten. Und auch weltliche Vertreibungsmotive werden regelmäßig an ein luxuriöses Leben gekoppelt: So etwa in Hugo von Hofmannsthals *Märchen der 672. Nacht* (1895), wo ein vom Leben verwöhnter Kaufmannssohn nach dem Tod seiner Eltern sich aus allen menschlichen Verhältnissen zurückzieht und in der Einsamkeit statt der erhofften Erfüllung den elendiglichen Tod findet. Utopische Orte des Luxus mit einer längerfristigen Perspektive propagieren dagegen bezeichnenderweise einen moderaten Luxus und schließen Ausschweifung und Exzess von vornherein aus. So muss Johann Gottfried Schnabels Kolonie auf Felsenburg vordergründig stets aufs Nützliche bedacht bleiben, auch wenn in die seltsame Ökonomie der Insel immer wieder Elemente des Überschüssigen eindringen, wie

STEPHAN KAMMER in seinem Aufsatz *Überfluss auf Felsenburg: Zur Handlungs- und Erzählökonomie von Schnabels ‚Wunderlichen Fata einiger Seefahrer'* aufzeigt.

3. Abgrenzungs- und Überschreitungsstrategien

Ein Charakteristikum von Luxusorten ist, dass bei ihrer Literarisierung gewöhnlich auf bestimmte Abgrenzungs- und Überschreitungsstrategien zurückgegriffen wird. Denn erst an seinen Rändern gewinnt der verschwenderische Aufwand, der dort betrieben wird, seine Differenzqualitäten. Von entscheidender Bedeutung kann da sein, wie sich solche Orte von ihrer Umgebung topographisch differenzieren (als Jenseits, Einschluss, Ausland etc.), wie statisch oder dynamisch der Austausch mit ihrer Umwelt an den Grenzen ist oder wie hermetisch bzw. durchlässig sie sich gegenüber der Außenwelt erweisen. So hat etwa eine Luxusyacht eine scharfe Kante, über die man an Bord oder von Bord geht und die die *happy few* ganz deutlich von den vielen Ausgeschlossenen abhebt. Dagegen stehen andere Orte wie etwa ein Spielcasino oder ein mondänes Großkaufhaus allen zum Augenkauf offen, wodurch die Exklusionsmechanismen zwar subtiler funktionieren, aber keineswegs ausgeschaltet werden. In einer periurbanen Shoppingmall mit ihrem glücksversprechenden Talmiglanz wiederum ist die Teilhabe am großartigen Leben in Saus und Braus nur imaginär. Für diese und weitere an den geographischen und ökonomischen Rändern moderner Waren- und Konsumgesellschaften platzierten Phänomene entwickelt die Literatur eine spezielle Aufmerksamkeit. Sie inszeniert mit Vorliebe Grenzüberschreitungen und *rites de passages* zu Orten, die mit Luxus und Überfluss assoziiert werden, weshalb viele Erzählungen von Luxusorten mit der Schilderung einer Schwellensituation beginnen. So wählt etwa Lothar Bucher für die Beschreibung seines ersten Besuchs der Londoner Weltausstellung 1851 im *Crystal Palace* strategisch geschickt den Eingang, der einen einen Überblick über das ganze Gebäude mitsamt seinem exuberanten Luxus verschafft – nicht ohne sein Publikum vorher sorgfältig über die ausgeklügelten Eingangskontrollen und die beschränkte Platzzahl unterrichtet zu haben. Und wie RUTH SIGNER in ihrem Aufsatz *Leben im Elfenbeinturm: Karger Luxus in Tiecks ‚Des Lebens Überfluß'* nachweist, macht Tiecks Novelle die Grenzziehung zwischen dem Notwendigen und dem Überflüssigen sogar zu ihrem Hauptthema, indem sie sich symbolisch in der nach und nach verfeuerten Treppe zu Heinrichs und Claras Stube zeigt. SEBASTIAN MEIXNER schließlich legt in seinem Beitrag *Die Topologie des Überflusses in Freytags ‚Soll und Haben'* im Rückgriff auf Hermann Heinrich Gossens frühes ökonomisches Konzept des Grenznutzens offen, wie in dem Roman die Differenz zwischen den beiden Schlössern und den zwei Handelshäusern entlang der Grenze zwischen Fülle und Überfluss verhandelt wird.

4. Zentrum und Peripherie

Mit der Ökonomisierung und tendenziellen Enttheologisierung des Luxus in der Aufklärung wird dieser zunehmend als ein urbanes Phänomen konzipiert, das von der Landbevölkerung entweder neidvoll begehrt oder aber verächtlich beargwöhnt wird. In der Tat handelt es sich bei der Opposition zwischen luxuriösem städtischem Zentrum und frugaler ländlicher Peripherie um eine für das moderne Luxusverständnis seit dem achtzehnten Jahrhundert zentrale Leitdifferenz, wobei die Pole, die stereotyp als Orte von extremem Luxus oder strikter Enthaltsamkeit gelten, ebenso kontrastreich wie dialektisch aufeinander bezogen sind. Die High Society baut sich die auffälligsten Orte von Verschwendung und Verausgabung, wie ihre Sommerresidenzen und Luxusvillen, auf dem Land. Das für den Luxus konstitutive soziologische Wechselspiel von Inklusion und Exklusion offenbart hier seine ganze kultur- und wirtschaftsgeographische Relevanz. Literarisch fruchtbar wird dieses spannungsgeladene Verhältnis freilich oft gerade dort, wo es unterlaufen wird. Ein Beispiel dafür findet sich in Gottfried Kellers *Landvogt von Greifensee* (1877), wo sowohl der Konsum von Luxus als auch dessen Produktion auf dem Land stattfinden, da in der Stadt strenge Sittenmandate jede Ausschweifung verbieten, wie der Beitrag *Landluxus für Städter in Gottfried Kellers ‚Landvogt von Greifensee'* von MARIA MAGNIN zeigt. In Wilhelm Raabes *Fabian und Sebastian* (1882) sind die luxuriösen Süßigkeiten in der deutschen Industriestadt hingegen nur um den Preis der Ausbeutung in den peripheren Kolonien zu haben, wie CORNELIA PIERSTORFF in ihrem Aufsatz *Im Reich des Zuckers und der Schokolade: Begehrensökonomien in Wilhelm Raabes ‚Fabian und Sebastian'* argumentiert.

Eine zunehmend wichtige Rolle für die materiellen und symbolischen Austauschbeziehungen, die sich auf der Achse zwischen Zentrum und Peripherie abspielen, übernimmt im neunzehnten Jahrhundert der Tourismus. Mit der Tourismusindustrie wird die Urbanität, die dem neuzeitlichen Luxus anhaftet, geographisch dynamisiert, indem großstädtischer Luxus entweder in urbane Kurorte in die Berge oder in mondäne Resorts ans Meer ausgelagert oder aber im Pullman oder Luxusdampfer flexibel durch Land und See expediert wird. Die unwirtliche Umgebung steigert zwar einerseits die Luxuriosität eines Ortes, sie erhöht aber andererseits auch dessen Gefährdung, wie die kinematographische Inszenierung des legendären Ozeanriesen in der arktischen Ödnis in James Camerons *Titanic* (1997) beispielhaft vorführt.

5. Weibliche und männliche Codierungen

Wie bereits erwähnt werden viele literarische Überflusstopographien maßgeblich durch ein implizites oder explizites Gendering mitbestimmt. Weiblich konnotierte Luxusorte werden gerne mit modischen Ausschweifungen und materiellen Exzessen verbunden, wohingegen ihre männlichen Pendants als *hauts lieux* des Komforts mit allem technischen Raffinement und voll distinguierter Eleganz ausgestaltet werden. Luxuriöse bzw. komfortable Interieurs können daher als materielle Spiegelflächen ihrer weiblichen respektive männlichen Bewohner dienen. Dass bei der symbolischen Verdichtung exquisiter Dinge auf engstem Raum massenhaft menschliche Wärme und soziale Energie freigesetzt werden, die sich unaufhaltsam bis verheerend auf die erzählten Aktionen und Akteure auswirken, zeigt KIRA JÜRJENS in ihrem Beitrag *Überhitzte Räume: Wärmelehre des Luxus (Alexandre Dumas fils und Zola)*. Bei der Darstellung von in diesem Sinne weiblich oder männlich determinierten Luxusorten kommen (oft kritische) Topoi der Luxusdarstellung zum Zug, die sich bis in die Antike zurückverfolgen lassen. Wie hartnäckig diese Gemeinplätze bis in die Moderne fortgeschrieben werden, ist bei modernen Luxustheoretikern wie dem oben zitierten Sombart nachzulesen: So wie die frühneuzeitlichen Fürstenhöfe durch den Einfluss der Kurtisanen zu paradigmatischen Orten der Verschwendung und des Luxus geworden seien, so hat sich für Sombart der moderne Kapitalismus überhaupt erst durch den *weiblichen* Hang zum Luxus durchsetzen können.[24] Allerdings werden solche Geschlechterzuschreibungen in der Literatur ebenso regelmäßig unterlaufen wie sie von ihr gerne in Szene gesetzt werden. Wie programmatisch das zumal in Wendezeiten wie dem *Fin de siècle* geschieht, beschreibt ANNE-BERENIKE ROTHSTEIN anhand zweier Romane von Rachilde in ihrem Beitrag *„L'esprit créateur en art" oder Luxus im (Über-)Fluss: Von ästhetisierten Gender-, Genre- und Gesellschaftsräumen im ‚Fin de siècle'-Roman* zur Figur des weiblichen Dandys.

IV Zu den einzelnen Beiträgen

Die Topographie des Luxuriösen, die die Beiträge dieses Bandes erkunden, setzt historisch dort ein, wo Luxus zu einer ambivalenten Prozesskategorie der Moderne wird: im frühen achtzehnten Jahrhundert, als die theologische Diskredi-

---

[24] Vgl. Sombart, Luxus und Kapitalismus 1913, S. 111–132 („Der Sieg des Weibchens"). Sombart greift bei seiner Analyse auf eine ganze Reihe misogyner Luxustopoi zurück, so z. B. wenn er einen angeblich deutlichen „Zusammenhang zwischen Süßigkeitskonsum und Weiberherrschaft" postuliert (ebd., S. 116.).

tierung von allem übertriebenen Aufwand in den Gegenwind der ökonomischen Rehabilitierung unnötiger Überschussproduktion als Zivilisationsmotor gerät. STEPHAN KAMMER zeigt am Beispiel von Johann Gottfried Schnabels frühaufklärerischem Romanprojekt *Die Insel Felsenburg* (1731–1743), wie die Literatur in dieser Gegenbewegung ‚Luxus' als ein aktuelles Thema mit poetologischem Potential entdeckt. In der Inselutopie, die sich in der Frühen Neuzeit als idealer Ort zur Modellierung sozialer Projekte und Probleme etablierte, durchkreuzen sich bei Schnabel die Erzählung von materiellem Überfluss, der sozial und ethisch vernünftig reguliert werden will, mit der Inflation eines Erzählstroms, der sich tendenziell unaufhaltsam fortsetzt.

RENÉ WASSMER stellt fest, dass Darstellungen von Luxus und Überfluss in der deutschen Großstadtliteratur um 1800 nicht nur für Paris topisch sind, sondern auch für das als wesentlich spröder geltende London. Er untersucht drei exemplarische Beschreibungen von Londoner Schaufensterauslagen, die er vor dem Hintergrund einer doppelten Fremdheitserfahrung der Autoren liest. Während der Englandreisende Georg Christoph Lichtenberg vor allem die sinnliche Überforderung durch den ausgestellten Luxus beschreibt, der ein mit Metropolen unvertrauter Betrachter ausgesetzt ist, gibt sich der Korrespondent des *Journals des Luxus und der Moden* Johann Christian Hüttner bewusst souveräner. Der Aristokrat Hermann Fürst von Pückler-Muskau schließlich hebt die Relativität des Luxus hervor, wenn er auf einem Bazar den Luxus und Überfluss eines weniger wohlhabenden Publikums zum Gegenstand seiner Darstellung macht.

ANDREA POLASCHEGG zeichnet in ihrem Beitrag nach, wie neben der Literatur auch zahlreiche Dinge aus dem seit der Antike mit Überfluss verbundenen Orient in den Westen importiert wurden. Mit dem Palast und dem Garten auf zwei topische Schauplätze des orientalischen Luxus eingehend, rekonstruiert sie das komplexe Wechselspiel von Literatur und luxuriösen Praktiken, das europäische Räume zu orientalisch konnotierten Orten des Überflusses macht. Einen besonderen literarischen Import aus den orientalischen Gärten stellt die ‚Blumensprache' dar, die sich die westliche Lyrik des neunzehnten Jahrhunderts aneignet. Trotz der Akkulturation an die heimische Flora behalten einzelne der importierten Pflanzen ihre luxuriös-morgenländische Signatur, wie Polaschegg am Beispiel der Kamelie in Annette von Droste-Hülshoffs Gedicht *Meine Sträuße* zeigt.

RUTH SIGNER konturiert die Metapher des Elfenbeinturms in ihrer historischen Dimension und weist nach, dass Ludwig Tieck in seiner Novelle *Des Lebens Überfluß* die Konnotationen dieser Metapher detailliert ausbuchstabiert. Tiecks Text inszeniert die Abgeschiedenheit und Selbstbezüglichkeit, die das müßiggängerische Leben der beiden Protagonisten Heinrich und Clara auszeichnet, anhand einer vertikalen Raumordnung. Zugleich wird über dieses topographische Arrangement sowohl die Frage nach der Autonomie bzw. gesellschaftlichen

Nützlichkeit von Kunst und Studium als auch die für den Luxusbegriff zentrale Grenzziehung zwischen Notwendigem und Überflüssigem thematisiert.

SEBASTIAN MEIXNER zeigt, dass Gustav Freytag die topologische Ordnung in seinem Roman *Soll und Haben* wesentlich über die Grenze von Fülle und Überfülle organisiert und damit ein Moment aufgreift, das Johann Heinrich Gossen zeitgleich für die ökonomische Theoriebildung im Zeichen des Grenznutzens fruchtbar macht. Anhand der verschiedenen Schlösser, Handels- und Geschäftshäuser wird in Freytags Roman die Grenze zwischen Fülle und Überfluss verhandelt, wobei ‚Überfluss‘ stets als das Gegenteil von Ordnung und Maß zu denken ist. Anschaulich wird die destabilisierende Wirkung des Überflusses durch die Wassermassen, die die literarisch entfaltete Topographie des Romans wortwörtlich durchfließen.

MARIA MAGNIN untersucht den Gegensatz von Stadt und Land in Bezug auf den Luxus in Gottfried Kellers Novelle *Der Landvogt von Greifensee*. Sie entfaltet die These, dass der Text die topische Assoziation von luxuriösem Stadt- und frugalem Landleben unterläuft, indem das Zürich des achtzehnten Jahrhunderts vornehmlich als luxusfeindlicher Ort dargestellt wird und Luxusproduktion und -konsum in die ländliche Umgebung ausgelagert werden. Die komplexe Wechselbeziehung zwischen dem Städtisch-Luxuriösen und dem Ländlich-Einfachen reflektiert Keller in der Beschreibung eines mit idyllischen Motiven aufwendig bemalten Porzellangeschirrs. Darüber hinaus wirft das künstlerisch bemalte Luxusgeschirr auch die Frage nach dem Verhältnis von Luxusprodukten und Kunstwerken vor dem Hintergrund der sich anbahnenden Industrialisierung auf.

CORNELIA PIERSTORFF liest die Süßigkeitenfabrik in Wilhelm Raabes Erzählung *Fabian und Sebastian* als räumlich strukturierte Begehrensmaschine, in der sich ökonomisches Streben und psychologische Sehnsüchte auf intrikate Weise verschränken. Der Überfluss an unterschiedlichen Süßigkeiten, der dort produziert wird, ist dem Begehren der Fabrikinhaber nach möglichst großem Profit geschuldet. Dieses Prinzip der Gewinnmaximierung kalkuliert wiederum mit den Gelüsten der potentiellen Konsumenten, die wesentlich durch die luxuriöse Konnotation der Süßwaren befeuert werden. Über die verarbeiteten Kolonialwaren, den Zucker und den Kakao, macht die Fabrik aber zugleich auch die ausbeuterische Kehrseite dieser Begehrensökonomie anschaulich.

KIRA JÜRJENS untersucht, wie Luxus im Paris des neunzehnten Jahrhunderts symptomatisch mit Energie und Wärme verknüpft wird. Im Anschluss an zeitgenössische Konzeptualisierungen der Thermodynamik zeigt sie anhand von Passagen aus Alexandre Dumas fils' *La dame aux camélias* sowie Émile Zolas Romanen *La Curée* und *Nana* auf, wie in mit luxuriösen Textilien und Gegenständen überfüllten Interieurs Wärme entsteht. Diese setzt Energiepotentiale frei, die sich auch auf die Handlungsebene der Texte auswirken. Die literarische Auseinandersetzung mit dem vornehmlich weiblich konnotierten Luxus geht dabei entschieden über die üblichen neurasthenischen Erschöpfungsnarrative hinaus: Der Tod der Protagonistinnen wird im Rückgriff auf thermodynamische Prinzipien vor allem auch als energetischer Umwandlungsprozess lesbar, der unter anderem als Treiber der Erzählung fungiert.

ANNE-BERENIKE ROTHSTEIN liest die Dandyromane *Monsieur Vénus* und *La Jongleuse* der ‚reine des décadents' Rachilde als ästhetische Verhandlungsräume symbolischer Tauschangebote zwischen Geschlecht, Gender und Genre um 1900. Der überbordende Luxus in den Interieurs der weiblichen Dandys spiegelt sich in der grenzüberschreitenden Geschlechteridentität der Romanfiguren ebenso wie in der luxurierenden Beschreibungssprache eines Erzählens im Zeichen des *L'art-pour-l'art*. In dieser berauschenden Treibhausatmosphäre präparieren die luxurierenden *femmes dandy* am Ende ihre unterlegenen männlichen Partner zu Wachspuppen oder töten sich selbst zum Kunstwerk ab. ‚Luxus' wird so nicht nur als psycho-soziale Raumqualität sichtbar, sondern als epochaler Handlungsmotor verständlich, der die Gleichung von Kunst und Leben in den Exzess treibt.

RAPHAEL J. MÜLLER beschreibt die Operettenbühne der 1920er Jahre als einen Ort des optischen Überflusses und erhellt die ökonomischen Gründe, weshalb sich die Wiener Operette in dieser Zeit zu einem veritablen Luxusgenre entwickelte. Er führt vor, wie in Emmerich Kálmáns Operette *Die Herzogin von Chicago* das aufmerksamkeitsökonomische Kalkül des Genres die Topographie der auf der Operettenbühne entfalteten Welt affiziert und gleichzeitig auf der Handlungsebene reflektiert wird. Die abgetakelte Balkanmonarchie Sylvarien und das topisch mit Luxus und Überfluss assoziierte Amerika werden auf der Operettenbühne in ironischer Brechung inszeniert und damit als Klischees entlarvt.

HANS-GEORG VON ARBURG schließlich verfolgt die komplexe Mentalitäts- und Ästhetikgeschichte des Luxus am Beispiel des Ozeandampfers in die Literatur und Architekturpublizistik des zwanzigsten Jahrhunderts hinein weiter. In diesem Realsymbol ‚zukünftiger' Gesellschaften zwischen biblischem Mythos, kolonialpolitischem Machtvehikel und utopischer Wunscherfüllungsmaschine werden die Verwerfungen des Luxus im Zeichen der Moderne besonders gut sichtbar. Denn die Dampfergeschichten und -bilder in den Texten von Thomas Mann und Lina Bögli über Le Corbusier und Blaise Cendrars bis hin zu Hans Magnus Enzensberger und Rem Koolhaas zeigen, dass sich die modernen Wohn- und Lebensentwürfe zwischen den Extremen von überbordender Abundanz und asketischem Komfort eben gerade nicht fein säuberlich sortieren lassen. Sie geraten auf den schnittigen Liners vielmehr immer weiter in einen Strudel eigenwilliger Sprachbilder und Bildargumente.

I Aufklärung und Romantik

Stephan Kammer
Überfluss auf Felsenburg. Zur Handlungs- und Erzählökonomie von Schnabels *Wunderlichen Fata einiger See-Fahrer*

I

In den politischen Diskursen der Frühen Neuzeit dienen Inseln als Topoi der Modellierung. Sie geben Idealstaatsentwürfen Kontur, wie sie auf Tommaso Campanellas Tabrobana (1623) – wo die *città del Sole* zu finden ist – oder Francis Bacons neu-atlantischem Bensalem (1627) angesiedelt sind und in Thomas Morus' *insula Utopia* (1516) einen Vorgänger ebenso wie ihren Begriff gefunden haben. Vor allem aber erlauben sie dabei geschützte Milieus, in denen sich diese Staatsentwürfe diegetisch instituieren können: kaum eine U-Topik ohne Zugangsbeschränkung, die lediglich ein zufälliger Grenzgänger zu passieren vermag – funktional in der Regel der spätere Binnenerzähler, figural meist ein Vertreter der prototypischen Globalreisenden der Frühen Neuzeit, also ein Seefahrer. „Bis ins 18. Jahrhundert ist die Utopie ein geschlossenes System auf einer Insel", hat demgemäß Hans-Erwin Friedrich bündig festgehalten.[1] Im Diskurs des achtzehnten Jahrhunderts werden die Topik und Topologie des Insulären zu anderen Figurationszwecken genutzt, nämlich zur Herstellung einer „ökonomisch-narrative[n] Einheit". Diese perspektiviert „in einer Komplexität von Verhältnissen und in einer Kontingenz von Ereignisfolgen jenen Punkt [...], von dem aus ein elementarer Aufbau und die Genese komplexer Strukturen von einem einfachen Ursprung her erkennbar wird".[2] Fruchtbar wird diese Perspektivierung theoretisch und erzählerisch gleichermaßen. Die vielfältigen anthropologischen Ursprungserzählungen der Aufklärung modellieren nämlich einerseits „[l']homme isolé, sans communication avec les autres hommes" zum Versuchsaufbau für den Erwerb psychischer, kognitiver, aber eben auch symbolischer, kultureller und

---
1 Hans-Erwin Friedrich: Art. „Utopie". In: *Reallexikon der deutschen Literaturwissenschaft. Neubearbeitung des Reallexikons der deutschen Literaturgeschichte.* Hg. Jan-Dirk Müller. Berlin und New York 2003, Bd. 3, S. 740.
2 Joseph Vogl: *Kalkül und Leidenschaft. Poetik des ökonomischen Menschen.* München 2002, S. 187.

sozialer Fertigkeiten.³ Andererseits und gleichzeitig wird diese Versuchsanordnung zum wohl produktivsten narrativen Paradigma des Jahrhunderts, der Robinsonade. In der Vorrede zu seiner Bearbeitung des *Robinson Krusoe* hat Johann Carl Wezel dessen Heuristik auf die glückliche Formel einer „Geschichte des Menschen im Kleinen" gebracht. Wenn er präzisiert, was darin geleistet werden solle, zeigt sich zugleich, dass in den Robinsonaden ein „Unterschied zwischen [...] Wissen und Erzählen nicht gemacht wird"⁴: Zu erzählen gelte es „ein Miniaturgemälde von den verschiedenen Ständen, die die Menschheit nach und nach durchwandert ist, wie Bedürfniß und zufällige Umstände einen jeden hervorgebracht und in jedem die nöthigen Erfindungen veranlaßt oder erzwungen haben; wie stufenweise Begierden, Leidenschaften und Fantasien durch die äußerliche Situation erzeugt worden sind".⁵ Und zu *erzählen* gelte es diese Menschheitsgeschichte *en miniature* und am insulären Exempel deswegen, weil ihr didaktischer Nutzen nur in einem „Buch" erreicht werde, in dem man „Sitten, Leidenschaften, Menschen und Handlungen mit ihren Bewegungsgründen nicht nach moralischen Grundsätzen, sondern aus der Erfahrung" dargestellt findet.⁶ Narrative Empirie und theoretische Profilbildung fallen so in eins und verbinden sich zur Erzählung des Menschen.

Der Text, um den es mir im Folgenden geht, bringt eine eigenartige Hybridbildung aus diesen beiden topischen Funktionen des Insulären zur Darstellung. Der ausführliche Titel des ersten, 1731 pseudonym publizierten Bandes von Johann Gottfried Schnabels Roman verdeutlicht nicht nur die Korrelationen von Genremodell und Erzählverfahren, von „Schiff-Bruch" und Instituierung, sondern auch die Verquickung der beiden unterschiedlichen Narrationen – der individualisierten Erzählung von der „Unwahrscheinlichkeit zu überleben", wie sie dem noch jungen Typus der Robinsonade entspricht,⁷ sowie der älteren Tradition des Staatsromans, die schon Titelgestaltung und der schiere Umfang des vierbändigen Unternehmens andeuten mögen: *Wunderliche* Fata *einiger See-Fahrer, absonderlich* Alberti Julii, *eines gebohrenen Sachsens, Welcher in seinem 18den Jahre*

---

3 Anne-Robert Jacques Turgot: Valeurs et monnaies (1769). In: *Œuvres de Turgot et documents le concernant. Avec biographie et notes.* Hg. Gustav Schelle. Bd. 3: *Turgot intendant de Limoges, 1768–1774.* Paris 1919, S. 79–98, hier S. 85. – Vgl. zum „Insuläre[n] als Keimzelle und elementare[r] Einheit" mit zahlreichen weiteren Belegen Vogl, *Kalkül und Leidenschaft* 2002, S. 187–189.
4 Vogl, *Kalkül und Leidenschaft* 2002, S. 188.
5 [Johann Carl Wezel:] *Robinson Krusoe. Neu bearbeitet.* Leipzig 1779, S. xvii–xviii.
6 [Wezel,] *Robinson Krusoe* 1779, S. xv. – Bemerkenswerterweise verzichtet seine Bearbeitung trotzdem auf den nächstliegenden und erzähllogisch stimmigsten Kniff: die Verwendung eines autodiegetischen Erzählers, die bereits im Titel von Defoes Roman herausgehoben wird.
7 Vgl. Rüdiger Campe: *Spiel der Wahrscheinlichkeit. Literatur und Berechnung zwischen Pascal und Kleist.* Göttingen 2002, S. 188–208.

zu Schiffe gegangen, durch Schiff-Bruch selb 4te an eine grausame Klippe geworffen worden, nach deren Ubersteigung das schönste Land entdeckt, sich daselbst mit seiner Gefertin verheyrathet, aus solcher Ehe eine Familie von mehr als 300. *Seelen erzeuget, das Land vortrefflich angebauet, durch besondere Zufälle Erstaunenswürdige Schätze gesammlet, seine in Teutschland ausgekundschafften Freunde glücklich gemacht, am Ende des 1728sten Jahres, als in seinem Hunderten Jahre, annoch frisch und gesund gelebt, und vermuthlich noch zu dato lebt, entworffen Von dessen Bruders-Sohnes-Sohnes-Sohne,* Mons. Eberhard Julio, Curieusen *Lesern aber zum vermuthlichen Gemüths-Vergnügen ausgefertiget, auch* par Commission *dem Drucke übergeben Von* Gisandern.[8] Einer, Albert Julius, wird aus dem kontingenten Geschick seiner Gefährtinnen und Gefährten buchstäblich *abgesondert* (Paradigma der Individualisierung), damit er, einmal auf der Insel angekommen, auf dem Weg über Ehe, Familie und Staat beziehungsweise Jagen und Sammeln, Landwirtschaft, Akkumulation von Reichtümern und Handel zum Motor und Brennpunkt einer Stufenerzählung politisch-ökonomischer Vergesellschaftung werden kann. Das Medium dieser Absonderung, die Erzählung des eigenen (präinsulären) Lebenslaufs, wird dann gewissermaßen zur Einbürgerungsvoraussetzung für die Zuzüglerinnen und Zuzügler, die der Felsenburgischen Staats-Familie die nötigen exogamen und ökonomischen Impulse gegeben haben werden (Pa-

---

8 Die vier Teile des Romans werden zitiert nach dem vierbändigen Nachdruck in der Reihe *Deutsche Romane des 17. und 18. Jahrhunderts*, Frankfurt/M. 1973, mit Angabe von Band- und Seiten- bzw. Blattzahl im fortlaufenden Text; die Bogensignaturen der Vorreden werden nicht eigens ausgewiesen. – Die Titel der drei übrigen Teile lauten: *Wunderliche* Fata *einiger See-Fahrer, Zweyter Theil, oder: fortgesetzte Geschichts-Beschreibung* Alberti Julii, *eines gebohrnen Sachsens, und seiner auf der Insul Felsenburg errichteten* Colonien, *entworffen Von dessen Bruders-Sohnes-Sohnes-Sohne,* Mons. Eberhard Julio, Curieusen *Lesern aber zum vermuthlichen Gemüths-Vergnügen ausgefertiget, auch* par Commission *dem Drucke übergeben Von* Gisandern, Nordhausen 1732; *Wunderliche* Fata *einiger See-Fahrer, Dritter Theil, oder fortgesetzte Geschichts-Beschreibung* Alberti Julii, *eines gebohrnen Sachsens, seines im Jahr 1730. erfolgten Todes, und seiner auf der Insul Felsenburg (allwo er in seinem 103ten Lebens-Jahre beerdigt worden) in vollkommenen Stand gebrachten* Colonien, *entworffen Von dessen Bruders-Sohnes-Sohnes-Sohne,* Mons. Eberhard Julio, Curieusen *Lesern aber zum vermuthlichen Gemüths-Vergnügen ausgefertiget, auch* par Commission *dem Drucke übergeben Von* Gisandern, Nordhausen 1736; *Wunderliche* Fata *einiger See-Fahrer, Vierdter Theil, oder: fortgesetzte Geschichts-Beschreibung der Felsenburger; Worinnen nicht allein derselben jetziger Zustand seit* Alberti Julii I. *Ableben biß auf heutige Zeit mit aufrichtiger Feder gemeldet, sondern auch eine gantz besondere und Verwunderungs-würdige Lebens-Geschichte einer* Persisch-*Candaharischen Printzeßin* Mirzamanda, *Die fast ein Haupt-Stück der Felsenburgischen Geschichte ausmacht, zugleich mit beygefüget worden: Zuerst entworffen von* Mons. Eberhard Julio, Curieusen *Lesern aber zum vermuthlichen Gemüths-Vergnügen ausgefertiget, auch* par Commission *dem Druck übergeben von* Gisandern, Nordhausen 1743.

radigma der Vergesellschaftung).[9] Das erste der beiden zwar nirgends so festgehaltenen, aus der Architektur des Romans aber zu erschließenden „fundamentale[n] Erzählgesetze" nämlich, die auf der Insel gelten, lautet: „Alle ‚Europäer' (also alle, die nicht schon auf der Insel geboren wurden) müssen in Anwesenheit des Altvaters ihr Leben erzählen, bevor sie auf der Insel leben dürfen [...]. Dieses Gesetz ist umkehrbar: Die ‚Felsenburger' (also diejenigen, die bereits auf der Insel geboren wurden) können und dürfen nicht erzählen."[10] Die Medien der Vergesellschaftung schließlich, „Karten, Listen, Aufzählungen und statistische Tabellen", werden selber zu Integralen der Romanerzählung und machen die Insel Felsenburg zu „ein[em] Datenraum und ein[em] Ort der Sichtbarkeit, der inmitten des Wissens und inmitten der Welt die optimierte Darstellung dieses Wissens und dieser Welt garantiert."[11]

Doch inwiefern wäre dieses so kameralistisch wie patriarchalisch angelegte, streng lutherische Felsenburg als Ort des Überflusses, gar des Luxus zu verstehen? Wollen sich doch Felsenburgs Einwohner „als gute Hauß-Wirthe, aber nicht als eitele Bauch- und Mammons-Diener" verstanden wissen (I, 372), wie es in einer klassischen Verschränkung von moralischer und ökonomischer Luxus-Kritik heißt. Sie sollen sich auch als solche verstehen: Der Perückenmacher Dietrich etwa, der sich auf eins der zur Insel segelnden Schiffe geschlichen hat, darf auf Felsenburg trotz passendem Alter, richtigem Glauben und seiner persönlichen „Redlichkeit" nur bleiben, weil er sich auf sein „nichts nützig[es]" Gewerbe zu verzichten und auf nützlichere Künste umzusatteln entschließt (II, 563). Und in der Tat: Ein Inselstaat im fernen südlichen Atlantik, als dessen erstes größeres materielles Importbedürfnis der Roman „200. Stück deutsche, 100. Stück Engli-

---

9 Vgl. Klaus Detlef Müller: *Autobiographie und Roman. Studien zur literarischen Autobiographie der Goethezeit*. Tübingen 1976, S. 88–91. Müllers Kontrastbehauptung, „die Utopie biet[e] als konfliktlose und selbstverständliche Ordnung keinen Erzählstoff und keine Möglichkeit für eine Handlung" (91), die Felsenburgische Existenz sei demzufolge eine geschichtslose, ist in dieser Verabsolutierung allerdings nicht haltbar und wäre zu korrigieren: Sie ist – nach Albert Julius' Lebensgeschichte, die mit der Instituierung der insularen Gesellschaftsordnung zusammenfällt – nicht mehr im Modus autobiografischen Erzählens darstellbar. Vgl. dazu Vogl, *Kalkül und Leidenschaft* 2002, S. 192–199. Die differenzierteste, ausführlich kontextualisierte Analyse von Schnabels Erzählverfahren verdanken wir Günter Dammann: Über J. G. Schnabel. Spurensuche, die Plots der Romane und die Arbeit am Sinn. In: Johann Gottfried Schnabel: *Insel Felsenburg. Wunderliche Fata einiger Seefahrer. Anhang*. Frankfurt/M. 1997, S. 7–299, insbes. S. 75–140.
10 Robert Stockhammer: *Kartierung der Erde. Macht und Lust in Karten und Literatur*. München 2007, S. 127. Konsequent eingehalten wird das erste dieser Gesetze allerdings nicht. Das zweite besagt, dass auch *von* der Insel vornehmlich die beiden ‚europäischen' Vertreter der patriarchalen Herrscherfamilie berichten: der ‚Alt-Vater' Albert Julius und sein importierter Urgroßneffe Eberhard Julius.
11 Vogl, *Kalkül und Leidenschaft* 2002, S. 192 und 199.

sche Bibeln, 400. Gesang- und Gebeth- nebst vielen andern, so wohl geistl. als weltlichen höchst *nützlichen* Büchern" festhält (I, 25; Hervorhebung S.K.), drängt sich auch auf den zweiten Blick nicht gerade als Ort einer Lebensgestaltung auf, die sich dem „vollzugsorientiert[en], interessiert[en] Besitzen" des Luxus verschrieben hat.[12] Selbst für ausgehungerte Bibliophile dürfte solches doch wohl eine zu magere Kost abgeben. Allerdings verrät ein genauerer Blick auf diese Importware und vor allem den Akt ihrer Einfuhr, dass sich das ökonomische Verhalten auf der Insel möglicherweise trotz aller demonstrativen Biederkeit doch nicht ganz beziehungsweise restlos auf eine „Realisierung europäischen Funktionswissens unter optimierten Bedingungen" beschränkt:[13]

> Immittelst hatte *Mons. Wolffgang* noch vor der Abend-Mahlzeit das Schlag-Faß, worinnen die Bibeln und andere Bücher waren, aufgemacht, und *præsentir*te dem alten *Alberto* eine in schwartzen Sammet eingebundene Bibel, welche aller Orten starck mit Silber beschlagen, und auf dem Schnitt verguldet war. *Albertus* [k]üssete dieselbe, drückte sie an seine Brust und vergoß häuffige Freuden-Thränen, da er zumal sahe, daß wir noch einen so starcken Vorrath an dergleichen und andern geistl. Büchern hatten, auch höret, daß wir dieselben bey ersterer Zusammenkunfft unter die 9. *Juli*schen Familien [...] austheilen wolten. Nächst diesem wurden dem *Alberto*, und denen Alten, noch viele andere köstliche Sachen eingehändigt, die so wol zur Zierde als besonderer Bequemlichkeit gereichten, worüber alle insgesammt eine Verwunderungs-volle Dancksagung abstatteten. Folgenden Tages als an einem Sonnabend, muste ich, auf *Mons. Wolffgangs* Ersuchen, in einer bequemen Kammer einen vollkommenen Krahm, so wohl von allerhand nützlichen Sachen, als Kindereyen und Spielwerck auslegen, weiln er selbiges unter die Einwohner der Insul vom Grösten biß zum Kleinesten auszutheilen willens war. *Mons. Wolffgang* aber, ließ indessen die übrigen Dinge, als *Victuali*en, *Instrumenta*, Tücher, Leinwand, Kleyder-Geräthe und dergleichen, an solche Orte verschaffen, wo ein jedes vor der Verderbung sicher seyn konte. (I, 105f.)

Schnabels zwischen 1731 und 1743 in vier Bänden erschienene *Wunderliche Fata einiger See-Fahrer* zeichnen – so die von dieser und zahlreichen vergleichbaren Passagen[14] des Überschießens motivierte These meines Beitrags – eine insulare Heterotopie, die keineswegs nur zwischen Überlebenserzählung, Staatsentwurf und familialer Kolonialisierung oszilliert, sondern konsequent den Ambiguitäten und Paradoxien einer eigenwilligen Ökonomie des Überflusses ihren Ort gibt. Zwar zeigt Felsenburg beim topographischen *first contact*, ihrem Namen getreu,

---
12 Lambert Wiesing: *Luxus.* Berlin 2015, S. 18.
13 Vogl, *Kalkül und Leidenschaft* 2002, S. 186.
14 Vornehmlich am Essen sowie am unentwegten Einsatz von „Kanonendonner und Feuerwerk" kommt die motivische Exuberanz der felsenburgischen Ökonomie zum Ausdruck. Vgl. Martina Wagner-Egelhaaf: *Die Melancholie der Literatur. Diskursgeschichte und Textfiguration.* Stuttgart und Weimar 1997, S. 282f., hier S. 283).

ein abweisendes Äußeres, „hinterwärts einen grausamen Felsen, seitwärts das Hintertheil vom zerscheiterten Schiffe, sonsten aber nichts als Sand-Bäncke, Wasser und Himmel" (I, 139). Der insistierende Blick aber erkennt zuverlässig „das schönste Lust-Revier der Welt" (I, 99). Man entdeckt nach und nach Spuren elementarer Kultur – einen verwilderten Garten, Geschirrreste, Reben – ebenso wie reiche (materielle so gut wie symbolische) Schätze aus geheimnisvoller Vorzeit. Schon den ersten Schiffbrüchigen des Romans erlaubt eine übermäßig spendable, (agri-)kulturell präfigurierte Natur bald, die Frage individueller Überlebensnöte zugunsten der Begründung und Einrichtung gesellschaftlichen Lebens hintanzustellen; „bewahrt [...] vor einem primitiven Beginn" ist ihre Vergesellschaftung dank der gesicherten Strandgüter und der erkennbaren und bald rekonstruierbaren insularen Vorgeschichte ohnehin.[15] Das aber zieht unter den Erstankömmlingen eine neue und unvermutete Ressourcenknappheit nach sich: auf drei Männer kommt eine Frau, was zur Eskalation gewalttätiger Bemächtigungsversuche führt und schließlich die Primärbevölkerung auf das Besiedlung und Genealogie stiftende Paar halbiert. Doch auch nach dieser Begründung ändert sich an der Ambiguität des Überflüssigen strukturell wenig. Trotz einer Ökonomie, „deren Grundmuster familial, deren Wertordnung orthodox-lutherisch geprägt ist und die sich vor allem auf die Abschöpfung einer freigiebigen Natur gründet"[16], durchschießen immer wieder stolz und ausführlich verbuchte und gleichzeitig als latent bedrohlich wahrgenommene Elemente des Überschusses und Überflusses die Erzählung des Romans – ganz so, als könnte diese selbst sich nicht zwischen den Topoi des Paradieses und des stets drohenden Glückswechsels auf hoher See entscheiden, zwischen denen sich die Geschicke der Insel sowie die Fahrten und Lebensläufe ihrer Bewohner und Besiedler entfalten. Dieser grundlegenden, thematisch ebenso wie formal ausschlaggebenden Ambiguität des Überflusses und ihren Konsequenzen für Schnabels monumentales Romanprojekt und vor allem für das „Felsenburg-Syntagma"[17] will der Beitrag nachgehen. Er schlägt damit auch eine Antwort auf das von Christian Kirchmeier hervorgehobene strukturelle Grundproblem des Romans vor: die Insel „als abgeschlossenen Raum in Opposition zur Gegenwelt" stellen zu müssen und „dennoch eine Transgression" zuzulassen,[18] die sowohl die Konstitution dieses

---

15 Rosemarie Haas: Die Landschaft auf der Insel Felsenburg. In: *Zeitschrift für deutsches Altertum und deutsche Literatur* 91 (1961), S. 73.
16 Vogl, *Kalkül und Leidenschaft* 2002, S. 186.
17 Dammann, Über J. G. Schnabel 1997, S. 103.
18 Christian Kirchmeier: *Moral und Literatur. Eine historische Typologie.* München 2013, S. 264. Die von Kirchmeier herausgearbeiteten Auswege aus diesem Dilemma – das vorgeschaltete Klein-Felsenburg als Moment der Zugangskontrolle, die Narration als Transformationsvoraussetzung,

Raums als auch das Erzählen davon allererst ermöglicht. Ich will zu diesem Zweck zunächst die erzähldynamische Grundstruktur des insularen Überflusses (II.) konturieren, um dann die handlungsgenerierende Matrix einer ‚Politik der Schätze' auf Felsenburg in den Blick zu nehmen (III.). Ein abschließender Blick gilt einer scheinbar beiläufigen narrativen Ausgestaltung und der erzählinszenatorischen Spiegelung, die diese Dynamik des Überflusses in Schnabels Romantetralogie erfahren (IV.).

II

In eklatantem Unterschied zur Robinsonade sowie zu vielen frühneuzeitlichen Utopien bedeutet Insularität im Fall Felsenburgs keinesfalls schlicht unfreiwillige oder programmatische Isolation. Früh in der Forschung zum Roman bereits hat man deswegen eine grundsätzliche Differenzierung vornehmen wollen, der zufolge Felsenburg nicht wie im Falle des Robinsonschen Eilands ein ‚Exil', sondern als ‚Asyl' figuriere, und an diesem Zuschnitt des erzählten Ortes auch gleich die entscheidende Gattungsdifferenz festgemacht: von unfreiwilliger insularer Verbannung erzählten Robinsonaden, von selbstgewählter Isolation Utopien.[19] Für das Modell ‚Felsenburg' und dessen Geschichte[20] dürfte der grobe Schematismus dieser Unterscheidung ebenso überzogen sein wie die Gegenüberstellung der beiden Konzepte fragwürdig ist. Denn einerseits weist sowohl die spannungsgeladene Vierer-Konstellation der ersten Schiffbrüchigen – das aus England durchgebrannte Paar Concordia Plürs und Monsieur van Leuven, der französische Schiffskapitän und (wie sich schnell abzeichnet) Erzbösewicht Lemelie sowie der künftige Inselpatriarch Albert Julius – als auch die in der Erzählung binnen kürzester Zeit ausgeräumte Zweifelhaftigkeit ihres Überlebens bald darauf hin, dass diese Insel mehr und anderes als den Schauplatz für eine unter Zwangsbedingungen veranlasste ‚Geschichte *des* Menschen im Kleinen' bieten wird. Andererseits wird selbst die „Furcht vor bösen Menschen, die sich etwa unseres Landes und unserer Güter gelüsten lassen" (I, 288) ihren Schrecken verlieren

---

die Einheirat in die julische Dynastie und die religiöse Homogenisierung – sind, wie mir scheint, der Narrationsdynamik des Überflusses allesamt nachgelagert.
19 Vgl. Fritz Brüggemann: *Utopie und Robinsonade. Untersuchungen zu Schnabels Insel Felsenburg (1731–1743)*. Weimar 1914, S. 104, der daraus ein Genrekriterium ableitet. Dazu kritisch Ludwig Stockinger: *Ficta respublica. Gattungsgeschichtliche Untersuchungen zur utopischen Erzählung in der deutschen Literatur des frühen 18. Jahrhunderts*. Tübingen 1981, S. 62f.
20 Wilhelm Voßkamp: *Emblematik der Zukunft. Poetik und Geschichte literarischer Utopien von Thomas Morus bis Robert Musil*. Berlin und Boston 2016, S. 167.

angesichts der Befürchtung, die neun Kinder des Gründerpaares könnten, sobald sie einmal in die „[m]annbaren Jahre" gekommen sind und „der natürliche Trieb die Vernunfft und Frömmigkeit übermeistert", mangels Zufuhr externer Geschlechtspartner*innen „Blut-Schande begehen, und einander selbst heyrathen" (I, 287 f.). Die erzähldynamische Funktion der Insel Felsenburg entsteht aus einer Topologie des Überflusses, in der die Insularität den systemisch entscheidenden Platz innehat. Mangel und Überfluss bilden darin nicht, wie üblich, Extrem- beziehungsweise Grenzwerte auf einer Skala der Verfügbarkeit. Sie dienen vielmehr als relationales Paar – als die zwei Seiten einer Münze gewissermaßen, deren diegetische Bedeutsamkeit zwar nicht besonders hervorstechen mag, deren erzählgenerativer Wert dafür aber umso bedeutsamer ist. Denn aufgrund dieser Kopplung hat die Erzählung und haben die Erzählungen des Romans beständig dafür zu sorgen, dass sich diese generative Münze weiterdreht.[21] Das ist unter den Bedingungen insularer Abschließung unabhängig von aller Genrespezifik nicht zu gewährleisten – Felsenburg fügt sich deshalb schlecht in das zu grob veranlagte topologische Genregefüge, weil es keine Welt für sich ist, sein soll und kann. Aus einer Perspektive mit größtmöglicher, nämlich globaler Distanz fängt das bei der Lage dieser Insel an, die es nicht gibt. Robert Stockhammer hat darauf aufmerksam gemacht, dass Felsenburg zwar schwer zu orten ist, wenn man für die Insel extratextuelle topographische Referenz beanspruchen wollte. Das mag, topologisch betrachtet, ihr utopisches Erbe sein. Demzufolge spricht also für die von Arno Schmidt vehement vorgetragene Behauptung, Felsenburg sei mit Tristan da Cunha „identisch", gerade aus systematischen Gründen wenig.[22] Die Lage im

---

[21] Die Behauptung, dass auf Felsenburg „Mangel [...] ebensowenig denkbar" sei „wie Überfluß" – genauso wie die daraus abgeleitete „Grundbedingung des Entwurfs: Mangel und Überfluß sind auszuschalten; es ist ein Ort zu schaffen, der dem Menschen genau das bietet, was er braucht" (Haas, Die Landschaft auf der Insel Felsenburg, S. 78f.) –, verfehlt damit die Erzählstruktur von Schnabels Roman in jeder Hinsicht. Es geht ganz im Gegenteil darum, die Dynamik von Mangel und Überfluss *in Gang zu halten*. So hat z. B. bereits Martina Wagner-Egelhaaf unterstrichen, dass der erwähnte Paarbildungsmechanismus „für die erzählerische Selbstkonstitution der *Insel Felsenburg* unverzichtbar ist" (Wagner-Egelhaaf, *Die Melancholie der Literatur* 1997, S. 281).

[22] Vgl. Arno Schmidt: Herrn Schnabels Spur. Vom Gesetz der Tristaniten (1956). In: *Bargfelder Ausgabe. Werkgruppe II: Dialoge*. Studienausgabe, Bd. 1.2. Bargfeld 1990, S. 235–264: „[E]s folgt der Nachweis: *daß die ‚Insel Felsenburg' identisch ist mit der Inselgruppe von Tristan da Cunha*" (259). Stockhammer, *Kartierung der Erde* 2007 S. 117, Anm. 14 hat herausgestrichen, dass es Schmidt dabei wohl weniger darum ging, eine Realreferenz fürs literarische Eiland zu behaupten, als vielmehr Felsenburg als literarische Präfiguration der realen Insel Tristan da Cunha herauszustellen. Der entscheidende Satz bei Schmidt: „*Auf Tristan da Cunha lebt man, wie Schnabel es vorgezeichnet hat* – zu einer Zeit, als jene Gruppe noch menschenleer war!" (ebd., S. 261).

Südatlantik und damit ihre Positionierung in den Trajektorien des frühneuzeitlichen, kolonialistischen Weltverkehrs aber teilen tatsächliche und fiktive Insel durchaus:

> Zwischen dem Ende des 15. Jahrhunderts und 1869 – also zwischen der Erschließung des Seewegs nach Ostindien sowie der Entdeckung Westindiens einerseits und der Eröffnung des Suezkanals andererseits – lag ein globaler Verkehrsknotenpunkt im Dreieck Kap der Guten Hoffnung/St. Helena/Tristan da Cunha, wo nicht nur der übliche Weg zwischen Europa und Ostindien, sondern auch ein Weg um das Kap Horn nach China vorbeiführte. Und die Insel Felsenburg liegt, so unklar ihre exakte Position ist, jedenfalls in diesem Dreieck. Schnabel verortet sie nachdrücklich im real existierenden Kraftfeld des Kolonialismus, so dass der Doppelsinn von Thomas Morus' englisch ausgesprochenem Neograezismus *Utopia* hier auseinanderfällt: so eu-topisch die Insel ist, so wenig ou-topisch ist sie.[23]

In dieses Kraftfeld ist die Insel topologisch eingelassen, in ihm *agieren* ihre Bewohner auch – topographisch, ökonomisch, politisch –, wenn man sich ihr perspektivisch nähert. Zwar sind die beiden ersten familienfremden Protagonisten der sich herausbildenden Gesellschaft, ein Engländer namens Amias Hülter und sein Neffe Robert, noch vom Zufall beziehungsweise dem „Himmel" (I, 289) als Schiffbrüchige an den Strand gespült worden; der jüngere von ihnen wird wenig mehr als einen Monat nach seiner Ankunft zum ersten Schwiegersohn des Patriarchen. Amias selbst aber nutzt gewissermaßen seine diegetische Exzentrik. Er stellt als erster zur Debatte, wie mit dem Felsenburgischen Überfluss umzugehen wäre, und formuliert dabei diese Frage systematisch in der erwähnten Korrelation zum Mangel. Außerdem schlägt er eine aktiv betriebene dynastische Politik vor, konkret zuvörderst einen Verkehr mit dem nächstgelegenen St. Helena, um von dort „zum wenigsten noch so viel Menschen beyderley Geschlechts hieher zu verschaffen, als zur Beheyrathung eurer Kinder von nöthen seyn" (I, 300). Dass zuvor noch einmal ein Schiff vor der Insel strandet und für weiteren Nachschub an Partner*innen für die Kinder des Gründerpaars sorgt, schiebt die Umsetzung dieser Exogamiestrategie nur auf. Denn durch diesen Zufall verschärft sich nach den Struktursätzen des Felsenburgischen Überflussverständnisses das aufgeworfene Problem eher, als dass es gemildert würde. Im verzeitlichten Relationsmodell verschieben die zusätzlichen Ehen und ihre reproduktiven Konsequenzen ja nicht einfach die Skala in die Richtung des bevölkerungspolitischen und ökonomischen Überflusses. Vielmehr geben sie komplementär dazu dem je individuellen Mangel derjenigen deutlicheres Profil, die von solchen Zufällen noch nicht profitiert haben beziehungsweise nicht profitieren können: Sobald er ins heiratsfähige Alter gekommen ist, beginnt sich bereits der nächste noch unbe-

---

23 Stockhammer, *Kartierung der Erde* 2007, S. 118f.

weibte Sohn aus dem Hause Julius demgemäß „nach der Lebens-Art seiner ältern Brüder, das ist, nach einem Ehe-Gemahl" (I, 373) zu sehnen und bringt damit die Dynamik der Erzählung erneut mit den insularen Begrenzungen in Konflikt. Und so verlässt schließlich eine Expedition die Gestade Felsenburgs zur aktiven Suche nach „3. anständige[n] Weibs-Personen" (I, 374 f.) für die noch ledigen Söhne. Man muss allerdings auch bei dieser ersten Exkursion nicht bis St. Helena und also in den Einflussbereich der *East India Company* segeln,[24] um das Ziel zu erreichen. Wie es der Zufall beziehungsweise einmal mehr eine „besondere Fügung des Himmels" (I, 382) will, steht man unterwegs einem holländischen Ostindienfahrer erfolgreich gegen einen Piratenüberfall bei und macht auf ihm „verschiedene, theils noch gar junge, theils schon etwas ältere Frauens-Personen" ausfindig (I, 380), die aufs trefflichste ins Suchprofil passen und außerdem bereit sind, sich in die Heiratspläne Felsenburgs zu fügen. Doch nicht nur das: Amias erwirbt von den Holländern „4. grosse Faß Pulver, nebst etlichen Centnern Bley, wie auch allerhand treffliche Europäische *Victual*ien, welche er mit andern, die auf unserer Insul gewachsen, ersetzet, und dabey Gelegenheit nimmt, von diesem und jenen allerhand Sämereyen, Frucht-Kernen und Blumen-Gewächse auszubitten" (I, 387 f.). Und so ist nicht nur das „*Commercium*" (IV, 3) zwischen der Insel und Alt-Europa eröffnet, lange bevor das politische Sendschreiben Alberts II. zu Beginn des vierten Bandes den Felsenburgischen Wunsch danach aktenkundig machen wird, sondern auch die Beziehung zur zweiten einschlägigen Kolonialmacht in der Region gestiftet, die fortan neben die bestehenden genealogischen Verbindungen zu England – wenn nicht gar an deren Stelle – tritt und die sich in den künftigen Europa-Fahrten der Felsenburger in einem bemerkenswerten Ermächtigungsakt instituieren wird: Vor der nächsten Seereise werden dem Felsenburgischen Schiff schlicht „Holländische Flaggen auff[gesteckt]" (I, 444) – der Hafen von Amsterdam wird dementsprechend die Adresse sein, an der die zu importierenden Handwerker, Güter und julischen Familienmitglieder die Fahrt nach Felsenburg antreten. Im dortigen „Ost-Indische[n] Hauß" (I, 20) trifft der Erzähler Eberhard Julius auf den Kapitän Leonhard Wolffgang, der mit der ersten dieser großen Fahrten betraut ist und der sich auch in seinem handlungseröffnenden Brief an Eberhard als „Schiffs-Capitain in Holländischen Diensten" (I, 9) ausgibt.

Aus diesen Andeutungen schon mag erhellen, dass das topologische Strukturgefüge von Schnabels Roman in eigentümlicher Weise quer zu den erwartbaren Beziehungsordnungen sowohl narrativer als auch räumlicher Art liegt. An der „*Ollebutterie*" (I, <2v>) der Robinsonaden und Inselnarrative, von der sich die Vorrede zum ersten Band selbstbewusst absetzt, mischen die vier Bände *erzähl-*

---

24 Vgl. Stockhammer, *Kartierung der Erde* 2007, S. 120.

programmatisch geradezu exzessiv mit: Von den frühneuzeitlichen Utopien wählen sie, genrebezogen, den Fokus auf eine ideale, lokal begrenzte und durch Zutrittsregelungen verwaltete Gesellschaftsordnung. Mit dem Staatsroman teilen sie die repräsentative *enumeratio* der territorial gebundenen und distribuierten Errungenschaften, Güter und Reichtümer, zudem eine nicht nur erzählerische, sondern auch erzählte Gedächtnisstiftung, die in einer ausgefeilten Denkmalpolitik Ausdruck findet. Der Robinsonade entnimmt der Roman gleich mehrmals den Erstkontakt am unwirtlichen Inselstrand, dem Erzählmodell des Picaroromans die episodische Struktur und die Serialität der Abenteuer. Sogar narrative Formmerkmale des neuzeitlichen Romans – dessen Karriere ja gerade erst begonnen hat – glaubt man entdecken zu können, insbesondere in der Fokussierung auf die individuellen (Über-)Lebensgeschichten. Mit der Vervielfachung seiner singulär-isolierenden Erzählmomente allerdings erzeugt der Roman auch *raumbezogen* eine geradezu globale Streuung. Für die Ordnung des Erzählten gilt das ohnehin: Mag die Insel auch so etwas wie eine *mise en abyme* alteuropäischer Macht- und Dominanzstrukturen im südlichen Atlantik bilden, indem sie diese gewissermaßen vor Ort und im Kleinen wiederholt und verbessert, so gliedert sie sich doch bald still und zahlungskräftig ins Gefüge kolonialer Raumordnungen ein. Und gleichzeitig figuriert Felsenburg auf eigentümliche Weise Heterotopien eines märchenhaften, wunderbaren Überflusses, die Topiken des Paradieses, des Schlaraffenlands, eines Eldorado, und eine ‚Homoiotopie' ökonomischer, regierungstechnischer und moralischer Herstellung und Sicherung von Reichtümern und Prosperität und, wichtiger wohl noch, verschränkt diese ineinander. Trotz aller funktionsdifferenzierenden und arbeitsdiversifizierenden Handwerker-Importe oder der unermüdlichen Beschaffung von Nutzpflanzen und -tieren wird die Insel keineswegs restlos zur „Agrar-Manufaktur-‚Gesellschaft'", wie man gelegentlich lesen kann.[25]

Diese Verschränkung erzählerischer und raumerzählender Dynamisierung wird in den Lebensgeschichten der Kapitäne, die Felsenburg mit dem Rest der Welt in Beziehung halten, besonders deutlich. Leonhard Wolffgang ist die erste dieser Relaisfiguren[26] und gleichzeitig die erste der Figuren überhaupt, deren Lebenslauf der Text zu präsentieren beginnt. Auf der Fahrt von Amsterdam nach Felsenburg versammeln sich die künftige Funktionselite der Insel und die ersten importierten Handwerker aus Europa um den erzählenden Kapitän. Seine Le-

---

25 Dietrich Grohnert: *Aufbau und Selbstzerstörung einer literarischen Utopie. Untersuchungen zu Johann Gottfried Schnabels Roman ‚Die Insel Felsenburg'*. St. Ingbert 1997, S. 155.
26 Vgl. Dammann, Über J. G. Schnabel 1997, S. 174: „[I]m Grunde sind lediglich die Kapitäne Wolffgang und Horn sowie Eberhard Julius für den Austausch der Kolonie mit Europa (und Asien) zuständig."

benserzählung durchläuft sozusagen den gesamten Kursus der Genrebezüge, die in der Erzählung des Romans integriert sind. Wolffgang ist, so erfährt man, der jüngste Sohn eines brandenburgischen Posamentierers. Dessen acht Kinder wachsen zwar nicht in nennenswertem Wohlstand, aber dennoch in hinreichend gesicherten Verhältnissen auf, dass der Jüngste, der „eine besondere Liebe zu den Büchern zeig[t]" (I, 30), nach Frankfurt an der Oder zum Studium der Medizin geschickt werden kann. Aus dem sozialen Aufstieg durch Bildung wird aber nichts. Nach einem Trinkgelage lässt Wolffgang sich zum Duell provozieren und erschlägt dabei seinen Kontrahenten. Er flieht nach Greifswald, wo ihn die Furcht vor weiteren Nachstellungen, Gewissensbisse wegen des Getöteten und des auf die Schreckensnachricht hin vom Schlag getroffenen Vaters ebenso wie seine prekär gewordene materielle Situation von der geplanten Fortsetzung der Studien abhalten: Da ihm „hinlängliche *subsidia*" ebenso fehlen wie die „wahre Gemüths-Ruhe", da ihn zudem seine Geschwister „um GOTTES willen" bitten, „so weit in die Welt hinein zu gehen als [er] könte, damit sie nicht etwa eine noch betrübtere Zeitung, von Abschlagung [s]eines Kopffs bekommen möchten", beschließt er, sein Heil „auf der unruhigen See zu suchen, und deßfals zu Schiffe zu gehen" (I, 33). So wie Wolffgang auf kaum anderthalb Romanseiten vom ‚fleißigen' über den ‚sauffenden' und ‚rauffenden' zum ‚desperaten' Studenten wird, um eine zeitgenössische Topik zu bemühen,[27] so durchläuft seine anschließende kaufmännische Karriere nicht weniger rasant die Stationen vom Handelsgehilfen in einem Lübecker Haus über den Kommissionär in den mit diesem verbundenen „See-Städte[n]" (I, 34) bis zur Karriere im holländischen Ostindienhandel, die er in der Doppelrolle als Schiffsoffizier und auf eigene Rechnung handelnder Kaufmann betreibt. Es gelingt ihm, „in wenig Jahren ein ziemlich *Capital* zu sammlen" (I, 56) und bei der Gelegenheit eine ganze Reihe von Abenteuern aller Art zu durchlaufen. Da ist es nur konsequent, dass man Wolffgang bald schon als Premierleutnant eines Freibeuters in holländischem Auftrag auf den Antillen wiederfindet, wo er in spanische Gefangenschaft gerät, nach einiger Zeit mit der Tochter des Gouverneurs durchbrennt und, zurück auf Bonair, als wohlhabender Mann und „Vice-Gouverneur" (I, 77) an ein Ende seiner erfolgreichen Jagd nach der „schöne[n] Gelegenheit" (I, 34) gekommen zu sein scheint. Doch dann wechselt sein Glück. Die junge Gattin stirbt im Wochenbett, und nachdem er zurück nach Europa gefahren ist und seine Angelegenheiten in Ordnung gebracht hat, revoltiert er gegen die Verlockung, in der brandenburgischen Provinz „in Ruhe zu bleiben,

---

[27] Vgl. zu dieser Topik Dendrono [d. i. Johann Georg Puschner]: *Natürliche Abschilderung des academischen Lebens in schönen Figuren ans Licht gestellet* (ca. 1725). Hg. Konrad Lengenfelder. Nürnberg 1962.

[...] ein schönes Gut [zu] kauffen, und eine vortheilhafte *Mariage* [zu] treffen" (I, 81). Stattdessen sticht Wolffgang wieder in See, diesmal als Kapitän eines Freibeuters, dessen Besatzung indes, wie er feststellen muss, „zu [s]einem Unglücke den Abschaum aller Schelmen, Diebe, und des allerliederlichsten Gesindels" versammelt (I, 81). Nach einer Meuterei wird er an einem „wüsten Felsen ausgesetzt" (I, 84), hinter dessen unwirtlicher Fassade – man ahnt es bald – sich aber „eine der allerschönsten Gegenden von der Welt" (I, 87) verbirgt: nämlich das Julische Felsenburg. Wolffgangs Zuhörer auf dem Schiff nach diesem Ziel müssen sich mit dieser ersten Hälfte der Biographie für einige Zeit begnügen; erst auf der Insel, nachdem dazwischen die Lebensgeschichte Albert Julius' von der Inbesitznahme und Gesellschaftsbildung informiert hat, wird der erste Felsenburgische Fernhandelsbeauftragte die Begebnisse nach dieser Zäsur und somit die Berufung in dieses Amt nachtragen. Hin- und hergerissen zwischen den Verlockungen eines insularen Lebens „im überflusse" und seinen „wunderlich herum schweiffenden Sinnen", wird Wolffgang auf Felsenburg schließlich von einer „Liebes-Begebenheit" (I, 432 f.) zur Entscheidung zugunsten der Insel angespornt: eine Enkelin des Altvaters ist es, die ihn dazu motiviert. Eine letzte Fahrt aber „*in Europam*" (I, 443) solle er noch unternehmen, bittet ihn Albert Julius. Im Vergleich zur ersten, bescheidener angelegten Überseeexpedition unter der Leitung Amias Hülters hat sich die Relationsdynamik von Mangel und Überfluss inzwischen diversifiziert und erweitert, wie der Inselpatriarch durch die Erläuterung seines Wunsches deutlich macht:

> Derowegen brach endlich der werthe Alt-Vater loß, und hielt mir in einer weitläufftigen Rede den glückseeligen Zustand vor, in welchen er sich nebst den Seinigen auf dieser Insul vor GOtt gesetzet sähe. Nur dieses einzige beunruhige sein Gewissen, daß nemlich er und die Seinigen ohne Priester seyn, mithin des heiligen Abendmahls nebst anderer geistlicher Gaben beraubt leben müsten; Uber diese, da die Anzahl der Weibs-Personen auf der Insul stärcker sey, als der Männer, so wäre zu wünschen, daß noch einige zum Ehe-Stande tüchtige Handwercker und Künstler anhero gebracht werden könten, welches dem gemeinen Wesen zum sonderbaren Nutzen, und manchen armen Europäer, der sein Brod nicht wohl finden könte, zum ruhigen Vergnügen gereichen würde. Und letztlich wünschte der liebe Alt-Vater, vor seinem Ende noch einen seiner Bluts-Freunde aus Europa bey sich zu sehen, um demselben einen Theil seines fast unschätzbaren Schatzes zuzuwenden, denn, sagte er: Was sind diese Glücks-Güter mir und den Meinigen auf dieser Insul nütze, da wir mit niemanden in der Welt Handel und Wandel zu treiben gesonnen? (I, 442)

Auch wenn sie unter anderer Flagge segeln: die Kapitäne in Felsenburgischen Diensten sind die maßgeblichen Akteure dieser Dynamik – einer Dynamik, die deutliche Expansionstendenzen zeigt. Sie figurieren damit die grundlegende ‚Nicht-Insularität' dieser Topologie des Überflusses, deren erzählerische Ausgestaltung sich in zahlreichen anderen, diegetischen ebenso wie allegorischen

Darstellungselementen nachzeichnen ließe. Wenn sich zu Beginn des vierten Bandes Albert II., erstgeborener Sohn und Nachfolger des Altvaters, als Regent der Insel an die „geliebtesten und allerwerthesten Freund[e] in Europa" wendet und in glatten Worten sein Bedauern angesichts all derjenigen unter diesen artikuliert, die dort „etwa Noth und Mangel leyden möchten" (IV, 3),[28] dann generalisiert er lediglich eine längst etablierte, allerdings familiär-ökonomisch gehegte Praxis des Felsenburger Weltverkehrs.

III

Das relationale Modell von Überfluss und Mangel, das die erzählerische Topologie von Schnabels Roman bestimmt, kennzeichnet auch die Handlungs- und Verhaltensweisen der Protagonisten. Ihm zufolge gelten (zumindest) die sogenannten ‚zeitlichen Güter' als „*mobili*en" (I, 355)[29], wie es in einer der Binnenerzählungen treffend heißt, und das bezeichnet im Roman nicht nur deren rechtlichen Status, sondern auch deren Funktion. Analog zum Verständnis von Überfluss und Mangel allerdings wird man diese Mobilität im spezifischeren Fall der insularen Reichtümer nur in ihrer differentiellen Einheit zu einer bestimmten Form von Unbeweglichkeit angemessen beschreiben können. Denn zwar sind Felsenburgs Hauptexportgüter solche ‚Mobilien', das heißt hauptsächlich Geld, Edelmetalle und Wertsachen, aber sie beruhen auf einem gut gehüteten und immobilisierten Fundus. Dieser ist mit den Hinterlassenschaften der ausgestorbenen spanischen Erstkolonisatoren begründet worden und wird aus den Beständen angespülter Schiffswracks gemehrt. Doch entgegen allen Lektüren, die sich auf die Topoi von Felsenburg als Zufluchtsort oder Rettungsinsel konzentrieren, ist diese Immobi-

---

[28] „Wolte GOtt! es schickte sich, ein ordentliches Commercium mit ihnen zu stifften; Die Weite des Weges solte solches Seiten unserer nicht verhindern, vielleicht würde manchen Nothleydenden und Bedürfftigen besser gerathen seyn. Da aber dieses bey jetzigen schlimmen Zeiten und gefährlichen Welt-Händeln, wie uns berichtet worden, eher zu wünschen, als zu hoffen stehet, so können wir weiter nichts thun, als daß wir vor sie beten, und sie der guten, milden und barmhertzigen Hand GOttes des Allmächtigen empfehlen" (IV, 3).

[29] Das ist nicht ganz überraschend, gilt doch der Begriff gemeinhin als Synonym für ‚bewegliche Habe'. Allerdings gibt Zedlers *Universal-Lexicon* „wegen des Goldes und Silbers zu gedencken, daß solches nach der gemeinisten Meinung wegen seiner ausnehmenden Kostbarkeit vielmehr denen unbeweglichen, als beweglichen Gütern beygezählet werde" (21, 678). Vgl. zu solchen Abweichungen „von der natürlichen Sacheinteilung" Werner Ogris: Art. Fahrnis, Fahrhabe. In: *Handwörterbuch zur deutschen Rechtsgeschichte*. Hg. Albrecht Cordes et al. 2. Aufl. Berlin 2008, Bd. 1, Sp. 1474–1477.

lisierung reversibel.³⁰ „Zugespitzt formuliert wäre Felsenburg ohne seine gehorteten Schätze nicht denkbar", hat Martina Wagner-Egelhaaf zurecht bemerkt;³¹ aus ihnen versteht man, heißt das, beizeiten das Nötige flüssig zu machen.

Parallel zur Überfluss produzierenden Subsistenzwirtschaft beruht die Ökonomie der Insel nämlich auf einer *Politik der Schätze*, welche letzteren der Roman notorisch mit dem paranomastisch-antithetischen Epitheton ‚unschätzbar' auszuzeichnen pflegt. Diese Politik beginnt bereits mit der Vorgeschichte der Julischen Dynastie, das heißt konkret: mit der zeitlichen Nahvergangenheit, die *materialiter* in den Entdeckungen der vier Schiffbrüchigen und *textualiter* in den Aufzeichnungen des Don Cyrillo de Valaro am Ende des ersten Bandes umrissen wird.³² Auf die Reichtümer des Don Cyrillo stößt man durch Zufall beziehungsweise, wie üblich, durch eine Fügung des „Himmel[s]" (I, 175) und bereits am ersten Sonntag auf der Insel. Albert Julius, der nach dem mit „beten, singen und Bibel-lesen" verbrachten Tag noch „etwas lustwandeln" will, rutscht aus und findet sich vor einer Höhle wieder, die allen Anschein einer künstlichen Anlage macht (I, 172f.). Zuerst will man sich mit Erkundungen zurückhalten, ja den Ort möglicher Gefahren gar verschütten. Eine nächtliche Erscheinung – sie wird sich als sehr handgreiflicher Geist dieses Don Cyrillo entpuppen, auf den die Anlage zurückgeht – überredet Albert aber dazu, mit seinen Gefährten die Höhle zu untersuchen. Man findet zunächst „allerhand Haußgeräth" (I, 177) und andere nützliche Dinge, dann die Leiche Cyrillos samt einem Stapel von Tafeln mit „eingegrabenen Schrifften" (I, 185). Albert Julius und van Leuven bestatten die sterblichen Überreste des Spaniers, wonach man unter dessen letztem Sitz einen veritablen „Schatz-Kasten" entdeckt, in dem weitere Schriften und die auch im Folgenden bestimmenden drei elementaren Formen Felsenburgischer Wertge-

---

30 Diese Reversibilität bildet, mit wenigen, eher beiläufigen Ausnahmen, den blinden Fleck der Forschung zum Roman. Selbst Vogls luzide Analyse der felsenburgischen Ökonomie beschränkt sich auf deren thesaurierende Hälfte, dank der die Insel zum „Sammelort angespülter oder entdeckter Schätze" wird, und versteht Felsenburg demgemäß „als Aggregat der Umwandlung wie der Speicherung [...], mit dem die Ströme von Ereignissen, von umher treibenden Menschen und Dingen gebündelt, vernetzt und gesichert, man könnte auch sagen: festgesetzt, verortet und reterritorialisiert werden". Dass in der Erzählung dieses „Potential" immer wieder aktualisiert wird, entgeht auch dieser Lektüre (Vogl, *Kalkül und Leidenschaft* 2002, S. 191f.).
31 Wagner-Egelhaaf, *Die Melancholie der Literatur* 1997, S. 282 – als eine der eben erwähnten Ausnahmen in der Forschungsliteratur.
32 Keinesweges werden, wie im Folgenden zu zeigen ist, erst mit dem dämonologischen Kontext der Entdeckungen auf Klein-Felsenburg, dem „Thema vom Teufel als dem Hüter des Schatzes" also, die Felsenburgischen Schätze mobil gemacht – als eine Art ‚Sündenfall' vom „naturrechtlichen Fundament" dieser Gesellschaftsgründung, wie Dammann, Über J. G. Schnabel 1997, S. 177 (vgl. S. 211–227, insbes. S. 225f.) anzunehmen scheint.

genstände anzutreffen sind: einen goldenen Becher gefüllt „mit unschätzbaren Kleinodien" sowie einen Haufen „güldene[r] Müntzen vielerley Gepräges und Forme" (I, 188). Das aber ist nur die exoterische Seite von Cyrillos Mobilien. Nachdem der dritte männliche Schiffbrüchige, der sich vor der Mithilfe an der Bestattung gedrückt hat, der französische Erzbösewicht Lemelie, nächtens von dem wiederkehrenden Geist Cyrillos grün und blau geprügelt worden ist, finden die beiden anderen ein bisher verborgen gebliebenes Gewölbe voller Perlen, „gediegenen Gold- und Silber-Klumpen, edlen Steinen und andern Kostbarkeiten, worüber [sie] gantz erstaunend, ja fast versteinert stehen blieben" (I, 190). Entborgen wird davon nichts, ganz im Gegenteil, und so behauptet Albert Julius noch achtzig Jahre danach bei der Erzählung seiner Lebensgeschichte, „die Kostbarkeiten [...] noch alle unverletzt zeigen" zu können (I, 191). Jedenfalls mauern die beiden die Fundstätte zunächst einmal schlicht wieder zu: „Ermeldte Schatz-Kammer aber, die wir dem *Lemelie* nicht wolten wissen lassen, wurde von unsern Händen wohl vermauret, auswendig mit Leimen beschlagen, und so zugerichtet, daß niemand vermuthen konte, als ob etwas verborgenes darhinter steckte" (I, 191).

Solchermaßen bilden der behobene und sogleich wieder verborgene Schatz beziehungsweise nach dem Bau der Residenz Alberts-Burg die Höhle selbst gewissermaßen die Krypta der felsenburgischen Überflussökonomie. Es handelt sich dabei zwar um „ein Artefakt eines Ortes, der in einem andern *begriffen*, aber von ihm streng geschieden, vom allgemeinen Raum durch Verschläge, Schotten, Enklaven isoliert ist", aber dennoch zögert man, diese Krypta vollends mit dem „im Inneren des Innen ausgeschlossene[n] Außen" zu identifizieren, als das Jacques Derrida den konzeptuellen Entwurf von Nicolas Abraham und Maria Torok rekonstruiert hat.[33] Wie die Insel selbst ist nämlich auch die Felsenburgische Krypta alles andere als isoliert und vom Welt- beziehungsweise Geldverkehr abgeschnitten; ihre Funktion speist sich vielmehr aus der Differenz von Thesaurierung und Mobilisierung. Als zentraler und Begründungs-Ort in den „topische[n] Machinationen" der besagten Ökonomie dient sie allerdings zweifelsohne.[34] Folgt man dem enzyklopädischen Wissen der Zeit, hat man es dabei mit einem Schatz im politischen Verständnis zu tun: „eines grossen Herrn Vorrath an Baarschaft, Gold, Silber und andern Kostbarkeiten.[35] Schatz im juristischen Sinne

---

[33] Jacques Derrida: Fors. Die Winkelwörter von Nicolas Abraham und Maria Torok. In: Nicolas Abraham, Maria Torok: *Kryptonymie. Das Verbarium des Wolfsmanns*. Übers. Werner Hamacher. Frankfurt/M., Berlin und Wien 1979, S. 9f.
[34] Derrida, Fors 1979, S. 55.
[35] Art. „Schatz". In: Johann Heinrich Zedler: *Grosses vollständiges Universal-Lexicon Aller Wissenschafften und Künste*, Bd. 34. Leipzig und Halle 1742, Sp. 980–984, hier Sp. 980.

dagegen bleiben die gefundenen Reichtümer nur so lange, bis man die Schriften des Urhebers gelesen hat und sich als Erbe legitimiert sehen kann.[36] Gespeist wird die inselfürstliche Politik der Schätze überdies fortlaufend durchs Strandrecht an angespülten Gütern, das bereits zu Zeiten Don Cyrillos „mehrere kostbare Schätze an Gold, Silber, Perlen, Edlen-Steinen" (I, 603) eingebracht hat; eine Praxis, die auch das Julische Felsenburg fortsetzen wird. Die ursprüngliche Akkumulation der Schatz-Krypta allerdings ist anderer Herkunft. Die beigegebene Erzählung von Don Cyrillos „Glücks- und Unglücks-Wechsel" lässt keinen Zweifel, dass die auf die Insel gebrachten Reichtümer bei kolonialen bis freibeuterischen Aneignungsakten aufgehäuft worden sind. Man sammelt, harmlos genug, Perlen auf einer unbewohnten Insel, auf die es Cyrillos kleines Schiff nach einem Sturm verschlägt. Man tauscht, schon weniger harmlos, auf einer bewohnten Insel „etliche Pfund Gold, das auf eine wunderliche Art zu Halß- und Armbändern, Ringen und Angehencken verarbeitet war, gegen allerhand elende und nichts-würdige Dinge" (I, 576). Man macht, einmal auf den Geschmack gekommen, solchen Tauscherwerb von Reichtümern zum Programm und rafft „solchergestalt fast mehr zusammen […], als unsere Schiffe zu ertragen vermögend waren" – baut also ein größeres Schiff zum Zweck, diese „Güter desto besser fortbringen" zu können (I, 580). Den so generierten „fast unschätzbaren Schatz an lautern Golde, Perlen und Edelgesteinen" (I, 582) werden die Abenteurer um Don Cyrillo schließlich auf ein anscheinend verlassenes „köstliche[s]" (I, 584) europäisches Schiff umladen, um mit diesem weiterzusegeln. Cyrillos Lebensgeschichte formuliert zwar wenigstens angesichts dieses Bemächtigungsakts gewisse Legitimitätszweifel. Aber kaum hat man sich auf dem neuen Schiff eingerichtet, findet man in dessen ungelöscht gebliebener Ladung erneut einen „grosse[n] Schatz an Golde nebst andern vortrefflichen Kostbarkeiten" (I, 585). Es ist somit eine unermesslich reiche Gruppe von Schatz-Akkumulateuren, die mit dem gestohlenen Schiff schließlich vor Felsenburg strandet. Dem Relationsprinzip entsprechend, das diesen Roman regiert, korrespondiert übrigens auch mit diesem Reichtum eine Unterausstat-

---

36 Als Schatz bezeichnet werden kann gemäß Zedler rechtlich nur „ein Vorrath an Gelde, der an einem heimlichen Orte von einer so langen Zeit her verborgen worden, daß man nicht mehr wissen kan, wessen er ehemals gewesen, oder eine solche alte Niederlage von Gelde, dessen Herr nicht mehr bekannt ist, oder welches Alters halben keinen Herrn mehr hat"; „wenn etwa aus einem beyliegenden Zettel, oder sonst woher, erhellet, von wem, und zu welcher Zeit, dis Geld sey deponirt worden; so ist es kein Schatz zu nennen" (ebd., Sp. 981f.). Entsprechend regeln bei Schnabel die auf „Zinnern Tafeln" (I, 179) geschriebenen Anordnungen Don Cyrillos den Transfer vom Zufallsfund des juristischen Schatzes zur Krypta von Felsenburgs politischer Ökonomie: Die Gewährung eines christlichen Begräbnisses legitimiert die Inanspruchnahme der „grosse[n] Belohnung" (I, 179), zu der die Hinterlassenschaften des Erstbesiedlers erklärt werden.

tung: Es handelt sich bei diesen Schiffbrüchigen um ein reines Männergrüppchen, in dem längst nicht jeder wie der durch allerhand üble Erfahrungen abgeschreckte Don Cyrillo „den allergrössten Eckel an der Vermischung mit dem Weiblichen Geschlechte" (I, 602) zeigt. Einige werden sich schließlich zum Entsetzen ihres Anführers in ihrer libidinösen Verzweiflung mit dressierten Äffinnen vergnügen – eine desperate Form der Mangelbewirtschaftung, die in Mord und Wahnsinn mündet. Wie die Erzählung Cyrillos demonstriert, gelingt es den Erstsiedlern auf Felsenburg nicht, das Beziehungsgefüge von Überfluss und Mangel in eine erfolgreiche Handlungsdynamik zu überführen. Die erste Kolonie auf der Insel wird schließlich in der Person ihres *last man standing* Cyrillo schlicht aussterben, so dass auch das überflüssige Kapital unfruchtbar bleibt und als Legat zum ‚unschätzbaren Schatz' am Grund der neuen Felsenburgischen Ordnung werden kann.

Inselnarrationen der beginnenden Neuzeit versäumen es in der Regel nicht, die Überflüssigkeit eines solchen Überflusses an Gold, Geld und Juwelen wortreich zu beklagen. Man denke an Robinson Crusoes Apostrophe beim Fund einigen Münzwertes auf dem Wrack, das er zerlegt: „O Drug! said I aloud, what art thou good for? Thou art not worth to me, no not the taking off of the Ground"; man bedenke allerdings auch dort den Fortgang der Ereignisse: „However, upon Second Thoughts, I took it away".[37] Diese doppelte Geste bestimmt einerseits auch weite Teile von Schnabels Roman.[38] Grundsätzlich sind zwar Geld und Geldwerte im Überfluss vorhanden, so wie die erweiterten Subsistenzmittel auch. Sie gelten im Unterschied zu diesen aber auf der Insel selbst als bedeutungslos, werden allerdings dennoch (oder vielleicht sogar deswegen) sorgsam gehütet und vor den

---

37 Daniel Defoe: *The Life and Strange Surprizing Adventures of Robinson Crusoe, of York, Mariner* [1719], zit. nach: *Robinson Crusoe. An Authoritative Text, Contexts, Criticism*. Hg. Michael Shinagel. 2. Aufl. New York und London 1994, S. 43. – Es ist allerdings festzuhalten, dass Crusoes Reichtum nach der Rückkehr von ‚seiner' Insel tatsächlich nicht auf den dort angelandeten und akkumulierten Schätzen beruht. Verantwortlich dafür sind vielmehr die reichen Erträge der brasilianischen Besitzungen, die in seiner Abwesenheit prosperieren und einen trotz der zunehmenden Unwahrscheinlichkeit von Crusoes Überleben ehrlichen und zuverlässigen Verwalter gefunden haben.

38 „Solchergestalt war niemand näher die auf dem Schiff befindlichen Sachen in Verwahrung zu nehmen, als ich und die Meinigen, und weil wir dem Könige von Spanien auf keinerley Weise verbunden waren, so hielt ich nicht vor klug gehandelt, meinen Kindern das Strand-Recht zu verwehren, welche demnach in wenig Tagen das gantze Schiff, nebst allen darauf befindlichen Sachen, nach und nach Stückweise auf die Insul brachten. Ich theilete alle nützliche Waaren unter dieselben zu gleichen Theilen aus, biß auf das Gold, Silber, Perlen, Edelgesteine und Geld, welches von mir, um ihnen alle Gelegenheit zum Hoffart, Geitz, Wucher und andern daraus folgenden Lastern zu benehmen, in meinen Keller zu des *Don Cyrillo* und andern vorhero erbeuteten Schätzen legte, auch dieserwegen von ihnen nicht die geringste scheele *mine* empfieng" (I, 429).

Augen und potentiellen Zugriffen der Felsenburger ebenso sorgfältig verborgen. Doch vor dem Hintergrund der besagten Politik der Schätze wird diese Doppelgeste höchst zweideutig, oder vielleicht genauer: Vor diesem Hintergrund wird die auf Felsenburg ostentativ propagierte Abkehr von den wechselhaften Mobilien der Außenwelt zur Tugendmaske. Man denke nur an die kleine Kantate, mit der im zweiten Band der Felsenburgische Bildungsminister Litzberg die Musik wieder auf der Insel einführt. Vordergründig eine Absage an „Wucher, Hoffart, eitle[n] Tand" und das „Affen-Spiel" der Mode, erhält das Loblied auf die autarke Solidität buchstäblich einen doppelten Boden, wenn man an die Krypta von Alberts-Burg denkt. Nach der eröffnenden Rätseldevise „Nicht alles und doch alles haben" stellt das erste Rezitativ die insularen Glücksumstände folgendermaßen aus:

> Wir Felsenburger sind
> Die Reichsten auf der Welt
> Das macht, wir lassen uns begnügen
> Mit dem, was unser Feld,
> Wald, Fluß und See zur Nothdurfft reicht.
> Hier weht kein seichter Wollust-Wind.
> Hier kan so leicht kein eitler Wahn betrügen.
> Hier wird die schwerste Arbeit leicht.
> Hier ist ein irrdisch Paradieß.
> Hier schmeckt, was andern bitter scheint,
> Recht Zucker süß. (II, 448)

Felsenburgs Politik der Schätze besteht andererseits darin, das zu diesem anaphorisch herausgehobenen ‚Hier' der Inseloberfläche komplementäre ‚Dort' ihrer Krypta flüssig zu machen. Deren verborgener Überfluss, das Andere also der in der Kantate ostentativ beschworenen frugalen Genügsamkeit, wird wann immer erforderlich ins bekannte Kalkül von Zugänglichkeit und Abschließung überführt. Wer von Felsenburg aus in offizieller Mission in See sticht, bekommt „aus des Alt-Vaters Schatz-Cammer eine überflüßige *Quanti*tät von gemüntzt und [un]gemüntzten Gold, Silber, Perlen, Edelsteinen und dergleichen Kostbarkeiten" (II, 565) mit auf den Weg. Die üppigen Reisebörsen bilden die legitimen Ausnahmen vom bestehenden Ausfuhrverbot, dem zufolge „nichts von dieser Insul [...] eigenmächtiger oder heimlicher Weise hinweg" geführt werden darf (I, 441). Nicht zufällig ist es Leonhard Wolffgang, der erste unter den strategischen Überseefahrern der Insel, der von Albert Julius' Verschränkung der beiden Überfluss-Topiken, der Politik der Bevölkerung und der Schätze also, erstmals und explizit berichten darf. Neben der doppelten Nützlichkeit des Imports von „zum Ehe-Stande tüchtige[r] Handwercker[n] und Künstler[n]" soll die dynastische Allianz mit potentiellen europäischen Nebenzweigen der Julii in die Relationsdynamik von Überfluss und Mangel eingespeist und eingepreist werden.

Dank der remobilisierten Mitgift aus der Krypta kann Felsenburg, wie sein erster Fürst hofft, auf transatlantische Dynastie- oder wenigstens Allianzbildung ausgehen:

> Was sind diese Glücks-Güter mir und den Meinigen auf dieser Insul nütze, da wir mit niemanden in der Welt Handel und Wandel zu treiben gesonnen? Und gesetzt auch, daß dieses in Zukunfft geschehen solte, so trägt diese Insul so viel Reichthümer und Kostbarkeiten in ihrem Schooße, wovor alles dasjenige, was etwa bedürffig seyn möchte, vielfältig eingehandelt werden kan. Demnach möchte es wohl seyn, daß sich meines Bruders Geschlecht in Europa in solchem Zustande befände, dergleichen Schätze besser als wir zu gebrauchen und anzulegen; Warum solte ich also ihnen nicht gönnen, was uns überflüßig ist und Schaden bringen kan? Oder solche Dinge, die GOtt den Menschen zum löblichen Gebrauch erschaffen, heimtückischer und geitziger Weise unter der Erden versteckt behalten? (I, 442f.)

Es wird anders kommen, da auch der verbliebene europäische Zweig der Familie des Auf und Ab (inter-)kontinentalen Glückswechsels längst überdrüssig geworden ist und die Übersiedlung nach Felsenburg einer Finanzierung durch die überseeische Schatzkammer vorzieht. Und so scheint es fast, als laufe die Erzähldynamik, die aus der programmatischen Verschränkung von Bevölkerungs- und ‚Mobilien'-Politik entstanden ist, am Ende des dritten, 1736 erschienenen Bandes aus, nachdem die Felsenburgischen „*Coloni*en", wie es im Titel heißt, „in vollkommenen Stand gebrach[t]" sind. Zwar schickt man Kapitän Horn noch einmal auf Besorgungsfahrt nach Europa, eine gesamte Druckerei samt Personal soll unter anderem noch nach Felsenburg verschifft werden. Doch danach „dürffte vor der Zeit wohl kein Schiff von Felsenburg wiederum nach Europa abgehen" (III, 463).

Natürlich wird es im vierten, nachgereichten Band des Romans anders kommen. Abgesehen davon: Selbst wenn Felsenburg nicht mehr nach Europa fahren wollte, so segelt doch Europa – in Form einiger portugiesischer Kriegsschiffe mit zwischenzeitlichen Kolonisierungsabsichten – nach Felsenburg. Das Bemächtigungsunternehmen scheitert spektakulär; ich will das an dieser Stelle nicht vertiefen, sondern zum Schluss lieber den Blick auf zwei weitere narrative Spielformen des Felsenburgischen Überflussregimes richten.

IV

Auf der Insel selbst nämlich findet zum einen die eben skizzierte Regulierung des Überflusses, die Felsenburg heirats- und schatzpolitisch mit der Welt verknüpft, eine auffällige, wenngleich semantisch naheliegende hydrotechnische Spiegelung und Variation.[39] Man erinnere sich: Von den Zugangslimitationen der frühneuzeitlichen Utopie hat die Insel den abweisenden ersten Anschein und seine hindernisreiche Topographie behalten. Albert Julius muss alle seine Kletterkünste einsetzen, bevor er über die schroffen Steilwände hinweg „das gantze Lust-*Revier* dieser Insul" in den Blick bekommt, da dieses „rings herum von der Natur mit dergleichen starcken Pfeilern und Mauren umgeben, und so zu sagen verborgen gehalten wird" (I, 156 f.).[40] Der Rückweg zum Strand und damit fortan der Weg auf die Insel wird sich zwar etwas weniger beschwerlich anlassen, aber auch dies setzt Alberts findige Meisterung eines „würckliche[n] Irrgang[s]" (I, 162) durch die Felsklüfte voraus. Und noch auf diesem „ziemlich bequemen Weg" gilt es einen „entsetzliche[n] Riß und grausam tieffe[n] Abgrund" zwischen zwei Felsen zu überwinden (I, 157). Die Lektüre der Aufzeichnungen, die man in Don Cyrillos Höhle findet, verrät, dass diese Unzugänglichkeit der Insel ihre Geschichte hat. Als die ersten Schiffbrüchigen im Jahre 1514 an Felsenburgs Gestaden gestrandet sind, ist die Insel „durch die Mündung des Westlichen Flusses" noch anzusteuern, wenngleich diese Bootsfahrt die Gruppe der „gröste[n] Lebens-Gefahr" aussetzt (I, 587). Nach einigen Jahren regen Cyrillos Gefährten an, ein Schiff zu bauen und dadurch das uns mittlerweile vertraute Relationsprinzip Felsenburgischer Überflussökonomie zu initiieren. Sie hoffen nämlich in See stechen zu können, um die „Handlung mit andern Menschen, und vor allen anderen Dingen, Weibs-Leute[n], ihr Geschlechte fortzupflantzen", zu befördern, „weil es GOtt unmöglich gefallen könte, dergleichen kostbare Schätze, als [sie] besässen, so nachläßiger Weise zu verbergen" (I, 592 f.). Drei Jahre lang baut man mehr schlecht als recht am besagten Schiff, und als man das eher kümmerliche Resultat unweit der Flussmündung zu Wasser lässt, um die letzten Arbeiten und die Beladung vorzunehmen, setzt das „unerforschliche Verhängniß" (I, 595) dem Unternehmen jenes Ende, das Cyrillos vernünftige Vorhaltungen nicht herbeizuzwingen in der Lage waren. Wenige Tage nach dem Stapellauf wird die Insel „von einem hefftigen Erdbeben gewaltig erschüttert, worauff ein dumpfiges Geprassele folgete, welches binnen einer oder zweyer Stunden Zeit noch 5. oder 6. mahl zu hören war" (I, 595 f.). Am nächsten Morgen findet man die „eintzige Einfahrt in unsere Insul, nehmlich den Auslauff des Westlichen Flusses", mitsamt dem frisch erbauten Schiff verschüttet; das Wasser wird dort fortan „unter dem Felsen hindurch" ins Meer fließen (I, 596). Das nächste Arbeitsprojekt richtet sich auf einen ungehinderten Zugang zum Strand und wird ein unmittelbar hydrotechnisches: Die

---

39 Vgl. zu dieser allegorischen Form des Überflusses auch den Beitrag von Sebastian Meixner im vorliegenden Band.
40 Vgl. dazu auch Haas, Die Landschaft auf der Insel Felsenburg 1961, S. 66.

Erstsiedler wollen den nördlichen Fluss so regulieren, dass sein Wasser über einen Kanal zum Kleinen See abgeleitet werden kann und von dort im Osten der Insel „mit entsetzlichen Getöse in die holen Felsen-Klüffte hinein" stürzt (I, 370) und ins Meer fließt. Nun kann auch Cyrillo dem Vorhaben etwas abgewinnen:

> Dieser letztere Anschlag war mir eben nicht mißfällig, weiln ich allem Ansehen nach, leicht glauben konte, daß durch das Nördliche natürliche Felsen-Gewölbe, nach abgeführten Wasser-Flusse, ohnfehlbar ein bequemer Außgang nach der See zu finden seyn möchte. Derowegen legte meine Hände selbsten mit ans Werck, welches endlich, nach vielen sauern vergossenen Schweisse, im Sommer des 1525ten Jahres zu Stande gebracht wurde. Wir funden einen nach Nothdurfft erhöheten und weiten Gang, musten aber den Fuß-Boden wegen vieler tieffen Klüffte und steiler Abfälle, sehr mühsam mit Sand und Steinen bequemlich ausfüllen und zurichten, biß wir endlich sehr erfreut das Tages-Licht und die offenbare See ausserhalb der Insul erblicken konten. (I, 597)

Damit wird man zwar nicht zu den erhofften Außenbeziehungen kommen, die den Überfluss an Schätzen ab- und den Fortpflanzungswilligen unter den Langzeitgestrandeten Partnerinnen zuführt. Aber die Wasserbaumaßnahme bildet die Voraussetzung für die gleichsam hydraulische Zugangsregelung, als die sie die Felsenburger aus dem Hause Julius nutzen werden. Den Damm erneuern und verbessern die Schiffbrüchigen bereits kurz nach ihrer Ankunft (vgl. I, 193 f.) und nutzen daraufhin „den Felsen-Gang an die See" explizit für Strandspaziergänge so gut wie zum Transport angespülter Strandgüter (I, 248 und 270). Die „Haupt-Schleusen des Nord-Flusses, nebst dem *Canal*, der das Wasser zu beliebiger Zeit in die kleine See zu führen, durch Menschen-Hände ausgegraben war" (I, 337) werden noch bei der Inselbesichtigung der ersten eingewanderten Europäer als Sehenswürdigkeit hervorgehoben. Doch zu diesem Zeitpunkt ist der bequeme Weg implizit längst funktionaler Teil einer Inselbefestigung geworden. So hat man „durch fleißige Hand-Arbeit und Sprengung mit Pulver" (I, 418) die „von der Natur erbaueten Thürmern und Mauern" (I, 389) der Insel verbessert und in alle vier Himmelsrichtungen „ziemlich verborgene krumme Gänge" für Notfälle angelegt (I, 418). Unter der Hand aber ist vor allem der Zugang durchs stillgelegte Flussbett zur fallweise für erwünschte Ankömmlinge einzurichtenden Ausnahme geworden. Als man Albert Julius' Kinder von ihrer ersten erfolgreichen Brautfahrt zurückkehren sieht, wird nach der obligaten Begrüßung durch Kanonenschüsse und Feuerwerk frühmorgens der Zugang hergestellt:

> Diesem nach verschossen wir, ihnen und uns zur Lust, alles gegenwärtige Pulver, und giengen um Mitternachts Zeit wieder zurück, stunden aber noch vor Tage wieder auf, verschütteten die Schleuse des Nord-Flusses, machten also unserer Thor-Fahrt trocken, und giengen hinab an das Meer-Ufer, also in kurtzen unsere Verreiseten glücklich an Land stiegen, und von mir und *David* die ersten Bewillkommnungs-Küsse empfiengen. (I, 390)

Dass sich, wo eben noch „ein klares Wasser mit dem grösten Ungestüm aus dem Felsen heraus geschossen kam" (I,84), alsbald der Eingang zu einem irdischen Paradies eröffnet, wird ein wiederkehrendes Element der Ankunftserzählungen sein. In Kapitän Wolffgangs Erzählung – im *discours* des Romans steht sie an erster Stelle und bereitet die erste Schiffsladung Europäer samt dem Urgroßneffen des Inselpatriarchen auf die Ankunft auf Felsenburg vor – findet man die Szene breit ausgestaltet (vgl. I, 87), aber Eberhard Julius nimmt, einmal angekommen, das Versiegen des Wassers dennoch „mit gröster Verwunderung" wahr (I, 99). Gleichzeitig trägt die Einrichtung zum Charakter der „*Capital*-Festung" (IV, 240) bei, als die sich Felsenburg angesichts der kolonialen Bemächtigungsversuche portugiesischer Abenteurer bewähren wird. Indem Felsenburgs erster Kapitän „mit 50. Mann der allertapffersten und freywilligen Junggesellen" die Anlandung eines feindlichen Stoßtrupps verhindert und diesen zurückschlägt, komplettiert sich an seiner Figur und in seinem Namen die Doppelfunktion der Einrichtung als Zugangssperre und Ausfallweg; nur konsequent ist es nämlich, dass man sie fortan „den Wolffgangischen Wasser-Fall zu nennen pflegt" (IV, 288). Während das Wolffgangsche Prinzip gewissermaßen im globalen Maßstab für die Überfluss-Mangel-Bewirtschaftung sorgt, figuriert ‚sein' Wasserfall vor Ort die regulative Schleuse, die sie steuert.

Dass die generelle narrative Dynamik von Überfluss und Mangel in der *histoire* von den hydrotechnischen Regulativen des Damms, Kanals und der Schleuse gespiegelt wird, unterstreicht die Bedeutsamkeit dieses Modells für Schnabels Roman. Auch die Ambiguität des dynamischen Modells setzt diese strukturmotivische Implementierung konsequent fort: Rosemarie Haas hat zurecht darauf hingewiesen, dass der Wasserstrom aus dem Felsen und damit ausgerechnet das aktivierte Zugangshindernis „das einzige positive Zeichen in [der] wüsten Landschaft" darstellt, als die Felsenburgs Außenansicht den Ankömmlingen gegenübertritt – und das liegt nicht allein am grundsätzlich anthropoperspektivischen Zugriff des Romans auf die gesamte insulare ‚Natur',[41] sondern im Widerspiel von Zufluss und Abfluss begründet, als das sich diese Erzähldynamik auf jedem erdenklichen Niveau des Texts etabliert hat.

Zum anderen nämlich, und damit will ich ein letztes Schlaglicht auf die Ökonomie des Überflusses in Schnabels Roman werfen, bestimmt sie die von den Romantiteln genannte „*Commission*", die zwischen dem Erzählchronisten Eberhard Julius und den „*[c]urieus*en Lesern" vermittelt. Die Erzählarchitektur der vier

---

41 Vgl. Haas, Die Landschaft auf der Insel Felsenburg 1961, S. 65, vgl. S. 77: „So lassen sich alle Eigenschaften der Dinge auf ihre Nützlichkeit oder Eignung für das, was der Mensch mit ihnen vorhat, zurückführen."

Bände selbst beruht ja trotz aller Verwicklungen und Schachtelungen, die sich aus den eingeschalteten Lebenslauferzählungen der ‚Europäer*innen' ergeben, auf einer vergleichsweise einfachen Grundeinrichtung. Man folgt dem homodiegetischen Basiserzähler Eberhard Julius, dessen Erzählung weiteren, intradiegetischen Lebenserzählungen und Medien (Karten, genealogische und statistische Tabellen, Inschriften, Cyrillos Aufzeichnungen) Stimme und Raum gibt und diese gegebenenfalls übersetzt. Schnabels Roman organisiere dabei „die Nacherzählung der einzelnen Lebenswege vom Ort ihrer Finalität, von der glückseligen Insel aus", hat Joseph Vogl festgehalten.[42] Da überdies der Basiserzähler ebenfalls zur ersten Gruppe der in Europa angeworbenen Siedler gehört, unterliegt die von ihm entworfene und gesammelte „Geschichts-Beschreibung" (I, <2r>) selbst den Felsenburgischen Überflussregulativen. Die auf Felsenburg thesaurierten Lebenserzählungen müssen schließlich samt den Berichten über Geschichte und gegenwärtige Staatsangelegenheiten der Insel in die Hände jener curieusen Leser erst geraten, die die umständliche Betitelung der vier Bände adressiert. Wie die Vorrede zum ersten Band mitteilt, ist der Kommissionär Gisander zu diesem erzählerischen Schatz geraten wie Albert Julius zu dem des Don Cyrillo: per Legat und nach einem Unfall nämlich. Es seien ihm „diese *Fata* verschiedener See-Fahrenden", wie Gisander mit einem halbwegs gewitzten Polyptoton anmerkt, „*fato* zur Beschreibung in die Hände gekommen" (I, <3v>). Auf einer längeren Reise nämlich sei er „mit einen *Literato*" bekannt geworden (I, <4r>), dessen Wohlwollen und Vertrauen er sich bei dieser Gelegenheit erworben habe. Bereits diese Bekanntschaft steht – wie könnte es anders sein in diesem Roman – unterm Zeichen der dynamisierenden Unwucht von Mangel und Überfluss. Gisander ist seiner eigenen Auskunft nach eine „Person, deren damahliger Zustand eine genaue Wirthschafft erforderte", während der namenlos bleibende *literatus* über einen „vortrefflich gespickt[en]" Geldbeutel verfügt und den künftigen Herausgeber „sehr artig" an seinem Überfluss partizipieren lässt (I, <4r>). Ein Postkutschenunfall setzt dem Leben des offensichtlich wohlhabenden Gelehrten, der stets mit einem Paket „geschriebene[r] Sachen" beschäftigt gewesen ist (I, <4r>), ein Ende – nicht bevor er allerdings Gisander, der sich nach dem Unglücksfall um ihn gekümmert hat, zum Erben seiner Papiere einzusetzen vermocht hat. Dieser wähnt sich schon im Besitz „der allersichersten *alchimi*stischen *Processe* zu seyn" (I, <4v>), sieht sich in seinen Hoffnungen allerdings bitterlich enttäuscht, als er statt der erhofften Direktanweisung zu Glück und Reichtum nur das besagte Bündel „Geschichts-Beschreibung" vorfindet. Aber bald schon fügt sich Gisander bereitwillig in die spezifische Überflussdynamik des Romans, indem er sich

---

42 Vogl, *Kalkül und Leidenschaft* 2002, S. 185.

entschließt, die monetäre „*generositeé*" (I, <4r>) des rätselhaften Gelehrten mit seiner eigenen, editorischen „*generositeé*" (I, <5r>) fortzusetzen.

Das Ausbleiben des von Eberhard Julius „binnen zwey oder drey Jahren" angekündigten (II, 612), tatsächlich aber erst nach vier Jahren publizierten dritten Teils der *Fata* habe dann, wie Gisander in dessen Vorrede berichtet, Imaginationen ganz eigener und tatsächlich ganz ungeneröser Thesaurierung und deren Kompensation provoziert. Einem gewissen „Deutschen *Longobarden*" sei es zu verbreiten eingefallen,

> *Gisander* wäre gestorben, und hätte, vielleicht aus Neid, *Mons. Eberhard Julii Manuscript* in seinen Sarg legen und mit sich begraben lassen, wannenhero, um die *curieuse* Welt zu vergnügen, seiner Schuldigkeit gemäß zu seyn, erachtet, selbigen auszugraben, oder, welches fast eher zu glauben, einen dritten Theil *ex Koppo* zu *fingi*ren, und vor rechtmäßig auszugeben. (III, <2v–3r>)[43]

Gegen solche plagiatorischen Grabräubereien narrativer Art kann Gisander erst angehen, nachdem „der *Capitain* Horn" endlich die Fortsetzung beigebracht hat (III, <2v>). Erst recht in der Vorrede zum vierten Band dann, der die Publikationsspanne zwischen den Felsenburgischen *Commissionen* noch einmal massiv erhöht, gilt es, das „überlang[e] Aussenbleiben" seines jüngeren Bruders und Amtsnachfolgers als Grund für das Stocken des Erzähl- und Herausgabeflusses zu denunzieren (IV, <3v>). Generell sei der jüngere Horn „niemahls so treu und offenhertzig gegen [ihn] gewesen, als ehedem sein Bruder" (IV, <3r>). Und dennoch müsste das alles streng genommen nie aufhören, weder das Erzählen noch die Geldflüsse, auch wenn am Ende des vierten Bandes einmal mehr die Einsicht steht, dass von der „Felsenburgischen Geschichte […] so bald nichts weiter zu Marckte gebracht werden dürffte" (IV, 570). Er habe, merkt Gisander zum einen an, von Horn Junior „noch viele Betrachtens-würdige Begebenheiten erfahren, welche ihm aber nach zu erzehlen, [s]eine Schrifft vielleicht allzu weitläufftig machen würde" (IV, 544). Zum anderen dankt er den Felsenburgern „vor das reichliche *Honorarium*, welches sie [ihm] mit ihrer besondern *Generosite* nach angedeyen lassen" (IV, 570).

Die politische Ökonomie des Merkantilismus sei darauf angewiesen gewesen, dass „es Länder gab, die einen unausschöpflichen Überfluß an Gut und Geld besaßen", hat Edgar Salin in seiner *Geschichte der Volkswirtschaftslehre* festgehalten.[44] Angesichts der Erzählökonomie von Schnabels Roman treffen die Titel

---

[43] Laut Dammann, Über J. G. Schnabel 1997, S. 55, ist diese Behauptung bisher nicht bibliographisch dingfest gemacht worden.
[44] Edgar Salin: *Geschichte der Volkswirtschaftslehre*. 2., neu gestaltete Aufl. Berlin 1929, S. 35f.

des zweiten und dritten Bandes die Logik dieser Hervorbringung somit genau genug, wenn sie den Ort, aus dem Mobilien und aufgezeichnete Erzählungen abfließen, als ‚*Coloni*en' bezeichnen. Die Paradoxie seiner diegetischen, aber gleichzeitig auch die Stringenz seiner erzählerischen Ökonomie resultieren daraus, dass der Roman diesen kolonialen Funktionsort zum Zentrum und Motor macht: Die erzählte Ökonomie der Insel Felsenburg prosperiert, ganz anti-merkantilistisch, dank dem Import von Handwerkern und Ehepartner*innen und dem Abfluss von und aus Staatsschätzen, während die Erzählökonomie der *Wunderlichen Fata* durch den Zufluss von Erzählungen und den Abfluss des Erzählten floriert.

René Waßmer
Londoner Schaufenster. Zu einem Motiv der deutschen Großstadtliteratur um 1800

I London – Die vergessene Stadt des Luxus

Luxus und London – das scheint auf den ersten Blick für die deutsche Großstadtliteratur um 1800 nicht recht zusammenzupassen. Wer die einschlägigen Forschungsbeiträge zu dieser literarischen Strömung konsultiert, wird mehr oder minder unisono auf eine andere These treffen. Paris sei eigentlich die Hauptstadt des Luxus und der Mode gewesen, London dagegen habe durch sachliche Nüchternheit und pragmatisches wirtschaftliches Denken bestochen. Dies habe sich, so die weiterführenden Argumente, in jenen deutschen Reise- und anderen Großstadtberichten gespiegelt, die aus den beiden damals bedeutendsten europäischen Metropolen berichteten. Die dazugehörigen Texte würden – vielleicht mit Ausnahme der stark politisch orientierten Revolutionsliteratur – das Bild eines luxuriösen Paris zeichnen, während London demgegenüber auffällig blass bleibe. So wie Paris als „Hauptstadt der vornehmen Welt"[1], gar als „Kulturhauptstadt Europas"[2] betitelt wurde, dominieren für London Zuschreibungen wie „Hauptstadt nüchterner Sachlichkeit"[3] oder „hektischer Geschäftigkeit"[4]. Die französische Kapitale habe sich durch „Fragen der Eleganz und der Mode, der Urbanität und des artistischen Stils" ausgezeichnet,[5] das britische Pendant indes sei „keine Stadt der höfischen Kultur" gewesen und habe vor allem den „Prunk der Staatsmacht" vermissen lassen.[6]

---

1 Thomas Grosser: *Reiseziel Frankreich. Deutsche Reiseliteratur vom Barock bis zur Französischen Revolution*. Opladen 1989, S. 362.
2 Harald Neumeyer: *Der Flaneur. Konzeptionen der Moderne*. Würzburg 1999, S. 160.
3 Gerhard R. Kaiser: „Jede große Stadt ist eine Moral in Beispielen". Bertuchs Zeitschrift „London und Paris". In: *Friedrich Justin Bertuch (1747–1822). Verleger, Schriftsteller und Unternehmer im klassischen Weimar*. Hg. Gerhard R. Kaiser und Siegfried Seifert. Tübingen 2000, S. 547–576, hier S. 565.
4 Neumeyer, *Der Flaneur* 1999, S. 41.
5 Günter Oesterle: Urbanität und Mentalität. Paris und das Französische aus der Sicht deutscher Parisreisender. In: *Transferts. Les relations interculturelles dans l'espace franco-allemand (XVIIIe et XIXe siècles)*. Hg. Michel Espagne und Michael Werner. Paris 1988, S. 59–79, hier S. 62.
6 Celina Fox: Einleitung. Führer durch die Metropole London. In: *Metropole London. Macht und Glanz einer Weltstadt 1800–1840*. Hg. Kulturstiftung Ruhr Essen. Recklinghausen 1992, S. 11–20, hier S. 14.

Obschon zu betonen ist, dass diese Bilder nicht unwidersprochen blieben, und andere Stimmen angemerkt haben, dass sich die Wahrnehmung der beiden Metropolen schattierter gestaltet,[7] liegen oftmals dichotome Zuschreibungen vor. Der Stadthistoriker Jürgen Paul hat mit seinem Verdikt, „Paris ist sinnlicher, London nüchterner",[8] die Kurzformel für weite Kreise der bestehenden Forschungsmeinungen geliefert. Entsprechende urbane und nationale Bilder florierten schon zeitgenössisch. Das übersetzte Motto der vielleicht wichtigsten Quelle der deutschen Großstadtliteratur um 1800, der noch detaillierter zu betrachtenden Zeitschrift *London und Paris* (1798–1815), lautet etwa: „Alles, was die Themse nährt, worüber die Seine lacht, die Späße, die Zerstreuungen sind unseres Büchleins gemischter Inhalt."[9] Dies weist darauf voraus, dass nationale Zuschreibungen für die Großstadtwahrnehmungen – und damit auch für Perzeptionen des Luxus und des Überflusses – eine nicht zu unterschätzende Rolle spielten.[10] Wenn deutsche Reisende sowie andere Beobachterinnen und Beobachter Paris um 1800 als Hauptstadt des Luxus und des Überflusses wahrnahmen, dann war dies vielfach mit politischen Implikationen, man denke nur an die wechselhafte Revolutionsgeschichte, verquickt.[11]

Diese Thesen lassen sich eindrücklich am von Friedrich Justin Bertuch (1747–1822) publizierten *Journal des Luxus und der Moden* (1786–1827) belegen. Paradigmatisch dafür steht jüngst die umfassende Studie *Vorgriffe auf das schöne Leben. Weimarer Klassik und Pariser Mode um 1800* von Boris Roman Gibhardt.[12]

---

7 Für London kann hier nach wie vor die Studie von Michael Maurer: *Aufklärung und Anglophilie in Deutschland*. Göttingen und Zürich 1987, als maßgebend gelten.
8 Jürgen Paul: Großstadt und Lebensstil. London und Paris im 19. Jahrhundert. In: *Moderne Kunst. Das Funkkolleg zum Verständnis der Gegenwartskunst I*. Hg. Monika Wagner. Reinbek bei Hamburg 1991, S. 50–74, hier S. 52.
9 „Quicquid, quos Tamisis nutrit, quos Sequana rident / Gaudia, discursus nostri est farrago libelli." Friedrich Justin Bertuch (Hg.): *London und Paris*. Bd. 1 (1798), S. 1. Vgl. dazu Gerhard R. Kaiser: Friedrich Justin Bertuch (1747–1822). Herzoglicher Geheimsekretär, Literat, Verleger, Politiker im klassischen Weimar. In: *Klassik und Anti-Klassik. Goethe und seine Epoche*. Hg. Ortrud Gutjahr und Harro Segeberg. Würzburg 2001, S. 295–306, hier S. 301.
10 Vgl. dazu etwa auch Gerhard Wagner: Von der galanten zur eleganten Welt. Das „Journal des Luxus und der Moden" im Einflußfeld der englischen industriellen Revolution und der Französischen Revolution. In: *Weimarer Beiträge* 35 (1989), S. 795–811.
11 Inwieweit nationale, gesellschaftliche und politische Wahrnehmungen ineinander verwoben sein können, hat Erich Schneider: Revolutionserlebnis und Frankreichbild zur Zeit des ersten Koalitionskrieges (1792–1795). Ein Kapitel deutsch-französischer Beziehungen im Zeitalter der Französischen Revolution. In: *Francia* 8 (1980), S. 277–393, gezeigt.
12 Boris Roman Gibhardt: *Vorgriffe auf das schöne Leben. Weimarer Klassik und Pariser Mode um 1800*. Göttingen 2019. Ebenso zu nennen wäre der zusammenfassende Aufsatz von Boris Roman Gibhardt: Pandoras Gaben. Konsum, Luxus und die neue Muße im Umfeld der klassischen Äs-

Gibhardt analysiert detailreich unter anderem die genannte Zeitschrift, in der sich die beschriebenen Tendenzen einschlägig ausdrücken würden. Und auch darüber hinaus zeigen die Forschungsbeiträge zum *Luxus*-Journal, das mit als wichtigste Quelle zur Luxusthematik um 1800 gelten darf, einen entsprechenden Schwerpunkt.[13] An dieser Stelle gilt es nicht zu vergessen, dass das *Journal des Luxus und der Moden* in der Forschung immer wieder dazu gedient hat, Luxusdebatten um 1800 zu explorieren.[14] Es firmierte vor allem auch als Beleg dafür, dass es im Vergleich zur Vormoderne um 1800 zu einer dezidierten Aufwertung des Luxus kam, die sich unter anderem in einem verstärkten literarischen und publizistischen Interesse spiegelte.[15]

Betrachtet man allerdings die vielfältige und formenreiche deutsche Großstadtliteratur um 1800 genauer, fällt auf, dass neben Paris insbesondere London als zweite Metropole des Luxus eine tragende Rolle spielt. Die nachfolgenden Ausführungen wollen mittels dreier paradigmatisch ausgesuchter Beispiele verdeutlichen, dass auch für die britische Hauptstadt die skizzierten literarischen Muster bezeichnend sind. Dabei ist das Augenmerk hauptsächlich auf einen gemeinsamen inhaltlichen Themenkreis gerichtet. Betrachtet werden zuvorderst Darstellungen von Londoner Schaufenstern – ein Gegenstand, anhand dessen in der deutschen Großstadtliteratur um 1800 die Frage nach Luxus und Überfluss besonders stark diskutiert wird. Zugleich zeigen die ausgewählten Beispiele, welches Verständnis von ‚Luxus' und ‚Überfluss' verhandelt wird. Leitend für die Analysen sind Wahrnehmungsfragen. Von Interesse ist, welche Beobachtungen die Berichterstatter selbst mit Attributen des Luxuriösen und Überflüssigen verbinden. Damit wird klar, dass hier ein relatives Verständnis der beiden Begriffe

---

thetik. In: *Arbeit und Müßiggang in der Romantik*. Hg. Claudia Lillge, Thorsten Unger und Björn Weyand. Paderborn 2017, S. 157–170.
13 Vgl. dazu in erster Linie den Sammelband *Das „Journal des Luxus und der Moden"*. *Kultur um 1800*. Hg. Angela Borchert. Heidelberg 2004.
14 Vgl. jüngst Angela Borchert: Luxus als Komfort im ‚Journal des Luxus und der Moden'. Wissenspopularisierung und Kulturanthropologie am Beispiel kontrovers diskutierter Schuhmoden um 1800. In: *Fremde – Luxus – Räume. Konzeptionen von Luxus in Vormoderne und Moderne*. Hg. Jutta Eming et al. Berlin 2015, S. 229–255. Borchert bemerkt zudem, bereits im *Journal des Luxus und der Moden* sei der Vergleich zwischen London und Paris tragend gewesen.
15 Dazu konzeptionell Günter Oesterle: Der kleine Luxus. Die poetologischen Folgen der aufklärungsspezifischen Unterscheidung von kommodem Luxus und Exzessen des Luxuriösen. In: *Luxus. Die Ambivalenz des Überflüssigen in der Moderne*. Hg. Christine Weder und Maximilian Bergengruen. Göttingen 2011, S. 109–123, sowie Christine Weder und Maximilian Bergengruen: Moderner Luxus. Einleitung. In: Ebd., S. 7–31.

vorliegt.[16] Was als Luxus und Überfluss erachtet wird, kristallisiert sich in erster Linie in den Beschreibungen der Großstadtbeobachter selbst heraus.

Im Mittelpunkt steht zunächst Georg Christoph Lichtenbergs (1742–1799) berühmter Brief an Ernst Gottfried Baldinger (1738–1804) vom „10ten Jenner 1775".[17] Lichtenberg malt ein kontrastreiches Bild der Londoner Straßenzüge *Cheapside* und *Fleetstreet*, das nicht nur eine überbordende und überfordernde Großstadterfahrung ästhetisiert, sondern gerade in der Eingangspassage eine ausdrückliche Luxusdarstellung darbietet. Zweitens kommt mit der Zeitschrift *London und Paris* ein weiteres publizistisches Produkt des erwähnten Friedrich Justin Bertuch hinzu, das wie kaum ein zweites für die heterogene deutsche Großstadtliteratur um 1800 steht. Als Schwestermagazin zum *Journal des Luxus und der Moden* konzipiert, nahm es die wichtigsten europäischen Metropolen mit einem sehr breiten Spektrum von literarischen Themen und Formen in den Blick.[18] Im Mittelpunkt steht für diese Quelle eine Darstellung des Korrespondenten Johann Christian Hüttner (1766–1847), der über die Londoner Geschäftsstraße *Strand* berichtet. Im Gegensatz zu Lichtenberg dominiert bei ihm nicht die durch den Londoner Luxus und Überfluss überforderte Wahrnehmung, sondern ein verstärkt souveräner Blick. Das dritte Beispiel stammt von Hermann Fürst von Pückler-Muskau (1785–1871), der in den 1820er Jahren nach England reiste, um eine neue Braut zu finden, schließlich aber mit einem reiseliterarischen Bestseller, den *Briefen eines Verstorbenen* (1830/31), zurückkehrte. Auch er widmet sich den Londoner Auslagen und Schaufenstern, allerdings auf eine für den adligen Reisenden überraschende Weise. Bei ihm sind nicht unbedingt luxuriöse Ladengeschäfte zentral, sondern er vertritt vielmehr einen ausdrücklich relativen Luxusbegriff, der sich literarisch in einem breiteren gesellschaftlichen Panorama spiegelt.

Alle drei Textbeispiele werden dahingehend untersucht, wie ihre Autoren den Londoner Luxus beschreiben und wie dies insbesondere mit der Wahrnehmung von Schaufenstern und Auslagen, die per se auf Beobachtung hin angelegt sind, korreliert. Gleichzeitig soll dabei aufgezeigt werden, dass die untersuchten Darstellungen in ein doppeltes kultur- und literaturgeschichtliches Feld eingebettet sind. Für die Analysen ist leitend, dass die zitierten Autoren allesamt vor dem Hintergrund einer spezifischen doppelten Fremdheit berichten. Wenn deutsche Schriftstellerinnen und Schriftsteller um 1800 nach London und Paris reisten,

---

[16] Vgl. Oesterle, Der kleine Luxus 2011, S. 112.
[17] Zitiert nach Georg Christoph Lichtenberg: *Briefwechsel*. Bd. I: 1765–1779. Hg. Ulrich Joost und Albrecht Schöne. München 1983, S. 486–498.
[18] Auf die Verbindung der beiden Journale weist etwa Borchert, Luxus als Komfort 2015, S. 236, hin.

erwartete sie eine doppelte Alteritätserfahrung.[19] Einerseits erkundeten sie schlichtweg ein fremdes Land. Das bereisten sie angesichts florierender nationaler Stereotype selbstverständlich nicht voraussetzungslos, und dementsprechend stechen die Fragen nationaler Wahrnehmung in den Reise- und Großstadtberichten immer wieder hervor. Andererseits waren die Reisenden mit einer infrastrukturellen und insbesondere urbanen Fremdheit konfrontiert. In Deutschland – genauer wäre zu sagen, in den oft kleinräumigen deutschsprachigen Staatsgebilden – gab es keine mit London und Paris vergleichbare Metropole. Selbst Berlin oder Wien standen quantitativ und qualitativ weit hinter dem zurück, was die britische und französische Hauptstadt den Beobachterinnen und Beobachtern zu sehen gaben.[20]

Es versteht sich, dass beide Fremdheitsformen, die nationale wie die urbane, als graduelle zu lesen sind. Die Reisenden waren mit disparaten Vorkenntnissen unterwegs, teils waren sie völlig unvertraut mit den Metropolen und fremden Ländern, teils unternahmen sie mehrfach Fahrten dorthin, und einige lebten sogar dauerhaft in London oder Paris. Das alles verbietet allzu weitgreifende pauschale Urteile, erfordert und erlaubt aber eine umso detailliertere Analyse der einzelnen Texte gerade auf diese Muster hin. Nicht zu vergessen ist außerdem, dass auch das intendierte Lesepublikum in aller Regel von der skizzierten doppelten Fremdheit betroffen war und so letztlich ein komplexes Konglomerat von Beschreibung und Rezeption vorliegt. Diese Differenzierung verbindet sich mit dem zweiten Gesichtspunkt, der die nachfolgenden Ausführungen rahmen soll. Wenn Reisende sich anschicken, aus London oder Paris zu berichten, dann stellte sich die Frage, in welcher literarischen Machart sie dies tun wollten. Auch wenn apodemische Vorstellungen des ‚richtigen Reisens'[21] oder die starke Rezeption von Louis-Sébastien Merciers (1740–1814) *Tableau de Paris* (1781–1788) für prägende Muster sorgten,[22] steht letztlich doch jeder Großstadtbericht für sich und birgt eigene literarische Darstellungsmuster. Aus diesem Grund soll eine dreifache Fragestellung die Textanalysen verbinden. Zuvorderst steht – dem Thema dieses

---

19 Vgl. dazu auch die Dissertation des Verfassers, René Waßmer: *Muße in der Metropole. Flanerie in der deutschen Publizistik und Reiseliteratur um 1800*. Tübingen 2022.
20 Dass dies explizit für Fragen des Luxus und Überflusses bedeutend ist, beschreibt unter anderem Gibhardt, Pandoras Gaben 2017, S. 167.
21 Vgl. dazu etwa die bedeutendste apodemische Schrift des späten achtzehnten Jahrhunderts, Franz Posselt: *Apodemik oder Die Kunst zu reisen. Ein systematischer Versuch zum Gebrauch junger Reisenden aus den gebildeten Ständen überhaupt und angehender Gelehrten und Künstler insbesondere*. Leipzig 1795.
22 Vgl. Angelika Corbineau-Hoffmann: An den Grenzen der Sprache. Zur Wirkungsgeschichte von Merciers „Tableau de Paris" in Deutschland. In: *Arcadia* 27 (1992), S. 141–161.

Sammelbandes folgend – die Frage, ob und auf welche Weise Facetten des Luxus und des Überflusses literarisch geschildert werden. Dies soll damit verbunden werden, auch die kultur- und literaturgeschichtlichen Rahmungen einzubeziehen. Die einzelnen Passagen werden dahingehend befragt, inwieweit die jeweilige Luxusdarstellung allgemeineren Mustern der ‚doppelten Fremdheit' sowie poetologischen Debatten, vor allem der grundlegenden Frage nach einer ‚angemessenen' Großstadtdarstellung, folgt.

II Lichtenbergs London – Luxus zwischen Faszination und Schrecken

Georg Christoph Lichtenbergs Brief an Ernst Gottfried Baldinger vom 10. Januar 1775 ist immer wieder als eine der bedeutendsten deutschen Großstadtschilderungen – gerne auch zugespitzt als die erste – eingeordnet worden. Mit seiner Darstellung der Londoner Straßenzüge *Cheapside* und *Fleetstreet*, so die wiederholt geäußerte Forschungsmeinung, habe er gar den expressionistischen Reihenstil hundert Jahre vorweggenommen und einen besonders innovativen Bericht geliefert.[23] Konzentriert haben sich die Ausführungen dabei zumeist auf jenen Abschnitt des Briefs, in dem das überfordernde Großstadterlebnis schlaglichtartig hervortritt. Lichtenberg schildert die Dynamik des pulsierenden großstädtischen Lebens und betont unentwegt, ein ungeschulter deutscher Beobachter könne in diesem Mahlstrom nur verloren gehen:

> [D]esto mehr Vorsicht ist nöthig, Alles gehörig zu betrachten; denn kaum stehen Sie still, Bums! läuft ein Packträger wider Sie an und rufft by Your Leave wenn Sie schon auf der Erde liegen. In der Mitte der Strase rollt Chaise hinter Chaise, Wagen hinter Wagen und Karrn hinter Karrn. Durch dieses Getöße, und das Sumsen und Geräusch von tausenden von Zungen und Füßen, hören Sie das Geläute von Kirchthürmen, die Glocken der Postbedienten, die Orgeln, Geigen, Leyern und Tambourinen englischer Savoyarden, und das Heulen derer, die an den Ecken der Gasse unter freyem Himmel kaltes und warmes feil haben.[24]

Narrativ äußerst dicht führt Lichtenberg hier eine überfordernde, sowohl wahrnehmungstechnisch als auch erzählerisch nur schwer zu bewältigende Großstadterfahrung aus. Er betont, wie polysensorisch ganz verschiedene Eindrücke zusammenwirken, und er hebt stilistisch gerade die damit verbundene Dynamik

---

23 Vgl. Karl Riha: Menschen in Massen. Ein spezifisches Großstadtsujet und seine Herausforderung an die Literatur. In: *Die Welt der Stadt*. Hg. Tilo Schabert. München 1990, S. 117–143.
24 Lichtenberg, *Briefwechsel* 1983, Bd. I, S. 489.

hervor. Nicht zuletzt stehen seine Warnungen an den Adressaten und implizit an ein mögliches deutsches Lesepublikum[25] zudem im Zeichen einer eindeutigen räumlichen Dichotomie. Bevor Lichtenberg nämlich *Cheapside* und *Fleetstreet* literarisiert, berichtet er von seinen idyllischen Genüssen außerhalb Londons in den Gärten von Kew und Richmond. An dieser Stelle soll es aber nicht um eine weitere Analyse des Textausschnitts gehen, die in der Forschung schon mehrfach durchgeführt wurde.[26] Ebenso wenig soll noch einmal diskutiert werden, wie Großstadt- und Landschaftserfahrung in diesem Brief kulturgeschichtlich einander fast prototypisch kontrastieren.[27] Vielmehr sei der Blick auf den Beginn der eben zitierten Passage gerichtet. Lichtenberg stellt nämlich die durcheinandergewirbelte urbane Erfahrung anfänglich einer alternativen Wahrnehmungs- und Darstellungsform gegenüber. Er hebt heraus, eigentlich wolle er mußevoll verweilen, „Alles gehörig [...] betrachten".

Die Frage danach, was Lichtenberg genau inspizieren möchte, welchen Gegenständen er vollends seine Aufmerksamkeit widmen will, führt zurück zur Frage, wie Londoner Luxus in der deutschen Großstadtliteratur um 1800 dargestellt wird. Denn bevor der Göttinger Reisende das urbane Straßentreiben in seinen unkontrollierbaren Momenten stilisiert, ist sein Brief noch von einem anderen Unterton geprägt. Er ist zwar sprachlich der bereits zitierten Passage ähnlich, doch sowohl die verhandelten Inhalte als auch die implizite Bewertung weichen von den späteren Ausführungen ab. Lichtenberg schildert nämlich als ersten Londoner Eindruck all jenen Luxus und Überfluss, den *Cheapside* und *Fleetstreet* bieten können:

> Ich will dazu cheapside und fleetstreet nehmen, so wie ich sie in voriger Woche, da ich des Abends etwas vor 8 Uhr aus Herrn Boydells Hauß nach meinem Logis gieng, gefunden habe. Stellen Sie sich eine Strase vor etwa so breit als die Weender, aber, wenn ich alles zusammen nehme, wohl auf 6mal so lang. Auf beyden Seiten hohe Häuser mit Fenstern von Spiegel Glas. Die untern Etagen bestehen aus Boutiquen und scheinen gantz von Glas zu seyn; viele tausende von Lichtern erleuchten da Silberläden, Kupferstichläden, Bücherläden, Uhren, Glas, Edelgesteine, Stahl-Arbeit, Caffeezimmer und Lottery Offices ohne Ende. Die Straße läßt, wie zu einem Jubelfeste illuminirt, die Apothecker und Materialisten stellen Gläßer, worin sich Dietrichs Cammer Husar baden könnte, mit bunten Spiritibus aus und überziehen gantze Quadratruthen mit purpurrothem, gelbem, grünspangrünem und Himmelblauem

---

[25] Öffentlich bekannt wurde der Brief allerdings erst nach 1900, vgl. Rainer Baasner: *Georg Christoph Lichtenberg.* Darmstadt 1992, S. 17.
[26] 1 Etwa bei Maurer, *Aufklärung und Anglophilie in Deutschland* 1987, S. 267–269. Wolfgang Promies: Lichtenbergs London. In: *Rom – Paris – London. Erfahrung und Selbsterfahrung deutscher Schriftsteller und Künstler in den fremden Metropolen. Ein Symposion.* Hg. Conrad Wiedemann. Stuttgart 1988, S. 560–570.
[27] Vgl. dazu das Kapitel 1 bei Waßmer, *Muße in der Metropole* 2022.

> Licht. Die Zuckerbäcker blenden mit ihren Kronleuchtern die Augen, und kützeln mit ihren Aufsätzen die Nasen, für weiter keine Mühe und Kosten, als daß man beyde nach ihren Häusern kehrt; da hängen Festons von spanischen Trauben, mit Ananas abwechselnd, um Pyramiden von Aepfeln und Orangen, dazwischen schlupfen bewachende und, was den Teufel gar los macht, offt nicht bewachte weißarmigte Nymphen mit seidenen Hütchen und seidenen Schlenderchen. [...] Dem ungewöhnten Auge scheint dieses alles ein Zauber; desto mehr Vorsicht ist nöthig, Alles gehörig zu betrachten; [...].[28]

Auffällig ist einerseits, wie Lichtenberg seine Ausführungen rahmt. Sowohl zu Beginn als auch abschließend hebt er explizit auf die ‚doppelte Fremdheit' ab. Lichtenberg, das macht die direkte Anrede des Adressaten deutlich, geht es gar nicht so sehr darum, die *eigene* Großstadterfahrung zu literarisieren – sondern vielmehr darum, eine imaginäre Erfahrung beim angesprochenen Baldinger zu evozieren. Der Brief ist von einer enormen Rhetorizität geprägt, welche die eigentliche Darstellung Londons überformt. Dies zeigt sich daran, dass Lichtenberg zuvor betont, er selbst habe bereits „14mal"[29] die britische Hauptstadt aufgesucht. Der Beobachter selbst repräsentiert also keineswegs jenen unerfahrenen Londonbesucher, den er im adressierten Baldinger sieht und den er in seinem Brief imaginiert. Gleich anfangs zieht Lichtenberg daher den Vergleich zur Göttinger Heimat und macht durch diesen Bezug überdeutlich, welche Größenverhältnisse einem deutschen Beobachter in der britischen Hauptstadt begegnen können. Nationale und urbane Fremdheit gehen an dieser Stelle ein symbiotisches Verhältnis ein, das abschließend mit dem „ungewöhnten Auge" noch einmal aufgegriffen wird. Die beiden Aspekte spiegeln sich letztlich auch in dem, was Lichtenberg eigentlich an urbanen Gegenständen darstellt. Sein Bericht ist dem Luxus, der Pracht, vor allem aber dem Überfluss der beiden von ihm geschilderten Geschäftsstraßen gewidmet. Dabei inszeniert Lichtenberg einen Beobachter, der nicht in der Lage ist, die links und rechts aus den Schaufenstern ins Auge springenden Eindrücke adäquat zu erfassen. Auch sprachlich ist dieses Muster markant abgebildet. Lichtenberg greift auf einen hypotaktischen Stil zurück und ergänzt ihn gerade bei den allerersten Eindrücken mit einer raschen Aufzählung von erblickten Gegenständen. Dies ist weiterhin mit der räumlichen Darstellung verknüpft, die auffallend unkonkret bleibt. Zwar erwähnt Lichtenberg, man könne „[a]uf beyden Seiten" unzählige Eindrücke erhaschen, doch alles nachfolgend Geschilderte bleibt letztlich ungeordnet und wird kaum verortet. Auch tritt der Beobachter nicht etwa auf die erwähnten Gegenstände zu, sondern nimmt sie vielmehr eher distanziert wahr. Mehr noch: Lichtenberg nimmt bereits jene

---

28 Lichtenberg, *Briefwechsel* 1983, Bd. I, S. 488f.
29 Ebd., S. 488.

Überforderung der Sinne voraus, die auch in seiner weiteren Darstellung stilbildend bleibt. Die „Zuckerbäcker" etwa „blenden mit ihren Kronleuchtern die Augen" und verhindern somit, dass ein ‚ungewöhntes Auge' sich näher mit ihren Köstlichkeiten befassen kann. Hier legt Lichtenberg, gemeinsam mit dem danach benannten „[K]ützlen" der Nasen, bereits eine Polysensorik an, die seinen Brief insgesamt auszeichnet.

Doch nicht nur die überforderte Wahrnehmung eines imaginierten deutschen Reisenden prägt den Abschnitt. Ebenso wird deutlich, dass Luxus und teils fast grotesker Überfluss ein enges Verhältnis eingehen. So betont Lichtenberg etwa, in den „Gläßer[n]" der Apotheker könne immerhin ein Kind baden.[30] Und auch die beobachteten Farbmuster zielen in diese Richtung. Das aus den Apotheken scheinende Licht ist nicht etwa nur rot, grün oder blau – es ist purpurrot, grünspangrün und himmelblau. Luxus und Überfluss als „Inbegriff einer ganz der Sinnlichkeit verschriebenen Lebensweise"[31] treten in einem polysensorischen Gesamterlebnis zutage. Die Londoner Pracht ästhetisiert Lichtenberg dabei letztlich zwischen zwei Polen. Sie ist einerseits Faszination. Deutlich wird das an jenem Abschnitt, in dem sich der Reisende am stärksten als von den beobachteten urbanen Wunderdingen eingenommen charakterisiert. Unverkennbar hegt er eine Sensationsgier nach dem, was sich in den Schaufenstern beobachten lässt. Er kontrastiert dies gleich doppelt mit der deutschen Heimat – und damit ebenfalls jener des angesprochenen Adressaten –, die Entsprechendes nicht bieten kann und dergestalt die urbane Wahrnehmung andersartig präformiert.

Doch genau in dieser Faszination, die Lichtenberg ob des Londoner Luxus formuliert, verbirgt sich andererseits jenes urbane Bild, das er nachfolgend in seinem Brief skizziert. Die Luxusgüter in den Schaufenstern faszinieren den Beobachter fraglos, aber sie verweisen mindestens latent auf jene Überforderung, die wenig später zum Mantra seines Berichts gerät. Geradezu prototypisch steht der Brief damit für jene Trias, die auch für die nächsten beiden Analysen prägend ist. Lichtenbergs Darstellung des Londoner Luxus ist eingebettet in wahrnehmungs- und literaturgeschichtliche Zusammenhänge. Einerseits betont er explizit, wie eine spezifische deutsche, durch doppelte Fremdheit geprägte Wahrnehmung das Großstadtbild eines Londonbesuchers präformieren kann. Dies verbindet sich eng mit dem unmittelbaren Adressaten des Briefs, der zum eigentlichen Beobachter des Londoner Straßenlebens stilisiert wird. Dieser wird, da er der ‚doppelten Fremdheit' in besonderem Maße unterliegt, als Beobachter in-

---

30 Mit „Dietrichs Cammer Husar" ist der damals rund fünf Jahre alte Sohn Wilhelm von Lichtenbergs Freund Johann Christian Dieterich (1722–1800) gemeint.
31 Weder und Bergengruen, Moderner Luxus 2011, S. 24.

szeniert, der schwerlich mit den überbordenden Impressionen von *Cheapside* und *Fleetstreet* fertig werden kann. Seine imaginierte Wahrnehmung schwankt zwischen Faszination und Schrecken. Wie kaum ein Zweiter hebt Lichtenberg mit seiner Inszenierung auf die wahrnehmungstechnischen Ambivalenzen ab, die für einen deutschen Beobachter mit den Eindrücken des Überflusses einhergehen können.[32]

III Hüttner im *Strand* – der souveräne Blick

Wer nach den wichtigsten kultur- und literaturgeschichtlichen Zeugnissen der deutschen Großstadtwahrnehmung um 1800 fragt, kommt um das von Friedrich Justin Bertuch herausgegebene Journal *London und Paris* nicht herum.[33] Über mehr als fünfzehn Jahre hinweg berichteten darin zahlreiche Korrespondentinnen und Korrespondenten aus den beiden bedeutendsten europäischen Metropolen. Die Zeitschrift steht wie vielleicht keine zweite Quelle für die heterogenen Perspektiven, die deutsche Schriftstellerinnen und Schriftsteller auf London und Paris entfalten konnten.[34] Pessimistische Blicke finden sich ebenso wie Jubelstürme über das sich in den Städten allmählich formierende moderne Zeitalter. Vor allem aber zeichnet *London und Paris* eine Tendenz aus, die auch in anderen deutschen Großstadtberichten um 1800 immer stärker an Gewicht gewinnt. Die Korrespondentinnen und Korrespondenten schildern vermehrt literarisierte Spaziergänge, die oftmals als Formen der Flanerie aufgefasst werden können.[35]

Ein einschlägiges Beispiel stellt ein Rundgang des wichtigsten London-Korrespondenten, Johann Christian Hüttner, dar, bei dem die hier interessierenden Fragen rund um Luxus besonders zutage treten. Im dritten Band (1799) schildert er

---

[32] Vgl. zu verschiedenen Ambivalenzen in den Luxusdebatten um 1800 ebd., S. 11–15.
[33] Umso erstaunlicher ist, dass Gibhardt diese Zeitschrift in seiner eingangs erwähnten, umfassenden Studie zum Pariser Luxus nicht beleuchtet.
[34] Vgl. zur Einführung in die Zeitschrift u. a. Kaiser, „Jede große Stadt ist eine Moral in Beispielen" 2000; Gerhard R. Kaiser: „Volksgeist" und Karikatur in Bertuchs Zeitschrift „London und Paris". In: *Nation als Stereotyp. Fremdwahrnehmung und Identität in deutscher und französischer Literatur*. Hg. Ruth Florack. Tübingen 2000, S. 259–288; Iris Lauterbach: „London und Paris" in Weimar. Eine Zeitschrift und ihre Karikaturen als kunst- und kulturgeschichtliche Quelle der Zeit um 1800. In: *Festschrift für Hartmut Biermann*. Hg. Christoph Andreas, Maraike Bückling und Roland Dorn. Weinheim 1990, S. 203–218.
[35] Dazu ausführlich Waßmer, *Muße in der Metropole* 2022. Ein erster sporadischer Ansatz zu dieser These findet sich bei Christian Deuling: Early Forms of Flânerie in the German Journal London und Paris (1798–1815). In: *The Flâneur Abroad. Historical and International Perspectives*. Hg. Richard Wrigley. Newcastle upon Tyne 2014, S. 94–116.

eine „Promenade durch den Strand. Glasladen. Silberladen. Parfumeur. Künstliche Korkglieder. Pawnbroker. Schuster. *Oilman*".[36] Dass Hüttner im Titel verschiedene Luxusgeschäfte anführt, deutet darauf hin, dass auch hier die Schaufenster im Mittelpunkt stehen. Wie schon bei Lichtenberg ist jedoch nicht alleine die bloße Beschreibung der Warenauslagen entscheidend, sondern ebenfalls, wie Hüttner die Szenerie rahmt. Seine Darstellung ist inmitten einer spannungsreichen Wahrnehmungskonstellation angesiedelt, die zwischen den Positionen des überforderten und des souveränen Großstadtbesuchers changiert. Zu Beginn seines Beitrags weist er ausdrücklich auf die städtische Betriebsamkeit hin, die eine genaue räumliche Inspektion eigentlich ausschließt:

> Da man sich endlich an alles gewöhnt, so hat mich's oft Wunder genommen, daß ich nie durch den *Strand* und durch *Fleetstreet*, welche zusammen hängen, gehen kann, ohne zu staunen, und zu *fühlen*, daß ich in London bin. Sobald man sich *Charingcross* nähert, kommt man in einen Wirbel von Menschen, Wagen und Pferden, der einen auch aus dem tiefsten Traume wecken muß.[37]

Dieser kurze Ausschnitt deutet an, wie Hüttners spätere Schilderung der Londoner Schaufenster konzeptionell eingebettet ist. Die topische urbane Erfahrung, die Verdichtung von Menschen- und Verkehrsmassen, bildet den Rahmen für das Kommende. Hüttner inszeniert eine Kulisse, die selbst einen erfahrenen Großstadtbeobachter, den der langjährige Korrespondent zweifelsfrei darstellt, zu überfordern scheint. Zugleich suggeriert er mit diesem Argumentationsstrang aber auch, dass sich an einem Ort wie dem *Strand* oder *Fleetstreet* besonders treffend wahrnehmen lasse, was London eigentlich auszeichne. Wie Lichtenberg verweist auch Hüttner mindestens implizit auf die Wahrnehmungsherausforderung Großstadt, die in den betrachteten Straßenzügen besonders exponiert auftritt. Umso markanter ist, wie der Korrespondent im nächsten Schritt eine vom Lichtenberg'schen Beobachter abweichende Erfahrung darstellt:

> Nachdem man sich von dem Erstaunen über das Gedränge und den Lärm gesammelt hat, fängt man an um sich zu sehen. Andre mögen mehr Gewalt über sich haben; allein wenn mich kein nothwendiges Geschäft durch den Strand *jagt*, gelingt es mir nimmer, daß ich meines Weges gehen kann, ohne an einem Laden stehen zu bleiben, etwas vorher nicht Bemerktes zu begucken, oder wohl gar hinein zu gehen und zu kaufen.[38]

---

36 Friedrich Justin Bertuch (Hg.): *London und Paris*. Bd. 3 (1799), S. 189.
37 Ebd.
38 Ebd., S. 190.

War die Beobachterfigur beim literarischen Vorgänger von den schlagartig auftretenden Eindrücken unweigerlich überfordert, gelingt es Hüttner, sich aus dem urbanen Treiben zu befreien und in einen grundverschiedenen Wahrnehmungsmodus zu gelangen. Er präformiert seinen anschließenden Spaziergang durch den *Strand*, der flanierende Züge trägt. Hüttner kann frei über seine Zeit verfügen, er lässt sich auf die kontingenten Eindrücke der Straßenzüge ein und vor allem scheinen dabei störende äußere Einflüsse vollständig ausgeblendet. Damit deutet der Ausschnitt an, welcher Blick hier auf den Londoner Luxus und die dazugehörigen Schaufenster hervortritt. Beim imaginierten Großstadtbesucher Lichtenbergs verharrte die Beobachtung in einer oberflächlichen Wahrnehmung; er war nicht in der Lage, sich näher auf einzelne Gegenstände einzulassen und sie einer genaueren Inspektion zu unterziehen. Stattdessen dominierte der überforderte, flüchtige Blick, der nur Schlagworte registrieren und wiedergeben konnte. Hüttner indes präfiguriert in seiner Exposition, dass er eine andersartige Wahrnehmung praktizieren und literarisch inszenieren möchte. Er kündigt eine bemerkenswerte Mischung aus Zerstreuung und Konzentration an, die den ganzen folgenden Abschnitt prägt. So wie er sich beliebigen und zufälligen Eindrücken ausgesetzt sieht, unterzieht er diese in einem zweiten Schritt einer fast investigativen Beobachtung. Paradigmatisch ist dies am ersten Laden abzulesen, an dem der Korrespondent vorbeischlendert:

> Erst bewundere ich einen Glasladen. Alles was man hier sieht, ist von geschliffenem oder geschnittenem Krystallglase, dabey so rein und zum Theil so polirt, daß eine einzelne Lampe des Abends Wunder thut. Das Englische Krystallglas ist durchaus weißer und reiner, als das im übrigen Europa. Schon die gemeinen Weingläser, und die Flaschen, worein man den Wein abklärt, fallen jedem, der zuerst nach England kommt, als außerordentlich fein und krystallen auf. [...] In einem Glasladen sieht man wenigstens ein Dutzend großer und kleiner Kronleuchter, Lampen für Treppen, Hauseingänge, Wände; Salzfässer von den mannichfaltigsten Formen, oval, gezackt, tulpenförmig, in Silber gefaßt [...]; Gläser, in denen man sich nach der Tafel, ohne aufzustehen, die Hände und den Mund wäscht, kostbar geschliffene Obstteller; Gestelle, worauf man Eis, Gefrornes, Orgeade, Bavaroise setzt; vielseitig geschliffene Thürhandhaben; verschiedenartige Farbengläser und Flaschen; Blumengläser, Blumenzwiebelgläser, Prunkpokale u. dgl.[39]

Daran, wie Hüttner den prunkvollen Glasladen schildert, lässt sich gleich dreierlei ablesen. Erstens steht die Textstelle stellvertretend für das, was *London und Paris* über weite Strecken auszeichnet. Impressionen und Informationen gehen ein nahezu untrennbares Verhältnis ein. Schon im Vorwort zu ihrer Zeitschrift hatten die Herausgeber betont, man wolle dem Lesepublikum sowohl unterhaltsame

---

[39] Ebd., S. 190f.

Schilderungen aus den Hauptstädten anbieten als auch gelehrtes Wissen weitergeben.[40] Hüttner löst dieses Versprechen mustergültig ein. Er beschreibt zuerst einen persönlichen Eindruck, der von einer ausdrücklichen Begeisterung gekennzeichnet ist. Im nächsten Schritt allerdings liefert er eine nahezu katalogartige und enzyklopädische Auflistung dessen, was alles an Glaswaren in London zu erblicken und zu erwerben ist. Hüttners Bericht steht prototypisch für verschiedene Darstellungsformen, die nicht nur in *London und Paris*, sondern allgemein in der deutschen Großstadtliteratur um 1800 nebeneinander existieren. So wie er einerseits subjektive Wahrnehmungen betont, verfolgt er andererseits ein nüchtern registrierendes und taxonomisches Interesse. Beispielhaft zeigt dieser kurze Ausschnitt, wie eng diese verschiedenen Berichtweisen miteinander interagieren können. Noch ersichtlicher wird dies etwas später, wenn der Korrespondent einen Silberladen besucht. Fast eine ganze Druckseite ist dort von Fußnoten ausgefüllt, die Erklärungen zu Produkten und Begriffen geben, die Hüttner im Haupttext erwähnt. Sein Artikel gewinnt dergestalt fast wissenschaftlichen Charakter, der mit einer detaillierten Beschreibung all dessen einhergeht, was sich im Silberladen erblicken lässt.

Zweitens sind Hüttners Ausführungen ein weiteres Beispiel für die bereits mehrfach angesprochene doppelte Fremdheit. Er will die Londoner Schaufenster und Geschäfte dem deutschen Lesepublikum nicht nur unter dem Gesichtspunkt der Urbanität näherbringen, sondern er ordnet seinen Beitrag auch im komplexen Gefüge nationaler Wahrnehmungsmuster ein. Dezidiert hebt er hervor, mit dem englischen Glas könne sich europaweit niemand messen. Dies führt gar so weit, dass er die im Geschäft erblickte Produktionsqualität zu einem herausragenden Merkmal stilisiert, das alle Englandreisenden zugleich als europäisches Nonplusultra anerkennen müssten.

Und drittens gibt die „Promenade durch den Strand" einen weiteren Einblick in die Wahrnehmung des Londoner Luxus – zuvorderst in den Schaufenstern der belebten Geschäftsstraßen. Während zwar markante Unterschiede zu den Wahrnehmungsmustern des Lichtenberg'schen Beobachters bestehen, fallen genauso Gemeinsamkeiten ins Auge. Auch in Hüttners Bericht wird letztlich der überbordende, der überflussartige Charakter der Londoner Schaufenster sinnfällig. Als er etwa den Glasladen betritt, ist er nahezu erschlagen von dem, was zu erblicken ist. Auch der *London und Paris*-Korrespondent kommt über die bloße Nennung von einzelnen Gegenständen kaum hinaus. Allerdings ist diese in eine genuin verschiedene Beobachtungsform eingebettet. Bei Lichtenberg wäre es wohl noch undenkbar gewesen, dass der Beobachter die Geschäfte betreten hätte – war er

---

40 Vgl. Friedrich Justin Bertuch (Hg.): *London und Paris*. Bd. 1 (1798), S. 8.

doch schon vom bloßen Anblick derselben vollends überwältigt. Hüttner dagegen geht, geprägt durch eine bemerkenswerte Verbindung heteronomer und autonomer Beweggründe, selbstbewusst auf den Londoner Luxus und Überfluss zu. Er steht damit tendenziell für eine Großstadtwahrnehmung, die sich stärker durch einen souveränen Blick auszeichnet. Seine Schilderungen sind nicht allein von puren Sinneseindrücken geprägt, sondern er unterfüttert sie mit teils lexikonartigen Informationen. Dies zeigt einmal mehr, dass die Darstellung der Londoner Schaufenster und Auslagen, wie sie im Mittelpunkt dieses Aufsatzes steht, nicht nur die Frage danach beantworten kann, welche Rolle Luxus in der deutschen Großstadtliteratur um 1800 als inhaltliches Kriterium spielt. Hüttners Bericht signalisiert vielmehr, dass diese Schilderungen gleichzeitig poetologische Gesichtspunkte spiegeln. Lichtenberg und Hüttner schildern auf einer allgemeinen Ebene dasselbe – beiden geht es um Orte des luxuriösen Überflusses –, doch ihre dafür verwendeten narrativen Muster entwerfen verschiedene Blickregimes auf die Großstadt.

IV Pückler auf dem Bazar

Als Hermann Fürst von Pückler-Muskau in den 1820er Jahren nach England reiste, waren die Umstände besondere. Der Adlige hatte sich mit seinen Landschaftsgärtnereien finanziell vollkommen übernommen und war zwingend darauf angewiesen, neue Einnahmequellen zu finden. Er ließ sich pro forma von seiner damaligen Frau, Lucie von Hardenberg (1776–1854), scheiden und begab sich auf internationale Brautschau. Pücklers Mission war vordergründig nicht erfolgreich – er kehrte ohne neue Braut nach Hause zurück – und ging doch, obschon ungeplant, in die Literaturgeschichte ein.[41] Aus der mehrjährigen Reise auf die britischen Inseln resultierten, unter tatkräftiger Mithilfe Karl August Varnhagen von Enses (1785–1858), die *Briefe eines Verstorbenen*.[42] Dieser Reisebericht geriet, nicht zuletzt dank einer wohlwollenden Besprechung Johann Wolfgang Goethes

---

41 Zu den biografischen Hintergründen der Reise vgl. ausführlich Peter James Bowman: *Ein Glücksritter. Die englischen Jahre von Fürst Pückler-Muskau*. Übers. Astrid Köhler. Berlin 2015. In den *Briefen* selbst spielen diese dann eher eine untergeordnete Rolle, vgl. Reiner Marx: Ein liberaler deutscher Adliger sieht Englands Metropole. Die Wahrnehmung Londons in Pückler-Muskaus „Briefen eines Verstorbenen". In: Wiedemann (Hg.), *Rom – Paris – London* 1988, S. 595–610, hier S. 597.
42 Zit. nach Hermann Fürst von Pückler-Muskau: *Briefe eines Verstorbenen*. Hg. Heinz Ohff. Berlin 1986.

(1749–1832), zu einem literarischen ‚Bestseller' und wurde in mehrere andere Sprachen übersetzt.[43]

Pücklers Briefe schildern vor allem das London des *Regency*, der durch Georg IV. (1762–1830) zunächst als Prinzregent für seinen erkrankten Vater und später als britischem König geprägten historischen Phase. So spielen in Pücklers Reisebericht etwa auch die umfassenden architektonischen Umgestaltungen unter John Nash (1752–1835) eine tragende Rolle, die er gleich nach seiner Ankunft in der Hauptstadt ausdrücklich lobt.[44] Vor allem aber unterscheiden sich die *Briefe* in einem weiteren Punkt wesentlich von den bislang betrachteten Großstadtberichten. Obschon etwa auch Lichtenberg explizit Zugang zur adligen Londoner Lebenswelt hatte – er war unter anderem Gast Georgs III. (1738–1820) –, verschärft sich dieser soziokulturelle Gesichtspunkt bei Pückler entschieden.[45] Seine *Briefe* sorgten nicht zuletzt deshalb für großen Wirbel, da sie die Londoner Adelskultur schonungslos kritisierten. Dafür hatte der Fürst selbst nicht selten den Preis sozialer Exklusion zu bezahlen, doch als erzählerisches Leitmotiv ist dieser Blick unverkennbar.[46]

Umso mehr mag es überraschen, dass im folgenden und letzten Abschnitt dieses Aufsatzes gar nicht so sehr Pücklers spezifisch aristokratischer Blick im Zentrum steht. Vielmehr soll es um einen Abschnitt aus den *Briefen eines Verstorbenen* gehen, in denen der Fürst den Londoner Luxus und Überfluss unter einer breiteren sozialen Perspektive beobachtet. Denn obwohl zu erwarten wäre, dass der Adlige geradewegs die teuersten Einrichtungen aufsucht, um sich mit den neuesten luxuriösen Errungenschaften einzudecken oder sie immerhin zu beäugen, schildert er etwas anderes. Nachdem Pückler seine allgemeinen Eindrücke von London dargeboten hat, beschreibt er ausführlich den Besuch mehrerer „Bazars":

---

43 Zum publizistischen Erfolg vgl. Bowman, *Ein Glücksritter* 2015, S. 215–223. Näheres zu Goethes Rezension und ihrer fragwürdigen Validität findet sich bei Nicole Brey und Michael Brey: Von der Bildersprache der Erinnerung zum Lebensatlas. Der Reiseschriftsteller in England. In: *Englandsouvenirs. Fürst Pücklers Reise 1826–1829*. Hg. Stiftung Fürst-Pückler-Park Bad Muskau. Zittau 2005, S. 31–42, hier S. 40.
44 „Durch die neue Regent's Street, Portland Place und den Regent's Park hat die Stadt indes sehr gewonnen." Zit. nach Pückler, *Briefe eines Verstorbenen* 1986, S. 432.
45 Vgl. zu diesen gesellschaftlichen Rahmungen Nicole Brey und Michael Brey: ‚Exclusives, Beaux und Dandies'. Lebensbilder des Regency. In: Stiftung Fürst-Pückler-Park Bad Muskau (Hg.), *Englandsouvenirs* 2005, S. 43–68, hier S. 68.
46 Dazu etwa Heinz Ohff: *Der grüne Fürst. Das abenteuerliche Leben des Fürsten Pückler-Muskau*. München 1991, S. 133.

> Ich besuchte heute einige Bazars, die seit den letzten Jahren immer mehr überhandnehmen und den Käufern viel Bequemlichkeit darbieten. Der sogenannte Pferde-Bazar ist im größten Maßstab erbaut und versammelt täglich eine sehr bunte Menge. Er nimmt mehrere weitläufige Gebäude ein, wo in endlosen Galerien und Sälen zuerst viele Hunderte von Wagen und Geschirren aller Art, neue und alte (aber auch die letzteren wie neue aufgefrischt), fast zu allen Preisen ausgestellt sind. In anderen Zimmern werden Porzellanwaren, Putz, Kristall, Spiegel, Quincaillerie, Spielsachen, sogar tropische Vögel und Schmetterlingssammlungen etc. feilgeboten, bis man endlich in der Mitte des Etablissements in die Zimmer eines Kaffeehauses gelangt mit einer rund um einen freien Platz laufenden Glas-Galerie [...]; das Beste findet man allerdings hier in der Regel nicht, aber gewiß das Wohlfeilste und für manchen hat dies auch sein Gutes, noch mehr vielleicht die große Bequemlichkeit, sich alles Nötige im Augenblick an demselben Ort verschaffen zu können. Dergleichen Bazars gibt es, wie gesagt, schon eine Menge, und sie sind wohl eine kleine Promenade wert.[47]

Auf den ersten Blick mag die Auswahl dieser Textstelle überraschen. Um eine Darstellung des Londoner Luxus handelt es sich zumindest nicht im engeren Sinne. Pückler betont ja gerade, „das Beste findet man allerdings hier in der Regel nicht". Und dennoch ist unverkennbar, dass der Bazar als Ort des Überflusses gezeichnet ist. Pückler wird nicht müde zu betonen, dass man an solchen Plätzen nicht nur einer besonders genussreichen Wahrnehmung frönen könne, sondern dass letztlich dort alles geboten werde, was der Mensch eigentlich brauche. Die „weitläufige[n] Gebäude", die „endlosen Galerien und Säle[]" sowie die disparate Warenauslage weisen darauf hin. Und auch die Beobachtungsmuster stehen in einem engen Verhältnis zu den Schilderungen, wie sie bei Lichtenberg und Hüttner erkennbar waren. Der auflistende Stil Pücklers, der durchaus auf exotische Gegenstände rekurriert, ist dafür ein markantes Anzeichen. Zugespitzt ließe sich behaupten, dass eine Neujustierung des Begriffsfeldes von Luxus und Überfluss stattfindet. Dies zeigt sich insbesondere unter sozialer Perspektive. Während bei Hüttner noch die topischen Londoner Geschäftsstraßen mit ihrem wohlhabenden Publikum präsent waren, sind in Pücklers Bildern vom Bazar auch andere gesellschaftliche Schichten vertreten.[48] Luxus und Überfluss sind zumindest nicht ausschließlich an die gehobenen Gesellschaftsschichten gebunden. Gerade das Argument, auf den Bazars finde man stets das „Wohlfeilste", weist eindrücklich auf diesen Zusammenhang hin. In diesem Sinne stehen Pücklers Schilderungen aber auch für einen spezifischen Blick auf das großstädtische Leben. Es ist bemerkenswert, dass gerade ein, wenn auch verarmter, adliger Reisender derjenige ist, der Luxus nicht nur in den obersten sozialen

---

47 Pückler, *Briefe eines Verstorbenen* 1986, S. 435.
48 Auf solche sozialen Aspekte, gerade in literarisierten und inszenierten Darstellungen, verweist auch Oesterle, Der kleine Luxus 2011, S. 111.

Schichten identifiziert, sondern vielmehr von einem gesellschaftlich variablen, relativen Begriff ausgeht.

Dass dieses Zusammenspiel von Luxus einerseits und breiterer gesellschaftlicher Perspektive andererseits für Pückler durchaus selbstreflexive Formen annehmen kann, zeigen seine weiteren Beobachtungen, die den Londoner Verkaufsbuden gewidmet sind:

> Auch unter den Buden ziehen vor allen diejenigen die Augen auf sich, worin das schöne englische Kristall verkauft wird. Echte Diamanten können fast nicht blendender glänzen als die weithin strahlenden Sammlungen einiger dieser Fabrikanten. Ich sah dort auch einige Gegenstände in rosenrotem und anderem farbigen Glas gearbeitet, doch wundert es mich, daß man die Formen noch immer so wenig verändert. [...] In anderen Buden sieht man mit großem Interesse alle Instrumente neuer Agrikultur und Mechanik, von gigantischen Sämaschinen und Rodeapparaten zum Ausreißen alter Bäume bis zur kleinen Gartenschere herab, in weiten Lokalen fertig aufgestellt, alles mit einer gewissen Zierlichkeit arrangiert, die selbst bei den Fleischern, Fisch- und Kartoffelhändlern noch anzutreffen ist. Auch die Läden der Eisen-Möbel und Lampen-Verkäufer verdienen gar wohl eine Besichtigung, da sie Neues und Nützliches in Menge darbieten, was man nicht leicht auf dem übrigen Kontinent, weder in gleicher Fülle noch Zweckmäßigkeit zu sehen bekommt. Der Reisende aber, der sich immer bloß auf die Salons und seinesgleichen beschränken und auch nur, sozusagen, vornehme Merkwürdigkeiten besehen will, bleibe besser zu Hause.[49]

Das Fazit Pücklers zeigt deutlich, dass er sich seines eigenen Wahrnehmungsmodus sehr wohl bewusst ist. Er stellt sich ausdrücklich gegen jene Reisenden, die sich allein auf ihre eigenen sozialen Gruppen konzentrieren. Stattdessen hebt er ausdrücklich hervor, wer zu einem *eigentlichen* Begriff des Londoner Luxus und Überflusses kommen wolle, müsse die Phänomene viel umfassender in den Blick nehmen. In diesem Zusammenhang mag zwar latent ein „Festhalten am adligen Überlegenheitsgestus"[50] durchschimmern, insoweit er sich gegenüber anderen Reisenden in eindeutigem Vorteil sieht, doch die Abgrenzung von literarischen Vorgängerinnen und Vorgängern scheint das primäre Ziel.[51] Dass Pückler dies an der zitierten Stelle zugleich mit seinem ganz persönlichen Interesse, der Landschaftsgärtnerei verbindet, lässt den individuellen Aspekt umso stärker hervorstechen. In dem Zusammenhang ist erkennbar, dass der Beobachter topische und innovative Beobachtungsmomente ineinander verschränkt. Zuerst rekurriert er

---

49 Pückler, *Briefe eines Verstorbenen* 1986, S. 436.
50 Urte Stobbe: Schreiben als Strategie des „Obenbleibens". Pücklers Inszenierung als Adliger und Künstler in den „Briefen eines Verstorbenen". In: *Subjektform Autor. Autorschaftsinszenierungen als Praktiken der Subjektivierung*. Hg. Sabine Kyora. Bielefeld 2014, S. 39–53, hier S. 53.
51 Vgl. dazu umfänglich Urte Stobbe: *Fürst Pückler als Schriftsteller. Mediale Inszenierungspraktiken eines schreibenden Adligen*. Hannover 2015, bes. S. 72–94.

auf das von vielen Reisenden und Berichtenden beschworene englische Kristall und bewegt sich damit auf den inhaltlichen Spuren der reiseliterarischen Vorgängerinnen und Vorgänger (z. B. Hüttner). Im zweiten Moment aber richtet er seinen Blick auf die landwirtschaftlichen und im dritten Schritt sogar auf die alltäglichen Produkte, die seines Erachtens ebenfalls die Sprache des Luxus sprechen. An dieser Stelle wird noch einmal sinnfällig, dass Luxus und Überfluss nicht nur als absolute materielle Kategorien zu lesen sind, sondern über einen relativen Charakter verfügen. Was Pückler in vergleichsweise trivialen Einrichtungen wie Fleischereien oder Fischhandlungen erblickt, ist seiner Ansicht nach keineswegs mit den viel weniger auffälligen kontinentalen Angeboten zu vergleichen.

Insgesamt lässt sich konstatieren, dass Pückler Luxus und Überfluss nicht als partikulare Beobachtungsmomente erachtet, sondern vielmehr als eine genuine englische oder Londoner Eigenschaft. Das heißt aber, der adlige Reisende bewegt sich ebenfalls auf den Spuren der leitenden doppelten Fremdheit. Auch ihm geht es darum, einem deutschen Lesepublikum, das weitgehend nicht mit den urbanen Erfahrungen in London oder Paris vertraut ist, das großstädtische Treiben und zuvorderst den dortigen Überfluss näherzubringen. Dafür aber, und dies ist der entscheidende Punkt, wählt er eine andere literarische Strategie als Lichtenberg oder Hüttner. Er begibt sich – zumindest an dieser Stelle – nicht in eine der allseits bekannten Londoner Geschäftsstraßen, sondern auf eher unbekannte Bazars und in abgelegenere Buden. Das ist in der vielgestaltigen deutschen Großstadtliteratur um 1800 sicher kein Alleinstellungsmerkmal Pücklers. Doch angesichts seiner eigenen sozialen Herkunft und den in seinem Bericht oftmals aristokratisch ausgerichteten Beobachtungsgegenständen mag es umso überraschender sein.

V Fazit

Obwohl die drei analysierten Textstellen nur einen kleinen Auszug aus der breiten deutschen London-Literatur um 1800 darstellen, hat sich an ihnen einiges gezeigt, das gleichzeitig paradigmatischen Charakter besitzt. Einerseits zeugen sie alle davon, dass auch für die Metropole London die Fragen von Luxus und Überfluss eine tragende Rolle spielen – dass diese keineswegs, wie teils in der Forschung suggeriert, einseitig mit Paris verbunden sind. Dieses thematische Feld, so hat sich gezeigt, ist vor allem davon geprägt, dass die Luxusdarstellungen allgemeine Paradigmen der Großstadtwahrnehmung widerspiegeln. Die unzähligen Gegenstände, die für alle drei Beobachter oftmals nur auflistend erfassbar waren, zeugen davon ebenso wie die ausdrücklich überforderten Sinne, die als gemeinsames Erzählmerkmal im Mittelpunkt stehen. Schließlich verbindet alle drei Texte eine spezifische Wahrnehmungsdisposition, die sich mit dem Konzept einer ‚doppelten Fremdheit' erfassen lässt. Die Absicht, dem deutschen, großstadtunerfahrenen Lesepublikum sowohl ein fremdes Land und seine nationalen Muster als auch weniger vertraute oder gänzlich unbekannte Lebensformen nahezubringen, ist in allen Passagen deutlich geworden. Obwohl dieser Zusammenhang graduell ausgeformt ist – und bei Lichtenberg etwa viel stärker als bei Pückler zum Tragen kommt –, bleibt er doch mindestens unterschwellig konstitutiv für die diskutierten Großstadtberichte.

Bei all diesen Gemeinsamkeiten ist aber schließlich nicht zu leugnen, dass auch deutliche Unterschiede hervortreten, die sowohl inhaltlich als auch narrativ einzuordnen sind. Inhaltlich stechen insbesondere Pücklers *Briefe eines Verstorbenen* heraus. Der Reisende nimmt nicht die klassischen, prächtigen Londoner Geschäftsstraßen ins Visier, sondern widmet sich den Fragen von Luxus und Überfluss auf einer breiteren gesellschaftlichen Ebene. Er erhebt dies letztlich zu einem impliziten poetologischen Prinzip, wenn er Formen des Reisens und Beobachtens, die lediglich in der eigenen sozialen Gruppe verharren, disqualifiziert. Letztgenannter Punkt führt zur wesentlichen Erkenntnis des vorliegenden Beitrags. Alle drei Reisenden schildern fraglos Formen des Luxus und des Überflusses. Sie tun dies allerdings in narrativ disparaten Formen, sodass die thematische Gemeinsamkeit gleichzeitig eine erzählerische Verschiedenheit mit sich bringt. Während Lichtenberg den überforderten Großstadtbesucher inszeniert, lässt Hüttner stärker einen souveränen Blick schweifen, und Pückler schließlich illustriert ein breiteres soziales Panorama. Luxus und Überfluss werden im untersuchten Themenfeld zu einer literarischen Wegscheide im doppelten Sinne. Sie gehen nicht nur mit der Frage einher, wie die überbordenden Eindrücke wahrgenommen werden können, sondern sie formulieren ebenso die Herausforderung, sie literarisch zu verarbeiten. Dass dies freilich in ganz verschiedenen Formen geschehen kann, haben die drei Textstellen stellvertretend für eine ganze literarische Strömung aufgezeigt.

Andrea Polaschegg
Morgenländische Luxusorte in Bewegung. Orient-Importe und Text(raum)-konstitution in der Moderne

I Aufriss

Der Orient als (Erinnerungs-)Ort des Überflusses besitzt in Westeuropa eine *longue durée*, die bis in die Antike zurückreicht und auch im kollektiven Gedächtnis der Gegenwart noch nachwirkt, wenngleich in mehrfach transformierter Form. Die konkreten geographischen Koordinaten des luxuriösen Morgenlands haben sich im Laufe der Jahrhunderte zwar mehrfach verschoben: von Nordafrika oder Mesopotamien über Indien oder China, Persien oder Ägypten bis an den Bosporus oder den Persischen Golf und wieder zurück.[1] Doch spätestens in der Frühen Neuzeit zeichnen sich zwei topische Schauplätze des orientalischen Luxus ab, die sich von dieser geographischen Dynamik weitgehend unbeeindruckt gezeigt haben und eine bemerkenswerte Stabilität aufweisen. Es sind dies der Palast und der (Palast-)Garten mit ihren belebten oder unbelebten Interieuren – Orte mithin, die einen unverkennbar urbanen Einschlag besitzen. Tatsächlich suchte und fand man Stätten des orientalischen Überflusses ausschließlich in (Groß-)Städten wie Karthago, Babylon, Palmyra, Bagdad, Kairo oder Konstantinopel, während der ländliche Orient – dies nicht minder topisch – den frugalen oder schlichten Gegenpol dazu bildete: sei dieses rurale Morgenland nun bevölkert von Bauern, Hirten oder Beduinen,[2] sei es in Form ganzer Länder und Regionen abseits der

---

[1] Zur geokulturellen Lage ‚des Orients' in der deutschsprachigen Diskursgeschichte und der besonderen synekdochalen Dynamik zwischen dieser Meta-Kategorie und den einzelnen Völkern und Ländern, die sie umgreift, vgl. ausführlich: Andrea Polaschegg: *Der andere Orientalismus. Regeln deutsch-morgenländischer Imagination im 19. Jahrhundert*. Berlin und New York 2005, S. 63–142.

[2] Vor allem letztere sind es gewesen, die das – biblisch untersetzte – Konzept einer genuin orientalischen „Patriarchenluft" lebendig gehalten haben, auf das Goethe im berühmten Eingangsgedicht zu seinem *West-östlichen Divan* zurückgriff. Vgl. Johann Wolfgang Goethe: Hegire. In: *West-östlicher Divan*. Hg. Hendrik Birus. Neue, völlig revidierte Ausgabe. Frankfurt/M. 2010, S. 12f. Allerdings ließen sich die bukolisch-irenischen Implikationen dieses ruralen Orient-Konzepts auch in ein freiheitlich-viriles Format transformieren, was etwa Ferdinand Freiligraths vormärzliche ‚Wüsten- und Löwenpoesie' illustriert. Vgl. Ferdinand Freiligrath: Wär ich im Bann von Mekka's Toren. In: *Gedichte*. Zweite, vermehrte Ausgabe. Stuttgart und Tübingen 1839, S. 36–38.

großen Metropolen des Ostens wie etwa im Falle des Kaukasus, Nordafrikas jenseits der Küsten oder des südlichen Arabien.[3]

Dass die Literatur an dieser antipodischen Ordnung des orientalischen Luxus maßgeblich mitgeschrieben hat, steht außer Zweifel. Allerdings gilt das nicht allein für die westliche Literatur. Schließlich haben die Erzählungen der *Tausendundeinen Nacht* seit ihrer Übersetzung ins Französische ab dem frühen achtzehnten Jahrhundert mit ihren Schilderungen märchenhafter Paläste, üppiger Gärten und zu unermesslichem Reichtum gelangter Handwerker- oder Kaufmannssöhne als wichtiger Imaginationsgenerator orientalischer Orte des Überflusses gewirkt. Tatsächlich kann die Sammlung in Westeuropa bis heute ihren Platz als – neben der Bibel – erfolgreichster literarischer Orient-Import behaupten, der überdies nicht allein als narratives Vehikel luxuriöser Inhalte erschien, sondern auch in seinem Genre und seinem Stil mit Konnotaten des Überbordenden und Verschwenderischen verbunden war.[4]

Just diesen Import-Erfolg im Zeichen der Verschwendung teilen die Erzählungen der Scheherazade nun aber mit einer Vielzahl morgenländischer Dinge, Artefakte, Stoffe, Pflanzen und Tiere, die auf ökonomisch gebahnten Routen aus dem Osten in den Westen gelangt und hierzulande zunächst durchweg als Luxusgüter wahr- und in Gebrauch genommen worden sind.[5] Die Rede ist von zunächst genuin orientalischen Stoffen wie Seide, Atlas und Damast, von Klei-

---

[3] Wie die konzeptionelle ‚Ruralisierung' gesamter Regionen des Nahen, Mittleren oder Fernen Ostens funktioniert und welche literarischen Möglichkeitsräume sie zumal für den Abenteuerroman eröffnet, lässt sich anhand der Schauplätze von Karl Mays Orientzyklus (1881–1888) verfolgen, die sorgsam um die urbanen Zentren herum gruppiert sind. Romantitel wie *Durch die Wüste, Durchs wilde Kurdistan, In den Schluchten des Balkan* oder *Durch das Land der Skipetaren* sind hier durchaus programmatisch zu verstehen. Zum Orientzyklus insgesamt vgl. Dieter Sudhoff und Hartmut Vollmer (Hg.): *Karl Mays Orientzyklus*. Paderborn 1991; zum orient-topographischen Zuschnitt der Romane vgl. Andrea Polaschegg: Durch die Wüste ins Reich des silbernen Löwen. Kara Ben Nemsi reitet durch den deutschen Orientalismus. In: *Karl May. Imaginäre Reisen*. Eine Ausstellung des Deutschen Historischen Museums. Hg. Sabine Beneke und Johannes Zeilinger im Auftrag des DHM. Berlin 2007, S. 115–136.
[4] Zur Transformationsgeschichte der *Tausendundeinen Nacht* zwischen Ost und West vgl. nach wie vor grundlegend Robert Irwin: *Die Welt von Tausendundeiner Nacht*. Übers. Wiebke Walter. Frankfurt/M. 1997; zuletzt noch einmal pointiert: Stefan Weidner: *1001 Buch. Die Literaturen des Orients*. Bad Herrenalb 2019, S. 123–131.
[5] Vgl. dazu grundlegend Maxine Berg und Helen Clifford (Hg.): *Consumers and Luxury. Consumer Culture in Europe 1650–1850*. New York 1999; zu den Orient-Importen vgl. kursorisch: Polaschegg, *Der andere Orientalismus* 2005, S. 88–95.

dungsstücken wie Kaschmirschals⁶ oder Pantoffeln, von Getränken wie Kaffee⁷, Tee⁸ und Sorbet, Gewürzen wie Safran, Nelken und Zimt,⁹ Duftstoffen wie Moschus, Ambra und dem paradigmatisch verschwenderischen Rosenöl,¹⁰ von Polstermöbeln wie dem „Sofa", dem Diwan oder der Ottomane,¹¹ von Edelsteinen, Porzellan¹² und Teppichen¹³, aber auch von Pflanzen wie Tulpen, Rosen, Hortensien, Kamelien oder Jasmin¹⁴ und Tieren wie Pfauen, Papageien oder Goldfischen. Diese synästhetische Fülle von Importgütern und deren fortschreitende Nutzung¹⁵ haben es einerseits vermocht, hiesige Lebensräume in Luxusorte unter orientalischem Vorzeichen zu verwandeln, während sie im Gegenzug dazu beigetragen haben, den Topos vom (städtischen) Orient als Ort des Überflusses durch sinnliche Erfahrung innerhalb der eigenen Lebenswelt zu fundieren oder ihn womöglich allererst zu konstituieren. Wie sich diese erfahrungsweltliche Grundierung der Orte des orientalischen Luxus zu deren ‚imaginärem' Charakter verhält, erweist sich mithin als eine ebenso komplizierte Frage wie die nach der spezifischen Funktion der Literatur im Prozess der medialen und materiellen Formatierung des Überflusses morgenländischen Zuschnitts.

Im Lichte dieser Fragen will ich mich im Folgenden dem ost-westlichen Luxustransfer mit seinen Potentialen zur Konstitution von Orten des Überflusses auf

---

6 Vgl. dazu besonders erhellend Gertrud Lehnert: Zum Luxus fremder Dinge. Der Kaschmirschal. In: *Präsenz und Evidenz fremder Dinge im Europa des 18. Jahrhunderts.* Hg. Birgit Neumann. Göttingen 2015, S. 302–322.
7 Vgl. exemplarisch Peter Albrecht: *Kaffee. Zur Sozialgeschichte eines Getränks.* Braunschweig 1980, oder auch Martin Krieger: *Kaffee. Geschichte eines Genussmittels.* Köln etc. 2011.
8 Vgl. Martin Krieger: *Tee. Eine Kulturgeschichte.* Köln etc. 2009.
9 Vgl. Gary Paul Nabhan: *Cumin, Camels, and Caravans. A Spice Odyssey.* Berkeley, Los Angeles und London 2014.
10 Vgl. Günther Ohloff: *Irdische Düfte, himmlische Lust. Kulturgeschichte der Duftstoffe.* Frankfurt/M. und Leipzig 1996.
11 Von der Herkunft dieser ab dem siebzehnten Jahrhundert in Westeuropa verbreiteten Möbel zeugen noch heute ihre Namen: „Sofa" ist ein Lehnwort aus dem Arabischen (صفة *ṣuffa* = ‚Ruhebank'); „Diwan" stammt aus dem Persischen (ديوان *dīwān* = ‚Ratsversammlung', davon metonymisch abgeleitet die Bezeichnung der entsprechenden Sitzgelegenheiten); und der „Ottomane" ist die französisch-englische Bezeichnung für die Osmanen (‚ottoman') eingeschrieben. Vgl. *Kleines Lexikon deutscher Wörter arabischer Herkunft.* Hg. Nabil Osman. München ⁸2010.
12 Daniel Suebsman: *Chinesisches Porzellan in Deutschland. Seine Rezeptionsgeschichte vom 15. bis ins 18. Jahrhundert.* Bonn 2019 (https://bonndoc.ulb.uni-bonn.de/xmlui/handle/20.500.11811/8137, letzter Zugriff am 1. Februar 2022).
13 Vgl. Hans-Günther Schwarz: *Orient – Okzident. Der orientalische Teppich in der westlichen Literatur, Ästhetik und Kunst.* München 1990.
14 Zur Luxuskodierung der orientalischen Importblumen siehe unten, S. 82–89.
15 Dazu konzise: Birgit Neumann: Präsenz und Evidenz fremder Dinge im Europa des 18. Jahrhunderts. Zur Einleitung. In: Neumann (Hg.), *Präsenz und Evidenz* 2015, S. 9–37.

die Spur setzen und mich dabei hauptsächlich auf den Zeitraum zwischen dem ausgehenden achtzehnten und frühen neunzehnten Jahrhundert konzentrieren. Denn während der *Topos* des Orients als Ort des Überflusses eine lange Tradition besitzt, taucht die *Rede* vom „orientalischen Luxus" in den Jahren um 1800 tatsächlich erstmals auf.[16] Zur gleichen Zeit lässt sich eine zunehmende Verbürgerlichung zahlreicher orientalischer Luxusgüter verzeichnen, die zuvor in exklusiv höfischem Gebrauch gewesen sind – mit weitreichenden Folgen für die bourgeoise Raumgestaltung und -codierung. Dass beide Entwicklungen mit dem historischen Prozess der gesellschaftlichen und (moral-)philosophischen Umwertung des Luxus seit dem achtzehnten Jahrhundert[17] in Zusammenhang stehen, liegt als Vermutung zumindest nahe.

II Luxus – Liste – Märchen

Einen erhellenden Einblick in die diskurshistorische Gemengelage rund um den Orient als Ort des Überflusses gewährt ein Beitrag, der im Mai 1812 in Friedrich Justin Bertuchs einflussreichem Weimarer *Journal des Luxus und der Moden* erschienen ist. Unter der unmissverständlichen Überschrift *Orientalischer Luxus*[18] räsoniert Hilarius Frank alias Ludwig Wieland[19] hier eingangs über das vermeintliche Glück „[u]nserer reichen Herren und Damen", sich nicht allein an ihren Gütern freuen, sondern zugleich auch „mit einer gewissen Verachtung auf andere Leute herabsehen zu können, die nicht, wie sie, einen Ueberfluß an un-

---

16 Weder das *Digitale Wörterbuch der deutschen Sprache* (www.dwds.de, letzter Zugriff am 2. Juli 2021) noch der Katalog ANNO: AustriaN Newspapers Online (www.anno.onb.ac.at, letzter Zugriff am 1. Februar 2022), dessen Korpus glücklicherweise auch eine ganze Reihe deutscher Periodika umfasst, enthalten entsprechende Belege für die Zeit vor dem frühen neunzehnten Jahrhundert.
17 Vgl. dazu grundlegend Ulrich-Christian Pallach: *Materielle Kultur und Mentalitäten im 18. Jahrhundert. Wirtschaftliche Entwicklung und politisch-sozialer Funktionswandel des Luxus in Frankreich und im Alten Reich am Ende des Ancien Régime*. München 1987; zu den diskursgeschichtlichen Dimensionen des Luxuswandels vgl. die Einleitung der HerausgeberInnen in: *Luxus. Die Ambivalenz des Überflüssigen in der Moderne*. Hg. Christine Weder und Maximilian Bergengruen. Göttingen 2011, S. 7–31.
18 Hilarius Frank: Orientalischer Luxus. In: *Journal des Luxus und der Moden* 27. Jg. (Mai 1812), S. 341–348.
19 Der Sohn Christoph Martin Wielands hatte unter diesem Pseudonym bereits ab 1807 im Wiener *Sonntagsblatt* veröffentlicht (vgl. die Auflistung der Beiträge aus den Jahren 1807–1808 von Christian Aspalter und Anton Tantner: https://homepage.univie.ac.at/romantik.germanistik/zs_sonntagsblatt.html, letzter Zugriff am 1. Februar 2022). Zu Wieland und seinem Pseudonym selbst vgl. Eduard Castle: Schreyvogel, Joseph. In: *Allgemeine Deutsche Biographie* (1908), https://www.deutsche-biographie.de/pnd119368579.html, letzter Zugriff am 1. Februar 2022.

nützen Dingen haben". Allerdings sei dieses Glück der Distinktion, so der Verfasser, dadurch vergiftet, „daß gewöhnlich der Reichste immer wieder seinen Meister findet, der auf den minder Begüterten gerade so herabsieht, wie dieser auf den Armen", was bei den Wohlhabenden ebenso verlässlich wie anhaltend „eine Menge Gemüthskrankheiten" zeitige. Beseitigen ließe sich dieses unabschließbare Vergleichs-Elend letztlich nur durch eine „glückliche Gleichheit" Aller im Kollektiv der „armen Teufel".[20] Doch auch wenn, so Frank weiter, die aktuelle Gesellschaftsentwicklung der Hoffnung auf einen solchen Zustand durchaus Nahrung gebe, bedürfe es zu seiner Herstellung letztlich gar keiner ökonomischen Veränderungen, sondern allein eines Perspektivwechsels. Denn ein Blick in den Orient reiche aus, um zu der Einsicht zu gelangen,

> daß wir Abendländer mit allen unseren Schätzen, den Luxus der Morgenländer nicht erreichen können, daß es also klüger sey, den Stolz auf unser bischen Reichthum, als eine Lächerlichkeit, abzulegen, und uns bei Zeiten an eine zufriedene Armuth zu gewöhnen.[21]

Als Beweis führt der Verfasser die „Inventarien" der Nachlässe zweier osmanischer Großwesire aus dem sechzehnten Jahrhundert an und präsentiert sie in Form durchnummerierter Listen.[22] Wie durchschlagend die Evidenz ist, die der morgenländische Überfluss durch diese Präsentationsform gewinnt, mag der folgende Auszug aus dem Nachlassinventar Sinan Paschas illustrieren, das insgesamt 32 Posten umfasst:

1. Kisten mit Topasen, 20.
2. Rosenkränze von Perlen, 15.
3. Diamanten=Rosen (Rosetten), 30.
4. Goldstaub, 20 Miskal.
5. Waschbecken mit Edelsteinen besetzt, 20.
6. Schachspiel, 1.
7. Tischdecken mit Edelsteinen besetzt, 9.
8. Tischdecken mit Edelsteinen besetzt, 3.
9. Gottes Wort mit Edelsteinen eingebunden, 16.

---

20 Frank, Orientalischer Luxus 1812, S. 341.
21 Ebd., S. 343.
22 Wie Frank selbst anführt (ebd., S. 343), hat er diese Quellen aus den damals viel gelesenen *Denkwürdigkeiten von Asien* von Friedrich von Diez, dem preußischen Gesandten an der Hohen Pforte, gezogen. Der hatte die Inventare allerdings angeführt, um dem Vorurteil entgegenzutreten, die Orientalen würden ihr Geld horten, anstatt es in Kostbarkeiten zu investieren. Vgl. *Denkwürdigkeiten von Asien in Künsten und Wissenschaften, Sitten, Gebräuchen und Alterthümern, Religion und Regierungsverfassung. Aus Handschriften und eigenen Erfahrungen gesammelt von Heinrich Friedrich von Diez*. Erster Theil. Berlin 1811, S. 92–105.

10. Sättel mit Edelsteinen besetzt, 16.
11. Steigbügel mit Edelsteinen besetzt, 34.
12. Schilde mit Edelsteinen, 32.
13. Kisten mit Edelsteinen besetzt, 15.
14. Helme mit Edelsteinen, 140.
15. Leibgürtel mit Edelsteinen, 120.
16. Armbinden mit Edelsteinen, 50.
17. Schüsseln mit Edelsteinen, 15. [...][23]

Das Listenformat mit seinen finalen Kardinalzahlen sowie die hohe Rekurrenz der „Edelsteine" im Verbund mit Alltagsgegenständen erzeugen bei der Lektüre nachgerade einen Luxusrausch, wobei der Überwältigungseffekt durch den Umstand noch verstärkt wird, dass es sich dabei um die Nachlässe von Wesiren handelt, also von Ministerialbeamten und nicht von Herrschern. Was der deutschen Leserschaft durch dieses Darstellungsformat vor Augen geführt wird, ist mithin ein schatzkammerartiges *Arsenal* veredelter Gebrauchsgüter, vermittels derer sich der titelgebende „Luxus des Orients" als schier unerschöpfliches *Potential* kommuniziert.[24]

In diesem Zusammenhang ist der Vergleich besonders aufschlussreich, mit dem Hilarius Frank den Eindruck des unfassbaren Überflusses gleichwohl zu begreifen sucht: „[I]n der That", so der Verfasser, „man glaubt ein Feenmährchen zu lesen".[25] Der historisch verbürgte Luxus der osmanischen Wesire wird also mit einem literarischen Genre assoziiert, zu dessen Popularisierung ausgerechnet der Herausgeber des *Journals des Luxus und der Moden* maßgeblich beigetragen hatte. In seine ab 1790 erscheinende *Blaue Bibliothek aller Nationen* hatte Friedrich Justin Bertuch nämlich ausschließlich Feenmärchen aufgenommen,[26] je zur Hälfte französische und solche aus der *Tausend und einen Nacht*.[27] In ausführlichen gattungspoetischen Vorreden wies der Verleger dabei explizit den Orient als Ursprungsregion der gesamten Gattung aus, die von dort nach Westeuropa einge-

---

23 Frank, Orientalischer Luxus 1812, S. 346.
24 Den Begriff des ‚Arsenals' als Bezeichnung für einen – tatsächlichen oder virtuellen – Ort, an dem Luxus in seiner Potentialität und Latenz fasslich wird, habe ich mir von Maria Magnin geborgt, der ich für diese Leihgabe sehr dankbar bin.
25 Frank, Orientalischer Luxus 1812, S. 347.
26 Die zwölf Bände der *Blauen Bibliothek* hatten sich programmatisch dem Wunderbaren verschrieben. Vgl. Friedrich Justin Bertuch: Ankündigung der Blauen Bibliothek aller Nationen. In: *Die Blaue Bibliothek aller Nationen*. Bd. 1. Gotha 1790, unpag.
27 Auf die ersten vier Bände mit französischen Feenmärchen folgt über fünf Bände die „Aechte Ergänzung der Tausend und einen Nacht" (*Die Blaue Bibliothek*. Bd. 5–9. Gotha 1790f.).

wandert sei,[28] und führte dies wiederum auf zwei besondere Momente des Überflusses zurück: auf die Mannigfaltigkeit und Omnipräsenz mächtiger Zwischenwesen wie der Dschinn, der Ifrits oder der Peris in der orientalischen Tradition[29] sowie auf den immensen Reichtum der morgenländischen Literatur „an Romanen und Erzählungen aller Art"[30] – jener literarischen Formen also, die sich im deutschsprachigen Raum gerade erst als seriöse Gattungen zu etablieren begannen. Aus dieser doppelten Fülle, so Bertuch weiter, speise sich „der eigentliche orientalische Erd-Geschmack" der arabischen, persischen, türkischen, indischen und chinesischen Dichtung, als da wäre „die bilderreiche Allegorie, die Metapher, die Fabel, und der Hang zum Wunderbaren und Übernatürlichen".[31] Einmal mehr unter dem Vorzeichen des *Potentials* formiert sich der orientalische Überfluss hier zu einem Dispositiv, in dem nicht allein literarische Formgebung und dargestellter Inhalt ineinander verschränkt sind, sondern auch das historisch Überlieferte und das Wunderbare ununterscheidbar werden.

III Luxus – Import – Interieurs

Wie stabil dieses Dispositiv um 1800 gewesen ist und wie produktiv für die Konstitution von – tatsächlichen oder imaginären – Orten des Überflusses als Ereignisräumen des morgenländischen Luxuspotentials, lässt sich an den *Bemerkungen über Holland aus dem Reisejournal einer deutschen Frau* der Redakteurin und Schriftstellerin Therese Huber aus dem Jahr 1811 ablesen. Im Zuge ihrer Beschreibung des Barockschlosses Huis ten Bosch bei Den Haag widmet sich die Verfasserin ausführlich dem dortigen chinesischen Saal, einem „Geschenk des Kaisers von China an die letzte Prinzessin von Oranien",[32] wie sie zu berichten weiß, und faltet ein illustres Panorama orientalischer Luxus-Güter auf:

> Die Wandbekleidung besteht in einem weißen Atlas mit lauter ganz und halb erhabnen Figuren, die Vögel und Blumen aus einer fremden Welt, vielleicht aus Eldorado, vorstellen. [...] Alle Schilfhalme, Federn, Schnäbel und Pfoten sind von Pergamentstreifen und Drath,

---

[28] „Der Ursprung der Feen-Tradition ist sehr alt, und wir müssen ihre Quelle unstreitig im südlichen Oriente bey den Persern und Arabern suchen" (Friedrich Justin Bertuch: Ueber die Literatur der Feen-Mährchen. In: *Die Blaue Bibliothek*. Bd. 1. Gotha 1790, S. I–XXII, hier: S. III).
[29] Ebd., S. III f.
[30] [Friedrich Justin Bertuch:] „Einleitung zur Fortsetzung der Tausend und einen Nacht". In: *Die Blaue Bibliothek*. Bd. 5. Gotha 1790, S. I.
[31] Ebd., S. II.
[32] Therese Huber: *Bemerkungen über Holland aus dem Reisejournal einer deutschen Frau*. Leipzig 1811, S. 337.

> mit Seide und Gold umsponnen, so, daß sie locker, halb hervorgelehnt, nur theilweise an dem Atlas haftend, dastehen. Unter die Schweife der Pfauen konnte ich meine Hand legen, indeß die Leiber halb erhaben an dem Grunde festhingen [...]. Die Felsen sind von bunten Stoffen mit Baumwolle gepolstert, ganz in den abentheuerlichen Formen, die uns unsere ächtchinesischen Fächer darbieten, und mit schönen Sträuchen bewachsen, an denen glänzende Früchte hangen. Die Vögel sind vielleicht nach der Natur, der Pfau gewiß, nur nicht ganz so groß, wie die, welche wir auf unsern Höfen haben. Die Pracht der Farben ist nicht zu beschreiben, das Gemisch von Gold und Grün an den Federn, das Roth, das Blau – ich denke, die Säle, welche Tausend und eine Nacht uns schildert, müsten so ausgesehen haben.[33]

Was der Betrachterin insgesamt als Manifestation der Palastschilderungen Scheherazades erscheint, präsentiert sich selbst als ein bereits medial potenzierter Ort des Überflusses: Das aus dem Orient importierte Kunsthandwerk samt seiner edlen Materialien dient als Interieur des höfischen Saales und bildet seinerseits ikonisch einen Raum der üppigsten Flora und Fauna ab, der durch den Verweis auf „Eldorado" wiederum zum paradigmatischen Luxusort erklärt wird.[34] Dabei zeichnen sich in Hubers Darstellung gleich zwei Spezifika des Morgenlandes als Ort des Überflusses ab. Zum einen wird die orientalische Tapisserie in ihrer Dreidimensionalität nicht allein optisch, sondern auch haptisch erfahren – effektvoll ins Bild gesetzt mit der Hand, die unter dem Pfauenschweif verschwindet – und dadurch der märchenhafte Raumeindruck mit jener synästhetischen Note versehen, welche den morgenländischen Importgütern insgesamt anhaftet. Zum anderen bringt die Verfasserin den so entworfenen Luxusraum auf signifikante Weise mit der eigenen Lebenswelt in Verbindung: Die Rede von den Seidenpfauen, die ein wenig kleiner seien als die, „welche wir auf unsern Höfen haben", schlägt die Brücke zu den aus Indien stammenden Tieren in ihrer Funktion als lebende Schmuckelemente hiesiger Repräsentationsgärten und -terrassen. Und mit dem Hinweis auf „unsere ächtchinesischen Fächer" ist ein orientalisch konnotiertes Mode-Accessoire[35] aufgerufen, das zu Hubers Zeiten

---

33 Ebd., S. 337f.
34 Der im Wortsinne deplatziert anmutende Rekurs auf das legendäre „Goldland" Südamerikas gewinnt angesichts des Umstands an Plausibilität, dass Huber einen Überfluss an *natürlichen* Ressourcen (hier: Tiere und Pflanzen) mit dieser Assoziation versieht, während die luxuriösen *Kultur*güter des Saales dem Orient vorbehalten bleiben. Zur kategorialen Differenz zwischen dem Orient als ‚Kulturraum' und der Südsee, dem subsaharischen Afrika oder Amerika als ‚Naturraum' in der europäischen Ordnung der globalen Dinge vgl. Polaschegg, *Der andere Orientalismus* 2005, S. 135–142.
35 Die Gebrauchs- und Wissenswelten des Fächers im neunzehnten Jahrhundert präsentiert panoramatisch der Kustos des Mährischen Gewerbe-Museums in Brünn Heinrich Frauberger in seiner *Geschichte des Fächers* (Leipzig 1878).

längst die bürgerliche Garderobe erobert hatte und zusätzlich mit orientalischen Dekors versehen sein konnte. Dieses Vermögen, als orientalische Luxusdinge und als Bildmedien des morgenländischen Überflusses zugleich zu fungieren, teilten die besagten Faltfächer und Tapisserien mit anderen östlichen Importgütern wie Porzellangeschirren[36] oder Teppichen, die entsprechend potenzierte *Mise en abyme*-Effekte in die erfahrenen oder erzählten Räume eintrugen.

Im Unterschied zum Luxus-Rausch des Arsenals, den Hilarius Frank mit seinen Inventarlisten zeitigt, stellen Hubers Schilderungen also auf die sinnliche Erfahrung des Überflusses mit bildmedial verdoppeltem Schauwert ab. Und sie deuten überdies auf ein Prinzip hin, das den hiesigen Gebrauch orientalischer Importgüter zunächst exklusiv im höfischen und dann zunehmend auch im bürgerlichen Kontext maßgeblich bestimmt hat. Dieses Prinzip markiert eine Luxus-Evokation eigenen Zuschnitts: In der Praxis fanden diese Güter nämlich kaum je einzeln Verwendung, sondern waren in teils komplexe Kontiguitätsbezüge eingebunden. So genoss man auf einem Sofa oder Divan seinen arabischen Kaffee oder chinesischen Tee aus Porzellantassen mit potentiell orientalischem Dekor, um die Schultern einen Kaschmirschal geschlungen, die Füße in Pantoffeln auf einem persischen Teppich neben einem Papageienkäfig oder einem Tischchen mit einem Strauß von Damaszener-Rosen usw. Diese morgenländischen Arrangements wurden – wie syntagmatische Ordnungen generell – durch bestimmte Praktiken und Gebräuche formiert (besonders einflussreich in diesem Zusammenhang war die Kaffee- oder Teegesellschaft) und gewannen dadurch eine Stabilität, die sich bis in die stereotype Gestaltung des ‚bürgerlichen Wohnzimmers' der deutschen Nachkriegszeit verfolgen lässt, wenngleich unter Verlust ihrer morgenländischen Signatur. Und eben darin unterschieden sich die so verwendeten morgenländischen Güter kategorial von den orientalischen Luxusdingen in den Kuriositätenkabinetten der Frühen Neuzeit. Mit Blick auf diese ältere Praxis hat Lorraine Daston in ihrer viel zitierten Wendung die Entpragmatisierung bzw. „Dekontextualisierung" zum *„sine qua non* des Exotischen" erklärt.[37] Die neuere Verwandlung hiesiger Räume in Orte des Überflusses durch

---

36 Bis ins frühe achtzehnte Jahrhundert war Porzellan ein in jeder Hinsicht exklusives Importgut aus China. Doch auch nach der Gründung hiesiger Porzellanmanufakturen (zuerst in Meißen 1710) blieben Dekors *à la chinoise* prominent. Vgl. Renate Eikelmann et al. (Hg.): *Meißner Porzellan des 18. Jahrhunderts. Die Stiftung Ernst Schneider in Schloß Lustheim*. München 2004, bes. S. 75– 148.
37 Lorraine Daston: Neugierde als Empfindung und Epistemologie. In: *MACROCOSMOS IN MICROCOSMO. Die Welt in der Stube. Zur Geschichte des Sammelns 1450–1800*. Hg. Andreas Grote. Wiesbaden 1994, S. 35–60, hier S. 44.

den Transfer orientalischer Dinge oder Stoffe besaß dagegen gerade in deren pragmatischem Gebrauch ihre Möglichkeitsbedingung.

Allerdings ging der morgenländische Luxus in seiner praktischen Affirmation und langfristigen Akkulturation durch wachsende westliche Bevölkerungsgruppen nicht auf, sondern wurde im neunzehnten Jahrhundert flankiert von orientalischen Schau-Räumen, deren verdinglichter Überfluss eben jenes Unvergleichlichkeitsmoment generierte, auf das schon Hilarius Frank in seinem Beitrag zum *Journal des Luxus und der Moden* abgestellt hatte. Neben den Theater- und (mehr noch) den Opernbühnen mit ihrem ausgeprägten Hang zu orientalischen Sujets und entsprechender Ausstattung, deren „Schaugepränge" nicht selten die Wirkung der musikalischen Kompositionen in den Schatten zu stellen drohte,[38] präsentierten vor allem die Industrie- und Weltausstellungen seit den 1850er Jahren solche morgenländischen Luxus-Schauplätze. Ein Blick in die journalistische Berichterstattung lässt ahnen, wie stark auch hier die Erzählungen der *Tausendundeinen Nacht* die Wahrnehmungs- und Darstellungsmodi vorgegeben haben. So heißt es in der *Illustrirten Zeitung* vom August 1851 zur Ostindien-Abteilung der Londoner Weltausstellung:

> Eine der hervorstechendsten Schaustellungen [...] ist das Zimmer, welches im Styl eines indischen Palastes ausgeschmückt ist. Man sieht dort vor sich verwirklicht die ganze märchenhafte Pracht und den zauberischen Luxus des Orients. Und dazu die kostbaren Schals und goldenen Gewänder! In der That müßten wir hier zu viel beschreiben, wenn wir gründlich sein wollten, befürchten aber, daß unsere holden Leserinnen dann zu große Sehnsucht empfinden würden; daher fahren wir uns mit der Hand über die Augen [und] lassen die traumhaften Bilder verschwinden [...].[39]

Während hier mit kluger journalistischer Darstellungsökonomie der Unsagbarkeitstopos aufgerufen wird, um den buchstäblich unbeschreiblichen Luxus orientalischer Innenräume anzuzeigen, quillt die orientalistische Erzähl- und Reiseliteratur um 1800 nur so über von detailreichen Beschreibungen üppigster

---

38 So warnt der Kritiker von C. M. Biehrer's *Deutscher Musik-Zeitung* (2. Jg. Nr. 11, 21. März 1875, S. 9) in einer Rezension der 1875 in Wien uraufgeführten Oper *Die Königin von Saba* (Libretto: Salomon Hermann von Mosenthal, Musik: Karl Goldmark): „Niemand wandelt ungestraft unter Palmen. Der Orient, so verlockend er auch den Künstlern winkt, birgt doch Gefahren, welchen auch das herrlichste Kunstwerk unterliegen muß; besonders gilt dies von den Werken dramatischer Musik. Die Oper umgibt sich wohl gerne mit dem Luxus des Orients und sucht mit Vorliebe die Entfaltung dekorativer Pracht auf, aber in den meisten Fällen wird dann die Musik von dem blendenden Glanze des Schaugepränges erdrückt."
39 Anon.: Wanderung durch die Industrieausstellung. Ostindien. In: *Illustrirte Zeitung*, Bd. XVII, Nr. 425, 23. August 1851, S. 165.

Interieurs. Die phantastischen Palastschilderungen in Beckfords *Vathek* (1786) können dafür als ebenso paradigmatisch gelten[40] wie jene in Pückler-Muskaus Reisejournalen,[41] deren Tendenz zu rhetorischer Opulenz sich bis in die Unterhaltungsliteratur des zwanzigsten Jahrhunderts hinein fortschreibt. Und wie das folgende Beispiel aus dem 1908 in der Wiener *Illustrierten Kronen-Zeitung* erschienenen Fortsetzungsroman *Die Geheimnisse des Harems* von Rudolf von Rosen[42] eindrücklich zeigt, hat die Architektur der Weltausstellungshallen die fiktiven Luxusräume des Orients im Laufe des Jahrhunderts bereits mitgeprägt, ohne deren Überwältigungseffekte irgendwie zu schmälern. Nach einem sorgsam gesetzten Cliffhanger vor dem Eintritt ins Allerheiligste des türkischen Harems lässt der Autor seinen Erzähler fortfahren:

> Wem sich diese Tür auftat, der trat – wie es die freundliche Leserin im Geiste jetzt tut – in einen Feenpalast. Nicht zuviel ist mit diesem alle erdenkliche Pracht in sich begreifenden Worte gesagt, denn das hohe Glasgebäude, welches durch eine kaum sichtbar werdende Eisenkonstruktion gefügt erschien, läßt nach oben zu den Blick zum mondbeglänzten und mit Sternen übersäeten Himmel frei, gestattet nach allen Seiten dem Auge den Genuß eines herrlichen Blumenhaines und ist in seinem Innern von farbigen Lampions beleuchtet und mit dem üppigen Luxus des Orients ausgestattet, in dessen märchenhaftem Kunterbunt von leichten Seidendraperien, Diwans, Teppichen und Sitzkissen ein Klavier aus einer der renommiertesten Fabriken sich gar vereinsamt ausnimmt. An den mit lebenden Rosenguirlanden geschmückten schlanken Stützpfeilern sind bunte Laternen angebracht, die ihre magischen Reflexe auf den bis zur Bedachung des reizenden Glaspalastes emporschießenden Wasserstrahl eines aus einem marmornen Bassin quellenden Springbrunnens werfen und auf diese Art eine das Auge fesselnde *fontaine lumineuse* herstellen, deren Plätschern dem Ohr angenehm schmeichelt.[43]

Wenn Hugo von Hofmannsthal zur selben Zeit das Haus des Kaufmannssohns im *Märchen der 672. Nacht* allein dadurch orientalisiert, dass er es mit Luxusdingen bestückt,[44] dann ließe sich das womöglich als programmatische Absage an eine

---

40 William Beckford: *An Arabian Tale, From an Unpublished Manuscript. With Notes Critical and Explanatory*. London 1786.
41 Hermann Fürst von Pückler-Muskau: *Aus Mehemed Alis Reich. Ägypten und der Sudan um 1840*. Zürich ³1994.
42 *Die Geheimnisse des Harems*. Ein Original-Roman von Rudolf von Rosen. In: *Illustrierte Kronen-Zeitung* Nr. 3133, 19. September 1908 bis Nr. 3274, 9. Februar 1909.
43 *Die Geheimnisse des Harems*. Ein Original-Roman von Rudolf v. Rosen. In: *Illustrierte Kronen-Zeitung* Nr. 3136, 22. September 1908, S. 15.
44 „[D]ie Schönheit der Teppiche, Gewebe und Seiden, der geschnitzten und getäfelten Wände, der Leuchter und Becken aus Metall, der gläsernen und irdenen Gefäße wurde ihm so bedeutungsvoll, wie er es nie geahnt hatte." Hugo von Hofmannsthal: Das Märchen der 672. Nacht. In:

solche Evokation des morgenländischen Überflusses durch rhetorische Üppigkeit lesen und zugleich als mehr oder minder symbolistisch motiviertes Verfahren einer Kondensierung des orientalischen Luxusortes im einzelnen Gegenstand.

IV Luxus – Garten – Fest(spiel)

Wie eingangs erwähnt, bewegen sich die Erdichtung und Erfahrung orientalischer Luxusorte im neunzehnten Jahrhundert indes nicht allein in der Einflusssphäre des Palasts, sondern greifen mit dem Garten auf einen zweiten prominenten Ereignisraum morgenländischen Überflusses aus, der gleich doppelt mit dem Moment der Fülle verbunden war.[45] Im durchweg als *hortus conclusus* entworfenen morgenländischen Palast- oder Stadtgarten stieß man zunächst auf einen schier unermesslichen Reichtum an Blumen und Pflanzen, die in Europa sämtlich als Luxusgüter gehandelt wurden: angefangen von der Tulpe, deren Import an den hiesigen Höfen des sechzehnten und siebzehnten Jahrhunderts eine wahre „Tulpomanie" auslöste und deren Name nicht von ungefähr von türkisch „tulbend" (Turban) abgeleitet ist,[46] über Hyazinthen, Hortensien, Chrysanthemen und zahlreiche Rosenarten bis hin zu Feigen-, Orangen- und Granatapfelbäumen. Und wie Kaschmirschals, Perserteppiche und Seidenpantoffeln durchliefen auch diese importierten Luxuspflanzen im Laufe des neunzehnten Jahrhunderts einen Verbürgerlichungsprozess, beschleunigt durch die Entstehung von Zimmer- und Fenstergärten in den Stadthäusern, wohin der orientalische Überfluss nun ganz konkret verpflanzt werden konnte.[47]

Dabei zeichnete sich der orientalische Garten neben seiner botanischen Üppigkeit und Exklusivität auch durch architektonische Elemente wie Springbrunnen, Pagoden und Kioske aus, die nicht nur seinen Gebrauch als Lustgarten un-

---

Erzählungen, erfundene Gespräche und Briefe. Reisen. Gesammelte Werke in zehn Einzelbänden. Hg. Bernd Schoeller in Beratung mit Rudolf Hirsch. Frankfurt/M. 1979, S. 45–63, hier S. 45.
45 Vgl. dazu grundlegend Hans Sarkowicz (Hg.): *Die Geschichte der Gärten und Parks.* Frankfurt/M. 2001.
46 Vgl. ausführlich: André van der Goes (Hg.): *Tulpomanie. Die Tulpe in der Kunst des 16. und 17. Jahrhunderts.* Zwolle 2006, und komprimiert: Pieter Biesboer: ‚Tulpia Turcarum'. Über die ‚Tulipomania' in Europa. In: *Europa und der Orient. 800–1900.* Hg. Hendrik Budde und Gereon Sievernich. Gütersloh und München 1989, S. 288–294.
47 Vgl. exemplarisch das vielfach aufgelegte und dabei stetig erweiterte Manual von Carl Paul Bouché: *Der Zimmer- und Fenstergarten, oder kurze und deutliche Anleitung, die beliebtesten Blumen und Zierpflanzen in Zimmern und Fenstern ziehen, pflegen und überwintern zu können nebst einer Anweisung zur Blumentreiberei und zu einer für alle Monate geordneten Behandlung der in diesem Werke vorkommenden Gewächse.* 2., verb. und verm. Aufl. Berlin 1811.

terstrichen, sondern auch seinen Status als Heterotopie.[48] Für die Konstitution des orientalischen Gartens als Luxusort ist sein heterotoper Charakter insofern entscheidend, als er ihn einerseits funktional in die Nähe utopischer Orte rückte – das Paradies eingeschlossen, das unter islamischem Vorzeichen selbst bereits als Hort üppigster Sinnesfreuden erschien[49] – und andererseits an die zutiefst diesseitige und überaus luxusträchtige Heterochronie des Festes mit seiner ephemeren Zeitlichkeit und entsprechenden Architektur[50] zu koppeln erlaubte.[51]

Tatsächlich finden sich in der Journal- und Reiseliteratur des neunzehnten Jahrhunderts immer wieder Schilderungen opulentester morgenländischer Gartenfeste aus Vergangenheit und Gegenwart, die mit ihrer Fülle von synästhetischen Genüssen ebenso beeindrucken wie mit ihrer prachtvollen Ausstattung,[52] deren Flüchtigkeit ihren Luxus-Status besonders unterstrich.

Ein nicht geringer Reiz dieser Feste bestand indes darin, dass sie sich in heimische Gefilde verlegen ließen, sodass den Feiernden die zuvor erlesene Heterotopie des orientalischen Luxus für einen Abend zur ephemer erlebten Wirklichkeit wurde. Auch dies geschah zunächst im höfischen Rahmen mit repräsentativer Funktion, griff aber bald auf die Sphäre städtisch-bürgerlicher Lustbarkeiten über, ohne dabei seine Bindung an vorherige Lektüren zu verlieren.

Wie stark die Überblendung gelesener mit erfahrenen Räumen unter den Bedingungen hiesiger orientalischer Gartenfeste den heterotopen Charakter des Luxusortes zur Geltung brachte, zeigt ein Blick in die Wiener *Allgemeine Thea-*

---

48 Michel Foucault diskutiert den orientalischen Garten als Ursprung und Inbegriff einer „universalisierende[n] Heterotopie" und den Teppich als deren Abbild. Vgl. Michel Foucault: Von anderen Räumen. In: *Schriften in vier Bänden. Dits et Ecrits*. Bd. IV. Hg. Daniel Defert und François Ewald. Aus dem Französischen von Michael Bischoff et al. Frankfurt/M. 2005, S. 931–942, hier S. 938f. Dass Foucault diesen Beitrag 1967 in Tunesien verfasst hat, dürfte kein Zufall sein, vgl. die Anmerkung der Herausgeber, ebd., S. 931.
49 Dass die islamischen Paradiesgärten von großäugigen Jungfrauen bevölkert sind, die sich um das Wohlbefinden der Seligen kümmern, zählt hierzulande seit dem ausgehenden achtzehnten Jahrhundert zum festen Bestand an Orient-Topoi. Vgl. die Suchergebnisse zu „Houris"/„Huris" in den historischen Korpora des *Digitalen Wörterbuchs der deutschen Sprache* (https://www.dwds.de/r/?corpus=dtaxl&q=Houris; https://www.dwds.de/r/?corpus=dtak&q=Huris, letzter Zugriff am 1. Februar 2022).
50 Unter den ephemeren Festarchitekturen besitzt bis heute das Zelt eine besondere Prominenz, dessen orientalisch codierte Heterotopie-Geschichte als Ort der Verschwendung *und* des frugalen Hirten- oder Beduinenlebens noch nicht geschrieben ist.
51 Foucault: Von anderen Räumen 2005, S. 939f.
52 Besonders aufschlussreich in diesem Zusammenhang ist der historiographische Beitrag *Orientalischer Luxus. Ein Fest des Tamerlan* aus dem Jahr 1843, der die Feierlichkeiten des Mongolenherrschers Timur Lenk nach seinem Sieg über den osmanischen Sultan Bajazet I. im Jahr 1402 schildert (in: *Der Humorist*, 17. Jg., Nr. 173, 31. August 1843, S. 698).

terzeitung vom August 1837. Ein ungenannter Redakteur widmet sich hier dem von Johann Strauß zum Abschluss der Theatersaison veranstalteten Sommerfest, das unter dem sprechenden Titel *Das Bankett im Paradiese* im beliebten Wiener Vorstadt-Gasthof „Zur goldenen Birn" stattfand und aufgrund seines großen Erfolges wenige Tage später noch einmal wiederholt wurde:

> Man sieht sich in einen der zauberischen Gärten der Tausend und Einen Nacht versetzt, in denen orientalischer Luxus mit ausgezeichnetem Geschmack gepaart ist; man fühlt sich aufs angenehmste erregt von dem überall hereinbrechenden Flammenmeere, und wenn dann die einschmeichelndsten Töne aus der Ferne herübertönen, so ist man wirklich genöthigt, sich zu fragen, ob man wache oder ob man einen schönen Traum träume von den paradiesischen Fluren von *Harun al Raschid*, von den Houris *Mahomeds*, vom strahlenden Palaste, vom bezaubernden Garten, und da wird man von der Abendkühle gemahnt, daß man noch nicht schlafe, daß man im Garten zur Birne sey [...].[53]

Wie in sämtlichen bisher diskutierten Beispielen geht die formierende Kraft der Erfahrung orientalischer Luxusorte auch in diesem Zusammenhang von einer Erzählliteratur aus, deren expliziter Eintrag wiederum das Erfahrene ins Imaginäre verschiebt. Und erneut geben die Erzählungen der Sheherazade den phantasmagorischen Takt vor, zusätzlich akzentuiert durch die Evokation des großen Abbasidenkalifen Hārūn ar-Raschīd (reg. 786–809 n. Chr.), der hier als Relais zwischen Fabulation und Historie dient. Denn diese Herrscherfigur fungiert nicht allein als prominenter Protagonist der *Tausendundeinen Nacht*[54], sondern sie hat sich auch als derjenige Kalif ins kollektive Gedächtnis Westeuropas eingeschrieben, der Karl dem Großen im Jahre 798 n. Chr. die exklusivsten Geschenke machte, darunter der berühmte Elefant Abul Abbas und die nicht minder legendäre Wasseruhr.[55]

Die genuin performativen Potentiale des morgenländischen Festluxus wurden zu Beginn des 19. Jahrhunderts allerdings von einem neuen Erzählstoff freigesetzt, dessen multimediale Transformation die Grenze zwischen erlesenen und

---

[53] *Allgemeine Theaterzeitung und Originalblatt für Kunst, Literatur, Musik, Mode und geselliges Leben*, 30. Jg., Nr. 174 v. 31. August 1873, S. 704.

[54] Der Index zu Enno Littmanns bis heute kanonischer Übersetzung listet über 30 Erzählungen, in denen der Kalif als handelnde Figur auftritt. Vgl. *Die Erzählungen aus den Tausendundein Nächten*. Vollständige deutsche Ausgabe in sechs Bänden zum ersten Mal nach dem arabischen Urtext der Calcuttaer Ausgabe aus dem Jahre 1839 übertragen von Enno Littmann. Frankfurt / M. 1988, Bd. VI, S. 750.

[55] Vgl. dazu die Beiträge bei Wolfgang Dreßen, Georg Minkenberg und Adam C. Oellers (Hg.): *Ex Oriente – Isaak und der weiße Elefant. Bagdad – Jerusalem – Aachen. Eine Reise durch drei Kulturen um 800 und heute*. Katalogbuch in drei Bänden zur Ausstellung in Rathaus, Dom und Domschatzkammer Aachen. Mainz 2003, Bd. 1.

erlebten Orten des Überflusses endgültig verwischte. Dabei war die 1817 erschienene und sofort zum internationalen Bestseller avancierte „Oriental Romance" *Lalla Rookh* aus der Feder des irischen Nationaldichters Thomas Moore[56] schon durch ihre Rahmenerzählung ins Zeichen des Festes gestellt: Erzählt wird der Brautzug der mongolischen Prinzessin Lalla Rookh (pers. *lāleh ruḫ* – „Tulpenwange") zu dem ihr unbekannten königlichen Bräutigam nach Kaschmir, der seinerseits als Dichter verkleidet die reisende Festgesellschaft begleitet und mit seiner Poesie die nur vermeintlich unbotmäßige Liebe seiner künftigen Gattin gewinnt. Diese Dichtung besteht aus vier Verserzählungen, deren letzte der Dichter-Prinz zu Gehör bringt, als der Zug bereits in den königlichen Gärten Kaschmirs angelangt ist, während die Binnenerzählung ihrerseits das mehrwöchige Rosenfest von Kaschmir zum heterochronen Schauplatz und ein royales Ehedrama mit versöhnlichem Ausgang zum Gegenstand hat: „And, happier now for all her sighs / And on his arm her head reposes, / She whispers him, with laughing eyes, / ‚Remember, love, the Feast of Roses!'"[57] – so lauten die Schlussverse.

Stoff und Form der Moore'schen Dichtung boten mithin die ideale Grundlage für eines der glänzendsten und medienwirksamsten Hoffeste des postnapoleonischen Zeitalters, das am 21. Januar 1821 als *Lalla Rûkh. Ein Festspiel mit Gesang und Tanz* im Berliner Schloss stattfand[58] und zwei Wochen später für ein breiteres Publikum noch einmal wiederholt wurde[59] – sehr zur Freude euphorischer Rezensenten wie E.T.A. Hoffmann[60]: 186 aufwendig kostümierte Angehörige des

---

56 Thomas Moore: *Lalla Rookh. An Oriental Romance*. London 1817. Bereits im Erscheinungsjahr erlebte die Versdichtung acht Auflagen und war lange vor ihrer Übersetzung durch Friedrich de la Motte Fouqué im deutschsprachigen Raum verbreitet: *Lalla Rukh die Mongolische Prinzessin. Romantische Dichtung von Thomas Moore. Aus dem Englischen in den Sylbenmaaßen des Originals übersetzt von Friedrich de la Motte Fouqué*. Berlin 1822.
57 *Lalla Rookh. An Oriental Romance*. By Thomas Moore. London 1986, S. 288.
58 Vgl. die aufwendig gestaltete Festbeschreibung *Lalla Rûkh. Ein Festspiel mit Gesang und Tanz. Aufgeführt auf dem Königl. Schlosse in Berlin am 27sten Januar 1821 […]. Mit 23 colorirten Kupfern*. Berlin 1822, sowie die Schilderung der Festivität in [Karl Herzog zu Mecklenburg:] *Erinnerungen an Berlin. Festspiele*. o.O. u. J. [Berlin um 1830], S. 150–172.
59 Zu Hintergrund und Durchführung des Fests sowie seiner multimedialen Verbreitung vgl. Rolf Johannsen und Andrea Polaschegg: Indien preußischblau. Das Hoffest *Lalla Rookh* im Schloss zu Berlin. In: *Macht und Freundschaft. Berlin – St. Petersburg 1800–1816*. Hg. Generaldirektion der Stiftung Preußische Schlösser und Gärten Berlin-Brandenburg. Leipzig 2008, S. 97–112; sowie Polaschegg, *Der andere Orientalismus* 2005, S. 519–530.
60 „Die Wirkung glich einem mächtigen Zauber, der den ganzen Sinn befängt und sich, aus unserm innersten Wesen heraus, wie ein schöner Traum gestaltet, den wir, dem schimmernden Feenreich entrückt, noch lange fortträumen" (E.T.A. Hoffmann: Gesänge zu dem Festspiele *Lalla Rûkh*, in Musik gesetzt von Gaspare Spontini. In: E.T.A. Hoffmann: *Schriften zur Musik. Singspiele*.

preußischen Königshauses und des Hochadels bildeten den Hochzeitszug mit Tanzeinlagen, in dessen Mitte Alexandra Fjodorowna, die vormalige Prinzessin Charlotte von Preußen, als Lalla Rookh und Großfürst Nikolai Pawlowitsch, der spätere Zar von Russland, als deren Bräutigam Aliris auf indischen Palankinen schwebten. Im Weißen Saal des Schlosses angelangt, ergötzte sich Festgesellschaft an gesangsmusikalisch untermalten und zauberisch illuminierten *Tableaux vivants* vor Schinkel'schen Prospekten, in denen ausgewählte Adelige Szenen aus den vier Binnenerzählungen vorstellten – am umfangreichsten aus der letzten –, bevor man zu Festbankett und Ball schritt. Über zahlreiche Abbildungen in Druck- und Stichwerken, auf Porzellanvasen und -tellern wurde die west-östlichen Festinszenierung des preußischen Hofes international verbreitet.[61] Und mit der im Folgejahr uraufgeführten Oper *Nurmahal oder Das Rosenfest von Caschmir* des Hofkomponisten Gaspare Spontini[62] fand der orientalische Festluxus schließlich seine eigentliche künstlerische Heimat im doppelt heterochronen Musiktheater, auf dessen Bühnen er bis ins 20. Jahrhundert hinein prominent blieb.

V Luxus – Blumen – Lyrik

Vermittelt über die spezifische Heterotopie des Gartens gewann der Orient als Luxusort zu Beginn des neunzehnten Jahrhunderts aber noch eine gänzlich neue Dimension hinzu, deren treibende Kraft die Lyrik war und deren verschwenderisches Moment ein textmediales. Den Anfang machte ein Narrativ, das zwar bis in die Berichterstattung der Türkenkriege zurückreicht, jedoch erst im ausgehenden achtzehnten Jahrhundert attraktiv wurde. Es war die Kunde von einer Praxis geheimer Liebeskommunikation unter den Bedingungen der orientalischen Serails und ihrer Gärten, bei der sich die Liebenden – durch Haremsmauern und -wächter getrennt – codierte Nachrichten in Form von Blumenarrangements schickten, die den Uneingeweihten als bloße Dekoration erschienen. Selbst über die komplexe (De-)Codierungstechnik der floralen Botschaften war man in Europa im Bilde: Zu

---

Textrevision und Anmerkungen von Hans-Joachim Kruse. Redaktion Viktor Liebrenz. Mit einem Nachwort von Wolfgang Marggraf. Berlin und Weimar 1988, S. 364–366, hier S. 364).
61 Vgl. die Abbildungen in Johannsen und Polaschegg, Indien preußischblau 2008.
62 Vgl. das Textbuch *Nurmahal oder Das Rosenfest von Caschmir. Lyrisches Drama in zwey Abtheilungen mit Ballet.* Nach dem Gedicht *Lalla Ruck*, des Th. Moore, dramatisirt von E. Herklots. In Musik gesetzt von [...] Herr[n] Ritter Spontini. Berlin o. J. [1822].

den Namen der einzelnen Pflanzen im Bouquet mussten passende Reimwörter ersonnen werden, die zusammengenommen den amourösen Text ergaben.[63]

In der Erzählliteratur eines Christoph Martin Wieland oder Karl August Musäus diente der Einsatz dieses Motivkomplexes noch in erster Linie zur Ausgestaltung galanter Szenen abenteuerlich-witzigen Zuschnitts. Doch in den 1810er Jahren entstand daraus ein eigenes publizistisches Genre, das sich „Blumensprache" oder „Selam" (von arabisch-türkisch: „Gruß") nannte und bis ins letzte Drittel des neunzehnten Jahrhunderts eine anhaltende Präsenz auf dem deutschsprachigen Buchmarkt zeigte.[64] Das Herzstück dieser Publikationen bildete jeweils ein *Dictionaire du langage de fleurs*,[65] eine alphabetische Liste von Blumennamen mit passenden Reimversen, die zur Komposition floral-poetischer Liebesbotschaften herangezogen werden konnte.[66] Die prominentesten Blumensprachen des neunzehnten Jahrhunderts – wie Johann Daniel Symanskis über drei Jahrzehnte in mehreren Ausgaben erschienener *Selam oder die Sprache der Blumen*[67] – flankierten diese floriographischen Listen mit umfänglichen Beschreibungen der Herkünfte, botanischen Eigenschaften, mythologischen Traditionen und symbolischen Bedeutungen der Pflanzen, wobei diese enzyklopädi-

---

63 Zur Blumensprache in Frankreich und England vgl. die grundlegenden Studien von Isabel Kranz: *Sprechende Blumen. Ein ABC der Pflanzensprache*. Berlin 2015; dies.: Blumenseelen. Botanik, Sprache und Weiblichkeit um 1850. In: *RE-ANIMATIONEN. Szenen des Auf- und Ablebens in Kunst, Literatur und Geschichtsschreibung*. Hg. Ulrike Hanstein, Anika Höppner und Jana Mangold. Wien, Köln und Weimar 2012, S. 93–114; dies.: Sprache ohne Worte, Welt ohne Medien. Die Blumensprache als nostalgischer Code. In: *Floriographie. Die Sprachen der Blumen*. Hg. Isabel Kranz, Alexander Schwan und Eike Wittrock. Paderborn 2016, S. 133–147; dies.: Einleitung. In: Ebd., S. 9–32.
64 Vgl. dazu und zum Folgenden die Sondierung der Blumensprachentradition im deutschsprachigen Raum in: Andrea Polaschegg: Der Selam-Code. Orientalische Blumensprache und biedermeierliche Liebeskommunikation. In: *Sag's durch die Blume! Wiener Blumenmalerei von Waldmüller bis Klimt*. Hg. Stella Rollig und Rolf H. Johannsen. München, London und Berlin 2018, S. 107–115; dies.: Blumen lesen. Botanische Medienpoetiken des 19. Jahrhunderts. In: *Pflanzen und Literatur. Grundlagen und Perspektiven der Plant Studies*. Hg. Anke Kramer, Urte Stobbe und Berbeli Wanning. Bern etc. 2022 [im Druck].
65 So überschrieb der große Grazer Orientalist Joseph von Hammer, der spätere Hammer-Purgstall, eine entsprechende Liste in seinem viel rezipierten Beitrag: Sur le langage des fleurs. In: *Fundgruben des Orients*. Bearbeitet durch eine Gesellschaft von Liebhabern. Bd. I. Wien 1809, S. 32–42, hier S. 39.
66 Die ersten deutschsprachigen Blumensprachen beschränkten sich ganz auf diese pragmatische Funktion als Wörterbuch: Vgl. exemplarisch *Die Blumensprache, oder Bedeutung der Blumen nach orientalischer Art*. Berlin 1813 und *Sinnige Kränze und Sträuße, gewunden nach der Blumensprache in orientalischer Art*. Berlin 1819.
67 [Johann Daniel Symanski:] *Selam oder die Sprache der Blumen*. Berlin 1821. Bereits im Erscheinungsjahr erschien die zweite, vermehrte Ausgabe.

schen Passagen von einer überbordenden Fülle an Blumengedichten durchzogen waren, nicht selten poetologischen Zuschnitts.

Freilich beschränkten sich die hier porträtierten und besungenen Blumen keineswegs auf die orientalischen Luxuspflanzen der Zeit. Es lassen sich im Laufe des Jahrhunderts sogar einzelne Bestrebungen verzeichnen, die publizistischen Blumensträuße ausschließlich mit heimischen Gewächsen zu bestücken.[68] Doch die *Praxis* einer amourösen Geheimkommunikation ‚durch die Blume' mit ihrer starken Affinität zur lyrischen Form behielt ihre orientalische Konnotation bei, zumal die großen Selams des neunzehnten Jahrhunderts den morgenländischen Ursprung der Blumensprache wortreich darlegten und mit zahlreichen literarischen Beispielen illustrierten.[69] Und auch der orientalische Garten als Ort des Überflusses begleitete die Floriographie in einer assoziativen Latenz, aus der er jederzeit heraus- und in Erscheinung treten konnte.

Ein weiteres Beispiel aus der höfischen Festkultur zeigt das nachgerade prototypisch und setzt zugleich die Mobilität der orientalischen Blumenpracht ostentativ in Szene. Es handelt sich um das Festspiel *Ein Blumenkranz* aus der Feder des Serapionsbruders Carl Wilhelm Salice-Contessa, aufgeführt anlässlich des Polterabends der Gräfin Auguste von der Goltz 1815 in Berlin.[70] Zu Beginn tritt ein „orientalischer Gärtner" auf und wendet sich mit den Worten an die Festgesellschaft:

> Vom fernen Indus-Strande,
> Vom Land der Wunder und der Blumen bin ich hier,
> Ein Gärtner, und es folgt aus jenem Wunderlande
> Ein wunderschöner Blumengarten mir.
> Darf ich, so hol' ich ihn, erlaubt Ihr's, soll ich gehen?
> Im Strahlen Eurer Huld blüht er dann doppelt schön![71]

---

[68] Vgl. die von Karl Blumauer (d. i. Johann Gottfried Bernhard) herausgegebene *Blumen-Sprache nach vaterländischen Dichtungen. Eine Frühlings Gabe.* Hamm 1822. Hier werden explizit alle „nur im Süden heimischen Blumen […] gegen solche vertauscht, die bei uns gezogen werden" (ebd., S. 12). Ebenso programmatisch in dieser Sache ist das *Taschenbuch der Blumensprache oder Deutscher Selam. Mit einer Anthologie aus den besten Dichtern zur Charakterisierung der Pflanzen Deutschlands.* Hg. Prof. Dr. J. M. Braun. Stuttgart 1843.
[69] Vgl. [Johann Daniel Symanski:] *Selam oder die Sprache der Blumen. Zweyte verbesserte und vermehrte Ausgabe.* Berlin 1821, S. 53–94; noch einmal deutlich erweitert in: *Der Selam des Orients oder die Sprache der Blumen. Erster Theil.* Berlin, Posen und Bromberg 1841, S. 19–109.
[70] Karl zu Mecklenburg datiert die Veranstaltung in seinen Erinnerungen fälschlich auf das Jahr 1816. Vgl. Mecklenburg, *Erinnerungen an Berlin* um 1830, S. 31–34; *C. W. Contessa's Schriften.* Hg. E. von Houwald. Neunter Band. Leipzig 1826, S. 136–141.
[71] Mecklenburg, *Erinnerungen an Berlin* um 1830, S. 31.

Der Gärtner verlässt den Schauplatz, kehrt in Begleitung einer Gärtnerin mit deren Mädchen zurück, die bepflanzte Blumentöpfe tragen, und spricht:

> Wohlan, so stell' ich Euch nun meine Blumen hin! –
> Doch diese, mit Verlaub, ist meine Gärtnerin, –
> Und alle, die sich hier auf Blumenflor verstehen,
> Ja, jedermänniglich, wer Augen hat zu sehen,
> Den frag' ich: ob ich wohl das Wort zu hoch gespannt,
> Als ich mein Gärtchen da erst wunderschön genannt?[72]

Die Gärtnerin indes weiß diese sichtbare Üppigkeit durch die Bedeutungsfülle der orientalischen Blumensprache spielend zu potenzieren und wendet ein:

> Doch hat dies Wort noch nicht der Blumen Werth ermessen,
> Wer bloß die Schönheit nennt, hat noch gar viel vergessen.
> Um einer Tugend nur noch eingedenk zu seyn;
> Versteht ihr mit Bedacht den bunten Farbenschein
> Zusammenstellend, künstlich zu verweben.
> Dann regt auf einmal sich die Blum in höhrem Leben,
> Zur Probe scheint es, winkt mir die Gelegenheit!
> Drum halte nur mein Freund mit Blumen Dich bereit,
> Um einen solchen stumm-beredten Kranz zu winden.[73]

So geschieht's: Begleitet von ihrerseits höchst beredten Versen, werden die sinnreichen Blumen des mobilen Gartens gepflückt, zum bedeutungsschwangeren Kranz gewunden und der gräflichen Braut überreicht. Und es ist eben diese Prozedur der poetischen (De-)Codierung, welche das florale Arrangement aus (inzwischen) heimischen Rosen, Lilien, Myrthen, Nelken, Vergissmeinnicht und Winden, das die Gräfin schließlich in Händen hält, zu einer genuin orientalischen Morgengabe macht.

Die meisten der im neunzehnten Jahrhundert handelsüblichen Pflanzen morgenländischer Herkunft büßten – wie die anderen Importgüter *ex oriente* – im Laufe der hiesigen Gebrauchsgeschichte ihre orientalische Signatur ein und verloren somit auch ihre Luxusbelegung. Einige aber ließen sich trotz anhaltender Präsenz in den Blumentöpfen und -vasen der deutschen Salons und Wohnzimmer als florale Verkörperung orientalischer Überfülle lesen und schreiben. Zu den Pflanzen mit einer solchen morgenländischen Luxus-Latenz zählt die aus Ostasien stammende Kamelie, deren weiße Variante in den 1840er Jahren als „Kö-

---

72 Ebd., S. 32.
73 Ebd.

nigin der Blumen"[74] zur Modeblume aufstieg und in keinem Haarschmuck, Ausschnitt oder Ball-Bouquet der eleganten Dame fehlen durfte[75] – und dies trotz oder womöglich gerade wegen ihrer topischen Geruchslosigkeit, die sie nicht nur zur favorisierten Blume lungenkranker Mädchen machte,[76] sondern 1922 auch zur Namensgeberin der ersten und bis heute vertriebenen Einweg-Damenbinde.[77]

In ihrem 1841/42 entstandenen Gedicht *Meine Sträuße*,[78] das bereits im Titel auf die orientalische Blumensprache anspielt und sich dadurch als poetologischer Text ausweist, hat Annette von Droste-Hülshoff dieses Prinzip der floralen Inkorporation orientalischen Überflusses in Gestalt der Kamelie durchgespielt und zugleich seine material- und imaginationsgeschichtliche Möglichkeitsbedingung offengelegt. Dabei nutzt die Dichterin das metonymische Verweispotential der aufgerufenen Pflanzen – Vergissmeinnicht, Kamelie, Alpenröschen, Tang, Weinrebe, Heidekraut und Langgras – auf ihre Herkunftsregion und entwirft eine (gesamt-)deutsche Topographie, aus der die ostasiatische Kamelie nicht allein pflanzengeographisch heraussticht, sondern auch durch ihr Vermögen, einen gesamten Handlungsraum luxuriösen Einschlags in sich zu bergen:

Meine Sträuße

So oft mir ward eine liebe Stund'
Unterm blauen Himmel im Freien,
Da habe ich, zu des Gedenkens Bund,
Mir Zeichen geflochten mit Treuen,
Einen schlichten Kranz, einen wilden Strauß,   5
Ließ drüber die Seele wallen;
Nun stehe ich einsam im stillen Haus,
Und sehe die Blätter zerfallen.

---

74 So der Verfasser eines Ballberichts anlässlich der herrschenden Damenmode, zum „Rosakleide" einzelne weiße Kamelien im Haar zu tragen. Vgl. Anon.: Zweiter Gesellschaftsball des Hrn. Jul. La Roche. In: *Der Humorist*, Jg. 4, Nr. 39, 22. Februar 1840, S. 156.
75 Ausbuchstabiert findet sich diese Mode in der Erzählung *Bei St. Stefan* von Anton Langer, erschienen in den Wiener *Sonntagsblättern*, 4. Jg., Nr. 43, 26. Oktober 1845, S. 984–986.
76 Daher die Wahl dieser Blume als titelgebendes Leitmotiv von Alexandre Dumas' *La dame aux camélias* (1848). Vgl. dazu ausführlich den Beitrag von Kira Jürjens in diesem Band.
77 Vgl. dazu Birgit Ohlsen: Weibliche Praxis und ärztlicher Diskurs. Zur Geschichte der Menstruationshygiene. In: *Reinliche Leiber – Schmutzige Geschäfte. Körperhygiene und Reinlichkeitsvorstellungen in zwei Jahrhunderten*. Hg. Regina Löneke und Ira Spieker. Göttingen 1996, S. 236–257, hier S. 252–254.
78 Die Autorin hat es in ihre 1844 bei Cotta erschienene Gedichtsammlung aufgenommen. Vgl. *Gedichte*. Von Annette Freiin von Droste-Hülshoff. Stuttgart und Tübingen 1844, S. 184–186.

Vergißmeinnicht mit dem Rosaband —
Das waren dämmrige Tage, 10
Als euch entwandte der Freundin Hand
Dem Weiher drüben am Haage;
Wir schwärmten in wirrer Gefühle Flut,
In sechzehnjährigen Schmerzen;
Nun schläft sie lange. – Sie war doch gut, 15
Ich liebte sie recht von Herzen!

Gar weite Wege hast du gemacht,
Camelia, staubige Schöne,
In deinem Kelche die Flöte wacht,
Trompeten und Cymbelgetöne; 20
Wie zitterten durch das grüne Revier
Buntfarbige Lampen und Schleyer!
Da brach der zierliche Gärtner mir
Den Strauß beim bengalischen Feuer.

Dies Alpenröschen nährte mit Schnee 25
Ein eisgrau starrender Riese;
Und diese Tange entfischt' ich der See
Aus Muschelgescherbe und Kiese;
Es war ein volles, gesegnetes Jahr,
Die Trauben hiengen gleich Pfunden, 30
Als aus der Rebe flatterndem Haar
Ich diesen Kranz mir gewunden.

Und ihr, meine Sträuße von wildem Haid',
Mit lockerm Halme geschlungen,
O süße Sonne, o Einsamkeit, 35
Die uns redet mit heimischen Zungen!
Ich hab' sie gepflückt an Tagen so lind,
Wenn die goldenen Käferchen spielen,
Dann fühlte ich mich meines Landes Kind,
Und die fremden Schlacken zerfielen. 40

Und wenn ich grüble an meinem Teich,
Im duftigen Moose gestrecket,
Wenn aus dem Spiegel mein Antlitz bleich
Mit rieselndem Schauer mich necket,
Dann lang' ich sachte, sachte hinab, 45
Und fische die träufelnden Schmehlen;
Dort hängen sie, drüben am Fensterstab,
Wie arme vertrocknete Seelen.

> So mochte ich still und heimlich mir
> Eine Zauberhalle bereiten, 50
> Wenn es dämmert dort, und drüben, und hier,
> Von den Wänden seh ich es gleiten;
> Eine Fey entschleicht der Camelia sich,
> Liebesseufzer stöhnet die Rose,
> Und wie Blutes Adern umschlingen mich 55
> Meine Wasserfäden und Moose.[79]

In synästhetischer Fülle entsteigt das morgenländische Gartenfest unmittelbar dem „Kelch[]" (V. 19) der Kamelie. Es entfaltet seine ephemere Ausstattung aus Musik, Lampions sowie wehenden Stoffen und kulminiert im „bengalischen" Feuerwerk (V. 24), das dem Szenario eine zusätzliche luxuriöse Note orientalischen Einschlags verleiht.[80] Dass in dessen unwirklichem und erotisierendem Licht der orient-topische Gärtner eben jenen titelgebenden „Strauß" (V. 24) pflückt, der dem gesamten Gedicht seine poetologische Dimension verleiht, und damit das Selam-Verfahren selbst ins Zeichen des Luxus stellt, besitzt eine ebenso große Signifikanz wie der Umstand, dass die Kamelie als einzige Pflanze in *Meine Sträuße* ein urbanes Szenario evoziert, während die übrigen floralen Räume einen durchweg ländlichen Charakter haben. Und wenn nach der Rückkehr des lyrischen Ichs in die anfängliche Vanitas-Szenerie der vertrockneten Blumen (V. 47 ff.) die Kamelie noch einmal ihren Kelch öffnet, um eine jener Feen „sich […] entschleich[en]" (V. 53) zu lassen, die zur Errichtung jedweder „Zauberhalle[n]" (V. 50) unabdingbar sind, dann nimmt die Dichterin schließlich sogar die Üppigkeit der *Tausendundeinen Nacht* in Dienst, um das Arrangement der „vertrocknete[n] Seelen" (V. 48) unter orientalischem Vorzeichen geisterhaft zu reanimieren.

Anders als der erzählte Luxus des Morgenlands findet diese literarische Evokation der Fülle ihren Ereignisraum sichtlich in der Lyrik als Gattung der texträumlichen Komprimierung, die das hier gewählte Verfahren der Ein- und Ausfaltung von Bedeutungs- und Handlungsfeldern im Schwerefeld der Floriographie allererst ermöglicht – ein Verfahren, dem Droste-Hülshoff zum Schluss ihres Gedichts ein letztes morgenländisches Siegel aufdrückt: Die in der letzten

---

[79] Annette von Droste-Hülshoff: Meine Sträuße. In: *Historisch-kritische Ausgabe*. Bd. 1: *Gedichte zu Lebzeiten*. Hg. Winfried Woesler. Tübingen 1985, S. 156f. Die Verszahlen im Fließtext nach dieser Ausgabe.

[80] Zum Feuerwerk als Inbegriff temporaler Luxuriosität vgl. Christine Weder: Ein Feuerwerk verpuffender Augenblicke: Moderne Flüchtigkeit als Luxus und Kunst (Schoen/Adorno – Goethe). In: *Auszeiten. Temporale Ökonomien des Luxus in Literatur und Kultur der Moderne*. Hg. Christine Weder, Ruth Signer und Peter Wittemann. Berlin und Boston 2022, S. 113–130.

Strophe zum ersten Mal auftretende Rose schreibt sich mit ihren „stöhne[nden] Liebesseufzer[n]" (V. 54) nämlich gerade nicht aus den heimischen Gärten, sondern aus der klassischen persischen Dichtung her, wo sie mit der Nachtigall als ihrer bzw. ihrem Geliebten die topische Figuration leidenschaftlicher und dabei stets unerfüllter Liebe bildet,[81] um nun das geisterhafte Schlusstableau morgenländischer Luxus-Reminiszenz mit einer im Wortsinne passionierten Klangdimension anzureichern.

VI Schluss

Das exzeptionelle Potential des Orients als Ort des Überflusses liegt also offenbar tatsächlich in der Mobilität seiner belebten oder unbelebten Güter begründet, die ihre luxuriösen Gebrauchszusammenhänge samt der entsprechenden (Handlungs-)Räume mittransportieren und bis zu ihrer vollständigen Akkulturation in der Latenz halten. Dabei scheint die orientalische Luxus-Latenz im Ereignisraum des heterotopen Gartens besonders ausgeprägt zu sein und – auch dank ihrer Anschlussfähigkeit an die Heterochronie des Festes – besonders schnell in eine Aktualisierung morgenländischen Überflusses umschlagen zu können.

Dass mit den Erzählungen der *Tausendundeinen Nacht* eine Literatur an diesem Überfluss mitgeschrieben hat, die selbst *ex oriente* importiert wurde, trug ein Übriges dazu bei, die Grenze zwischen Luxusimagination und Luxuserfahrung zu verwischen und zugleich besonders haltbare und ihrerseits mobile Topoi des orientalischen Luxus zu schaffen. Gleiches gilt für die „orientalische Blumensprache" als zweitem textkulturellen Ost-Import, in deren poetischer und kommunikativer Praxis sich die Üppigkeit morgenländischer Flora mit dem Versprechen geheimer Sinnfülle verband und die zugleich eine poetologische Dimension in die hiesige Dichtung eintrug.

Insofern scheint es nicht ausgeschlossen zu sein, dass die Literatur an der Konstitution und Stabilisierung des Orients als Ort des Überflusses auch durch die Mobilisierung von Schreibweisen mitgewirkt hat, denen selbst der Ruch des Luxuriösen anhaftete: sei es in Form des konfabulatorischen Erzählens in der Nachfolge Scheherazades, sei es in Gestalt einer ‚blumigen Sprache' als rhetorischem Prototyp tropischen Überflusses oder sei es allgemein im Modus stilistischer Opulenz.

---

81 Vgl. Annemarie Schimmel: Rose und Nachtigall. In: *Numen* 5 (1958), H. 2, S. 85–109. In der deutschsprachigen Lyrik des neunzehnten Jahrhunderts zählt die Paarung aus Rose und Nachtigall (letztere nicht selten osmanisch-arabisch als „Bülbül" oder „Bulbul" bezeichnet) zum festen orientalisierenden Motivbestand.

Dem weiter nachzugehen, ist ungemein verlockend, würde diesen Beitrag aber vollends in die mehr oder weniger orientalisch kodierte Konfabulation führen.

Ruth Signer
Leben im Elfenbeinturm. Luxus und Autonomie in Ludwig Tiecks *Des Lebens Überfluß*

In den Elfenbeinturm ziehe man sich nicht zurück, in ihn werde man verbannt. So beschreibt Ludwig Marcuse 1964 in seinem Essay *Im Elfenbeinturm und außerhalb* die im zwanzigsten Jahrhundert dominante Haltung gegenüber diesem weltabgewandten Turm und seinen Insassen.[1] Nur wenige Jahre später verkündet der 25-jährige Peter Handke lautstark, er sei ein solcher Bewohner des Elfenbeinturms.[2] Dabei handelt es sich bei dieser Aussage um keine Selbstkasteiung oder metaphorische Selbstverbannung, sondern um eine kalkulierte Provokation, die eine positive Konnotation des Begriffs, wie sie im neunzehnten Jahrhundert noch gebräuchlich war, reaktualisiert. Auch Theodor W. Adorno verkündet 1970, er habe keine Angst vor dem Elfenbeinturm, selbst wenn der „Ausdruck einmal bessere Tage gesehen" habe, „als Baudelaire ihn gebraucht hat".[3]

Im imaginären Elfenbeinturm leben Künstler:innen und Wissenschaftler:innen gleichermaßen. Natürlich längst nicht alle, sondern eben jene Künstler:innen, deren Kunst sich dem seit Beginn der Moderne freigesetzten Autonomiepotential im Sinne eines *l'art pour l'art* vollständig verschreibt. Und eben jene Wissenschaft, die primär verstehen, theoretisch systematisieren will, sich dabei in Abstraktionen versteigt und unverständlich wird, ohne sich einem bestimmten gesellschaftlichen Nutzen zu unterwerfen. Doch wie luxuriös ist ein solcher Elfenbeinturm? Was würde legitimieren, ihn als Luxusort zu beschreiben, obwohl er nicht mit materieller Überfülle, sondern wohl eher mit Kargheit und sinnlicher Abstinenz assoziiert wird?

Ein Begriff des Luxus, der den Elfenbeinturm als Luxusort erfasst, orientiert sich an einer Tradition, die Luxus nicht über materiellen Überfluss, sondern über Autonomie und Muße bestimmt. Der Soziologe Pierre Bourdieu etwa beschreibt Luxus gerade als „attestation de la distance à la nécessité"[4] [„Demonstration der

---

1 Ludwig Marcuse: Im Elfenbeinturm und außerhalb. In: *Merkur* 18/192 (1964), S. 117–133.
2 Peter Handke: Ich bin ein Bewohner des Elfenbeinturms (1967). In: Ders.: *Ich bin ein Bewohner des Elfenbeinturms.* Frankfurt/M. 1972, S. 19–28.
3 Theodor W. Adorno: Keine Angst vor dem Elfenbeinturm. Spiegel-Gespräch mit dem Frankfurter Sozialphilosophen Theodor W. Adorno. In: *Der Spiegel* 23/19 (1969), S. 204–209.
4 Pierre Bourdieu: *La distinction. Critique sociale du jugement.* Paris 1979, S. 284.

Distanz zur Sphäre des Notwendigen"[5]], in der Freiheit zum Ausdruck komme. Dementsprechend sind für ihn „goût de liberté – ou de luxe"[6] auch gleichbedeutend. Die „ästhetische Einstellung",[7] die gemäß Bourdieu das Prinzip dieses Geschmacks ist, charakterisiert sich durch eine Zurückweisung von Pragmatik oder Nützlichkeit und hat Kants ‚interesseloses Wohlgefallen'[8] zu einer *mode de vie* gemacht. Insbesondere dem Imperativ der *industria* unterwirft sich dieser Luxusgeschmack nicht. Dass die vermeintliche Interesselosigkeit im Statusgewinn doch wieder ihr Interesse findet, verdeutlicht die von Bourdieu beschriebene Nützlichkeit des Nichtnützlichen; die verborgene Ökonomie des Unökonomischen.

Bereits Georges Bataille und Theodor W. Adorno haben im Luxus das Potential erkannt, dem Paradigma der Nützlichkeit zu entfliehen.[9] Neben dem verwertbaren Prestige, das Luxus verleihen kann, hält Adorno auch seine selbstzweckartige Dimension hoch. Prestige und Selbstzweck charakterisieren die zwei Seiten des „Doppelcharakter[s] des Luxus".[10] Das ist der im Luxus angelegte Widerspruch; seine Dialektik. Als das Jenseitige der Utilität stünde der im strengen Sinne nichtnützliche Luxus dabei nicht etwa im Herz der ökonomischen Zirkulation, sondern bedeutet deren zeitlich oder räumlich begrenzte Aussetzung.[11] Gerade in diesem Verständnis referiert Luxus in der Moderne auf einen durch Distanz ausgezeichneten Ort – etwa auf den Elfenbeinturm –, der sich dem von Adorno als umfassend beschriebenen Utilitätsprinzip entgegenstellt.

Vorliegender Aufsatz begibt sich in einem ersten Teil auf die Spur der Metapher des Elfenbeinturms und zeichnet die Karriere des Begriffs und seine Umdeutungen nach. In einem zweiten Teil soll das Bild des Elfenbeinturms als

---

5 Pierre Bourdieu: *Die feinen Unterschiede. Kritik der gesellschaftlichen Urteilskraft*. Übers. Bernd Schwibs und Achim Russer. Frankfurt/M. 1987, S. 396.
6 Bourdieu, *La distinction* 1979, S. VII.
7 Bourdieu, *Die feinen Unterschiede* 1987, S. 22.
8 Vgl. Immanuel Kant: *Kritik der Urteilskraft* (1790). Hg. Wilhelm Weischedel. Frankfurt/M. 1981, S. 116f.
9 Georges Bataille: Der Begriff der Verausgabung. In: Ders.: *Die Aufhebung der Ökonomie. Das theoretische Werk*. Bd I. Übers. Traugott König und Heinz Abosch. München 1975, S. 9–31; Theodor W. Adorno: Veblens Angriff auf die Kultur. In: Ders.: *Kulturkritik und Gesellschaft I. Prismen. Ohne Leitbild*. Frankfurt/M. 2003, S. 72–96.
10 Adorno, Veblens Angriff auf die Kultur 2003, S. 86.
11 Eine Position, die sich jüngst etwa in der 2015 erschienen systematischen Studie von Lambert Wiesing wiederfinden lässt (Lambert Wiesing: *Luxus*. Berlin 2015). Wiesings Auffassung nach bleibt die ästhetische Erfahrung des Luxus, anders als jene der Kunst, aber an materiellen Besitz und eine Zweckerfüllung gebunden, wenngleich die Mittel zur Erfüllung dieses Zwecks im Luxus irrational/ineffizient seien.

Schlüssel zu einem Verständnis von Ludwig Tiecks Novelle *Des Lebens Überfluß*[12] dienen, die an der historischen Schwelle von Romantik und Realismus Luxus und Überfluss zum Thema macht. In ihrer Bearbeitung der Frage nach Überfluss und (gesellschaftlicher) Nützlichkeit buchstabiert die Novelle dabei den Begriffsinhalt dessen aus, was andernorts zur selben Zeit metaphorisch als „Elfenbeinturm" bezeichnet wird. In ironischer und humoristischer Manier bildet die Verbindung zwischen abgeschiedener Dachwohnung und gesellschaftlicher Wirklichkeit die Achse, an der sich die „unerhörte Begebenheit"[13] der Novelle vollzieht: Die Demontage der Treppe als Verbindungsglied zwischen der Wohnung der Protagonisten Heinrich und Clara und der tieferliegenden Außenwelt. Die Treppe wird von Heinrich für überflüssig erklärt und zu Brennholz umfunktioniert, so dass das Paar von der Zerstörung dieser Verbindung zur Außenwelt lebt. Dabei thematisiert die Novelle die Grenzziehung zwischen Notwendigem und Überflüssigem, die nicht nur für einen Begriff des Luxus konstitutiv ist,[14] sondern ebenso für die Frage nach dem Innen und Außen des Elfenbeinturms. Die Novelle macht die für den modernen Luxusdiskurs konstitutive Erkenntnis deutlich, dass die Grenzziehungen zwischen Notwendigem und Überflüssigem Deutungsprozesse sind, die gesellschaftlich ausgehandelt werden müssen,[15] während Heinrich dem ungeachtet im Elfenbeinturm seine vollständig individuellen und willkürlichen Grenzziehungen vornimmt. *Des Lebens Überfluß* konterkariert den Überfluss an Phantasie und rhetorischen Umdeutungen im Elfenbeinturm nicht nur mit der prosaischen Außenwelt, sondern stellt ihnen auch die phantastischen Erzählungen über die Bewohner des Elfenbeinturms selbst bei und wird dabei zu einem

---

[12] Ludwig Tieck: Des Lebens Überfluß. Novelle. In: *Ludwig Tieck. Schriften 1836–1852.* Hg. Uwe Schweikert. (= Ludwig Tieck. Schriften in zwölf Bänden. Hg. Manfred Frank u. a. Bd. 12). Frankfurt/M. 1986, S. 193–249. Im Folgenden abgekürzt mit dem Sigel DLÜ.
[13] Johann Peter Eckermann: *Gespräche mit Goethe in den letzten Jahren seines Lebens.* Bd. 1. Leipzig 1836, S. 318.
[14] Der Begriff des Luxus impliziert eine Grenze, die überschritten wird. Nach der berühmten Definition von Werner Sombart ist Luxus „jeder Aufwand, der über das Notwendige hinausgeht" (Werner Sombart: *Studien zur Entwicklungsgeschichte des modernen Kapitalismus.* Bd. 1: Luxus und Kapitalismus. München und Leipzig 1913, S. 71.). Der Begriff ‚Luxus' ist also *relational*, d. h. nur in Bezug auf diese Grenze verstehbar. Diese Grenze wiederum ist *relativ*, d. h. sie wird bzw. wurde historisch, kulturell und milieuspezifisch unterschiedlich gezogen und ist wandelbar.
[15] Gerade diese Einsicht sowie die aus ihr resultierende Notwendigkeit ständiger Aushandlung dieser Grenze war ein wesentlicher Motor des modernen Luxusdiskurses. Vgl. etwa Maxine Berg und Elizabeth Eger: The Rise and Fall of the Luxury Debate. In: *Luxury in the Eighteenth Century. Debates, Desires and Delectable Goods.* Hg. Dies. Houndmills 2003, S. 1–27.

hochgradig selbstreferentiellen Text;[16] ein Text aus dem Elfenbeinturm, der an seinen eigenen Grundfesten rüttelt.

I Ein Turm aus Elfenbein

Die Konnotationen des Bildes vom Elfenbeinturm setzen sich aus einzelnen Aspekten der zwei Bildspender zusammen: Das Elfenbein steht seit jeher für Luxus, Exklusivität, Kostbarkeit; über seine Farbe und Oberfläche außerdem für Reinheit, Glätte und Zartheit. Vermittels des Turms geht einerseits seine ganz reale Funktion als Gebäude und Zufluchtsort in die Metapher ein. Darüber hinaus konnotiert das Bild des Turms über die vertikale Achse Weltfremdheit und Abgeschiedenheit, aber auch *hybris* und Snobismus. Diese Verbindung von Turm und *hybris* findet ebenso im Turmbau zu Babel (1. Mose 11,1–9) ein maßgebliches Bild, das diese Konnotation bekräftigt.[17] Während der Elfenbeinturm durch Erhöhung und Distanz prädestiniert dafür wäre, Übersicht zu gewährleisten, geht gegenteilig gerade die Bedeutung der Weltabgewandtheit in den Begriff ein. Dabei bleibt diese paradoxe Spannung von potentieller Übersicht und Abwendung durchaus in der Metapher erhalten.

Das Wort ‚Elfenbeinturm' ist mit dieser Bedeutung zur Entstehungszeit von Tiecks *Des Lebens Überfluß*, nämlich 1837 (Erscheinungsdatum 1839), im deutschsprachigen Raum noch nicht gebräuchlich und taucht als Wort dementsprechend auch nicht in Tiecks ‚Altersnovelle' auf. Die konzeptuellen Aspekte der Metapher des Elfenbeinturms sind in der Novelle jedoch allgegenwärtig: Ihr semantisches Spektrum wird in ihr allegorisch in der Dachwohnung versinnbildlicht und ausführlich durchgespielt. Das Konzept des Elfenbeinturms ist darin, so die hier vertretene These, also lange vor der Verbreitung der modernen deutschsprachigen Metapher präsent.

Das erste Zeugnis der wortwörtlichen Metapher in moderner Bedeutung findet sich in französischer Sprache und entsteht zeitgleich mit der Novelle. In seinem 1837 erschienen Gedichtband *Pensée d'Août* schreibt der französische Literat Charles-Augustin Sainte-Beuve dem Poeten Alfred de Vigny zu, er würde sich in seine „tour d'ivoire" zurückziehen.[18] Sainte-Beuve kontrastiert Vigny mit Victor

---

16 Vgl. zur Selbstreferentialität Imke Meyer: Ludwig Tiecks ‚Des Lebens Überfluß'. Zur Dekomposition eines narrativen Zeit-Raumes. In: *Seminar* 37/3 (2001), S. 189–208.
17 Denn dass – wie es in 1. Mose 11,4 heißt – die Spitze des Turmes zu Babel bis an den Himmel reichen sollte, wird als der umgehend bestrafte Versuch ausgelegt, gottesähnlich zu werden.
18 Marcuse, Im Elfenbeinturm und außerhalb 1964, S. 120.

Hugo, den er seinerseits als kämpferisch und in Rüstung zeichnet.[19] Spätestens mit diesen Verszeilen ist die Gegenüberstellung von einer gesellschaftlich engagierten Literatur und einer Literatur im Elfenbeinturm geboren, die sich im deutschsprachigen Raum in diesen Worten erst im zwanzigsten Jahrhundert verbreiten wird. Sainte-Beuve formuliert den Kontrast von Elfenbeinturm und Kampf historisch an jener Epochenschwelle, an der auch Tiecks Novelle steht: Gerade jene Spannung zwischen ‚luxuriöser' Romantik und ‚engagiertem' Realismus, an der sie entsteht, wird von Tiecks Novelle im Bild des Elfenbeinturms und seinen vielschichtigen Konnotationen reflektiert.

Ob es sich bei der Bemerkung in Sainte-Beuves *Pensée d'Août* wirklich um die allererste Verwendung der Metapher des Elfenbeinturms im Sinne eines von der Gesellschaft abgewandten Zufluchtsortes für Dichter handelt, lässt sich nicht mit Sicherheit sagen.[20] Denn die Spur des Bildes führt bis ins *Hohelied Salomos* zurück. Da nämlich wird der Hals der Geliebten mit einem Turm aus Elfenbein verglichen.[21] Es ist auffällig, dass das Elfenbein an dieser Stelle positiv konnotiert ist. „In anderen Büchern des Alten Testaments" nämlich, so Claus Victor Bock, „besonders im Buch Amos, ist das Elfenbein Symbol eines verwerflichen Luxus."[22] Im *Hohelied* jedoch funktioniert der Vergleich des Halses der Braut mit einem Turm aus Elfenbein über die Farbe und Textur des Materials. Die Farbe des Elfenbeins wird mit Reinheit verbunden, seine Oberfläche mit Glätte und Glanz. Auch die Kostbarkeit des Materials wird hier wohl als positive Konnotation in das Bild überführt. Der Turm hingegen verweist zwar auf eine gewisse Formähnlichkeit, fungiert im *Hohelied* jedoch noch nicht als Bildspender im oben erwähnten Sinn: Das Bedeutungsspektrum von Abgeschiedenheit oder gar Geistigkeit und Selbstreferentialität ist noch nicht Teil des Bildes.

Die im Mittelalter verbreiteten Hostienbehälter aus Elfenbein könnten auf diese Stelle zurückzuführen sein.[23] Diese Elfenbeintürme sind, wenn man die elfenbeinernen Behälter denn als solche bezeichnen möchte, neben Schachfiguren aus Elfenbein die einzigen realen Objekte, die diesem Bild entsprechen. Ansonsten existiert der Elfenbeinturm nur auf phantastischen Bildern, in imaginären Beschreibungen und durch unsere Vorstellungskraft.

Generell blieb der Übergang von der biblischen Verwendung des Bildes und dem seit Sainte-Beuve bezeugten Schlagwort lange Zeit undurchsichtig und ist bis

---

19 Claus Victor Bock: *Besuch im Elfenbeinturm. Reden, Dokumente, Aufsätze.* Würzburg 1990, S. 3.
20 Vgl. Rolf Bergmann: Der elfenbeinerne Turm in der deutschen Literatur. In: *Zeitschrift für deutsches Altertum und deutsche Literatur* 92/4 (1963), S. 292–329, hier S. 298.
21 „Dein Hals ist wie ein Elffenbeinen thurm." Hld 7,5, LU.
22 Bock, *Besuch im Elfenbeinturm* 1999, S. 5.
23 Marcuse, Im Elfenbeinturm und außerhalb 1964, S. 118.

heute nicht vollständig geklärt. Rolf Bergmann hat in seiner Rekonstruktion jedoch deutlich gemacht, dass die *turris eburnea* in der mariologischen Hoheliedauslegung auf Maria selbst bezogen wurde. Gerade dort wird die übertragene Bedeutung erweitert durch Keuschheit (Elfenbein), „Festigkeit gegenüber der Versuchung" (Turm) sowie der Elfenbeinturm eben auch als Gebäude bzw. als Gefäß verstanden.[24] Maria sei – analog zum Hostienbehälter – das „Gebäude", das den Sohn Gottes in sich fasst. Sie selbst also sei der Elfenbeinturm. Gerade dieses von der mariologischen Tradition in die Lauretanische Litanei eingegangene Bild schließt gemäß Bergmann die Lücke zwischen biblischem Bild und moderner Bedeutung. Denn

> [d]ie Übertragung in den profanen Bereich ist eine Umdeutung, bei der die Vorstellung eines Gebäudes aus einem kostbaren Material erhalten bleibt, nur daß jetzt nicht mehr Maria ein elfenbeinerner Turm ist oder die Hostie darin aufbewahrt wird, sondern der Dichter darin, von der Gesellschaft isoliert, seinen Aufenthalt nimmt.[25]

Zu Beginn seiner Karriere in dieser modernen Bedeutung war der Elfenbeinturm – womöglich auch aufgrund seiner positiv konnotierten Herkunft – kein pejorativer Begriff. Wie bereits von Adorno unterstrichen, haben ihn Baudelaire,[26] aber auch Nerval oder Flaubert noch in positivem Sinne verwendet.[27]

Von der *poésie pure* war es nur ein kleiner Schritt zur *pure science*,[28] wobei es heute den Anschein macht, dass die Anwendung der Metapher auf die Wissenschaft im deutschsprachigen Raum sogar verbreiteter ist als jene auf die Dichter. Dazu hat der *6. Deutsche Studententag* von 1960, der unter dem Motto „Abschied vom Elfenbeinturm" stand, gewiss beigetragen.[29] Auch die zugespitzten Debatten um politisches Engagement in der Studentenrevolte beförderten diese Verwendungsweise. Schließlich war ebenfalls der Philosoph Adorno, der sich von der Bewegung distanzierte, in der politisch brisanten Zeit ästhetiktheoretische Werke verfasste und zunehmend als elitär wahrgenommen wurde, dem Vorwurf der Wissenschaft im Elfenbeinturm ausgesetzt.[30] Peter Handkes als Provokation gedachte und auch so aufgenommene Selbstbeschreibung als Bewohner des El-

---

24 Bergmann, Der elfenbeinerne Turm in der deutschen Literatur 1963, S. 304.
25 Ebd., S. 316.
26 Adorno, Keine Angst vor dem Elfenbeinturm 1969, S. 204.
27 Bock, *Besuch im Elfenbeinturm* 1990, S. 17f.
28 Vgl. hierzu ebd., S. 18.
29 Verband Deutscher Studentenschaften: *Abschied vom Elfenbeinturm. 6. Deutscher Studententag Berlin 4.–8. April 1960*, 2 Bde. Bonn 1960/61.
30 Adorno, Keine Angst vor dem Elfenbeinturm 1969.

fenbeinturms unterstreicht, wie ketzerisch Ende der 1960er Jahre eine Verwendungsweise der Metapher mit positiver Konnotation geworden war.

Die Karriere der Metapher, die mit negativer Bewertung zum Kampfbegriff avancierte, und die Abwertung der *vita contemplativa* gehen Hand in Hand.[31] Bereits Jean-Jacques Rousseau rief in seinem ersten *Discours* die Gelehrten auf zu prüfen, welchen Nutzen ihre Werke für den Bürger haben und rügt „jenen Haufen unverständlicher Schriftsteller und müßiger Gebildeter [...], die die Substanz des Staates sinnlos aufzehren".[32] Auch in den 1960er Jahren werden diese Argumente gegen eine Wissenschaft und Kunst im Elfenbeinturm vorgebracht. „[E]in Luxus-Sanatorium für Verse-Macher und andere ‚geistige Lakaien'", das ist nach Ludwig Marcuse die dominante Deutung des Elfenbeinturms im zwanzigsten Jahrhundert.[33]

II Vom Überfluß leben? Tiecks Novelle über den Elfenbeinturm

Die für den Elfenbeinturm entscheidenden Merkmale finden sich auch in Ludwig Tiecks Novelle *Des Lebens Überfluß* wieder: Abgeschiedenheit, Selbstbezüglichkeit, Kunst, Studium, eine vertikale Topographie, Müßiggang, die Frage nach gesellschaftlicher Nützlichkeit und ökonomischer Abhängigkeit sowie die Grenzziehung zwischen Notwendigem und Überflüssigem. In der Novelle wird damit bereits 1839 ausbuchstabiert, was im deutschsprachigen Diskurs um einiges später, im französischsprachigen Diskurs jedoch schon gleichzeitig (von Sainte-Beuve 1837), metaphorisch als ‚Elfenbeinturm' bezeichnet wird.

Die Handlung der Novelle ist schnell erzählt: Weil Heinrich als Bürgerlicher keine standesgemäße Partie für Clara ist, muss das Paar seiner Liebe wegen fliehen. Sie verbringen einen kalten Winter in einer unscheinbaren Dachwohnung und leben vom Verkauf ihrer wenigen bei der Flucht mitgenommenen Dinge. Selbst die Prachtausgabe von Chaucers *The Canterbury Tales* in der Edition von William Caxton wird versetzt. Die treue Dienerin Christine versorgt das Liebespaar

---

31 Bergmann, Der elfenbeinerne Turm in der deutschen Literatur 1963, S. 319.
32 Jean-Jacques Rousseau: *Discours sur les sciences et les arts / Abhandlung über die Wissenschaften und Künste* (1750). Französisch / Deutsch. Übers. Doris Butz-Striebel in Zusammenarbeit mit Marie-Line Petrequin. Hg. Béatrice Durand. Stuttgart 2012, S. 48f. „Revenez donc sur l'importance de vos productions; et si les travaux des plus éclairés de nos savans et de nos meilleurs Citoyens nous procurent si peu d'utilité, dites-nous ce que nous devons penser de cette foule d'Ecrivains obscurs et de Lettrés oisifs, qui dévorent en pure perte la substance de l'Etat."
33 Marcuse, Im Elfenbeinturm und außerhalb 1964, S. 122.

selbstlos mit den notwendigsten Lebensmitteln und muss dafür zusätzliche Stellungen annehmen. Als darüber hinaus auch das Brennholz auszugehen droht, zersägen die Protagonisten zuerst das Treppengeländer und Heinrich später heimlich die ganze Treppe, die er virtuos zu einer überflüssigen Installation erklärt. Das Verbrechen wird alsbald entdeckt, als der Hausbesitzer frühzeitig auftaucht. Es ist das Buch, welches über Umwege zu seinem Schenker, Heinrichs Jugendfreund Andreas Vandelmeer, zurückfindet und ihn, den Retter, herbeiführt. Vandelmeer kommt gerade noch rechtzeitig im bereits von der Polizei umstellten Haus an und überbringt die Nachrichten, dass Heinrich unterdessen reich geworden sei – sein Kapital habe in Indien „gewuchert" (DLÜ 246) – und Claras Vater die Verstoßung längst bereue.

Das unerhörte Ereignis der Novelle ist die Demontage der Treppe: Um das basale Bedürfnis nach Wärme zu befriedigen, nutzt der Protagonist Heinrich die zur Wohnung führende Treppe, deren Eigentümer er nicht ist, als Brennholz. In ihrer nunmehr warmen Dachstube leben Heinrich und Clara sowohl durch fremde Hilfe – nämlich jener der treuen Haushälterin Christine, die ihnen nach Abbruch der Treppe die zum Leben notwendigen Güter via Flaschenzug zukommen lässt – als eben auch auf Kosten dieser eigenen Abkoppelung von der Wirklichkeit: Die Treppe als Verbindungsglied zur tieferliegenden Außenwelt selbst wird verzehrt. In ihrer isolierten Zweisamkeit stellen die Protagonisten der materiellen Kargheit und den körperlichen Entbehrungen einen Überschuss an Phantasie und geistiger Tätigkeit entgegen. Die zwei Liebenden leben in einer romantischen Idylle und geistigen Einheit, deren Bewertung schlussendlich auch Gegenstand der Novelle ist.

1. Architektur des Elfenbeinturms

Die Topographie, welche die Novelle zeichnet, ist eindeutig: Die Dachwohnung fungiert als höher gelegene und abgeschiedene Sphäre, die die poetische, geistige und romantische Zweisamkeit von der profanen, tieferliegenden Welt trennt. Die Dichotomie von Geistigem und Irdischem wird am Ende auch von Heinrich bedient, wenn er erkennt, dass seine virtuose „Überredungskunst",[34] die den Verbrauch der Treppe legitimieren soll, nicht erfolgreich ist. Das „reinste[] Erkennen" im Elfenbeinturm kontrastiert er mit den „trivialen Erfahrungssätzen"; dem „Ideal [der] Anschauung" stellt er die „trübe[] Wirklichkeit" gegenüber (DLÜ 237). Heinrich liest die fiktionale Raumordnung im Sinne der Kantianischen Erkennt-

---

34 Meyer, Ludwig Tiecks ‚Des Lebens Überfluß' 2001, S. 199.

nistheorie und behauptet einen höheren Standpunkt gegenüber dem sich ebenerdig aufhaltenden Hauseigentümer, dessen Überzeugungen sich an die irdische Erfahrung ketten. Während die Zeit in der Dachwohnung beinahe stillzustehen scheint,[35] funktioniert die Novelle über diese vertikale Topographie, die metaphorisch verstanden werden muss. Heinrichs Überlegungen über den Gegensatz von Geistigem und Irdischen werden daher auch mit folgender Frage eingeleitet: „Wie soll ich ihm das Alles von meinem höhern Standpunkt auf seinem niedern da unten deutlich machen?" (ebd.) Die Fallhöhe der Standpunkte mache Verständigung unmöglich, behauptet Heinrich, während die Novelle Heinrichs Standpunkt – die Behauptung nämlich, dass da gar keine Treppe war – ironisiert. Denn sein Standpunkt ist lediglich ein täuschendes Manöver, rhetorische Akrobatik. Der Hauseigentümer wolle sich auf „die alte Erfahrung des Geländers stützen" (ebd.), so spinnt Heinrich die humoristisch überstrapazierte Metapher der Treppe weiter, die Clara und Heinrich doch längst hinter sich gelassen hätten. All diese rhetorischen Eskapaden Heinrichs sind groteske, ironisch gebrochene Übertreibungen. Zu Recht hebt Dagmar Ottmann in ihrer Lektüre auch hervor, dass das, was als „geistige Anmaßung" Heinrichs vorgeführt wird, seinerseits bereits „scherzhaft" gemeint ist. Die Poetisierungsversuche wissen zumindest teilweise um ihren Schein.[36]

In der räumlichen Ordnung von Tiecks *Des Lebens Überfluß* wird die Selbstbezüglichkeit im Elfenbeinturm, die der in ihm entstehenden Wissenschaft und Kunst vorgeworfen wird, mitunter über das Motiv der Fenster verdeutlicht. Die Aussicht aus dieser Dachwohnung fehlt. Der Blick aus dem Fenster führt lediglich zu einem Ziegeldach eines kleineren Nebenhauses und zwei nackten Mauern, die alles weitere abschirmen. Die Novelle bedient in ihrem Entwurf einer Topographie der Abgeschiedenheit somit nicht das Bild eines Turms, der einen Überblick gewährleistet und so eine – wenngleich sehr distanzierte – Auseinandersetzung mit der Wirklichkeit befördert, sondern eine absente Aussicht. Dabei aktiviert, so wird erzählt, die unsichtbare Außenwelt gerade die Phantasie. Denn wenn die Protagonisten auf die kahlen Hausmauern blicken, imaginieren sie diese als imposante Felsen:

---

35 Vgl. hierzu ebenso Meyers Ausführungen.
36 Dagmar Ottmann: *Angrenzende Rede. Ambivalenzbildung und Metonymisierung in Ludwig Tiecks späten Novellen*. Tübingen 1990, S. 60.

> So phantasierten sie denn oft, daß jene trübseligen Feuermauern Felsen seien, einer wunderbaren Klippengegend der Schweiz, und nun betrachteten sie schwärmend die Wirkungen der Abendsonne, deren roter Schimmer an den Rissen zitterte, welche sich in dem Kalk oder rohen Stein gebildet hatten. (DLÜ 218)

Der lange Winter und die zunehmende Kälte potenzieren die Isolation des Paares. Allmählich nämlich kristallisiert Eis an den Fenstern, durch die man bereits zuvor zwar kaum Leben von außerhalb wahrnahm, die aber immerhin noch auf ein Draußen verwiesen. Das Eis versperrt noch diese letzte Aussicht. Doch selbst die Eiskristalle regen die Phantasie der Protagonisten an und werden als die Wohnung zierende „Eisblumen" poetisiert (DLÜ 199).

Die Forschung zu Tiecks Novelle hat lange Zeit diese zweisame Abgeschiedenheit im Sinne eines romantischen Begriffs der Liebe und der Poetisierung des Lebens als Idylle verstanden, welche die Novelle als Ideal vorstelle.[37] Ihr Negativ, das irdisch Prosaische, die gesellschaftliche Wirklichkeit, wird ja nicht zuletzt in Heinrichs Traum (vgl. Kapitel 4. Zweifel am eigenen Wert) von der Novelle anschaulich kritisiert. Doch entgegen einer solchen eindeutigen Bewertung bedeutet die Auflösung der „Insel-Utopie"[38] am Ende der Novelle keineswegs ein Unglück für Heinrich und Clara. Dass die erhöhte und abgesonderte Welt zum Schluss aufgegeben wird, führt die Protagonisten vielmehr ins Glück: „Alles war Freude" (DLÜ 248).

Benno von Wieses Lektüre von 1956 ist die erste, die hinter die Fassade der scheinbaren Heiterkeit und romantischen Inselutopie der Novelle blickt.[39] Er liest sie konsequent sozialkritisch und als „Antimärchen". Heinrichs und Claras utopische Welt sei nicht auf Dauer zu stellen und damit werde vielmehr gezeigt, dass die Flucht vor „der modernen gesellschaftlichen Welt mit ihren generalisierenden und ökonomischen Maßstäben, die den Wert des Individuellen überhaupt in Frage zu stellen droht", schlussendlich nicht möglich ist. Die Novelle demon-

---

[37] So etwa auch Bachmaier im Nachwort der Reclam-Ausgabe: „So werden noch in der vorliegenden Novelle Mängel der Wirklichkeit durch Ästhetisierung behoben, konkrete soziale Widersprüche literarisch überspielt. Die häufig behauptete Hinwendung Tiecks zu einer realistischen Literaturauffassung, die sich in seinem Alterswerk bezeuge, wird durch die Novelle *Des Lebens Überfluß* nicht verifiziert." Helmut Bachmaier: Nachwort. In: Ludwig Tieck: *Des Lebens Überfluß*. Novelle. Stuttgart 1981, S. 67–79, hier S. 70.
[38] Ingrid Oesterle: Ludwig Tieck: ‚Des Lebens Überfluß' (1838). In: *Romane und Erzählungen zwischen Romantik und Realismus. Neue Interpretationen*. Hg. Paul Michael Lützeler. Stuttgart 1983, S. 231–267, hier S. 243. Vgl. zum Motiv der Insel auch Ottmann, *Angrenzende Rede* 1990, S. 62.
[39] Benno von Wiese: Ludwig Tiecks ‚Des Lebens Überfluß'. In: *Die deutsche Novelle von Goethe bis Kafka. Interpretationen*. Hg. Ders. Düsseldorf 1956, S. 117–133.

striere keine „uneingeschränkte Herrschaft der Poesie über das Leben",[40] sondern gerade im Gegenteil ihre Grenzen und zugleich die Unzulänglichkeit des Irdischen. Während von Wiese behauptet, die Novelle löse gerade in diesem Sinne die Balance zwischen Geistigem und Materiellem dialektisch auf, soll hier dargelegt werden, dass sie sich als Verhandlung eines Lebens im Elfenbeinturm lesen lässt, die sich, indem sie Kunst ist, selbstreflexiv mit ihm auseinandersetzt, ohne dass die Novelle – wie von Wiese behauptet – „Schonung" als das auflösende Dritte vorstellt.[41]

2. Leben – wovon?

Indem sich ein Leben im Elfenbeinturm der nützlichen Tätigkeit und damit auch der ökonomischen Rentabilität verweigert, ist es auf externe (finanzielle) Unterstützung angewiesen. Gerade dies macht den Elfenbeinturm und seine Bewohner:innen mitunter anfällig dafür, Hass auf sich zu ziehen. Heinrichs Aussage, sie seien „hier von aller Welt so völlig abgetrennt [...], von keinem Menschen abhängig und keines Menschen bedürftig" (DLÜ 235), unterstreicht zwar die Ideologie der absoluten Unbedingtheit im Elfenbeinturm; sie wird von der Novelle aber als falsch entlarvt. *Des Lebens Überfluß* erzählt die ökonomische Abhängigkeit der Protagonisten über die Figur Christine, die sich für ihre ‚Herrin' Clara aufopfert. Dabei erweisen sich die Poetisierungen Heinrichs und Claras hier als besonders schonungslos und selbstgerecht, denn sie machen auch vor der hingebungsvollen schweren körperlichen Arbeit der Amme Christine nicht Halt. Die nächtliche Arbeit Christines wird von Clara als Fest umgedeutet (DLÜ 215). Mögen die Protagonisten sich hier noch selbst täuschen; den Leser:innen muss unmittelbar deutlich werden, dass diese Beschönigung reine Fiktion ist und nur das Paar selbst schont, zumal die Müßiggänger ihrerseits keine Anstalten machen zu arbeiten. Ihr Müßiggang ließe sich zwar durchaus intrafiktional begründen, denn mit dem Verlassen des Hauses würden sie mitunter riskieren, entdeckt zu werden. Interessanterweise gibt Heinrich aber eine andere Begründung dafür, dass er nicht arbeitet, und instrumentalisiert zu diesem Zweck wiederum Christine. Sie nämlich, so behauptet Heinrich, würde es nicht ertragen können, wenn er arbeitete. Er arbeite also quasi Christine zuliebe nicht, so seine von der Novelle persiflierte Argumentation, die Großmut behauptet, wo Egoismus herrscht (DLÜ

---

40 Ebd., S. 131.
41 Ebd.

212). Ähnlich benutzt er wiederum Christine, um den Abbau des Treppengeländers zu begründen:

> Kein Mensch kommt zu uns, sagte Heinrich, wir kennen unsre Treppe und gehen selber nicht einmal auf und ab, also ist sie höchstens für unsre alte Christine da, die sich doch unendlich verwundern würde, wenn man zu ihr sagen wollte: Sieh, altes Kind, es soll einer der schönsten Eichenstämme im ganzen Forst, mannsdick, gefällt werden, vom Zimmermann und nachher vom Tischler kunstreich bearbeitet, damit du, Alte, die Stufen hinaufgehend, dich auf diesen herrlichen Eichenstamm stützen kannst. Sie müßte ja laut auflachen, die Christine. Nein, ein solches Treppengeländer ist wieder eine von des Lebens ganz unnützen Überflüssigkeiten; der Wald ist zu uns gekommen, da er gemerkt hat, daß wir ihn so höchst notwendig brauchten. Ich bin ein Zauberer; nur einige Hiebe mit diesem magischen Beil, und es ergab sich dieser herrliche Stamm in meine Macht. Das kommt Alles von der Zivilisation; hätte man hier immer, wie in vielen alten Hütten, an einem Strick oder an einem Stück Eisen, wie in Palästen, sich hinaufhelfen müssen, so konnte diese meine Spekulation nicht eintreten, und ich hätte andre Hilfsmittel suchen und erfinden müssen. (DLÜ 213f.)

Es entbehrt jeder Logik, wenn Heinrich nicht etwa fragt, ob Christine Grund genug sei, das Treppengeländer stehen zu lassen, sondern, ob Christine selbst wollen würde, dass man dieses massive Treppengeländer ihretwegen baue. Nun ist ja das Geländer längst schon gebaut, so dass das Gedankenexperiment unsinnig und zum raffinierten rhetorischen Täuschungsmanöver wird. Etwas sinnvoller erscheint hingegen an dieser Stelle Heinrichs Argumentation, dass das Treppengeländer aus massivem Eichenholz ein überflüssiges Produkt der Zivilisation sei, das ihnen in diesem Moment sehr nützlich wird, insofern sie hier wahrhaftig *vom Überfluss leben* können. Denn tatsächlich ließe sich mit einem Strick auch ein weniger aufwändiges Geländer bauen. Gerade das scheinbar Überflüssige, Aufwändigere hilft ihnen nun in Not: Indem es als Brennholz genutzt wird und also ein basaleres Bedürfnis befriedigt, wird es zu einem lebensnotwendigen Mittel, so argumentiert auch Heinrich. In diesem Sinne lobt und kritisiert Heinrich die Zivilisation und ihre Ausdifferenzierungen zugleich.

Diese zwiespältige Haltung gegenüber dem scheinbar Luxuriösen, Verfeinerten, Aufwändigen, Überflüssigen findet sich auch an anderen Stellen, nämlich etwa da, wo Heinrich die Servietten und das Tischtuch für überflüssig erklärt. Auch hier lässt sich seine Argumentation nicht einfach als Zivilisationskritik im Sinne Rousseaus lesen, der in letzter Konsequenz jegliches Kulturgut als eitler und verschwenderischer Überfluss gilt. Denn Heinrich behauptet, dass die Hinwendung zur Surrogatbildung, womit er etwa das Tischtuch meint, selbst spartanische Ursachen habe: Denn die Aufgabe des Tischtuchs, so seine Begründung, sei doch primär, den Tisch zu schonen, und also an der Abnutzung des Tischs zu sparen. Nicht er erweise sich in seiner Kritik der Servietten und Tischtücher als der sparsame Diogenes, sondern die Zeit mache den Menschen „aus törichtem Sparen zum Verschwender" (DLÜ 197). Heinrich verurteilt die Sparer und Verschwender in einem Atemzug, identifiziert sie als ein und dieselbe Person. Während die Erklärung am Beispiel des Tischtuchs zu überzeugen vermag, insofern man dem Tischtuch tatsächlich die Funktion zuspricht, den Tisch zu schonen und nicht etwa, ihn zu verschönern, ist sie doch kaum auf eine Vielzahl von ‚Objekten der Zivilisation' übertragbar. Heinrichs Argument ist auch an dieser Stelle listig.

Vom Überfluss leben bedeutet in Tiecks Novelle nicht nur von zivilisatorischen Errungenschaften leben, sondern auch von Heinrichs raffinierten Beweisführungen und Ästhetisierungen. Denn ehe das Treppengeländer verbrennt, wird es – die Handlung überhaupt erst legitimierend – in oben zitierter Schilderung als Wald poetisiert, der dem Paar zu Hilfe eile. Sich selbst beschreibt Heinrich als „Zauberer" mit einem „magischen Beil" (DLÜ 214). Das Paar lebt also von dreierlei: Von der selbstlosen Arbeit Christines,[42] von ‚überflüssigen' Erzeugnissen der Zivilisation, die verkauft oder zur Befriedigung von notwendigen Bedürfnissen umfunktioniert werden, sowie von Phantasie und Poetisierungsverfahren,[43] die – in der Bedürfnispyramide normalerweise wohl eher oben als Luxusbedürfnisse verortet – hier ganz grundlegend werden.[44] Auch in diesem Sinne werden scheinbar überflüssige Tätigkeiten und Güter zu notwendigen.

3. Studium und künstlerische Produktion im Elfenbeinturm

Bevor das Holzhacken den Alltag mitbestimmt, verbringt Heinrich die beinahe stillstehende Zeit mit seinen Studien, wie mehrfach betont wird. Diese aber – so fügt er sogleich an – könne er gar nicht weiterführen, den dazu fehlen ihm „Tinte, Papier und Feder" (DLÜ 196). Auch ein Buch besitzt er nicht mehr; er hat die wenigen, die er mitgenommen hat, bereits versetzt. Nichtsdestotrotz behauptet Heinrich, er werde sich in seine Bibliothek begeben, denn er müsse seine

---

[42] Ebenso nachzulesen bei Benno von Wiese: Ludwig Tiecks ‚Des Lebens Überfluß' 1956, S. 125: „Das Inseldasein im hohen Stübchen wäre vorher und nachher ohne die von außen helfende Dienerin gar nicht möglich gewesen."; Lisa Heller: Müßiggang in Tiecks ‚Des Lebens Überfluß'. In: *Ökonomie des Glücks. Muße, Müßiggang und Faulheit in der Literatur.* Hg. Mirko Gemmel und Claudia Löschner. Berlin 2014, S. 325–345, hier S. 336: „Ohne deren [Christines, R.S.] aufopfernde Arbeit wäre das Leben des Liebespaares ebenso undenkbar wie ohne ihre kindlich-naiv wirkende Phantasie."; Leonhard Fuest: *Poetik des Nicht(s)tuns: Verweigerungsstrategien in der Literatur seit 1800.* München 2008, S. 79.
[43] Vgl. Oesterle, Ludwig Tieck: ‚Des Lebens Überfluß' (1838) 1983, S. 246; Ottmann, *Angrenzende Rede* 1990, S. 58f.; Fuest, *Poetik des Nicht(s)tuns* 2008, S. 76f.; Heller, Müßiggang in Tiecks ‚Des Lebens Überfluß' 2014, S. 336, 340–342.
[44] Vgl. Heller, Müßiggang in Tiecks ‚Des Lebens Überfluß' 2014, S. 344.

„Kenntnisse erweitern und [s]einem Geiste Nahrung gönnen." (ebd.) Auch diese Tätigkeit des (behaupteten) Studierens portraitiert in ironischer Manier die Dachkammer als Elfenbeinturm.

Aus Mangel an Utensilien tritt in der Folge die Lektüre des eigenen Tagebuchs, „das rückwärts [...] studier[t]" (ebd.) wird, an die Stelle des Studiums. Die semantisch engere Bedeutung – sich einer wissenschaftlichen Arbeit widmen – wird durch die weitere – sich eingehend mit etwas beschäftigen – substituiert. Dabei ist die Lektüre des eigenen Tagebuchs eine in doppeltem Sinne selbstbezügliche Tätigkeit: Heinrich liest sein selbstgeschriebenes Leben wieder. Die Novelle ironisiert die Tätigkeit des Studierens im Elfenbeinturm, indem sie sie als müßige Selbstbespiegelung zeichnet. Indem Heinrich sein Tagebuch von hinten nach vorne „studiert", wird erzähltechnisch die analeptische Aufrollung der Ereignisse ermöglicht, die für die Novelle funktional ist. Zuletzt wird das realitätsferne Studieren gegenüber dem Hauseigentümer auch als (freilich nicht wahrheitskonformer) Grund dafür angegeben, weshalb Heinrich überhaupt nicht bemerkt haben soll, dass zwischen Dachwohnung und Erdgeschoss einmal eine Treppe stand:

> War hier eine Treppe? fragte Heinrich; ja, mein Freund, ich komme so wenig oder vielmehr gar nicht aus, daß ich von Allem, was nicht in meinem Zimmer vorgeht, gar keine Notiz nehme. Ich studiere und arbeite, und kümmre mich um alles Andre gar nicht. (DLÜ 239)

Der Studierende zeigt sich ignorant gegenüber der gesellschaftlichen Wirklichkeit; so sehr, dass sogar die Verbindung zum ‚Boden der Tatsachen' überflüssig wird. Bereits vor Abbau der Treppe zirkulierten Dinge nur noch einseitig. Danach erreichen lebensnotwendige Güter die Dachwohnung via Strick und Korb, was die menschliche Begegnung selbst als eine Überflüssigkeit erscheinen lässt. Aus der Wohnung gelangt – außer Heinrichs argumentativem, verbalen Überschwang – jedoch nichts mehr auf die ebenerdige Welt. Während die lebensnotwendigen materiellen Güter im Haus karg sind und das Brennholz endlich, führt die Novelle die Gedanken, Argumente und phantastischen Überlegungen als unerschöpflich vor.

Für Heinrich bedeutet die Trennung von geistiger Sphäre und materieller Wirklichkeit und also der absolute Rückzug in den Elfenbeinturm paradoxerweise strengste körperliche Arbeit. Er zersägt die Treppe im Schweiße seines Angesichts. Aber auch dies muss er umdeuten, um die Dichotomie von geistiger bzw. künstlerischer Arbeit einerseits und körperlicher Arbeit andererseits aufrechtzuerhalten. Seiner dann in der Dachwohnung fortgesetzten handwerklichen Arbeit, nämlich der Zerkleinerung der Treppenteile, verleiht Heinrich rhetorisch den Anschein künstlerischer Tätigkeit: „Welch ein Künstleratelier ist plötzlich aus unserm einsamen Zimmer geworden." Nicht nur „Kunstgeschliffenheit vermöge dieses Beiles", sondern auch „Überredung" sei Mittel gewesen, diesen „ungeschlachte[n] Baum" in „den Stand" zu bringen, „die Flammen der Begeisterung zu ertragen", so Heinrich in seinem ironisiert-pathetischen katachrestischen Stil (DLÜ 214). Neben der ‚künstlerischen' Zerkleinerung des Holzes sei es also auch Heinrichs rhetorische Gewandtheit, der es bedurfte, um die Treppe in Brennholz umzuwandeln. Im gleichen Atemzug lässt der Satz an Heinrichs rhetorischen Fähigkeiten zweifeln. Man könnte seine Rede als *stylus luxurians* bezeichnen, als übermäßig ausgeschmückte Rede. In Zedlers *Universal-Lexicon* von 1744 ist nachzulesen, der *stylus luxurians* sei ein Stil, der „keine Maasse hält, und überhaupt selbst des Guten mehr thut, als die Sache leidet."[45] Während Verschwendung gemeinhin als moralisches, ökonomisches oder (bio-)politisches Problem auftaucht, wird sie in diesem Sinne – seit der Antike[46] – als ästhetisches Problem begriffen. Das Leben im Elfenbeinturm im Sinne der Novelle scheint für diesen luxurierenden Stil anfällig.

4. Zweifel am eigenen Wert

Der von Heinrich in der Mitte der Novelle erzählte Traum verlässt die Abgeschiedenheit des Paares in der Dachwohnung und spielt inmitten gesellschaftlicher Beziehungen des Handels und der Wertgenerierung. Über das Wort ‚Auktion', das der Träumende im Traum hört, gleitet die Traumerzählung zum jungen Heinrich ab und wir erfahren von seiner Leidenschaft für Bücherauktionen. Eine „Schwärmerei", die Heinrich schon als Kind daran zweifeln ließ „ob aus [ihm] je ein sogenannter vernünftiger und brauchbarer Mann werden würde" (DLÜ 221). Dieser artikulierte Zweifel liefert bereits den Schlüssel zum weiteren Verständnis des Traumes: In ihm nämlich werden nicht Bücher versteigert, sondern Heinrich selbst wird Objekt der Auktion. Neben „alte[n] Sachen und Möbeln" werden „alte Weiber, Tagediebe, elende Schriftsteller, Libellisten, verdorbene Studenten und Komödianten" (ebd.) angeboten. Menschen also – so erzählt es die Novelle –, deren unmittelbarer Nutzen für die Gesellschaft in Frage zu stehen scheint.

---

45 Art. „Stylus luxurians". In: Johann Heinrich Zedler: *Grosses vollständiges Universal-Lexicon Aller Wissenschafften und Künste*, Bd. 40, Leipzig und Halle 1744, Sp. 1474. Ausführlicher dazu vgl. Christine Weder und Maximilian Bergengruen: Moderner Luxus. Einleitung. In: *Luxus. Die Ambivalenz des Überflüssigen in der Moderne*. Hg. Dies. Göttingen 2011, S. 7–31, hier S. 23.
46 Vgl. für die antiken Referenzen Joseph Vogl: Art. „Luxus". In: *Ästhetische Grundbegriffe. Historisches Wörterbuch in sieben Bänden*. Bd. 3. Hg. Karlheinz Barck et al. Stuttgart und Weimar 2001, S. 694–708, hier S. 695.

Nachdem keine Gebote auf Heinrich eingehen, preist ihn der Auktionator damit an, dass er etwa als Kronleuchter dienen könnte. Erst als Clara eintritt und auf ihren „unvergleichlichen Mann" (DLÜ 224) tausend Taler setzt, entsteht ein wahrhaftiger Wettstreit und es werden Summen geboten, wie man es noch nicht erlebt habe. „[G]egen alle Gesetze der Auktion" erhält Heinrich selbst die zweihunderttausend Taler, die am Ende für ihn bezahlt werden (ebd.). Nun will auch Clara über sich ergehen lassen, was Heinrich aushalten musste, und lässt sich versteigern. Heinrich bietet mit, doch er übernimmt sich und kann den von ihm gebotenen Preis nicht bezahlen. So landen beide im Gefängnis und werden zum Tode verurteilt. Ihnen wird klar gemacht, dass ihr Betrug darin bestand, „sich so teuer auszubieten, und sich mit solchen großen Summen bezahlen zu lassen, die dadurch der Konkurrenz und dem allgemeinen Nutzen entzogen würden" (DLÜ 226). Gerade dieses Argument wurde historisch ebenso gegen den Luxus vorgebracht. Die Frage, ob der Luxus die ökonomische Zirkulation und die wirtschaftliche Prosperität fördere oder aber Summen verschlinge, die durch anderweitige Verwendung wirtschaftlich produktiver, d. h. wachstumsfördernd wirken, wurde im achtzehnten Jahrhundert kontrovers diskutiert.[47] Heinrich und Clara verkaufen sich als Luxusgut, betreiben Preiswucher und entziehen so durch ihre Personen dem Markt Summen, die auch nützlich, d. h. ökonomisch produktiver, hätten investiert werden können. Gerade insofern sie ihre Preise in vom Gebrauchswert vollständig entkoppelte Sphären trieben und der Auktionator sie „übermäßig und ganz der Wahrheit entgegen den Kauflustigen als Wunderwerke der Schöpfung herausgestrichen" (ebd.) habe, verstoße ihr Handeln gegen das bürgerliche Gebot, von allgemeinem (ökonomischen) Nutzen zu sein. Für ihren hohen Preis gebe es keine Legitimation. Als Müßiggänger sind sie in diesem Fall in doppeltem Sinne unnütz; erstens, indem sie keine gesellschaftlich nützliche Tätigkeit ausüben und zweitens, insofern durch ihren hohen Preis Kapital aus dem wirtschaftlichen Kreislauf abgezogen wird.

Auch den Standesunterschied zwischen den Protagonisten verrechnet der Traum in ökonomischen Kategorien. Im anfänglichen Ausbleiben der Gebote bringt er Heinrichs Scham über seine gegenüber Clara tiefere soziale Stellung zum Ausdruck; nach der plötzlichen Preissteigerung – und zugleich als Wunschanteil des Traumes – das Begehren, höchste Wertigkeit zu haben („So hoch ist in unserm Jahrhundert noch niemals ein Mann geschätzt worden!"; DLÜ 224). Interessanterweise misst sich Heinrich in seiner Scham selbst an der Kategorie der gesellschaftlichen Nützlichkeit – also am Wert, den sein eigener Stand und nicht etwa

---

47 Vgl. Weder und Bergengruen, Moderner Luxus 2011, S. 12–15.

jener Claras hervorbrachte – und scheitert daran; er selbst ist Teil der „Taugenichts[e]" (DLÜ 222f.).[48]

Indem im Rahmen der Auktion in Hinblick auf Utilität und ökonomische Wertigkeit zwischen Mensch und Objekt nicht unterschieden wird, kritisiert der Traum die Verdinglichung des Einzelnen innerhalb sozialer Beziehungen. Darauf hat, wie oben bemerkt, bereits Benno von Wiese hingewiesen.[49] Während Geld und Utilität als vermessende und vergleichende Äquivalenzkategorien dem Einzelnen Individualität absprechen, ist es doch am Ende wiederum die auf ihn gebotene große Summe, an der Heinrich seine hohe Wertigkeit und Unvergleichlichkeit abzulesen glaubt. Die Zahl im Traum reduziert den Einzelnen auf den Status eines Objekts und zeichnet ihn zugleich durch seinen ungemein hohen Preis wiederum aus.

Die im Traum dargestellte ökonomische Welt bildet die Kontrastfolie zum Leben im Elfenbeinturm. Erst in Differenz zueinander erscheinen sie als solche Welten: Jene, in der Nützlichkeit herrscht und jene, die sich der Kontemplation verschreibt. Historisch geht die Abwertung der Elfenbeinturmbewohner:innen nämlich mit der Aufwertung der *vita activa* einher.[50] Die positive Selbstbestimmung als Bewohner:innen des Elfenbeinturms ihrerseits formiert sich in Distanz zur sich etablierenden Herrschaft des *negotium*. Heinrichs Traum verdeutlicht die ambivalente Haltung des Protagonisten gegenüber diesen zwei Welten. Einerseits zeichnet der Traum die Außenwelt als Welt der schonungslosen Verdinglichung, welche die Flucht in sein Gegenteil – den Elfenbeinturm – notwendig macht. Andererseits enthüllt er, dass Heinrich in seinen Wertmaßstäben durchaus nicht frei ist von der Moral der Nützlichkeit, an der er scheitert.

5. Selbstreflexivität: Eine Fabel übers Fabulieren

Eine Novelle über den Elfenbeinturm ist *Des Lebens Überfluß* nicht zuletzt deshalb, weil sie eine Fabel über das Fabulieren ist. Die Novelle nämlich setzt mit der Mitteilung ein, dass über den Hergang der Ereignisse eine Vielzahl sich wider-

---

48 Lisa Heller hat das in ihrer Lektüre treffend auf den Punkt gebracht: „[D]er Traum entlarvt nur deutlich, dass eine idyllische Lebensform ohne gesellschaftlichen Nutzen stiftende Arbeit nicht tragbar ist." Heller, Müßiggang in Tiecks ‚Des Lebens Überfluß' 2014, S. 343.
49 Von Wiese, Ludwig Tiecks ‚Des Lebens Überfluß' 1956, S. 130.
50 Vgl. auch Marcuse, Im Elfenbeinturm und außerhalb 1964, S. 120: „Im Jahrhundert der Industrialisierung, der englischen, amerikanischen und russischen, wurde die vita meditativa zur Faulheit degradiert und die Aktivität ausgezeichnet. Sogar die Intellektuellen, Nachfolger der Mönche, meditierten nur noch mit schlechtem Gewissen."

sprechender „Gerüchte" kursieren. Diese Fülle an narrativen Varianten begründet die Novelle mit einem anthropologischen Argument: „Es ist natürlich", so heißt es in der Folge „daß, wenn alle Menschen sprechen und erzählen wollen, ohne den Gegenstand ihrer Darstellung zu kennen, auch das Gewöhnliche die Farbe der Fabel annimmt." (DLÜ 193) Was noch im Satz davor als „sonderbarer Tumult" eingeführt wurde, wird alsbald als „Gewöhnliches" deklariert, womit die Novelle bereits mit einer Subversion der eigenen Gattung ihren Anfang nimmt.[51] Denn gemäß Goethe ist die Novelle bekanntlich über das Gegenteil des Gewöhnlichen, nämlich über die „unerhörte Begebenheit" charakterisiert.[52] Nach dieser Einführung folgen in der Novelle allerlei phantastische Erzählungen über die Vorfälle in besagtem Haus, die allesamt von dem abweichen, was wir nachfolgend lesen werden. Zweifel, ob es sich auch bei der Novellenerzählung selbst schlicht um eine weitere Variante dieser Fabeln halten könnte, bleiben bestehen.[53] Lediglich die einleitenden Worte „So viel ist gewiß" sowie die in der Folge dominante Form der direkten Rede erhöhen gegenüber den anfänglichen Phantasmen die Glaubwürdigkeit des nachfolgend Erzählten. Über das Volk, das vom Tumult erfuhr, heißt es: „Jeder legte sich die Sache aus, wie Laune oder Phantasie sie ihm erklären mochten." (DLÜ 194) Was hier dem Volk zugeschrieben wird, ist, so wird die Novelle allmählich illustrieren, ebenso Heinrichs Spezialität.

Auch die Fabeln in Form einer Prachtausgabe von Chaucers *Canterbury Tales* sind für den Handlungsverlauf von Tiecks *Des Lebens Überfluß* grundlegend. Während das Buch in der Edition von Caxton zuerst als Luxusgut eingeführt wird, was Heinrich dazu veranlasst, es zugunsten von notwendigeren Gütern zu versetzen, erweist es sich am Ende für die Rettung des Paars als ganz notwendig. Das einst überflüssige Buch, das eigentlich zur Ausstattung des Elfenbeinturms gehört, ist nun entscheidend, um Clara und Heinrich wieder in das wirkliche Leben zurückzuholen. Heinrichs Freund Andreas Vandelmeer behauptet gar, dass es „wunderbarerweise die Treppe" (DLÜ 247) ist, denn es führt als Bote den Freund herbei, dessen Ankunft das Ende der Dachwohnungsexistenz bedeutet.

---

51 Vgl. Meyer, Ludwig Tiecks ‚Des Lebens Überfluß' 2001, hier S. 192. Meyer arbeitet überdies die Selbstreflexivität des Textes in einem umfassenderen Sinne heraus. In ihrer dekonstruktivistischen Lektüre vertritt sie die These, dass der Text von seinem eigenen verbalen Überfluss lebt, den er verzehrt, genau wie der „Verbrecher" aus Heinrichs Tagebuch, der sich selbst verspeist.
52 Eckermann, *Gespräche mit Goethe in den letzten Jahren seines Lebens*. Bd. 1. 1836, S. 318.
53 Darauf weist bereits Meyer hin: „[W]eiß der Erzähler vielleicht auch nicht mehr als die Schaulustigen, sind die folgenden Informationen verläßlich, oder werden sie lediglich eine auf schmalem Faktenwissen basierende Interpretation bestimmter Ereignisse sein?" Meyer, Ludwig Tiecks ‚Des Lebens Überfluß' 2001, S. 193.

Sowohl der Anfang wie das Ende der Novelle lokalisieren also die Fabel nicht ausschließlich im Elfenbeinturm, sondern stellen gerade über sie eine Verbindung zwischen der Außenwelt und der Dachwohnung her. Mit dem Hinweis, dass das Übermaß an Phantasmen nicht nur im Elfenbeinturm wuchert, setzte die Novelle ein. Mit den *Canterbury Tales*, die an die Stelle der Holztreppe rücken, endet es. Wenn im Sprechen der Menschen, das sich von der erfahrbaren Empirie abkoppelt, „auch das Gewöhnliche die Farbe der Fabel annimmt" (DLÜ 193), gleichen sich schlussendlich der Protagonist im Elfenbeinturm und jene Erdbewohner, die von ihm erzählen.

III Elfenbeinturm – Luxus – Autonomie?

Des Lebens Überfluß zeichnet ein durchaus ambivalentes Bild des Lebens im Elfenbeinturm. Weder idealisiert es die karge, einsame, selbstbezogene und poetische Existenz noch ist es eindeutig als Bruch mit dem romantischen Paradigma zu interpretieren. Indem die Novelle ausgehend von der Raumsemantik die für den Elfenbeinturm entscheidenden Aspekte, nämlich Weltabgewandtheit, Isolation, Selbstbezüglichkeit, Geistigkeit, Studium, Kunst und Muße durchspielt, nimmt sie gewisse Momente der Karriere der Metapher vorweg, insbesondere die Frage danach, wovon im Elfenbeinturm zu leben sei. Die unentlohnt arbeitende Dienerfigur Christine ist für die Subsistenz der Protagonisten im Elfenbeinturm unerlässlich. Wie beschwerlich diese Arbeit ist, wird von den gerade in dieser Hinsicht eben nicht autonomen, sondern abhängigen Protagonisten verschleiert oder verdrängt. Indem für die Befriedigung lebensnotwendiger Bedürfnisse darüber hinaus auch die Treppe stufenweise aufgezehrt wird und die Novelle den Verbrauch fremden Eigentums hier als endlich vorstellt, wird evident, dass dieses Leben nur auf Zeit möglich ist. Gegenüber der in Heinrichs Traum beschriebenen Verdinglichung des Einzelnen, die ihn einzig an seiner Tauglichkeit bemisst, erscheint das Leben im Elfenbeinturm andererseits aber auch in positivem Licht.

Nebst dieser ökonomisch-moralischen Perspektive auf den Elfenbeinturm ist die erkenntnistheoretische Reflexion für den Text entscheidend. Heinrich überträgt die reale Raumordnung auf die Kantianische Erkenntnistheorie, wenn er seinen höheren Standpunkt im Elfenbeinturm vom niedrigen des Hauseigentümers dadurch unterscheidet, dass Letzterer sich noch auf die „alte Erfahrung des Geländers" stützt. Die Treppe deutet er als „gemeine[] Stufenleiter der Begriffe", deren Clara und Heinrich nicht bedürfen (DLÜ 237). Das ist die *hybris* des Elfenbeinturms; ihre Bewohner:innen schreiben sich beinahe göttliche Fähigkeiten zu. Die *reine* Erkenntnis ist im Bild des Elfenbeinturms als Konnotation der Farbe Weiß enthalten. Das Bild des Turms suggeriert geistige Unabhängigkeit, Autonomie, Unbedingtheit. Überdies ist Heinrichs Lektüre der Treppe als erkenntnistheoretisches Modell bereits eine Umdeutung von realen, materiellen Verhältnissen auf ideelle, die sich über die erfahrbare Materialität hingesetzt. Was Heinrich über die räumliche Ordnung erzählt und wie er es tut, ist bereits Symptom dessen, was er beschreibt.

In humoristischer Manier spielt die Novelle mit der Erkenntnis, dass die sowohl für den Luxus wie auch für den Elfenbeinturm wesentliche Grenze von Notwendigkeit und Überfluss relativ ist. Gerade diese Erkenntnis wird von der Novelle *ad absurdum* geführt. Sie verdeutlicht, dass Relativität eben nicht bedeuten kann, dass diese Grenze individuell und unabhängig von gemeinsamer Erfahrung und Aushandlung gezogen wird. Und so vermag sich der rhetorische Überschwang im Elfenbeinturm in Tiecks Novelle nicht über die Deutungen der ebenerdigen Welt hinwegzusetzen. Er könnte es nur dann, wenn er Literatur würde und keiner Referentialität mehr unterworfen wäre. Als Fabel würden Heinrichs Umdeutungen an das von der Novelle als anthropologisch beschriebene Bedürfnis nach Narration anschließen. Sie erscheinen so als unbedingt und anthropologisch notwendig zugleich und würden den Elfenbeinturm mit seinem Außen verbinden.

Tiecks Novelle verhandelt Autonomie im Elfenbeinturm also auf zweierlei Weise: Zum einen ruft sie eine philosophische Tradition auf, gemäß der höhere Erkenntnis bedeutet, sich von der Erfahrung zu emanzipieren. Andererseits werden uns die Protagonisten insbesondere auch in Heinrichs Traum als Figuren vorgestellt, die nicht ‚nützlich' tätig sind. In beiden Positionen wird eine ‚Distanz zur Not' zum Ausdruck gebracht, in der die oben bereits beschriebene ‚ästhetische Einstellung' zum Ausdruck kommt, die Pierre Bourdieu als Luxusgeschmack – als Geschmack der Freiheit – beschreibt. Die Ironie der Geschichte zeigt sich, insofern Clara und Heinrich jenseits aller Umdeutungen durchaus von der Not betroffen sind. Über die Figur Christine und über die immer wieder einbrechende Realität, die Heinrichs Phantasien Grenzen setzt, verdeutlicht die Novelle, inwiefern dieses Selbstverständnis eines autonomen Standpunktes trügerisch ist.

Der Elfenbeinturm gilt deshalb als Ort des Luxus, weil seine Bewohner:innen sich selbst oder ihr Schaffen als unbedingt auffassen. Das ist ihre *hybris*. Die Literatur aber, und das erzählt auch Tiecks Novelle, steht in einem besonderen Verhältnis zu dieser Unbedingtheit. Denn gerade sie kann und darf sich, insofern sie Fiktion ist, über die materielle Wirklichkeit hinwegsetzen, während dies Heinrich in der intrafiktionalen Realität nicht zusteht; er stößt mit seinem Fabulieren an reale Grenzen. Tiecks Novelle selbst tut dies nicht.

II Realismus und Gründerzeit

Sebastian Meixner
Die Topologie des Überflusses in Freytags *Soll und Haben*

Am Ende ist nichts und niemand mehr überflüssig in Gustav Freytags ganz auf das Bürgertum fokussierten Kaufmannsroman *Soll und Haben* (1855).[1] Die jüdischen Figuren sind bestraft, die polnischen Revolutionäre besiegt, die noch verbleibenden adeligen Figuren haben (wieder) eine produktive Funktion und das deutsche bürgerliche Handelshaus ist gut gefüllt. Alle Figuren sind an ihrem Platz, der „Strom der Kapitalien" (SH 818) hat ganze Arbeit geleistet und die Ordnung ist wiederhergestellt. Ich schlage vor, diese Ordnungsbesessenheit ökonomisch in dem Sinn zu lesen, dass sich diese Ordnung anhand der Grenze von Fülle und Überfülle organisiert. Meine Lektüre ist geleitet von der fast zeitgleich mit Freytag formulierten Grenznutzentheorie durch Hermann Heinrich Gossen, welche die Analyse von *Soll und Haben* für diese Grenze sensibilisiert. Denn für Freytags Roman wird sie in der Topologie strukturbildend und in der literarischen Topographie veranschaulicht. Basisfunktion dieser Topologie ist die Etablierung der Leitdichotomien von ‚eigen' und ‚anders' sowie von ‚vertraut' und ‚fremd'.[2] Ihre Verletzung dynamisiert die Ordnung und trägt die Handlung anhand der topologischen Oppositionen von ‚vorne' und ‚hinten', ‚nah' und ‚fern', ‚oben' und ‚unten' sowie von ‚innen' und ‚außen'. Der topologische Gegensatz von Vorder- und Rückseite wird in den Topographien mit ihren beiden Seiten kon-

---

[1] Alle Zitate aus dem Primärtext werden aus folgender Ausgabe unter der Sigle ‚SH' nachgewiesen: Gustav Freytag: *Soll und Haben*. München 1977. Zur Gattungsfrage im Spannungsfeld von Entwicklungsroman und Bildungsroman vgl. Philipp Böttcher: Die Poesie des Prosaischen. Zur Literaturprogrammatik der Grenzboten und der feldstrategischen Positionierung von Gustav Freytags „Soll und Haben". In: *Der Bildungsroman im literarischen Feld. Neue Perspektiven auf eine Gattung*. Hg. Elisabeth Böhm und Katrin Dennerlein. Berlin 2016, S. 165–220, bes. S. 195–207.
[2] Mit topologischer Struktur folge ich Lotmans Terminologie, der zwischen topologischer, semantischer und topographischer Dimension in der räumlichen Ordnung eines Textes unterscheidet. Unter den topographisch konkretisierten Räumen bei Freytag fallen die hier untersuchten Häuser durch eine besonders dichte Semantisierung auf, die sich mit den topologischen Oppositionen (insbesondere: ‚innen' und ‚außen') verbindet und die Leitdifferenzen des Textes veranschaulicht. Vgl. Jurij M. Lotman: *Die Struktur literarischer Texte*. Übers. Rolf-Dietrich Keil. München 1972, S. 300–401, bes. S. 327f. Zur Topologie allgemein vgl. Andreas Mahler: Topologie. In: *Handbuch Literatur und Raum*. Hg. Jörg Dünne und Andreas Mahler. Berlin und Boston 2015, S. 17–29, bes. S. 22–27. Zu den Leitdichotomien der Alterität vgl. Andrea Polaschegg: *Der andere Orientalismus. Regeln deutsch-morgenländischer Imagination im 19. Jahrhundert*. Berlin und New York 2005, S. 41–49.

https://doi.org/10.1515/9783110764231-006

kretisiert und miteinander in Beziehung gesetzt, wobei die Konsistenz dieser beiden Seiten zum Prinzip der Ökonomie erhoben wird und die Räume mit den Figuren metonymisch verbindet. Aus Nähe und Ferne wird über die topographische Realisierung von Zentrum und Peripherie eine kolonialistische Expansionsbewegung. Aus dem Gegensatz von Höhe und Tiefe wird die topographisch gestützte Realisierung von Aufstieg und Untergang. Und aus dem Gegensatz von Innen und Außen wird die Bewegung von Integration und Ausscheidung. Die Ordnung dieses so ordnungsbesessenen Textes, der das Maß glorifiziert und die Übertretung bestraft, ist damit von eben dieser Übertretung durch den Überfluss abhängig – und vor allem vom rechten Umgang mit ihm: Das alle Handlungsknoten auflösende normative Ende kann in diesem Sinn als Ausgleich gelesen werden, das den Überfluss in einem umfassenden Soll und Haben bilanzierend aufgehen lässt. Überfluss funktioniert in diesen Überlegungen weniger als Gegenbegriff zu Knappheit und Mangel, sondern als Gegenteil von Ordnung und Maß, wie er im achtzehnten Jahrhundert etwa als Gegenbegriff zu Wohlstand geprägt wurde.³

Bis es zu diesem Ausgleich kommt, verdoppelt und vervielfältigt der Roman konsequent alle semantisch überdeterminierten Räume, was Alterität in diesem topographischen wie topologischen Exzess verschärfend konstituiert: Es sind gleich zwei mit wiederum binären Oppositionen semantisierte Schlösser und zwei Handels- bzw. Geschäftshäuser, welche die Topologie konkretisieren. Diese Topologie hat im Umgang mit dem Überfluss ihren organisierenden gemeinsamen Nenner, weil es der Überfluss erst erlaubt, die für topologische Relationen grundlegende Differenz zu setzen. Überfluss ist in diesem Sinn nicht das Gegenteil oder die Überschreitung von räumlich veranschaulichter Wirtschaftsordnung und ihren Grenzen, sondern für diese Ordnung konstitutiv.⁴ Ausgangspunkt meiner Erläuterungen sind die Arbeiten von Nacim Ghanbari und Marcus Twellmann,⁵

---

3 Zum Bedeutungsspektrum des Überflusses und seinen Gegenbegriffen vgl. Wolfgang Sachs und Gerhard Scherhorn: Art. „Überfluß, Überflußgesellschaft". In: *Historisches Wörterbuch der Philosophie*. Bd. 11. Hg. Joachim Ritter. Darmstadt 2001, Sp. 27–30, hier Sp. 27f.
4 Diese Überlegung geht einher mit der Relation von Raum und Handlung, die sich bei Lotman – so Mahler – „vornehmlich in unangemessener Relationalität als [...] ‚zu hoch', ‚zu tief', ‚zu nah'" etc. artikuliert; Mahler, Topologie 2015, S. 24.
5 Vgl. Marcus Twellmann: Das deutsche Bürgerhaus. Zum oikonomisch Imaginären in Gustav Freytags „Soll und Haben". In: *Deutsche Vierteljahrsschrift für Literaturwissenschaft und Geistesgeschichte* 87 (2013), S. 356–385; Nacim Ghanbari: *Das Haus. Eine deutsche Literaturgeschichte 1850–1926*. Berlin und Boston 2011, S. 36–39. Vgl. auch Michael Neumann: Die Legitimität der Transgression. Zur Rationalität hegemonialer Gewalt in Gustav Freytags Roman „Soll und Haben". In: *Zeitschrift für deutsche Philologie* 129 (2010), S. 265–280, bes. S. 274f. und Benedict Schofield: Gustav Freytag's „Soll und Haben". Politics, aesthetics, and the bestseller. In: *The*

die mit dem Konzept des Hauses Freytags Roman analysieren. Herrenhaus, Gutshaus, Handelshaus und Geschäftshaus werden in dieser Perspektive zu Instanzen, die in ihren Interaktionen wirtschaftliche Zusammenhänge und insbesondere das ökonomisch Imaginäre in den „Wunschbilder[n] von einer Ordnung des Wirtschaftlichen" herstellen.⁶ Ich möchte dieses Argument um einen entscheidenden Aspekt ergänzen, indem ich die verschiedenen Häuser als regulativ funktionierende Modelle beschreibe, die in unterschiedlicher Weise die Grenze von der Fülle zum Überfluss verhandeln.⁷ Die topologischen Gegensätze werden in dieser Perspektive also durch die Überschreitung dieser Grenze dynamisiert, was in der Zusammenschau mit zeitgenössischen ökonomischen Theoremen offenbar wird.

In einem ersten Schritt werfe ich einen Blick in Hermann Heinrich Gossens Formulierung der Grenznutzentheorie, die sich als eine Theorie des Überflusses lesen lässt. Das wird besonders durch die Räume deutlich, die dem Überfluss und dem Maß zugeordnet werden. Indem Gossen darüber hinaus berechnet, wann und wie aus einem Gut der maximale Genuss zu ziehen ist, operiert er stets an der Grenze von Fülle und Überfülle, die er nicht nur räumlich veranschaulicht, sondern vor allem auch zeitlich im Sinn einer Abnutzung denkt. Die räumlichen Veranschaulichungen sowie die temporale Struktur schlagen die Brücke von der Theorie zum Roman. In einem zweiten Schritt analysiere ich entsprechend zunächst die beiden Schlösser in *Soll und Haben*, die eine ausbalancierte, aber nur scheinbar stabile Ordnung eines schönen Bildes gegen die destabilisierte Unordnung eines zu großen Schlosses stellen. Anschließend stehen die beiden Handelshäuser im Zentrum der Untersuchung, die ihre Ordnung ebenfalls am Überfluss messen, wobei im normativen Zentrum der bürgerlichen Warenhandlung bezeichnenderweise genau dieser Überfluss von nicht mehr quantifizierbaren Waren das imaginäre Potenzial des Raumes begründet. In einem dritten Schritt schließlich wende ich mich der literalen Seite des Überflusses zu, die mit dem Wasser als Bildspender die Topologie des Romans dynamisiert. Der wörtliche Überfluss in Gestalt von zu viel Wasser zeigt an, welches in den verschiedenen Räumen verkörperte Modell als tragfähig inszeniert wird und welche anderen untergehen müssen.

German bestseller in the late nineteenth century. Hg. Charlotte Woodford und Benedict Schofield. Rochester, N.Y. 2012, S. 20–38, hier S. 22f.
6 Twellmann, Bürgerhaus 2013, S. 360.
7 Zum Hintergrund dieser Grenze im achtzehnten Jahrhundert vgl. Victoria Niehle: *Die Poetik der Fülle. Bewältigungsstrategien ästhetischer Überschüsse 1750–1810*. Göttingen 2018, S. 19–24.

I Grenznutzen und Überfluss

Ein Jahr vor der Veröffentlichung von *Soll und Haben* erscheint 1854 Gossens *Entwickelung der Gesetze des menschlichen Verkehrs, und der daraus fließenden Regeln für menschliches Handeln*.[8] Der als Vorläufer der Grenznutzentheorie geltende Text verbindet eine relativ einfache philosophische Anthropologie mit einer ökonomischen Rechtfertigung des Egoismus[9] und bildet eine „Grundlage der neoklassischen Werttheorie",[10] indem er das Prinzip der Genussmaximierung im Sinn einer Nutzenmaximierung zentral stellt, welches das ökonomische Streben von Individuen und Gruppen leite. Dieses Maximum denkt Gossen nicht als unmittelbar realisierten bzw. realisierbaren Genuss, sondern als das Ergebnis eines längerfristigen Nutzenkalküls: „Es muß das Genießen so eingerichtet werden, daß die Summe des Genusses des ganzen Lebens ein Größtes werde." (G 1)

Genuss hat allerdings Grenzen, die für Gossen gerade nicht durch das Angebot der zur Verfügung stehenden Güter bestimmt sind, wie er im ersten Gos-

---

[8] Alle Zitate aus dem Primärtext werden aus folgender Ausgabe unter der Sigle ‚G' nachgewiesen: Hermann Heinrich Gossen: *Entwickelung der Gesetze des menschlichen Verkehrs, und der daraus fließenden Regeln für menschliches Handeln*. Braunschweig 1854.
[9] Bislang wurde der Text kulturwissenschaftlich kaum beachtet im Gegensatz etwa zu Carl Menger, der in den *Grundsätzen der Volkswirtschaftslehre* von 1871 seine Formulierung der Grenznutzentheorie vorlegt. Vgl. Fritz Breithaupt: Einspruch gegen die Selbstregulierung. Geld- und Kunstsysteme um 1871. In: *Modern Language Notes* 123 (2008), S. 570–590, bes. S. 578; zu Menger und Gossen vgl. exemplarisch Fritz Söllner: *Die Geschichte des ökonomischen Denkens*. Berlin und Heidelberg ⁴2015, S. 230–233. Im jüngst erschienenen *Handbuch Literatur und Ökonomie* spielt Gossen anders als der Grenznutzen keine Rolle. Vgl. Joseph Vogl und Burkhardt Wolf (Hg.): *Handbuch Literatur und Ökonomie*. Berlin und New York 2019. Zur Grenznutzenschule dort vgl. exemplarisch Slaven Waelti: Wunsch, Begehren. In: Vogl und Wolf (Hg.), *Handbuch Literatur und Ökonomie* 2019, S. 343–346, hier S. 345; Christian Rakow: *Die Ökonomien des Realismus. Kulturpoetische Untersuchungen zur Literatur und Volkswirtschaftslehre 1850–1900*. Berlin 2013, S. 350–374. Zur Grenznutzentheorie im deutschsprachigen Raum und insbesondere zu Karl Heinrich Rau als Vorläufer von Gossen vgl. John S. Chipman: Contributions of the Older German Schools to the Development of Utility Theory. In: *Studien zur Entwicklung der ökonomischen Theorie XX. Die Ältere Historische Schule. Wirtschaftstheoretische Beiträge und wirtschaftspolitische Vorstellungen*. Hg. Christian Scheer. Berlin 2005, S. 157–259, bes. S. 222–230. Zur Einordnung vgl. Wilhelm Krelle: Über Gossens „Gesetze des menschlichen Verkehrs". In: *Gossens Gesetze. Leitmuster moderner Nutzentheorie*. Hg. Wilhelm Krelle und Horst Claus Recktenwald. Stuttgart 1987, S. 13–42; Peter Rosner: *Die Entwicklung ökonomischen Denkens. Ein Lernprozess*. Berlin 2012, S. 283–287.
[10] Horst Claus Recktenwald: Einführung des Editors. In: *Gossen und seine Gesetze in unserer Zeit. Vademecum zu einem verkannten Klassiker der ökonomischen Wissenschaft*. Hg. Wilhelm Krelle und Horst Claus Recktenwald. Frankfurt / M. 1987, S. 5–9, hier S. 6.

senschen Gesetz vom abnehmenden Grenznutzen formuliert: Denn „[d]ie Größe eines und desselben Genusses nimmt, wenn wir mit Bereitung des Genusses ununterbrochen fortfahren, fortwährend ab, bis zuletzt Sättigung eintritt" (G 4f.). Der Wert eines Gutes nimmt also mit fortschreitendem Konsum des Gutes ab – der marginale Nutzenzuwachs sinkt, weil jede zusätzliche Einheit eines bestimmten Gutes weniger hoch bewertet wird als die vorhergehende Einheit; so wird das erste Glas Wasser auf der Seite der Konsument:innen höher bewertet als das zehnte oder hundertste. Der Genuss des ganzen Lebens folgt also keiner simplen Summenlogik, die Genussmittel nur quantitativ häuft, sondern den Verlauf des Genießens und die damit verbundene Abnahme des Genusses mitdenkt. Den Ausgangspunkt dieser Überlegungen zum Grenznutzen bildet damit dezidiert kein Paradigma der Knappheit – wie etwa bei Carl Mengers kanonisch gewordener Formulierung der Grenznutzentheorie von 1871 –,[11] sondern eines der Fülle, mit der klug und im Sinn eines maximierenden Nutzenkalküls umzugehen ist. Es gibt aber für Gossen Grenzen des Genusses selbst bei maximalem Angebot wie im absolutistischen Versailles, das er mehrfach als Beispiel heranzieht. Die normative Figur in diesem Beispiel ist Ludwig XV., der mit dem Zuviel an Gütern nicht umgehen kann, weil er die Logik des Genießens nicht versteht:

> Daß dieser Satz so oft verkannt wird, hat zu allen Zeiten eine außerordentliche Menge Menschen für sie selbst in das möglichst größte Unglück gestürzt, ihren Lebenszweck zu verfehlen. Es trifft dieses am häufigsten diejenigen, welche nach den bisherigen menschlichen Begriffen ganz besonders berufen schienen, den Höhenpunkt menschlicher Glückseligkeit zu erreichen, die sogenannten Großen der Erde. Um nur ein Beispiel, das auffallendste der neuern Geschichte, anzuführen, erinnere ich an Ludwig XV., König von Frankreich. Seinen Höflingen und Maitressen gelang es durch Verschwendung der Kräfte eines ganzen Volkes, seine Hofhaltung so einzurichten, daß ihm Jedes, was dem Menschen auf der Stufe der körperlichen und geistigen Ausbildung, auf welcher er sich befand, Genuß zu gewähren im Stande ist, fast ununterbrochen geboten wurde. Je mehr dieses Ziel erreicht wurde, desto mehr mußte die Summe des Lebensgenusses des beklagenswerthen Ludwig's sinken, denn der Punkt der größten Summe des Genusses war bei ihm natürlich bei allen Genüssen längst überschritten. Folge davon war denn, daß es zuletzt selbst einer Pompadour, die doch vor nichts noch so Unnatürlichem zurückschreckte, wenn es für Ludwig Genuß versprach, nicht mehr gelingen wollte, die tödtlichste Langeweile zu verscheuchen. Und so wurde durch Verkennung des obigen Satzes lediglich das erreicht: ein ganzes Volk unglücklich zu machen, um Ludwig selbst unglücklicher werden zu lassen, als der gedrückteste aller Leibeignen seines weiten Reichs. (G 11f.)

Versailles ist in dieser Wirtschaftstheorie also weniger der Ort einer verschwendungssüchtigen Elite, der konsequenterweise einer politischen Revolution zum

---

[11] Vgl. Breithaupt, Einspruch 2008, S. 578.

Opfer gefallen ist, sondern vielmehr ein Ort ineffizienten Wirtschaftens und vor allem der Ort eines unglücklichen Menschen. Gossen schlägt dezidiert nicht in die Kerbe der bürgerlichen Kritik am Luxusbedürfnis des vorrevolutionären Adels. Der Fehler von Versailles liegt nicht im Luxus und seinem unerschöpflichen Angebot an Gütern, sondern in der Fehleinschätzung, wie mit diesen „Mittel[n] in Ueberfluß" (G 22) der Genuss zu maximieren ist, ohne dass es zu den negativen Konsequenzen kommt, dass der Genuss vor lauter Genießen verloren geht oder sich gar ins Gegenteil verkehrt. Denn auch für Versailles und den absolutistischen König gilt eine Grenze des Genusses schlicht und ergreifend in der begrenzten Lebenszeit und der unerbittlichen Logik der Sättigung. Diese Logik ist bei Gossen untrennbar mit einer Sprache verbunden, die zusammen mit der mathematischen Methode häufig kritisiert wurde.[12] Sie ist neben biblischen Anspielungen an der Rhetorik der Steigerung und des Superlativs festzumachen. Genuss um jeden Preis ist zwar die Maxime von Versailles: sei es um den Preis der Verschwendung, um den Preis der Ausbeutung oder um den Preis unnatürlicher Perversionen, wie Gossen mit dem Verweis auf Höflinge, Mätressen und Madame Pompadour dann doch klimaktisch die Klischees der Adelskritik bedient und den Luxus mit moralischer Devianz zumindest noch assoziiert. Doch trotzdem gilt: Nicht der Luxus wird Ludwig XV. zum Verhängnis, sondern der Umgang mit ihm. Denn die Logik von Versailles als Ort des Überflusses spiegelt sich in der Rhetorik des doppelten Komparativs, der in einem Teufelskreis des falschen Genießens endet: Unglück wird mit noch größerem Unglück überboten – folgt man der rhetorischen Inszenierung jener Grenzüberschreitung. Versailles ist also ein Ort des Zuviels, der die einen ausbeutend erschöpft, um den anderen zu übersättigen.

Ungleich weniger bildstark, aber theoretisch folgenreicher bringt Gossen eine städtisch-bürgerliche Ordnung gegen den absolutistischen Hof in Stellung, um die mit dem Grenznutzen verbundenen Mechanismen der Preisbildung zu erläutern. Die so entworfene Stadt basiert auf einer bürgerlichen Ständegesellschaft, in der die Industrialisierung bezeichnenderweise nicht erwähnt wird, aber auch der Adel keine Rolle spielt. Obwohl er auf die Lohnarbeiter an anderen Stellen mehrfach eingeht, insbesondere wenn es um (meist in Folge von technischen Innovationen nur temporär vorgestellte) Arbeitslosigkeit geht, bleiben Gossens Beispiele einer Gesellschaft verpflichtet, die sich aus Tagelöhnern, Handwerksmeistern, wohlhabenden Bürgern und schließlich Kaufleuten zusammensetzt (vgl. G 140). Dass sich innerhalb der sozialen Klassen die Ausgaben für dieselben

---

12 Vgl. Heinz D. Kurz: Hermann Heinrich Gossen. In: *Klassiker des ökonomischen Denkens*. Bd. 1: Von Adam Smith bis Alfred Marshall. Hg. Heinz D. Kurz. München 2008, S. 196–215, hier S. 198f. und S. 212f.

Güter – „Wohnung, Kleidung, Essen usw." (ebd.) – ähneln, ist Gossen zufolge einerseits Indiz für ein „Sittengesetz" (G 143), das als soziales Regulativ die Ausgaben im Sinn eines klassenspezifischen Budgets ordnet. Andererseits weisen die klassenübergreifend unterschiedlich hohen Ausgaben für ähnliche Bedürfnisse darauf hin, dass auch und gerade Bedürfnisse wie Wohnen und Kleidung dem abnehmenden Grenznutzen folgen. Auch der Anteil am Einkommen sinkt gemäß der Grenznutzenfunktion, wenn der Tagelöhner ein Viertel, der Handwerker nur ein Fünftel und der Bürger nur ein Sechstel seines Einkommens auf dasselbe Bedürfnis verwenden und damit ihren Nutzen jeweils maximieren (vgl. G 142). Die Konstellation von absolutistischem Hof und bürgerlicher Stadt ist hier für meine Analyse von Freytag wegweisend, weil das Scheitern des ersteren dem Funktionieren der letzteren gegenübergestellt wird. Der schädliche Überfluss des Hofes wird einer bürgerlichen Fülle entgegengesetzt. Die effiziente Disposition der Güter wird in der bürgerlichen Stadt veranschaulicht, die nicht von einer absolutistischen Instanz gesteuert wird, sondern diese Steuerung in ihrer topologisch gedachten Ordnung scheinbar von selbst – und das heißt für Gossen durch ökonomische Gesetze – verwirklicht.

Ob Versailles oder die städtische Ständegesellschaft: Eine grundlegende Bedingung gilt in beiden Ordnungen und entsprechend auch im von Gossen projektierten „wirklichen Paradies[]" (G 102). Denn obwohl die Güter in Versailles zumindest für den absolutistischen Herrscher nicht begrenzt sind, so ist es nämlich die Zeit des Genießens, die den Genuss gemäß dem eingangs erwähnten ersten Gossenschen Gesetz von der kontinuierlichen Abnahme des Genusses beherrscht. Die Langeweile des übersättigten absolutistischen Herrschers ist dabei programmatisch für die Theorie. Auch wenn die Rede von Genuss und Sättigung andere Assoziationen nahelegt, widmet sich Gossens Theorie nämlich zunächst den „sogenannten geistigen Genüssen" (G 6): Ein Kunstwerk wird nach völliger Betrachtung seinen Reiz nach und nach verlieren, der betrachtende „Künstler" wird „müde werden, es wird Sättigung eintreten" (G 5). Diese zuerst intellektuell verstandene Sättigung lässt sich laut Gossen berechnen, wie er im zweiten Gossenschen Gesetz formuliert: Sobald sich der Genuss im Genießen verliert und ein anderes Genussmittel höheren Genuss verspricht, muss das Genießen abgebrochen werden und das Genussmittel – etwa durch ein anderes Kunstwerk – ersetzt werden. Der Genuss erfordert also ein mathematisches Kalkül, das den Wert der Güter als Genussmittel weder von der Arbeit noch vom Preis herleitet, sondern alleine im Genusspotenzial definiert und dabei an ein temporales Abnutzungsargument knüpft.

Der größte Wert entsteht für Gossen demnach nicht in der Anhäufung von Gütern, sondern in der Maximierung des aus ihnen über die Zeit zu ziehenden Genusses. Grundlegend für diese Maximierung sind Arbeitsteilung und Handel, weil der Nutzen eines Genussmittels für den Produzenten zwar mit der Zeit abnimmt, aber bei glücklicher Verteilung einen viel größeren Nutzen für alle am Gütertausch Beteiligten hat, was die heutige Wirtschaftstheorie als Tauschvorteil bei unterschiedlichen Nutzenfunktionen bezeichnet.[13] So hat Wasser nach dem ersten Gossenschen Gesetz ab einer bestimmten Menge für eine konsumierende Person keinen wirklichen Wert mehr – es ist im Wortsinn überflüssig. Für eine zweite Person, die Wasser mehr oder weniger dringend benötigt, hat allerdings dasselbe Gut einen deutlich höheren Wert, sodass es summarisch zu einer Steigerung des Genusses bei einer dem Grenznutzen des Gutes folgenden Verteilung kommt.[14] Wichtiger ist im Hinblick auf Freytag die Relation von Genuss, Arbeit und Handel: Denn die Arbeit bringt analog zum Grenznutzen nur einen beschränkten Nutzen mit sich, weil sie selbst bei zunehmender Geschicklichkeit im andauernden Arbeiten von zunächst angenommener Freude in Arbeitsleid umschlägt. Dagegen ist der Handel der Wertgenerator schlechthin, weil er die Güter gemäß dem zweiten Gossenschen Gesetz verteilt.[15] Der von Gossen entworfene ökonomische Mensch will also seine Genüsse möglichst vergrößern, seine Arbeitsproduktivität möglichst steigern bei möglichst geringem Arbeitseinsatz (vgl. G 80f.), wobei der Handel eine tragende Rolle spielt. Schließlich konzipiert Gossen abermals in biblischen Tönen eine Topologie, die Versailles als Ort des falschen Umgangs mit dem Überfluss einem neuen „vollendeten Paradiese" (G 276) gegenüberstellt, das diesen Umgang in seinem Sinn gelernt hat:

> [Der Schöpfer, S.M.] leerte sein ganzes überreiches Füllhorn von Lebensgenuß über die Erde. Indem der Schöpfer seinen Menschen so organisierte, daß die fortgesetzte geregelte Thätigkeit einestheils die Fertigkeit steigert, anderntheils die Beschwerde bis zu dem Punkte vermindert, daß sie in einen mehr oder minder großen Genuß übergeht, verwirklichte er für den Menschen das Mährchen vom Schlaraffenlande; denn durch Genuß schafft sich dann der Mensch neue Genüsse, ein ewiger Kreislauf von immer sich steigerndem Genießen. Nur in unschätzbar schönerer Weise sehen wir dieses Mährchen hier verwirklicht; denn dadurch daß der Mensch einestheils durch die eigene Thätigkeit zu jenem Punkte des Genießens gelangt, anderntheils nur durch Schaffen von Werth für Andere ihn erreicht, setzte der Schöpfer jedem einzelnen Genuß die Krone auf durch das Entstehen des Bewußtseins in jedem Menschen: Was du genießest, verdienst du zu genießen, denn was du Andern an Werth geschaffen hast, überwiegt vielfach die Beschwerde, die das Hervorbringen deiner Genußmittel ihnen verursacht. (G 101f.)

---

13 Vgl. Rosner, *Entwicklung* 2012, S. 285.
14 In diesem Kontext wäre an die weitreichende Rezeption des hier anklingenden Smith'schen Wertparadox vom wertlosen Wasser und den wertvollen Diamanten anzuschließen (vgl. bes. G 170f.). Vgl. Joseph Vogl: *Kalkül und Leidenschaft. Poetik des ökonomischen Menschen*. Zürich ⁴2011, S. 230.
15 Vgl. Krelle, Über Gossens „Gesetze" 1987, S. 18–23.

In diesem Zitat verdichten sich die optimistischen Argumente und der für Gossen charakteristische Stil: Grenzproduktivität der Arbeit trifft auf die fortschreitende Spezialisierung und Arbeitsteilung gepaart mit komparativen Kostenvorteilen. Theoretisch wird hier ein System der Selbstregulierung entworfen, das – Joseph Vogls These von der romantischen Ökonomie weiterdenkend – ein sich selbst verstärkendes und vervollkommnendes Wirtschaftssystem projiziert, sodass Zirkulation und Wachstum in Gestalt eines „ewige[n] Kreislauf[s] von immer sich steigerndem Genießen" zusammengedacht werden können.[16] Das unerschöpfliche Füllhorn trifft aber dezidiert nicht auf die Grenzen, die eine produktive Fülle in eine unproduktive Überfülle kippen lassen. In Gossens vorgestellter Wirtschaftsordnung ist nichts mehr überflüssig, weil die kalkulierte Genussmaximierung die Grenze stets definiert und entsprechend beachtet. Die das Zitat abschließende Apostrophe verstärkt das durch ihren appellativen Charakter, der sich durch Gossens gesamten Text zieht und der so einen *homo oeconomicus* entwirft,[17] der zwar auch seine Arbeit berechnet, mehr aber noch den Genuss bzw. Nutzen, der aus jedem Genussmittel zu ziehen ist. Die Grenze vom Viel zum Zuviel ist für dieses Kalkül vor allem im Hinblick auf die Temporalität des Genießens entscheidend. Der so umrissene ökonomische Mensch ist ein ökonomisch genießender Mensch und in diesem Sinn ist Gossens *Entwickelung* als Theorie des Überflusses zu lesen.

Gossens Überlegungen zum Grenznutzen sind für die Analyse von Freytags Text so aufschlussreich, weil Freytag erstens die Arbeit zwar als Motto für seinen Roman prominent hervorhebt, aber – wie die Forschung wiederholt bemerkt – kaum je Arbeit im engeren Sinn darstellt oder gar belohnt.[18] Mit Anton als Hauptfigur allerdings wird die normative Grundierung der Arbeit erkennbar: die maximale Wertschöpfung durch Handel.[19] Zweitens gibt Gossens auch nach dem

---

16 Vgl. Vogl, *Kalkül und Leidenschaft* 2011, S. 252–255.
17 Zur damit verbundenen Rolle des ökonomisch Imaginären vgl. Fritz Breithaupt: Homo oeconomicus. Junges Deutschland, Psychologie, Keller und Freytag. In: *1848 und das Versprechen der Moderne*. Hg. Jürgen Fohrmann und Helmut J. Schneider. Würzburg 2003, S. 85–112, hier S. 107–110.
18 Vgl. exemplarisch Dirk Oschmann: Der Streit um die Arbeit. Gustav Freytags „Soll und Haben". In: *Gustav Freytag (1816–1895). Literat – Publizist – Historiker*. Hg. Hans-Werner Hahn und Dirk Oschmann. Köln 2016, S. 127–149, hier S. 130f.; Rakow, *Ökonomien* 2013, S. 267–276.
19 Zur Basis des Handels und zur Gegenüberstellung von Waren- und Kapitalzirkulation vgl. Anja Lemke: Waren- und Kapitalzirkulation. Poetisierung der Arbeit als Bildung des Nationenkörpers in Gustav Freytags „Soll und Haben". In: *Kunst und Arbeit. Zum Verhältnis von Ästhetik und Arbeitsanthropologie vom 18. Jahrhundert bis zur Gegenwart*. Hg. Anja Lemke und Alexander Weinstock. Paderborn 2014, S. 257–271, bes. S. 259–261; Peter C. Pohl: Romantik als Bildungsstufe. Ästhetische Differenzierung und kollektive Lebensformung in Gustav Freytags „Soll und

Ende der moralischen Luxusdebatten um 1800 über die Wirkmächtigkeit der Imagination von Luxus Auskunft,[20] indem der maximale Genuss gerade nicht mit dem maximalen Angebot an Genüssen assoziiert wird und einer Logik der Steigerung eine Logik des Maßes entgegentritt. Drittens schließlich treten vor dem Hintergrund der Gossenschen Gesetze die xenophoben und antisemitischen Abgrenzungsbewegungen des Romans in ihrer ökonomischen Dimension zutage. Denn der Roman verbindet das ökonomische Zuviel mit dem Anderen des normativen Subjekts; dieses normative Subjekt hat in der Logik des Romans deutsch, nichtjüdisch und bürgerlich zu sein. Besonderen Ausdruck findet diese Alterität des Zuviels in den räumlichen Ordnungen des Romans, die sich anhand binärer Oppositionen strukturieren. Diese drei Aspekte – die Assoziation von Arbeit und Handel, die Interdependenz von Steigerung und Maß und die Abgrenzungsbewegungen als Erzählprinzip – werden besonders an der Topologie des Romans deutlich, die ich im Folgenden analysieren möchte. Denn an den paradigmatischen Räumen des Romans verhandelt der Text die Grenzen von Fülle und Überfülle.

II Zwei Schlösser: Vom schönen Bild zum ökonomischen Imaginationsraum

Bevor ich zur bürgerlichen Seite der Ökonomie des Überflusses komme, möchte ich einen Blick auf die adelige Ökonomie werfen, die der Text anhand von zwei Schlössern imaginiert: dem Herrenhaus der Familie Rothsattel und ihrem Schloss im polnischen Grenzgebiet. Das erste Schloss ist eine Wunschphantasie für Anton genauso wie für Hirsch Ehrenthal oder Veitel Itzig, was sich sowohl an Antons Skizze von diesem Schloss in seinem Zimmer zeigt als auch an den verschiedenen Bemühungen, das Schloss zu besitzen.[21] Eingeführt wird es als Kleinbürgertraum,

---

Haben". In: *Internationales Archiv für Sozialgeschichte der deutschen Literatur* 41 (2016), S. 304–320, hier S. 313. Dass der Roman nicht nur die Produktion sekundär behandelt, sondern auch die „Nachfrageseite [...] als stabil und unproblematisch" (Rakow, *Ökonomien* 2013, S. 243) einschätzt, zeigt abermals den Fokus auf den Handel.

20 Vgl. Christine Weder und Maximilian Bergengruen: Moderner Luxus. Einleitung. In: *Luxus. Die Ambivalenz des Überflüssigen in der Moderne.* Hg. Christine Weder und Maximilian Bergengruen. Göttingen 2011, S. 7–31, bes. S. 8–14; Joseph Vogl: Art. „Luxus". In: *Ästhetische Grundbegriffe. Historisches Wörterbuch in sieben Bänden.* Bd. 3. Hg. Karlheinz Barck et al. Stuttgart und Weimar 2010, S. 694–708, bes. S. 698–703.

21 Die Veitel Itzig bezeichnenderweise streichende Dramatisierung des Romans von Margarete von Gottschall beginnt gar mit diesem Bild in einem Monolog von Anton, was auch intertextuell

ausgestattet mit allem, was die idyllische Topik der Zeit hergibt: Türmchen, Fähnchen, einem Schwanensee, Blumen und Aussicht auf Berge.

> Hinter diesem [einem Rasenplatz, S.M.] erhob sich ein Herrenhaus mit zwei Türmchen in den Ecken und einem Balkon. Wer auf dem Balkon stand, konnte über den Grasplatz hinüber durch eine Öffnung in den Baumgruppen die schönsten Umrisse des fernen Gebirges sehen. An den Türmchen liefen Kletterrosen und wilder Wein in die Höhe, und unter dem Balkon öffnete sich gastlich eine Halle, welche mit blühenden Sträuchern ausgeschmückt war. Es war kein prächtiger Landsitz, und es gab viele größere und schönere in der Umgegend; aber es war doch ein stattlicher Anblick für Anton, der, in einer kleinen Stadt aufgewachsen, nur selten den behaglichen Wohlstand eines Gutsbesitzers gesehen hatte. Alles erschien ihm sehr prächtig und großartig! [...] das alles sah ihm in dem reinen Lichte und der Ruhe des Sonnentages aus wie ein Bild aus fernem Lande. [...] Wie glücklich mußten die Menschen sein, welche hier wohnten, wie vornehm und wie edel! Auf dieser Seite schöne Blüten und große Bäume, auf der andern Seite wahrscheinlich ein weiter Hofraum mit Scheuern und Ställen, viele Pferde darin, große Rinder und unzählige feinwollige Schafe. (SH 18f.)

Betont wird dabei stets das Maßvolle eines kleinen, aber proprietären Luxus im Gegensatz zum Hof, an dem die Baronin als Hoffräulein ihren Ehemann kennengelernt hat (vgl. SH 28f.), sodass bereits hier eine bürgerliche Redimensionierung anklingt. Statt Verschwendung wie in Versailles herrscht hier ein allenfalls maßvoller Luxus.[22] Insbesondere die Gegenüberstellung von Erzählerkommentar und Figurenperspektive ist überdeutlich: Was der Figur „prächtig und großartig" erscheint, kommentiert die Erzählinstanz als weder groß noch großartig, sondern als „behaglichen Wohlstand" und als gerade einmal guten Durchschnitt im Vergleich zur „Umgegend".[23] Insbesondere sind die beiden Seiten der Ökonomie in diesem

---

die imaginäre Energie belegt, die das erste Schloss des Romans bündelt. Vgl. Margarete von Gottschall: *Soll und Haben. Schauspiel in 5 Akten nach dem gleichnamigen Roman von Gustav Freytag*. Leipzig 1926, S. 1.

22 Vgl. anders Eva Ritthaler: *Ökonomische Bildung. Wirtschaft in deutschen Entwicklungsromanen von Goethe bis Heinrich Mann*. Würzburg 2017, S. 89f.

23 Die unterschiedliche Bewertung setzt sich auf Figurenebene fort, indem Veitel das Gut nach monetären Gesichtspunkten schätzt. Vgl. Christine Achinger: Prosa der Verhältnisse und Poesie der Ware. Versöhnte Moderne und Realismus in „Soll und Haben". In: *150 Jahre „Soll und Haben". Studien zu Gustav Freytags kontroversem Roman*. Hg. Florian Krobb. Würzburg 2005, S. 67–86, hier S. 70. Allgemeiner zu den damit verbundenen antisemitischen Stereotypen vgl. Christine Achinger: *Gespaltene Moderne. Gustav Freytags „Soll und Haben". Nation, Geschlecht und Judenbild*. Würzburg 2007, S. 205–230; Ulrich Kittstein: Vom Zwang poetischer Ordnungen. Die Rolle der jüdischen Figuren in Gustav Freytags „Soll und Haben" und Wilhelm Raabes „Der Hungerpastor". In: *Poetische Ordnungen. Zur Erzählprosa des deutschen Realismus*. Hg. Ulrich Kittstein und Stefani Kugler. Würzburg 2007, S. 61–92, hier S. 66f.; Andrea Hopp: Gustav Freytag und die Juden. In: Hahn und Oschmann (Hg.), *Gustav Freytag (1816–1895)* 2016, S. 233–247, hier S. 234–241.

Zitat fast schematisch enggeführt. Die im „Bild aus fernem Lande" exotisierte und mit Papagei und Pony fortgeführte Schauseite hat eine landwirtschaftliche Rückseite, wobei erstere nur der Ausgangspunkt für die Imagination der letzteren ist. Dort – „auf der andern Seite" – findet sich das Fundament für den Wohlstand, das hier spekulativ erschlossen wird und sich im steigernden Viehbestand misst: Pferde, Rinder, Schafe.[24] Das Herrenhaus ist also auf beiden Seiten wohl disponiert und bildet mit seiner agrarökonomischen Basis ein geschlossenes Bild. Die wirtschaftliche Situation dieses so solide scheinenden Gutes ist aber alles andere als gesichert, wie die Erzählinstanz sofort kommentiert. Das Herrenhaus – es mag noch so „vortrefflich eingerichtet" (SH 28) sein – erwirtschaftet gerade so seine Unterhaltskosten und die moderaten Ausgaben der Familie, ist aber kein nachhaltiges wirtschaftliches Unternehmen und auch die Rechtsform des Majorats bietet keine Perspektive (vgl. SH 29), weshalb der Baron versucht, mit einer Zuckerfabrik die wirtschaftliche Zukunft seiner Familie zu sichern (vgl. SH 287f.). Schlecht beraten erreicht er freilich das Gegenteil, bringt die Ökonomie des Gutes in Unordnung und zerstört so auch den Wert des Schlosses als Imaginationsraum einer schönen, aber unzeitgemäßen und letztlich nicht nachhaltigen Wirtschaft. Die Beschreibung des Schlosses ist also mehr als ein Hintergrund für die sich entspinnenden Konflikte und von den meisten Figuren begehrtes Gut. Es drückt nichträumliche Relationen aus: seien es die Figurenbeziehungen insbesondere der Familie Rothsattel mit Ehrenthal oder die ökonomische Ordnung agrarischer Wirtschaft.

Kontrastiv dazu ist das Schloss bei Rosmin angelegt, das der Familie Rothsattel nach dem Verlust des ersten Gutes eine periphere Zuflucht bietet und wesentlich größere narrative Energie bündelt.[25] Die Beschreibung der Bauruine kombiniert das Maßlose mit dem Unfertigen. Ihre luxuriöse Ausstattung ist nur angedeutet, aber nicht ausgeführt, die Dimensionen „wie für ein Königsschloß" (SH 508) sind lediglich angelegt, sodass ein „Räuberschloß" (SH 501) übrigbleibt, in dem nichts mehr großartig ist, sondern alles zu groß. Von diesem Schloss wird spiegelbildlich zum ersten Herrenhaus erzählt. Während dort die Schauseite zum Ausgangspunkt ökonomischer Imaginationen auf der anderen Seite avanciert, ist im polnischen Äquivalent eine solche Schauseite schlicht nicht vorhanden. Stattdessen nähert sich der Roman – abermals über Anton perspektiviert – dem

---

24 Genau in dieser Reihenfolge besichtigt kurze Zeit später Ehrenthal – „zu rund", „zu gelblich" und „zu schlau" (SH 32) mit antisemitischen Stereotypen als Fremdkörper in der Ordnung ausgestellt – die landwirtschaftliche Seite des Gutes, ohne sich mit der Fassade aufzuhalten (vgl. SH 33).

25 Zum geopolitischen Kontext der polnischen Aufstände von 1846 und zu den Raumdichotomien bei Freytag vgl. Niels Werber: *Die Geopolitik der Literatur. Eine Vermessung der medialen Raumordnung.* München 2007, S. 139, S. 161–169.

Schloss über seine vernachlässigten Güter und Vorwerke (vgl. SH 496), wobei Hans Mayers pointiertes Urteil über die Xenophobie der Opposition – „sogar die deutschen Schafe sind besser als die polnischen" (SH 844) – durchaus generalisiert werden kann.[26] Narratologisch fällt im Gegensatz zur Exposition des ersten Herrenhauses auf, dass hier keine Differenz zwischen Figurenrede und Erzählerbericht mehr existiert. Anton hat in seinen Bewertungen dazugelernt. Trotzdem verschwindet die Differenz nicht einfach, sondern sie wird verschoben auf eine Opposition zwischen deutschen und polnischen Bewertungen. Denn den sich mit den Erzählerkommentaren einhellig deckenden negativen Bewertungen der deutschen Figuren steht die positive Bewertung des polnischen Wirts entgegen, die „Antons Bewunderung" (SH 20) für das erste Herrenhaus beerbt.

> Der Wirt streckte die Hand aus: „Dort ist das Schloß. Dies Schloß ist berühmt in der ganzen Umgegend", fügte er mit Bewunderung hinzu, „ein solches steinernes Haus hat kein Edelmann im Kreise. Die Herren im Lande wohnen hier in Lehm und Holz. Auch der Reichste, der von Tarow, hat nur ein niedriges Haus." (SH 500)

Das imaginative Potenzial des Schlosses folgt entsprechend einer anderen Logik als die Bilder agrarischen Wohlstands, die das erste Herrenhaus in Anton evoziert. Statt eines stattlichen Anblicks erwartet Anton eine kaum bewohnbare Ruine:

> Etwa dreihundert Schritt von der letzten Scheuer erhob sich ein mächtiger Bau von roten Backsteinen mit schwarzem Schieferdach und einem dicken runden Turm. Das finstere Mauerwerk auf dem Weideland ohne Bäume, ohne eine Spur von Leben, stand unter dem grauen Wolkenhimmel wie eine gespenstige Festung, welche ein häßlicher Geist aus den Tiefen der Erde gehoben hat, um von ihr aus das grüne Leben der Landschaft zu vernichten.
> Die Männer traten näher heran. Das Schloß war zur Ruine geworden, bevor die erbauenden Handwerker ihre Arbeit vollendet hatten. [...] Die Front des Hauses war so an den Turm gemauert, daß er in ihrer Mitte stand und aus der geraden Linie im Halbkreis vorsprang, zwei Flügel des neuen Baues gingen auf den Bach hin. Es war die Absicht gewesen, eine hohe Rampe vor dem Schloß hinzuführen, der Haupteingang war in den Turm eingeschlagen und ausgewölbt worden, aber die Rampe war nicht aufgeschüttet, und die steinerne Schwelle der Haustür lag weit über Mannesgröße in der Turmmauer, ohne Leiter nicht zu betreten. [...] Dort [im Vorderhaus, S. M.] war alles in großen Verhältnissen angelegt und auf eine reiche Ausstattung berechnet. (SH 500–502)

---

26 Vgl. Werber, *Geopolitik* 2007; Niels Werber: Geopolitiken der Literatur. Raumnahmen und Mobilisierung in Gustav Freytags „Soll und Haben". In: *Topographien der Literatur. Deutsche Literatur im transnationalen Kontext*. Hg. Hartmut Böhme. Stuttgart 2005, S. 456–478; Neumann, *Legitimität* 2010.

Imaginiert wird nicht, was vorhanden ist, sondern was fehlt. An Bäumen, Leben, ja selbst am Zugang zum Gebäude über eine Rampe mangelt es in diesem Schloss. Statt ein fertiges Haus mit einer geschlossenen Ordnung und einem agrarökonomischen Fundament zu beschreiben, wird die Baugeschichte aus Turm, unfertigem Kloster und schließlich nur halb ausgeführtem „Herrenhaus" (SH 501) erzählt, das Anton nicht gastlich aufnimmt, sondern von ihm zuerst in Besitz genommen werden muss, indem er sich einen Zugang zum Haus schafft. Wie nebenbei werden dabei exotistische Assoziationen geweckt, die das polnische Grenzgebiet zum Ort von Leibeigenschaft und kriegerischen Auseinandersetzungen stilisieren. Das Schloss wird so zu einem umkämpften Ort und repräsentiert vormoderne Herrschaftsformen. Außerdem wird es über alteritär codierte Vorbesitzer zu einem Ort, wo gerade nicht Deutschland gegen Polen oder Europa gegen Asien, sondern – iterativ erzählt und darum nur stellvertretend – „Sarmatenpfeil" gegen „Tartarenpferd" kämpfen (SH 501). In der binären Logik des Romans wird dieser Kampf zunächst also maximal verfremdet: Fremd und anders sind die Verhältnisse, die in den anschließenden Revolutionswirren aber bald verschoben werden in eine Logik von Andersartigkeit und Vertrautheit, indem – unverhohlen rassistisch – das „Wir und die Slawen" (SH 624) als ein Kampf mit einem genau bekannten und gerade deshalb anderen Feind stilisiert wird.

Während das erste Herrenhaus ein stimmiges Bild schöner Ordnung bietet, das einer exotistischen Fassade die proprietär semantisierte agrarische Ökonomie unterlegt, ist im deutsch-polnischen Grenzgebiet nicht nur alles falsch dimensioniert, sondern vor allem auch inkonsistent: „kunstvolles Tafelwerk" steht neben „knorrige[n] Kiefernbretter[n]" und „alten Latten" (SH 502). Darüber hinaus ist die geplante Ausstattung kein maßvoller Wohlstand, sondern das Beste, was Europa zu bieten hat, allerdings unter dezidiert nicht-europäischer Herrschaft:

> Das Schloß war angelegt für einen wilden asiatischen Hofhalt, für Tapeten von Leder und Seide aus Frankreich, für kostbare Holzbekleidung aus England, für massives Silbergerät aus deutschen Bergwerken, für einen stolzen Herrn, für zahlreiche Gäste und für eine Schar leibeigener Knechte, welche die Hallen und Vorzimmer anfüllen sollten. (SH 502)

In kolonialistischer Manier aus dieser mit antipolnischen Negationen wie unregelmäßig, unschön und unrein attribuierten „polnischen Wirtschaft" (SH 507) eine ‚deutsche' zu machen, die „Unordnung" (SH 504) in Ordnung zu transformieren,[27] heißt entsprechend, das Schloss gerade nicht wie vorgesehen luxuriös auszustatten, sondern möglichst ökonomisch, praktisch und provisorisch einzu-

---

27 Vgl. Hans Hahn: Die ‚Polenwirtschaft' in Gustav Freytags Roman „Soll und Haben". In: Krobb (Hg.), *150 Jahre „Soll und Haben"* 2005, S. 239–254, bes. S. 247.

richten. Die aus dem Herrenhaus spedierten Möbel und ihre „elegante Dekoration" (SH 538) als Reste adeliger Repräsentation sind zumindest für Anton nun „langweilig" (SH 539) geworden; sie haben ihre Faszination verloren – im Gegensatz zu den Einrichtungen der agrarischen Güter und Vorwerke. Dabei gilt auch hier, dass der Roman nur am Rande von agrarischer Produktion erzählt, und stattdessen auf die Disposition der Produktionsmittel fokussiert, die Anton als Verwalter vornimmt. Erst mit dem Vermögen von Fink, der Lenore Rothsattel schließlich heiratet und damit auch das Gut saniert, wird prospektiv eine Verbesserung angedeutet, die aber kein adeliges Repräsentationsbedürfnis mehr bedient, sondern den Normen bürgerlicher Bewirtschaftung folgt.

Das Schloss als Imaginationsraum hat also gründlich abgewirtschaftet und an ihm wird die Entwicklung der Figur deutlich. In der Raumlogik des Romans wird das idyllisch-pittoreske Gut Rothsattel bei der Hauptstadt durch das nur provisorisch instand gesetzte Schloss in der Peripherie bei Rosmin ersetzt, das seine Funktion weniger in einem galanten Landsitz, sondern als kolonialer Außenposten einer ‚deutschen' Wirtschaft erfüllt, wo ökonomische Ordnung mit politischen Ansprüchen einher geht. Ein schönes, aber fragiles Bild maßvollen Wohlstands wird also durch ein völlig überdimensioniertes und unterbewirtschaftetes Schloss ersetzt; der Überfluss wird gerade nicht mit dem maßvollen Wohlstand des ersten Schlosses assoziiert, sondern mit der Überdimensionierung des zweiten Schlosses. Dergestalt wird er im schlicht zu großen und darum nur potentiell wertvollen Gut zum Katalysator der Handlung, wobei auch Anton als bürgerlicher Verwalter des polnischen Gutes scheitert. Die überdimensionierte Bauruine mit der Imagination von Luxus ist deshalb gerade im Mangel weiter auf die Grenzüberschreitung des Zuviels bezogen. Erst Fink, der – ganz „kleinbürgerliche[] Männerphantasie"[28] des Romans – die Vorzüge einer adeligen Geburt mit den Normen bürgerlicher Ökonomie vereint, wird diesen Imaginationsraum ökonomisch wie politisch füllen können und den „alten Slawenfluch" (SH 830) lachend wegwischen. Erst dann – so die Schlussvision des Romans – ist aus dem anfangs fremden und anderen Raum ein eigener und vertrauter geworden; der überdimensionierte und unbeherrschte Raum wird redimensioniert und geordnet: ganz der Logik des Maßes entsprechend, das den Überfluss gerade abbaut.

---

28 Daniel Cuonz: *Die Sprache des verschuldeten Menschen. Literarische Umgangsformen mit Schulden, Schuld und Schuldigkeit.* Paderborn 2018, S. 102.

III Zwei Handelshäuser: Volle Welt und heimliche Hinterwelten

Das Handelshaus von Schröter dagegen folgt einer ganz anderen Repräsentationslogik als die beiden Schlösser, obwohl es mit dem Geschäftshaus von Ehrenthal und seinem Supplement – dem Wirtshaus und der Herberge von Löbel Pinkus – ebenfalls in auffälliger Verdoppelung angelegt ist, was bis in die kontrastive Lokalisierung des deutschen Hauses an „Hauptstraße" (SH 40) und der jüdischen Äquivalente an der „engen Gasse[]" (SH 46) im peripheren Stadtteil reicht.[29] Schröters Handlung ist nämlich gerade kein kühl kalkulierendes, dem Maßvollen verschriebenes Warenhaus, sondern ein imaginativ aufgeladener Ort, der vor allem durch seine Geschlossenheit auffällt. Denn als Patrizierhaus mit Vorder- und Hinterhaus, sowie Keller, Belétage und Dachkammern ist es ein semantisch überdeterminierter Ort, der in seiner topologischen Ordnung allen Bewohnerinnen und Bewohnern von der Dachkammer im Hinterhaus bis in die Belétage des Vorderhauses ihren rechtmäßigen Platz und ihre entsprechende Funktion zuweist. Dabei fehlt ihm gerade das, was Rothsattels Herrenhaus und auch Ehrenthals Kontor auszeichnen: eine Fassade. Stattdessen wird es als „altes unregelmäßiges Gebäude" (SH 60) eingeführt, das in seiner verwinkelten Architektur zwar keine Übersicht erlaubt, aber „ansehnlich und behaglich [...] eine ganze Welt von Menschen und Interessen" (SH 60f.) umfasst. Vorder- und Rückseite werden durch das Haus zu einem Ganzen vereint. Das Fundament des Hauses bildet das Warenlager, das aber aus dieser Ordnung ausbricht.

> Fast alle Länder der Erde, alle Rassen des Menschengeschlechts hatten gearbeitet und eingesammelt, um Nützliches und Wertvolles vor den Augen unseres Helden zusammenzutürmen. Der schwimmende Palast der ostindischen Kompanie, die fliegende amerikanische Brigg, die altertümliche Arche der Niederländer hatten die Erde umkreist, starkrippige Walfischfänger hatten ihre Nasen an den Eisbergen des Süd- und Nordpols gerieben, schwarze Dampfschiffe, bunte chinesische Dschunken, leichte malaiische Kähne mit einem Bambus als Mast, alle hatten ihre Flügel gerührt und mit Sturm und Wellen gekämpft, um dies Gewölbe zu füllen. (SH 64f.)

Dass die Erzählung von der Wirkung dieses Warenlagers unmissverständlich auf Anton fokussiert und diesem zur „Quelle einer eigentümlichen Poesie" (SH 64)

---

[29] Zum Stadtbild des Romans vgl. Florian Krobb: „das Gewühl der Häuser und Straßen". „Soll und Haben" als Großstadtroman. In: Ders. (Hg.), *150 Jahre „Soll und Haben"* 2005, S. 137–151, bes. S. 140–145.

gereicht, hat die Forschung mehrfach herausgestellt.[30] In der seitenlangen Aufzählung wird aber nicht nur die Faszination der Figur für die Gegenstände des Warenlagers dargestellt, sondern vor allem die Grenze von Fülle und Überfülle anhand der Grenze von Ordnung und Unordnung diskutiert. Im Warenlager befinden sich schlicht zu viele Waren, um sie vollständig aufzuzählen oder zu überblicken. Wie nebenbei ist die Grundlage des Warenlagers explizit der Seehandel, der hier katalogartig aufgeführt wird und neben der typologischen Qualität die weltumspannende Ökonomie des Handelshauses fundiert.[31] Ausgerechnet in diesem bis in die Tischordnung straff organisierten Haus bildet das imaginative Zentrum ein chaotisches Warenlager voller exotistischer Güter, die weder quantifiziert werden noch inventarisiert zu sein scheinen, genauso wenig wie der ansonsten durchstrukturierte und wohlgefüllte Tagesablauf durch die Träumereien im Warenlager gestört wird.

> Auch abenteuerliche Gestalten ragten wie Ungetüme aus dem Chaos hervor: dort hinter dem offenen Faß, gefüllt mit oranger Masse – es ist Palmöl von der Ostküste Afrikas –, ruht ein unförmiges Tier – es ist Talg aus Polen, der in die Haut einer ganzen Kuh eingelassen ist; – daneben liegen, zusammengedrückt in riesigem Ballen, gepreßt mit Stricken und eisernen Bändern, fünfhundert Stockfische, und in der Ecke gegenüber erheben sich über einem Haufen Elefantenzähne die Barten eines riesigen Wals. (SH 65)

Narratologisch auffällig ist neben der Ausrichtung auf Anton, den Präsenz erzeugenden Deiktika und dem aktualisierenden szenischen Präsens, dass hier abermals keine wertende Differenz zwischen Erzählinstanz und Figur zu entdecken ist.[32] Die Parenthesen haben lediglich explanativen Charakter und ver-

---

30 Vgl. Irmtraud Hnilica: *Im Zauberkreis der großen Waage. Die Romantisierung des bürgerlichen Kaufmanns in Gustav Freytags „Soll und Haben"*. Heidelberg 2012, S. 107–119. Zur Olfaktorik und dem Grund der hier verhandelten Poesie vgl. Franziska Bergmann: Der Duft der großen weiten Welt. Olfaktorik und exotisches Fernweh in Gustav Freytags „Soll und Haben" und Theodor Fontanes „L'Adultera". In: *Fernweh nach der Romantik. Begriff – Diskurs – Phänomen*. Hg. Irmtraud Hnilica, Malte Kleinwort und Patrick Ramponi. Freiburg/Br. 2017, S. 39–52, bes. S. 45f.
31 Vgl. Lothar L. Schneider: „Das Gurgeln des Brüllfrosches". Zur Regelung des Begehrens in Gustav Freytags „Soll und Haben". In: *Sentimente, Gefühle, Empfindungen. Zur Geschichte und Literatur des Affektiven von 1770 bis heute*. Hg. Anne Fuchs und Sabine Strümper-Krobb. Würzburg 2003, S. 121–134, hier S. 130; Werber, Geopolitiken der Literatur 2005, S. 463–466; Steffen Richter: *Infrastruktur. Ein Schlüsselkonzept der Moderne und die deutsche Literatur 1848–1914*. Berlin 2018, S. 279.
32 Zur Narrativierung der Liste vgl. Achinger, *Gespaltene Moderne* 2007, S. 219f. und Lothar L. Schneider: Die Diätetik der Dinge. Dimensionen des Gegenständlichen in Gustav Freytags „Soll und Haben". In: Krobb (Hg.), *150 Jahre „Soll und Haben"* 2005, S. 103–120, hier S. 110f. Vgl. weiter Julia Bertschik: Poesie der Warenwelten. Erzählte Ökonomie bei Stifter, Freytag und Raabe. In: *Jahrbuch der Raabe-Gesellschaft* (2011), S. 39–54, hier S. 46f.

deutlichen Wissenslücken der Figur, die diese sogleich mittels „Lektüre" (SH 66) zu füllen sich vornimmt. Gegensätzliche Bewertungen finden sich zwar auch im Handelshaus; sie verdichten sich vor allem in der Beziehung von Anton und Fink, was zu einem handlungstragenden Konflikt avanciert. Für die Frage nach dem imaginativen Potenzial von Räumen wichtiger ist allerdings die Erzählung vom Warenlager. Das dort herrschende Chaos hat eine entscheidende Funktion: Es bildet einen Imaginationsraum exotischer Waren, die weniger durch ihre Produktion, sondern mehr durch ihre Disposition an Wert gewinnen, der allerdings weder quantifiziert noch verrechnet wird, sondern in einer metonymischen Logik die ganze Welt umspannt. Es sind also weniger Reste romantischer Imagination, die hier wirksam werden, sondern ein zentrales Verfahren der realistischen Warenästhetik, die den Konsum dieser Rohwaren bezeichnenderweise fast völlig ignoriert und den Handel fetischisiert.[33] Mit Gossen und gemäß seinem zweiten Gesetz gesprochen: Die Disposition der Waren steigert ihren Wert, weniger ihre Produktion. Was das erste Schloss als Repräsentationsraum nicht mehr leistet, beerbt das Handelshaus in seiner Waren- und Schatzkammer.

Kontrastiv verdeutlicht diese Substitution das Geschäftshaus des jüdischen Händlers Ehrenthal. Die Funktionen, die Schröters Haus unter einem Dach vereint, werden hier aufgespalten. So besitzt es weder ein Warenlager noch Kammern für seine (unverheirateten) Angestellten, sondern nur Geschäfts- wie Privaträume und ist auch in seiner zwar nicht geschmackssicheren, aber durchaus wertvollen Ausstattung vor allem Fassade.

> Das rötliche Licht der Abendsonne war von den Steinen der Straße an den Häusern hinaufgestiegen, von einem Fenstersims zu dem andern bis hoch auf die Dächer, und das Dunkel des Abends erfüllte die engen Gassen des alten Stadtteils, welcher am Fluß liegt. In einer solchen Gasse stand ein großes Haus mit breiter Front. Die untern Fenster waren durch Eisenstäbe vergittert, im ersten Stockwerk glänzten die weißen Rahmen, welche große Spiegelscheiben einfaßten, unter dem Dach waren die Fenster blind, schmutzig, hier und da eine Scheibe zerschlagen. Es war kein guter Charakter in dem Hause, wie eine alte Zigeunerin sah es aus, die über ihr bettelhaftes Kostüm ein neues buntes Tuch geworfen hat. (SH 46)

Auch noch mit antiziganistischen Bildern bemüht der Text hier analog zum ersten Handelshaus ein metonymisches Verfahren, das nun mit umgekehrten Vorzeichen eine Verbindung zwischen dem Charakter des Hauses und den darin situierten Figuren herstellt. Die Dichotomie zwischen den beiden Häusern erschöpft sich also nicht in der kontrastiven Semantik von Hauptstraße und Gasse, von sauber

---

[33] Zur Topologie der realistischen Welten vgl. Cornelia Pierstorff: Die Schwelle als Modell realistischen Erzählens. In: *Realismus/Realism*. Hg. Frauke Berndt und dies. Wien, Köln und Weimar 2019, S. 61–73.

und schmutzig.³⁴ Insbesondere in der grundlegend metonymischen Relation von Figur und Raum sind signifikante Unterschiede festzustellen. Antons staunender Initiation bei Schröter steht Veitels Aneignungsphantasie entgegen; Ehrenthals Messingschild wird der Figur zum Anlass, seinen eigenen Namen an der Stelle seines Chefs zu imaginieren.³⁵ Wichtiger als dieser Imaginationsort ist aber Löbel Pinkus' Herberge, die Veitel zum Unterschlupf dient. Hier liegt die andere, noch schmutzigere Seite von Ehrenthals Geschäftshaus, die ihm schließlich zum Verhängnis wird. Die Analogie zu Schröters Warenlager ist augenfällig mit dem entscheidenden Unterschied, dass nicht die Überfülle und Unordnung der Waren diese Imagination auslöst. Stattdessen ist es die Architektur, die über die flussseitige Hintertreppe klandestine Gänge ermöglicht und mit leeren Wandschränken Waren verstecken lässt:

> Es war ein unheimlicher Aufenthalt für jedes Geschöpf außer für Maler, Katzen oder arme Teufel. Junker Itzig war schon früher ein und das andere Mal in dem Hause gewesen, aber immer in größerer Gesellschaft. Heut bemerkte er, daß eine lange, bedeckte Treppe vom Ende seiner Galerie bis hinunter an das Wasser führte; er sah, daß unweit von dieser Treppe eine ähnliche am Nachbarhause hinablief und schloß daraus, daß es möglich sein müsse, die eine Treppe hinunter- und die andere hinaufzusteigen, ohne sich mehr als die Schuhe naß zu machen; er entdeckte ferner, daß es bei dem niedrigen Wasserstand des Sommers möglich war, längs der Häuserreihe am Wasser weithin fortzugehen, und er überlegte, ob es Menschen geben könnte, welche bei Tag oder Nacht einen solchen Spaziergang für nützlich hielten. Nachtwächter und Polizeidiener wenigstens waren dort nicht zu befürchten. Durch diese Betrachtungen wurde seine Phantasie so aufgeregt, daß er in das Gastzimmer zurücklief, in die Wandschränke kroch, welche offenstanden, und die Holzwände derselben durch Klopfen und Schütteln untersuchte. (SH 53f.)

Dort allerdings ist nicht nur die „unheimlichste Stätte des Romans", wie die *Gartenlaube* 1872 einen ebenfalls unverhohlen antisemitischen Text von Friedrich Hofmann illustriert,³⁶ sondern auch das Zentrum der Romanhandlung. Narrative

---

34 Vgl. Ghanbari, *Haus* 2011, S. 37; Christina Ujma: Bürgertum, Nation und Außenseiter in Freytags „Soll und Haben" und Fanny Lewalds „Die Familie Darner". In: Krobb (Hg.), *150 Jahre „Soll und Haben"* 2005, S. 171–186, hier S. 178.
35 Diese Differenz kann auf die aristotelische Unterscheidung zwischen *oikonomia* – hier in Gestalt von Schröters an Waren gebundene Handelstätigkeit – und *chrematistike* – im Stereotyp von Ehrenthal als ‚jüdischer Wucherer' – bezogen werden. Vgl. Twellmann, Bürgerhaus 2013, S. 361f.; Till Breyer und Veronika Thanner: Geld- und Kreditverhältnisse im Realismus. In: Vogl und Wolf (Hg.), *Handbuch Literatur und Ökonomie* 2019, S. 536–550, hier S. 541f.
36 Dieser Text identifiziert den Fluss nicht etwa – wie öfter zu lesen – als die durch Breslau fließende Oder, sondern ihren Nebenfluss, die „Stinkohle", was die Entsorgung der Antihelden des Textes noch steigert. Vgl. Friedrich Hofmann: Veitel Itzig's Anfang und Ende. In: *Die Gartenlaube. Illustrirtes Familienblatt* 18 (1872), S. 289–291, hier S. 290.

Differenzen in der Bewertung zwischen Erzählinstanz und Figur sind bei Veitel allerdings nicht zu erkennen – es bleibt beim spöttischen Ton und antisemitisch-stereotyper Charakterisierung. Veitel erkennt keine Poesie seines Geschäfts, sondern spätestens mit der Entdeckung des hinter den Wandschränken verborgenen Hehlerlagers (vgl. SH 107f.) die Gelegenheit zu Geschäften, die metonymisch durch Ehrenthals Kontor und die Herberge unmissverständlich als unsauber konnotiert werden. Die beiden Warenlager sind insofern spiegelbildlich angelegt, dass hier keine Sammlung bzw. Beschaffung von Waren erzählt wird, sondern vom Weiterverkauf unsauberer Waren „nach dem Osten" (SH 108), was die Erzählinstanz unverhohlen nationalistisch kommentiert und dabei wie nebenbei Polen aus der europäischen Topographie tilgt: „Alles nach dem Grundsatz, was in Deutschland defekt wird, fällt den Russen zu." (ebd.) Die hier versammelten Waren haben dezidiert keinen poetischen Wert, sondern werden als „lockende Spekulationen" (ebd.) rein auf ihren Geldwert hin inszeniert.[37] Das anhaltend betonte Zwielicht der schmutzigen Herberge ist für Veitel das, was für Anton das Warenlager ist: Imaginationsraum künftigen Erfolgs – und der Ort, an dem die Intrige gesponnen wird, die Rothsattel um sein Gut bringt. Diese sich an der Topographie und den mit ihr verbundenen Dingen entzündenden Imaginationen haben eines gemeinsam: Sie sind maßlos auf ihre je verschiedene Weise und deshalb mit dem Überfluss verbunden. Ihre imaginativen Zentren kennen im Gegensatz zu den beiden Schlössern gerade keine Grenze, sondern sind potenziell unerschöpflich. Dass diese Tendenz zum Exzess beide Handelshäuser kennzeichnet, aber trotzdem unterschiedlich semantisiert wird, führt zur Dynamisierung der statischen Topologie, wie ich im letzten Punkt zeigen möchte.

IV Dynamisierung und Überfluss

Die binäre Topologie ist also bezogen auf die semantisch überdeterminierten Räume nahezu perfekt, obwohl die Leitdifferenz bezeichnenderweise nicht zwischen Herrenhaus und Handelshaus operiert, sondern anhand der Verdoppelung organisiert wird, sodass Herrenhaus gegen Herrenhaus und Handelshaus gegen Handelshaus gestellt werden. Diese perfekte Dichotomie wird dadurch verstärkt, dass keine Brüche zwischen den Räumen und den sie metonymisch bewohnenden Figuren erkennbar werden. Stets entsprechen die Figuren den durch ihre Räume veranschaulichten Normen. Dabei bildet der Überfluss bezeichnenderweise den gemeinsamen Nenner der Handelshäuser, während die Differenz von

---

37 Vgl. Rakow, *Ökonomien* 2013, S. 231–233.

Maß und Maßlosigkeit die beiden Herrenhäuser des Romans scharf voneinander abgrenzt und das Maß des ersten Herrenhauses als fragiles Wunschbild entlarvt. Es geht dem Roman also gerade nicht darum, das aristokratische Wirtschaften mit dem Überfluss zu assoziieren und das bürgerliche Pendant einer Logik des Grenznutzens folgen zu lassen, das die Grenze zwischen Fülle und Überfülle erkennt und befolgt. Stattdessen wird die Imagination des Überflusses verschoben auf den mit dem Bürgertum assoziierten Handel, der keine Grenzen mehr kennt, aber genau an diesem Punkt seine ethischen Lizenzen in der Abgrenzung des bürgerlichen vom jüdischen Wirtschaften verteilt. Die Konsequenz daraus ist eine doppelte, die mit der Entwicklung der Räume zusammenhängt und diese mit den Figuren verbindet: Aus topologischen Relationen werden Richtungen. Dabei ist ein letzter Aspekt entscheidend, weil der Überfluss hier eine katalytische Funktion hat. An anderer Stelle habe ich bereits gezeigt, wie die Figurenrelationen vom literalen Überfluss an der topologischen Relation von ‚oben' und ‚unten' abhängen, wenn Fink den auf den Grund gesunkenen Anton aus dem Wasser rettet, Ehrenthals Sohn Bernhard sich im Wasser tödlich erkältet, Lenore ein Mädchen aus dem Wasser zieht und Veitel schließlich untergeht.[38] Mit diesen die Handlung entscheidenden Ereignissen korrespondiert eine Dynamisierung der handlungstragenden Räume, die erst über die Topologie des Grenznutzens erschließbar wird, weil die Relationen der Räume sich am Umgang mit dem Überfluss entscheiden. Denn allen diesen im Wasser ausgetragenen Ereignissen ist gemein, dass sie eine Grenzüberschreitung inszenieren: Anton und Bernhard haben sich zu weit vorgewagt, ohne schwimmen zu können – mit dem entscheidenden Unterschied, dass Anton gerettet wird und Bernhard als einzig positiv konnotierte jüdische Figur vom Roman entsorgt wird. Lenore kompensiert – zumindest ein Stück weit – die Unordnung des zu weit gegangenen Bauprojekts ihres Vaters und überschreitet als „gutes, wildes Mädchen" (SH 38) die Grenzen ihres sozialen Geschlechts. Und Veitel büßt im Hochwasser – zumindest laut den Kommentaren der Erzählinstanz – den an der gleichen Stelle im Fluss verübten Mord an seinem Lehrer Hippus und damit das Verbrechen, das im Gegensatz zu Diebstahl und Betrug nicht mehr gutzumachen ist. Diese mit dem literalen Überfluss bebilderten Grenzverletzungen affizieren die semantisch aufgeladenen Räume und ihre topologischen Relationen.

Bei den beiden Schlössern wird das deutlich, weil eine Gegenbewegung zu konstatieren ist. Das erste Schloss wird nicht einfach versteigert, nachdem das

---

[38] Vgl. Sebastian Meixner: Die Ordnung der Ökonomie. Zur Ambivalenz des Überflusses in Gustav Freytags „Soll und Haben". In: *Colloquia Germanica. Internationale Zeitschrift für Germanistik* 53/4 (2021), S. 373–400.

Fabrikprojekt gescheitert ist. In der Imagination des Barons geht es bereits unmittelbar vor dem Entschluss zum Projekt ganz wörtlich unter: „noch wenig Augenblicke, und es mußte verschwinden in dem Boden. Dann konnte das Wasser darüber hinfluten, und die Leute konnten sich erzählen, daß hier einst ein schönes Schloß war" (SH 292). Der Bauplatz der Fabrik als „wüster Platz" (SH 303) zerstört die Ordnung des Gutes und führt beinahe zu dem angedeuteten Unglück auf dem daneben liegenden See, das nur Lenore abwenden kann. Das Schloss wird also bereits liquidiert, bevor der Untergang persistierend mit Wassermetaphern bebildert wird (vgl. SH 406, 451, 466 u. ö.). Schließlich verschwindet das Schloss mit Rothsattels Suizidversuch und seiner daraus resultierenden Erblindung aus dem Blickfeld des Romans.

Das Gegenteil ist beim zweiten Schloss der Fall, dem zunächst „der Sand unter den Beinen wegläuft wie Wasser" (SH 494). Dieses auf unsicherem Grund einer „öden Wasserflut" (SH 496) errichtete Schloss muss erst durch Anton befestigt werden. Dass Anton die im „Winterwasser" (SH 583) weggeschwemmte schadhafte Brücke durch eine neue und solidere ersetzt, genauso wie er auf Finks Geheiß den Bachlauf zur Melioration des Gutes verändern wird (vgl. SH 639f.),[39] ist darum programmatisch für den Text, der just hier auch die Zeichnung des ersten Gutes zu ersetzen sich anschickt (vgl. SH 583), das als Antons Wunschphantasie nun ausgedient hat. Mit Fink ist das Stichwort zur Befestigung des zweiten Gutes gegeben; denn schließlich ist er es, der mit seinem Vermögen die Rothsattels saniert, Lenore heiratet und mit ihr im ehemaligen „Slawenschloss [...] ein Geschlecht von Kolonisten und Eroberern" (SH 830) begründet. Wirtschaft und koloniale Expansionspolitik gehen dabei geopolitisch Hand in Hand.[40]

Etwas anders verhält es sich mit den beiden Handels- bzw. Geschäftshäusern. Während Ehrenthals und Veitels zwischenzeitlich gegründetes Geschäftshaus – „schöner und idealer" (SH 550) als bei Ehrenthal – im Wortsinn liquidiert werden, füllt sich Schröters Handelshaus nach einer drohenden Entleerung zum Happy End. Die erste Figur, die durch das Wasser ihr Ende findet, ist Bernhard. Durch seinen Tod leert sich Ehrenthals Haus gleich in mehrfachem Sinn, weil Veitels Diebstahl mit ihm parallel geführt wird (vgl. SH 463). Als letztes Pfand wird Ehrenthals Tochter Rosalie inszeniert, deren Mitgift und Erbe neben ihrer Schönheit Veitels Begehrlichkeiten wecken. Mit Veitels umstandsloser Entsorgung im Wasser allerdings wird dieses Geld, das Rosalie in den abermals un-

---

39 Vgl. Hnilica, *Zauberkreis* 2012, S. 84–91.
40 Dass die Figuren, deren „Vitalität" die „Schranken bürgerlicher Sittlichkeit" permanent zu überschreiten droht, wie Achinger (*Gespaltene Moderne* 2007, S. 277) treffend bemerkt, an der politischen wie wirtschaftlichen Peripherie die Ordnung im Zentrum nicht mehr bedrohen, passt zur Geschlossenheit des Romanendes.

umwunden antisemitischen Erzählerkommentaren repräsentiert,[41] wieder in den „mächtigen Strom der Kapitalien" (SH 818) eingehen, indem ein anderer als Veitel Rosalies „Kapital heiratet" (ebd.). Dieser Strom, der den bereits mehrfach erwähnten Fluss in der Topographie des Romans an dieser Stelle metaphorisch ersetzt, ist deshalb so wichtig, weil er ein dynamisches Prinzip veranschaulicht, das Traugott Schröter in seiner Unterredung mit Anton über Rothsattels Bankrott zum ökonomischen und moralischen Prinzip erklärt (vgl. SH 480).[42] Denn indem der Strom durch seine „Bewegung das Menschenleben erhält und verschönert, das Volk und den Staat groß macht und den einzelnen stark oder elend, je nach seinem Tun" (SH 818), so macht er selbstverständlich nur das deutsche Volk und den deutschen Staat unweigerlich groß und belohnt oder bestraft den Einzelnen. Diese Bestrafung erfolgt gründlich. Denn Veitel hat zum Zeitpunkt des Erzählerkommentars bereits den Tod von Hippus im ganz literalen Fluss hinter der Herberge von Löbel Pinkus – also auf der anderen Seite der jüdischen Ökonomie und in der Topologie des Romans dezidiert am „Tiefpunkt"[43], also hinten und ganz unten – zu verantworten; er wird konsequenterweise vom Roman ebendort im Hochwasser entsorgt. Folglich geht „[d]ie stille Herberge [...] ein" (SH 821) und wird – ursprünglich eine Gerberei – nun Ort „ein[es] ehrliche[n] Färber[s]" (ebd.). Das ist auch die letzte Erwähnung der „gedrückten Familie Ehrenthals" (ebd.); die Zeit für das jüdische Geschäftshaus und sein Supplement ist abgelaufen.

Allerdings endet hier nicht die Dynamisierung der Räume. Denn auch Schröters Handelshaus mit seinem überfließenden Warenlager hat im zweiten leerstehenden Stock des Vorderhauses – also noch höher als der erste Stock – ein zweites Zentrum, das „seit vielen Jahren unbewohnt" (SH 792f.) ist, weil Traugott Schröter – der Prinzipal der Handlung – dort mit Frau und Sohn bis zu deren unglücklichem Tod gelebt hat. Das Handelshaus hat in der familialen Geschwisterkonstellation von Traugott und Sabine demnach ein nicht unerhebliches Problem, was die dynastisch bzw. familial verstandene Zukunft des Hauses angeht. Das Haus leert sich (vgl. SH 577f.). Dass die Nachfolge überhaupt eine dynastische Frage ist, folgt aus der Übernahme adeliger Bilder – freilich zu bürgerlichen Bedingungen.[44] So wird der zweite Stock des Hauses als „verzaubertes Schloß Dornröschens" (SH 793) beschrieben, das durch Anton und Sabine zum Leben erweckt werden wird. Ohne Anton aber ist das Handelshaus und mit ihm

---
41 Vgl. Florian Krobb: *Die schöne Jüdin. Jüdische Frauengestalten in der deutschsprachigen Erzählliteratur vom 17. Jahrhundert bis zum Ersten Weltkrieg.* Tübingen 1993, S. 157.
42 Christine Achinger liest diesen Strom im Kontext von Marx' Geldtheorie. Vgl. Achinger, *Gespaltene Moderne* 2007, S. 283.
43 Vgl. Krobb, Großstadtroman 2005, S. 148.
44 Vgl. Twellmann, Bürgerhaus 2013, bes. S. 358.

„das Geschäft in unruhiger, schwankender Bewegung" (SH 796). Erst Antons prospektive Heirat mit Sabine wird das Haus befestigen, die „fleißigen Hausgeister" (SH 836) tanzen lassen und Antons „poetische[] Träume" (ebd.) erfüllen. Der Schluss des Romans folgt also keineswegs einer nüchternen Geschäftsübernahme, obwohl Sabine als „kluger Kaufmann" (SH 835) inszeniert wird, sondern einer poetischen „Erfüllung" (SH 836), die sich in der Topologie niederschlägt und die nun keine Tendenz zum Überfluss mehr kennt, sondern nur noch Fülle – bis zum titelgebenden Geheimbuch, das nun gefüllt wird und durch ein neues, noch zu füllendes Buch einer „andere[n] Firma" (SH 835) mit Anton als Teilhaber fortgeführt wird. Am Ende des Textes ist die Ordnung der Ökonomie also wieder hergestellt, wobei diese Ordnung von der Grenze abhängt, die der Roman mit dem Grat zwischen Fülle und Überfülle persistierend beschreitet.

Maria Magnin
Landluxus für Städter in Gottfried Kellers *Landvogt von Greifensee*

I Einleitung

Der Gegensatz von Stadt und Land in Bezug auf den Luxus ist ein allgegenwärtiges Thema in Gottfried Kellers Novelle *Landvogt von Greifensee* (1877). Schon der Titel hebt die Verbindung zum Land hervor: Greifensee war bis 1798 eine der Stadt Zürich untergeordnete Landvogtei, der Landvogt ihr Vorsteher und Mittelmann zwischen der städtischen Obrigkeit und den ländlichen Gemeinden. Mit dem Landvogt wird also eine Vermittlerfigur zwischen Stadt und Land ins Zentrum der Novelle gestellt. Auch der Publikationsort der Novelle verweist auf die vielfältigen Beziehungen zwischen Stadt und Land. Der *Landvogt von Greifensee* gehört zu der 1877 erschienenen Sammlung *Züricher Novellen*, deren Titel sowohl auf den Namen der Stadt Zürich wie auf den des Kantons Zürich bezogen werden kann.

Allerdings ist hier nicht, wie man vielleicht erwarten würde, das urbane Zentrum der topische Luxusort, sondern die ländliche Umgebung. Die Novelle entwirft ein Panorama der zürcherischen Sitten und thematisiert insbesondere die sogenannten Sittenmandate,[1] die in der von Zwingli reformierten Stadt bis weit ins achtzehnte Jahrhundert galten und das städtische Leben stark reglementierten. Um den strengen Mandaten zu entkommen, stellt die städtische Oberschicht, der die meisten Figuren der Novelle angehören, ihren Luxus bei Ausflügen aufs Land zur Schau oder sie verlegt ihren Wohnsitz gleich ganz in die Peripherie. So lebt der titelgebende Salomon Landolt auf Schloss Greifensee, und auch die Familie seiner ersten Liebschaft, Salome, bewohnt einen solchen Landsitz, der „in den schönsten Gegenden, gleich den alten Göttern und Halbgöttern der Feudalzeit" gelegen ist.[2] An einem typischen Luxusort der Zürcher Peripherie, nämlich

---

[1] Vgl. zu den Sittenmandaten in der Schweiz: Peter Ziegler: Art. „Sittenmandate". In: *Historisches Lexikon der Schweiz (HLS)*, Version vom 19. Dezember 2012 (https://hls-dhs-dss.ch/de/articles/016552/2012-12-19/, letzter Zugriff am 19. August 2021); und spezifisch für Zürich: Peter Ziegler: *Zürcher Sittenmandate*. Zürich 1978; Inge Spillmann-Weber: *Die Zürcher Sittenmandate 1301–1797. Gelegenheitsschriften im Wandel der Zeit*. Zürich 1997.
[2] Gottfried Keller: Der Landvogt von Greifensee. In: Ders.: *Sämtliche Werke in sieben Bänden*. Bd. 5. Hg. Thomas Böning. Frankfurt / M. 2009 [1985], S. 132–224, hier S. 142. Im Folgenden werden Zitate aus dieser Ausgabe unter Angabe der Sigle LG und der Seitenzahl direkt im Fließtext nachgewiesen.

im Kurort Baden, kommt auch Landolts Verhältnis mit der Kapitänstocher Wendelgard zu einem Abschluss. Am deutlichsten zeigt sich jedoch der Gegensatz zwischen sittenstrenger Stadt und lebensfreudigem Land in der *Hanswurstel*-Novelle, die im Zentrum dieses Beitrags steht. Es handelt sich dabei um die zweite von fünf fiktiven Liebesgeschichten, die in Kellers Text der historisch verbürgten Figur des Salomon Landolt angedichtet werden. Darin verliebt sich Landolt in Figura, die Nichte des Zürcher Reformationsherrn Leu,[3] der er den Spitznamen „Hanswurstel" gibt. Obwohl die Zuneigung gegenseitig ist, bleibt das Verhältnis ohne Folgen, da sich Figura aus Angst vor einer Erbkrankheit geschworen hat, nie zu heiraten. Interessanter als die Liebesgeschichte selbst ist jedoch Kellers Schilderung der zürcherischen Gesellschaft der 1760er Jahre mit ihren zahlreichen Widersprüchen, welche nicht zuletzt anhand ihres ambivalenten Umgangs mit dem Luxus vorgeführt werden. Dabei spielen die beiden Handlungsorte der Binnenerzählung, die Stadt Zürich und der nahegelegene Sihlwald, eine wichtige Rolle: Die Stadt wird (zumindest vordergründig) als Ort der Luxuskritik und Luxusfeindlichkeit dargestellt, das Land dagegen als Ort der Luxusproduktion und des Luxuskonsums. Allerdings sind diese Gegensätze einander nicht starr gegenübergestellt, sondern stehen in einem dynamischen Austauschverhältnis, wie sich noch zeigen wird.

Der erste und zweite Teil des Beitrages zeichnen nach, wie in der Novelle die Stadt Zürich gleich doppelt als Ort der Luxuskritik vorgeführt wird, indem sich Keller mit zwei historischen und höchst unterschiedlichen luxuskritischen Phänomenen auseinandersetzt. Zum einen ist das die Praxis der ursprünglich religiös motivierten Sittenmandate und zum anderen die patriotische Sozietätenbewegung rund um Johann Jakob Bodmer, die hauptsächlich politische Reformen anstrebte. Mit dieser Themenwahl bewegt sich Keller entlang zweier Hauptlinien der neuzeitlichen Luxuskritik: jener des Protestantismus und der des Republikanismus. Luxus erfährt dabei eine ambivalente Bewertung: So wird die (stadt-)zürcherische, zwinglianische Luxusfeindlichkeit mit ihren Mandaten und Verboten zwar parodistisch inszeniert, hinsichtlich ihrer politischen Implikationen für den Republikanismus jedoch nicht grundsätzlich in Frage gestellt. Die Verhandlung dieser beiden luxuskritischen Positionen findet in der Novelle vornehmlich im urbanen Milieu statt, während auf dem Land eine luxusfreundlichere Atmosphäre herrscht.

---

3 Als Reformationsherr wird ein Mitglied der Reformationskammer bezeichnet. Dieses Gremium erließ in Zürich die Sittenmandate und ahndete innerhalb der Stadt Verstöße gegen dieselben. Auf der Landschaft waren die Land- und Obervögte für die Durchsetzung der Mandate zuständig, vgl. Ziegler, Art. „Sittenmandate" 2012 (https://hls-dhs-dss.ch/de/articles/016552/2012-12-19/, letzter Zugriff am 5. Februar 2021).

Der dritte Teil des Aufsatzes widmet sich einer Landpartie in den nahegelegenen Sihlwald, wo die Protagonisten der Novelle den Idyllendichter und Porzellanfabrikanten Salomon Gessner besuchen. Entgegen den herkömmlichen Topoi von ländlicher Frugalität erweist sich die Zürcher Landschaft bei Keller als Ort des Luxuskonsums und des Genusses. Auf dem Land nämlich wird der Luxus erst produziert, den das städtische und ländliche Publikum den Sittenmandaten und republikanischen Mäßigungsforderungen zum Trotz gleichermaßen konsumiert. Die scheinbare Einfachheit des Ländlichen macht aber nicht nur die Exklusivität eines Sonntagsausflugs aus, sondern dient auch als dekoratives Motiv auf den Luxuskonsumgütern aus der Fabrik Salomon Gessners. Die ambivalente Wechselwirkung zwischen Einfachheit und Exklusivität zeigt sich verdichtet in der Beschreibung eines künstlerisch bemalten, aber seriell hergestellten Porzellangeschirrs. Diese Konstellation wirft die Frage nach dem Verhältnis von Kunst(werken) und Luxus(dingen) auf. Die topische Assoziation von Urbanität mit Luxus im Gegensatz zu ländlicher Frugalität wird von Keller also nicht einfach in ihr Gegenteil verkehrt, sondern als ambivalentes Wechselspiel präsentiert. Hier kreuzen und verbinden sich moralische, politische, ökonomische und ästhetische Diskurse rund um den Luxus, die im Folgenden entlang der Achse von Stadt und Land untersucht werden sollen.

II „Schon wieder diese Mandate!"– Zürcher Luxusfeindlichkeit im achtzehnten Jahrhundert

Die Stadt Zürich erlebte im achtzehnten Jahrhundert eine kulturelle Blütezeit, auf die in der Novelle vielfach angespielt wird. Obwohl die Stadt in der zweiten Hälfte des achtzehnten Jahrhunderts nur etwas mehr als 10.000 Einwohner:innen zählte,[4] war Zürich ein weit über die Schweiz hinausstrahlendes kulturelles Zentrum. Wichtige Protagonisten der europäischen Aufklärung wie Johann Jakob Bodmer, Johann Jakob Breitinger und Salomon Gessner waren in Zürich ansässig und standen mit führenden Denkern der Zeit im Austausch.

Das Zürich des achtzehnten Jahrhunderts hatte aber noch eine andere Seite, die Keller in seiner Novelle ausführlich thematisiert, und die zu den aufklärerischen Tendenzen in einigem Widerspruch stand. Der Alltag wurde nämlich von der konservativen Regierung und den mächtigen Vertretern der protestantischen

---

4 Vgl. Andreas Motschi, Max Schultheiss, und Nicola Behrens: Art. „Zürich (Gemeinde)". In: *Historisches Lexikon der Schweiz (HLS)*, Version vom 25. Januar 2015 (https://hls-dhs-dss.ch/de/articles/000171/2015-01-25/, letzter Zugriff am 4. Februar 2021).

Kirche mit zahlreichen sogenannten ‚Mandaten' strikt geregelt und jeder Verstoß gegen die Sittenordnung streng geahndet. Auf diesen Umstand bezieht sich Keller, wenn er die Stadt Zürich als luxusfeindlichen Ort darstellt.

Dabei waren Luxusmandate waren keine exklusiv zürcherische Erfindung: Sittenmandate und Aufwandgesetze kamen vom vierzehnten bis zum achtzehnten Jahrhundert in verschiedenen Ländern Europas zur Anwendung und hatten meistens religiöse Gründe. In Zürich wurden die Vorschriften von der Regierung erlassen und sollten die Menschen „zu einem gottgefälligen Lebenswandel zwingen",[5] und zwar in erster Linie mit der theologischen Begründung, eine mögliche Strafe Gottes abzuwenden. Daneben gab es aber auch historische, wirtschaftliche und soziale Gründe, die zum Erlass eines Mandats führen konnten.[6] In Zürich war die Praxis der Mandate im Vergleich zu anderen Orten besonders ausgeprägt und hielt sich hartnäckiger als anderswo. Hier schuf das „enge Zusammengehen von Staat und Kirche sowie die puritanische Geisteshaltung […] den idealen Nährboden für die extreme Ausbildung der Sittenmandate".[7] Nach der Reformation wurden in Zürich die Vorschriften verschärft, was sich in der großen Anzahl der Mandate niederschlug: Im sechzehnten Jahrhundert wurden 201 Mandate erlassen, im siebzehnten sogar 272 und im achtzehnten Jahrhundert immerhin noch 97.[8] Die inhaltliche Gewichtung der Mandate verschob sich dabei im Lauf der Zeit. Hatten im sechzehnten Jahrhundert noch „religiöse[] Aspekte[]"[9] im Hinblick auf eine Beförderung des sittlichen Lebenswandels überwogen, dominierten im siebzehnten Jahrhundert so genannte Aufwandgesetze, deren Zweck es war, allzu große Ausgaben, etwa für Feste, zu vermeiden. Im achtzehnten Jahrhundert betrafen die „Hoffartverordnungen"[10] hauptsächlich die Kleidung. Dass so lange derartige Eingriffe in die Privatsphäre der Bürger und Bürgerinnen möglich waren, ist eine Ausnahme im europäischen Vergleich. Dabei hält Alfred Cattani explizit fest, dass die „Kleider- und Sittenmandate" auch noch um 1780 (!) ein „wichtiges Instrument dieses patriarchalischen Regiments" darstellten,[11] auch wenn, wie Inge Spillmann-Weber betont, die

---

5 Spillmann-Weber, *Zürcher Sittenmandate* 1997, S. 20.
6 Vgl. dazu ebd., S. 25–28.
7 Ebd., S. 217.
8 Ziegler, Art. „Sittenmandate" 2012 (https://hls-dhs-dss.ch/de/articles/016552/2012-12-19/, letzter Zugriff am 19. August 2021).
9 Spillmann-Weber, *Zürcher Sittenmandate* 1997, S. 218.
10 Ebd.
11 Alfred Cattani: Zürich um 1780. In: *Maler und Dichter der Idylle. Salomon Gessner (1730–1788)*. Ausstellungskatalog. Veranstaltet von der Präsidialabteilung der Stadt Zürich und der Herzog August Bibliothek Wolfenbüttel in Zusammenarbeit mit der Zentralbibliothek, dem Kunsthaus Zürich und dem Schweizerischen Landesmuseum Zürich. Braunschweig 1980, S. 11–16, hier S. 12.

Mandate „dem barocken Zeitgeist und den aufklärerischen Tendenzen diametral entgegenstanden".[12]

Über die in Zürich geltenden Mandate hatte sich Keller ausführlich informiert, wobei er v. a. in Josephine Zehnder-Stadlins Quellensammlung *Pestalozzi. Idee und Macht der menschlichen Entwickelung* (1875) fündig wurde. Es handelt sich um eine bunt zusammengewürfelte Sammlung verschiedenster Dokumente und Briefe von Zürcher Exponenten des achtzehnten Jahrhunderts, darunter auch ein auf 1744 datiertes „Großes Mandat", dem Keller zahlreiche Anregungen entnahm.[13] Darin finden sich neben dem Verbot, sich sonntags außer Haus aufzuhalten, auch die zeitliche Beschränkung der Mahlzeiten sowie detaillierte Kleidervorschriften, die in der Novelle allesamt gebrochen oder umgangen werden. Diese Vorschriften beziehen sich zu einem großen Teil auf Dinge und Praktiken, die im neunzehnten Jahrhundert nicht mehr als luxuriös eingestuft wurden – wie etwa das Kaffeetrinken –, die im achtzehnten Jahrhundert jedoch als Überschreitung einer frommen und sittlichen Lebensführung bewertet wurden.

Die Vertretung fortschrittlicher und aufklärerischer Ideen und die Durchsetzung repressiver Maßnahmen fielen nicht nur in der historischen Wirklichkeit, sondern fallen mitunter auch bei Keller in ein und derselben Person zusammen: Mit dem Reformationsherrn Leu und dem Landvogt Salomon Landolt inszeniert Keller gleich zwei aufgeklärte Exponenten der Zürcher Obrigkeit, die auch für die Durchsetzung der strengen Sittenmandate zuständig sind. Tatsächlich saßen im Zürcher Rat viele aufgeklärte und kritische Bürger wie Leu, die allerdings wegen der konservativ eingestellten Mehrheit keine Reformen durchsetzen konnten. Die Widersprüchlichkeit dieser Konstellation wird in der Novelle vielfältig vorgeführt. Denn die luxuskritische oder gar luxusfeindliche Atmosphäre in der Stadt bedeutet keineswegs, dass es in Kellers altem Zürich keinen Luxus gäbe. Die Figuren in der Novelle umgehen die Einschränkungen mit mehr oder weniger ausgeklügelten Strategien oder ignorieren die Sittenmandate einfach.

Bei Keller erscheinen die Vorschriften durchweg als unzulässige Eingriffe in die Privatsphäre, deren Untauglichkeit mehrfach demonstriert wird. Anstatt den sittlichen Lebenswandel zu befördern, zwingen sie die Bürger und Bürgerinnen zum Lügen, um – aus Sicht des Erzählers – völlig harmlosen Vergnügungen nachzugehen. Schon zu Beginn der *Hanswurstel*-Episode wird dieser Umstand in Szene gesetzt. Da die Stadt sonntags nur mit besonderer Erlaubnis verlassen werden darf, melden sich jeden Sonntagmorgen die Ausgehwilligen mit diversen

---

12 Spillmann-Weber, *Sittenmandate* 1997, S. 219.
13 Zu weiteren historischen Quellen Kellers vgl.: Max Nußberger: *„Der Landvogt von Greifensee" und seine Quellen. Eine Studie zu Gottfried Kellers dichterischem Schaffen*. Frauenfeld 1903.

vorgeschobenen Geschäften bei dem zuständigen Reformationsherrn Leu und bringen den Sittenwächter so regelmäßig um seine Sonntagsruhe.[14] Seine Nichte Figura macht sich in der Eingangsszene einen Spaß daraus, all diese „Bittsteller" (LG 151) so einzuteilen, dass ihr Onkel ohne Probleme die harmlosen Spaziergänger von den problematischeren Subjekten trennen kann. Bei dieser Gelegenheit lernt sie auch den Landvogt Landolt kennen, der von ihr sofort zum dem „Häuflein der Verliebten" (LG 152) gewiesen wird und sich darauf auch prompt in sie verliebt.

Die Wirkungslosigkeit der städtischen Mandate zeigt sich darin, dass sie von niemandem eingehalten werden, nicht einmal vom Reformationsherrn Leu selbst.[15] Wenn dieser seinen Neffen und Salomon Landolt wegen einer Verletzung der Mandate zu einer „gütlich-mündlichen Ermahnung" (LG 156) aufbieten muss, fällt diese ziemlich kurz und wenig streng aus, und zwar nicht zuletzt aus dem Grund, dass das Mittagessen schon auf die Gäste wartet. Über dem Nachtisch vergisst schließlich der Reformationsherr selbst den obligatorischen Kirchgang, sodass der Sittenwächter selbst zum „Übeltäter" (LG 159) wird. Auf das von den Legislatoren eigentlich anvisierte Problem, die moralische Gesinnung, haben die Luxusvorschriften keinen Einfluss. Das zeigt sich in der Novelle daran, dass nur Figuren gegen die Mandate verstoßen, die ansonsten eine untadelige Lebensführung haben. So wird Salomon Landolt für einen „Exzess[]" (LG 156) im Wirtshaus verurteilt, obwohl er als „ein mäßiger Geselle" (ebd.) sich nicht besonders fürs „Gütlichtun um seiner selbst willen" (ebd.) interessiert.[16] Figura Leu verstößt gegen die Mandate, um sich mit ihm und ihrem Bruder solidarisch zu zeigen. Zu Beginn vorgestellt als „elementares Wesen, dessen goldblondes Kraushaar sich nur mit äußerster Anstrengung den Modefrisuren anbequemen ließ und dem Perruquier des Hauses täglich den Krieg machte" (LG 150), ist sie keineswegs am Luxus selbst interessiert.[17] Wenn sie im „straffe[n] Seidenkleid, schöne[n] Spitzen" und einem „mit blitzenden Steinen besetzte[n] Halsband" (LG 157) auftritt, ist der Verstoß gegen die Mandate eine scherzhaft-galante Geste,

---

14 Tatsächlich ist ein Brief von Leu aus dem Jahr 1764 überliefert, worin dieser sich über seine Amtspflichten beklagt. Keller fand diesen Brief in Zehnder-Stadlins Quellensammlung. Vgl. Josephine Zehnder-Stadlin: *Pestalozzi. Idee und Macht der menschlichen Entwickelung*. Gotha 1875, S. 704f.
15 Dass hohe Politiker die Mandate übertraten, scheint keine Ausnahme gewesen zu sein; vgl. Spillmann-Weber, *Sittenmandate* 1997, S. 69.
16 Landolts Auftritt wird schon ganz zu Beginn der Novelle als bescheiden geschildert: „Er trug ein dunkelgrünes Kleid *ohne alles Tressenwerk*, helle Reithandschuhe und in den hohen Stiefeln weiße Stiefelmanschetten." (LG 133; Hervorhebung, M.M.)
17 Dies etwa im Gegensatz zur verschwenderischen Wendelgard, in die sich der Landvogt in der nächsten Binnenerzählung (*Der Kapitän*) verliebt.

oder wie sie selbst erklärt: „damit die Herren sich nicht vor mir zu schämen brauchen, wenn sie abgekanzelt zu Tische kommen!" (ebd.) Die Luxusvorschriften, die historisch wenigstens teilweise auch aus heute noch nachvollziehbaren sozialpolitischen Gründen heraus entstanden waren,[18] erscheinen im *Landvogt von Greifensee* beengend bis absurd, was sich etwa im Ärger des „aufgeklärte[n] Herr[n]" (LG 150) und Voltaire-Kenners[19] Leu über seine leidigen Pflichten als Sittenwächter zeigt. Dem Luxus kommt unter diesen Bedingungen eine subversive Funktion zu, indem er die Sittenordnung als unzweckmäßig und widersprüchlich entlarvt. Dass sowohl Landolt als auch Figura moralisch richtig zu handeln wissen, beweisen sie mit ihrem gemeinsamen Verzicht auf eine Heirat: Figura, weil sie vor einer Erbkrankheit Angst hat und deswegen keine Familie gründen will, und Landolt, weil er ihr trotz anderer (gescheiterter) Liebschaften letztlich treu bleibt.

III Die republikanische Luxuskritik der zürcherischen Sozietäten

Die zweite Linie der neuzeitlichen Luxuskritik, die Keller im *Landvogt von Greifensee* aufnimmt, ist nicht theologisch, sondern politisch motiviert. Zur Ablehnung des Luxus aus religiösen und sittlichen Gründen kam im Zürich des achtzehnten Jahrhunderts die Rezeption klassisch republikanischer und damit ebenfalls luxusfeindlicher Ideen. Die Luxuskritik aus republikanischer Perspektive schloss an die Diskussionen rund um den Luxus an, welche europaweit in der zweiten Hälfte des achtzehnten Jahrhunderts Konjunktur hatten.[20] Angestoßen hatte die Debatte rund um den Luxus Bernard Mandeville mit seiner *Fable of the*

---

18 So sollte etwa durch eine Einschränkung des Alkoholkonsums verhindert werden, dass das Familienoberhaupt den ganzen Lohn im Wirtshaus ausgab und dieser nachher der Familie fehlte, oder dass sich die Gastgeber von Hochzeiten oder Taufen durch maßlose Feste ruinierten; vgl. Spillmann-Weber, *Sittenmandate* 1997, S. 27f.
19 Voltaires Gedicht *Défense du Mondain ou l'apologie du luxe* von 1737 stellt einen wichtigen Beitrag zur Luxusdebatte des achtzehnten Jahrhunderts dar, ebenso der Artikel über den Luxus in seinem *Dictionnaire philosophique* (1764), wo er den Luxus vehement verteidigte. Vgl. [Voltaire]: Art. „Luxe". In: [Ders.]: *Dictionnaire philosophique, portatif.* London 1764, S. 256–258.
20 Eine Übersicht liefern Maxine Berg und Elizabeth Eger: The Rise and Fall of the Luxury Debates. In: *Luxury in the Eighteenth Century. Debates, Desires and Delectables Goods.* Hg. Dies. Basingstoke und New York 2003, S. 7–27. Ausführlicher István Hont: The early Enlightenment debate on commerce and luxury. In: *The Cambridge History of Eighteenth-Century Political Thought.* Hg. Mark Goldie und Robert Wokler. Cambridge 2006, S. 379–418.

Bees (1714), in welcher er die These formulierte, dass private Laster zum öffentlichen Wohlstand beitragen könnten. Der Untertitel der Fabel, „Private Vices Publick Benefits",[21] brachte diese Idee auf den Punkt. Die Frage, ob der Luxus nützlich oder schädlich sei, wurde in der Folge von zahlreichen Gelehrten in ganz Europa lebhaft diskutiert. In der Eidgenossenschaft nahmen u. a. Isaak Iselin, Leonhard Meister, Beat Ludwig von Muralt und Johann Heinrich Pestalozzi an dieser Debatte teil.[22]

Allerdings war man in den schweizerischen Stadtrepubliken wie Zürich entgegen der „europäischen Tendenz"[23] der Aufwertung des Luxus eher kritisch eingestellt. Diese ablehnende Haltung ging nicht nur auf die protestantische Prägung Zürichs zurück, sondern auch auf die verstärkte Rezeption, welche die Tradition des klassischen Republikanismus im Lauf des achtzehnten Jahrhunderts erfuhr.[24] Die Kernidee der republikanischen Ideologie war die politisch verstandene ‚Tugend' des einzelnen Bürgers. Sie verlangte die Unterordnung aller Einzelinteressen unter das Gemeinwohl und die aktive Teilnahme jedes Bürgers an der Gestaltung des politischen Prozesses. Dem Luxus wurde im Republikanismus traditionell eine staatsgefährdende Wirkung zugeschrieben, da er den Egoismus fördere und so die Bürgertugend unterminiere. Die durch den Luxus geförderte Korruption der Bürger würde in letzter Konsequenz zum Untergang der Republik führen. Dementsprechend konnte Montesquieu 1748 in *De l'esprit des lois* festhalten, dass es in einer vollendeten Republik keinen Luxus geben sollte: „moins il y a de luxe dans une république, plus elle est parfaite."[25]

Vor diesem Hintergrund musste die fortschreitende Kommerzialisierung der Gesellschaft in der zweiten Hälfte des achtzehnten Jahrhunderts bei nicht wenigen Zürchern Skepsis und Abwehrreaktionen hervorrufen. Der insbesondere in „Prachtbauten"[26] sowie in neuer Mode, Einrichtungsgegenständen und Nahrungsmitteln sichtbar werdende Wirtschaftsaufschwung ab 1750 etwa löste im

---

21 Bernard Mandeville: *The Fable of the Bees or Private Vices Publick Benefits*. London 1714.
22 Vgl. Sandro Guzzi-Heeb: Art. „Luxus". In: *Historisches Lexikon der Schweiz (HLS)*, Version vom 25.02.2010. Übers. Pia Todorovic Redaelli (https://hls-dhs-dss.ch/de/articles/016220/2010-02-25/, letzter Zugriff am 13. September 2021).
23 Daniel Tröhler: *Republikanismus und Pädagogik. Pestalozzi im historischen Kontext*. Bad Heilbrunn 2006, S. 335. Zur Aufwertung des Luxus seit dem achtzehnten Jahrhundert vgl. Christopher Berry: *The Idea of Luxury. A Conceptual and Historical Investigation*. Cambridge und New York 1994, bes. S. 101–176 sowie den Sammelband von Christine Weder und Maximilian Bergengruen (Hg.): *Luxus. Die Ambivalenz des Überflüssigen in der Moderne*. Göttingen 2011.
24 Vgl. Barbara Weinmann: *Die andere Bürgergesellschaft. Klassischer Republikanismus und Kommunalismus im Kanton Zürich im späten 18. und 19. Jahrhundert*. Göttingen 2002, S. 75–77.
25 Montesquieu: *De l'esprit des lois*. [1748] Hg. Victor Goldschmidt. Paris 1979. Vol. 1, S. 227.
26 Tröhler, *Republikanismus und Pädagogik* 2006, S. 46.

Zürcher Parlament eine „Debatte, wie der Luxus zu bekämpfen sei"[27] aus. Aber auch Private beklagten sich über den neuen Luxus. Johann Jakob Bodmer berichtete 1754 in einem Brief an seinen Freund Laurenz Zellweger über die „absurd" gestiegene „Pracht in Kleidern, *Meublen*, Speise, Trank".[28] Der Luxus wurde von ihnen ganz der republikanischen Ideologie entsprechend als Anzeichen eines beginnenden Verfalls gewertet: „Il est vrai que le luxe est signe d'abondance; mais il est également vrai, qu'il est signe qu'on se lasse de l'abondance, puis qu'on prend en tache de depenser non seulement l'abondant, mais aussi peu à peu le necessaire."[29]

Während die staatlichen Obrigkeiten versuchten, diese Entwicklungen mit immer detaillierteren Mandaten zu bekämpfen,[30] taten sich engagierte Bürger, allen voran Bodmer, in Gesellschaften – den sogenannten Sozietäten – zusammen. In diesen Sozietäten wurden die Probleme der Republik breit diskutiert und umfassendere Lösungen gesucht. In Zürich waren so in den 1760er Jahren mehrere Einrichtungen gegründet worden, die sich „als Reaktion auf konstatierte Verfallserscheinungen"[31] verstanden und in deren Kontext auch die beiden hier zitierten Stimmen Johann Jakob Bodmers und Laurenz Zellwegers gehören. Unter Berufung auf die einfacheren Sitten der Vorväter strebten sie eine Erneuerung der republikanischen Tugend und Abkehr vom Luxus an. In der Stadt Zürich waren v. a. die Historisch-politische Gesellschaft zu Schuhmachern und die etwas gemässigtere Helvetisch-vaterländische Gesellschaft zur Gerwi (beide 1762 gegründet) für den republikanischen Diskurs von Bedeutung.[32] Bodmer war die Leitfigur

---

27 Ebd.
28 Johann Jakob Bodmer an Laurenz Zellweger. In: Zehnder-Stadlin, *Pestalozzi* 1875, S. 691; Hervorhebung im Original.
29 Zellweger an Bodmer. In: Zehnder-Stadlin, *Pestalozzi* 1875, S. 692. [„Es stimmt, dass der Luxus ein Zeichen des Überflusses ist; aber es stimmt auch, dass er ein Anzeichen dafür ist, dass man des Überflusses überdrüssig wird, da man es sich nun zur Aufgabe macht, nicht nur den Überfluss zu verausgaben, sondern Stück um Stück auch das Notwendige." (Übersetzung M.M.)]
30 Bodmer erwähnt in dem besagten Brief Diskussionen wegen eines „Mandats gegen den *luxus*", wobei anscheinend der Vorschlag gemacht wurde, dieses solle nur für die Mitglieder des Rats der Zweihundert und ihre Angehörigen gelten, damit diese mit gutem Beispiel vorangehen könnten. Vgl. Zehnder-Stadlin, *Pestalozzi* 1875, S. 691 (Hervorhebung im Original).
31 Tröhler, *Republikanismus und Pädagogik* 2006, S. 40.
32 Die Sozietäten sind ein weitverbreitetes Phänomen im achtzehnten Jahrhundert. Neben den hier erwähnten staatstheoretisch-historisch orientierten Institutionen gab es eine Vielzahl von Gesellschaften mit verschiedensten Interessen, z. B. mit naturwissenschaftlichen oder religiösen Schwerpunkten. Das Phänomen ist dabei keineswegs auf Zürich beschränkt. So verstand sich die 1761/1762 in Schinznach gegründete *Helvetische Gesellschaft* als eidgenössisch, andere Gesellschaften waren stärker lokal orientiert. Salomon Gessner war Gründungsmitglied der *Helvetischen*

für beide Gesellschaften, auch wenn er nur in der Gerwi offiziell als Gründer figurierte.[33]

Keller lässt diese beiden historischen Sozietäten im *Landvogt von Greifensee* zu einer einzigen, fiktiven „Gesellschaft für vaterländische Geschichte" (LG 153) verschmelzen. Die parodistische Tendenz, die wir bereits in Bezug auf die Sittenmandate festgestellt haben, findet sich auch in seiner Darstellung der luxusfeindlichen Atmosphäre in dieser ‚vaterländischen Gesellschaft'. Aber während Keller die Sittenmandate als Relikt einer paternalistischen Ordnung vorführt, wird die Sozietät ambivalenter dargestellt. Denn diese vertritt Ideen, welche noch das Zürich des neunzehnten Jahrhunderts sowie Kellers eigenes Werk wesentlich prägten.[34] So zeigt sich etwa in einer Entwurfsnotiz zu Kellers spätem Roman *Martin Salander* (1886) dieselbe Sorge um das Fortbestehen der Republik und dieselbe Forderung nach republikanisch-bescheidener Bürgertugend, wie sie auch in den 1760er Jahren in den Sozietäten formuliert wurde, samt dem am Rand notierten Stichwort des Luxus (hier unterstrichen wiedergegeben):

> Die heutige Republik, die nur noch bürgerlicher Natur mit gleichen Rechten sein kann, besteht auch im modernen Leben nur mit einem gewissen Grade von Einfachheit und Ehrbarkeit. Wenn Luxus, ⟨liederliche⟩ Genußsucht, Unredlichkeit und Pflichtvergessenheit überhand nehmen, lohnt die Aufrechterhaltung der Form und des Namens nicht mehr der Mühe (und die verkommene Gesellschaft fällt besser der nächstbesten monarchischen Zwangsanstalt anheim), *wo sie dann als Unterthanen ein neues Leben versuchen mögen.*[35]

Kellers im *Landvogt von Greifensee* vorgebrachte Kritik an den Luxusverboten des achtzehnten Jahrhunderts darf deshalb nicht einfach mit einer affirmativen Haltung gegenüber dem Luxus gleichgesetzt werden. Als überzeugter Republikaner und Schriftsteller hat er dazu vielmehr ein zwiespältiges Verhältnis: Er sieht einerseits Luxus als politische Gefahr und steht andererseits als Autor auch stets

---

Gesellschaft. Einen Überblick gibt Emil Erne: *Die schweizerischen Sozietäten. Lexikalische Darstellung der Reformgesellschaften des 18. Jahrhunderts in der Schweiz*. Zürich 1988.
33 Vgl. dazu Erne, *Die schweizerischen Sozietäten* 1988, S. 105–116.
34 Zu Kellers Republikanismus vgl. zwei Aufsätze von Daniel Brühlmeier: Gottfried Kellers politisches Denken: Vom Traum zur Enttäuschung der Republik. In: *Demokratie und Globalisierung / Démocratie et mondialisation*. Hg. Emil Angehrn und Bernard Baertschi. Bern, Stuttgart und Wien 1999, S. 257–289 sowie Ders.: Was bleibt vom Republikanismus der Aufklärung im 19. Jahrhundert? In: *Republikanische Tugend. Ausbildung eines Schweizer Nationalbewusstseins und Erziehung eines neuen Bürgers*. Hg. Michael Böhler et al. Genf 2000, S. 579–601.
35 Zitiert nach: Gottfried Keller: *Sämtliche Werke in sieben Bänden*. Bd. 6. Hg. Dominik Müller. Frankfurt / M. 1991, S. 1066 (Hervorhebung im Original; das Wort „liederliche" ist durchgestrichen, das Stichwort „Luxus" am Rand hinzugefügt.). Die Notiz ist zwischen Juli 1885 und August 1886 entstanden.

selbst im Verdacht, ästhetischen Luxus zu produzieren. Auf dieses ambivalente Verhältnis des Autors Keller zum Luxusprodukt Kunst weist im *Landvogt von Greifensee* die fiktionalisierte Figur des Dichters und Porzellanfabrikanten Salomon Gessner hin, auf die noch zurückzukommen sein wird.

Die historischen und lokalen Voraussetzungen baut Keller ebenso sichtbar wie subtil in das Narrativ seiner Novelle ein, wenn er seinen Salomon Landolt eine Sitzung der Gesellschaft für vaterländische Geschichte besuchen lässt. Mit ironischem Unterton werden vom Erzähler die Verhandlungen der „Strebsamen und Feuerköpfe aus der Jugend der herrschenden Klassen" (LG 153) geschildert, die durch „Luxus und Genußsucht" (LG 154) die republikanische Tugend bedroht sehen. Dabei lässt Keller seine Figuren typische Themen der Jugendbewegung um Bodmer diskutieren:

> Die Gegenstände der Aufklärung, der Bildung, Erziehung und Menschenwürde, vorzüglich aber das gefährliche Thema der bürgerlichen Freiheit wurden in Vorträgen und zwanglosen Unterhaltungen um so überschwenglicher behandelt, als ja die Herren Väter schon über eine ausschreitende Verwirklichung wachten und die Souveränetät [sic] der alten Stadt über das Land außer Diskussion stand; waren ja doch Land und Leute im Laufe der Jahrhunderte mit guten Gelde erworben und die Pergamente des Staates um kein Haar breit anderen Rechtes als die Kaufbriefe des Privatmannes. (LG 153)

Mit der hier erwähnten Frage der „Souveränetät der alten Stadt über das Land" spielt Keller auf eine historische Auseinandersetzung an, bei der – anders als vom Erzähler hier augenzwinkernd suggeriert – sehr wohl eine Diskussion stattfand: Das Machtverhältnis zwischen städtischer Obrigkeit und dem Untertanengebiet in der landschaftlichen Umgebung war in der zweiten Hälfte des achtzehnten Jahrhunderts immer stärker in Frage gestellt worden, wobei den Gesellschaften unter Bodmers Leitung eine besondere Rolle zukam. Denn diese bezogen „erstmals das gesamte Staatswesen, d. h. auch die untertänige Landschaft, in ihr Republikverständnis mit ein".[36] Während aber in der Stadt aufklärerische Ideen und Emanzipationsbemühungen breiterer Schichten vom Rat erfolgreich eingedämmt wurden, „erwuchs der Aufklärung in Teilen der Züricher Landschaft ein systemsprengendes Reformpotential",[37] das sich im sogenannten Stäfner Handel von 1794/1795 entlud. Damit kamen wesentliche Impulse zur Durchsetzung liberaler Ideen vom Land.[38] Dies war durch die vergleichsweise weit fortgeschrittene

---

36 Weinmann, *Bürgergesellschaft* 2002, S. 83.
37 Ebd., S. 95.
38 Weinmann zeigt in ihrer Studie, dass wichtige Impulse zur Demokratisierung auch im neunzehnten Jahrhundert von der Landbevölkerung initiiert wurden. So forderten in Uster am 22. November 1830 rund zehntausend Männer die Abschaffung der städtischen Privilegien ge-

Industrialisierung möglich, die zur Bildung einer ländlichen Elite geführt hatte. Diese übernahm nicht nur „städtische Mode- und Nahrungsgewohnheiten"[39] – und damit einen luxuriöseren Lebensstil –, sondern begann auch analog zu den städtischen Gesellschaften Vereine zu gründen, in denen die aufklärerischen Ideen der städtischen Reformgesellschaften begeistert rezipiert und mit alten Freiheitstraditionen verbunden wurden. Hier wird im historischen Rückblick eine gewisse Ironie spürbar: Die von Kellers Erzähler erwähnte Frage der „Souveränetät" stand tatsächlich keineswegs „außer Diskussion", sondern gab in der Stadt wie auf dem Land Anlass zu heftigen Debatten und führte schließlich zu den Unruhen, die das Ende des *Ancien Régime* einläuteten.

Obwohl auch Keller als überzeugter Republikaner – wie viele seiner Schweizer Zeitgenossen, Konservative wie Liberale – in der Tradition Bodmers und der aufklärerischen Sozietäten steht, werden die Teilnehmer der Bodmerschen Versammlungen in der Figura-Novelle als übereifrige Jugendliche charakterisiert. Besonders die „finsteren Asketen" (LG 154), also die besonders sittenstrengen und luxuskritischen Mitglieder, werden vom Erzähler als fehlgeleitete Fanatiker verspottet:

> Wie man auf den Sack schlägt, und den Esel meint, eiferten sie gegen den Luxus und die Genußsucht, und zwar in einem ganz anderen Sinne, als die Sittenmandate. Sie wollten nicht die Bescheidenheit des christlichen Staatsuntertanen, sondern die Tugend des strengen Republikaners. (ebd.)

Aus den Reformbemühungen der Sozietätsmitglieder resultieren jedoch dieselbe Intoleranz und Kleinlichkeit wie aus den Mandaten. So schränken die „Asketen", genau wie die Regierung, die „bürgerliche[] Freiheit" (LG 153) ihrer Mitglieder ein, über die sie in der Gesellschaft eifrig diskutieren. Beispielsweise wird ein Mitglied aus der Gesellschaft ausgeschlossen, weil es eine „goldene Uhr" (LG 154) trägt oder die Fraktion der „leichtlebigeren Toleranten" (ebd.) wird beim Wirtshausbesuch ausspioniert und bei der Reformationskammer angezeigt. Wenn man sich zudem vor Augen hält, wie nachdrücklich im Text hervorgehoben wird, dass die meisten Mitglieder der vaterländischen Gesellschaft zu den „herrschenden Klassen" (LG 153) gehören, die früher oder später ihre reformerischen Forderun-

---

genüber der Landschaft, was in der Regenerationsverfassung von 1831 dann auch umgesetzt wurde. Auch in den 1860er Jahren waren viele der führenden Köpfe der demokratischen Bewegung mit dem Land verbunden; vgl. ebd., S. 196–203 zum Ustertag und S. 283–289 zu der ländlichen Verortung der demokratischen Bewegung.

39 Meinrad Suter et al.: Art. „Zürich (Kanton)". In: *Historisches Lexikon der Schweiz (HLS)*, Version vom 24. August 2017 (https://hls-dhs-dss.ch/de/articles/007381/2017-08-24/, letzter Zugriff am 2. Februar 2021).

gen zugunsten einer politischen oder kaufmännischen Laufbahn aufgeben, erscheint die hehre Gesinnung dieser Figuren zumindest als zweifelhaft.[40]

Das Porträt des „großen Vater[s] Bodmer" (LG 156) gestaltet sich zunächst ebenfalls wenig schmeichelhaft. Als eitler alter Professor langweilt er seine Zuhörer mit Vorträgen über die „Notwendigkeit der Selbstbeherrschung als Sauerteig eines bürgerlichen Freistaats" (ebd.). Vor allem wenn es um Bodmers literarische Versuche geht, geizt der Erzähler nicht mit Spott. Daneben steht aber ein großes Lob seines gesellschaftlichen Wirkens: Er ist „als Bürger, Politiker und Sittenlehrer ein so weiser, erleuchteter und freisinniger Mann, wie es wenige gab und jetzt gar nicht gibt" (LG 154). Die eigentlich anachronistische Bezeichnung von Bodmer als ‚freisinnig' verweist auf die Kontinuitäten zwischen dem Republikanismus der Reformbewegung und dem Republikanismus der liberalen Bewegung des neunzehnten Jahrhunderts, zu der auch Keller gehört, und stellt ganz offensichtlich einen Seitenhieb auf dessen eigene Zeitgenossen dar.[41] Als Freisinniger kann Bodmer sich mit den aufgeklärten Figuren Salomon Landolt und dem Reformationsherr Leu durchaus messen. Bodmer erscheint in der Novelle unter den Vertretern der Stadtzürcher Oberschicht nämlich als der Einzige, der sich konsequent an die eigenen Forderungen hält. Kellers aus dem neunzehnten Jahrhundert zurückblickender Erzähler macht allerdings deutlich, dass Bodmers Kampf längst verloren ist, wenn er diesen z. B. „den Unterschied zwischen Ideal und Wirklichkeit, zwischen der Republik Plato's und einer schweizerischen Stadtrepublik" (LG 160) besprechen lässt: Die „schweizerischen Stadtrepubliken", Bodmers Ideal, waren in der Realität wenige Jahre später von der politischen

---

[40] Dieses Problem wurde schon vom Bodmer-Schüler Johann Heinrich Pestalozzi beklagt: „Scharen von Jünglingen hörten ihn [Bodmer] ohne Schaden; ihre Väter kannten die Welt und sie lebten täglich in der Anschauung des Gegenteils von allem dessen, was Bodmer ihnen sagte. Es konnte also nicht tief in sie greifen. Wie ein Hausvater, der auf sein Hausbuch achtet und auf seinen Gewerb, den Kalender allenfalls zur Ergötzung mitnimmt, so achteten die Söhne der Geschäftsmänner auf die Wahrheit der täglichen Verhältnisse, in denen sie in ihrem Hause lebten, und nahmen, was Bodmer ihnen sagte, so mit, ohne dass es ihnen eigentlich weder kalt noch warm machte. Mir machte es mein Innerstes glühen." Vgl. Johann Heinrich Pestalozzi: [Drittes Fragment]. In: Aus Pestalozzis Umarbeitung seines Buches ‚Wie Gertrud ihre Kinder lehrt'. In: *Pestalozzi-Blätter* 10/6 (Dezember 1889), S. 54, zitiert nach: Tröhler, *Republikanismus und Pädagogik* 2006, S. 484.

[41] Das ist deshalb interessant, weil Keller kurz vor der Gründung der modernen Schweiz in seinem „Traumbuch" seine Zeitgenossen Jonas Furrer, Johann Jakob Rüttimann und vor allem Alfred Escher noch als „die glänzendsten Beispiele [der antiken Tugend, M.M.], nur im modernen Gewand" bezeichnet hatte. Vgl. Kellers Eintrag im „Traumbuch" vom 20. September 1847. In: Gottfried Keller: *Sämtliche Werke in sieben Bänden*. Bd. 7. Hg. Dominik Müller. Frankfurt / M. 1996, S. 675 f. Dreißig Jahre später und mit fünfzehnjähriger Erfahrung im Staatsdienst sollte Keller den führenden politischen Köpfen diese Qualität enttäuscht wieder absprechen.

Landkarte verschwunden, auch wenn seine Ideen bis weit ins neunzehnte Jahrhundert nachwirken sollten.

Wenn die Stadt Zürich im *Landvogt von Greifensee* als doppelt luxusfeindlicher Ort vorgeführt wird, muss also differenziert werden. Zwar wird die Luxusfeindlichkeit der Sittenwächter wie der republikanischen Tugendfanatiker gleichermaßen mit den Mitteln der Parodie inszeniert und der Luxuskonsum der Hauptfiguren als subversiv-witziger Akt dargestellt. Während aber Kellers Erzähler in Bezug auf die Sittenmandate vor allem deren lächerliche Seite in den Fokus rückt, wird den republikanischen Vertretern der Zürcher Aufklärung ein zwar ironisch grundiertes, aber durchaus wohlwollendes Denkmal gesetzt.

IV Die „Arbeit [...] eines spielenden Künstlers" – Luxusproduktion im idyllischen Sihlwald

Während im *Landvogt von Greifensee* in der Stadt die Mandate nicht ungestraft verletzt werden können, ist auf dem Land mehr Extravaganz möglich, obwohl dort eigentlich ebenfalls Vorschriften gelten.[42] Auf dem Land wird nämlich trotz den Verboten der Luxus produziert, der von den Städtern konsumiert wird. Damit bezieht sich Keller auf eine historische Entwicklung: Besonders in der zweiten Hälfte des achtzehnten Jahrhunderts hatte sich auf der Zürcher Landschaft eine florierende Protoindustrie entwickelt, die neben Baumwolle auch Luxuswaren wie Musseline, Seide oder eben Porzellan produzierte.[43] Der Besitz des „teure[n] Porzellangeschirr[s]"[44], das in Kellers Novelle eine prominente Rolle spielt, wie gleich zu sehen sein wird, stellte in Zürich tatsächlich einen Verstoß gegen die Hoffahrtsgesetze dar. Trotzdem leistete sich die Oberschicht den Luxus eines Porzellanservices gerne – die Porzellanfabrik in Kilchberg-Schooren, an welcher der historische Gessner unternehmerisch beteiligt war, belieferte laut Peter Ziegler „auch Stadtzürcher Haushalte mit Geschirr und Porzellanfiguren".[45]

Das Land ist aber nicht nur der Produktionsort des städtischen Luxus, ländliche Motive wurden auch gern zur Dekoration dieser Luxusprodukte verwendet. Die komplexen Wechselbeziehungen zwischen Stadt und Land, Ein-

---

[42] Die spezifischen Vorschriften für Landschaft und Stadt mussten tatsächlich nicht unbedingt deckungsgleich sein. So galten z. B. gewisse Artikel betreffend die ‚Hoffart' nur für die Stadt. Zu den Land- und Stadtmandaten vgl. Spillmann-Weber, *Sittenmandate* 2002, S. 22–25.
[43] Vgl. zur Zürcher Textilindustrie Ulrich Pfister: *Die Zürcher Fabriques. Protoindustrielles Wachstum vom 16. zum 18. Jahrhundert*. Zürich 1992.
[44] Ziegler, *Zürcher Sittenmandate* 1978, S. 63f., hier S. 64.
[45] Ebd.

fachheit und Exklusivität zeigt Keller im zweiten Teil der Figura-Geschichte auf. Dort unternimmt eine illustre Gruppe von Stadtzürcher Bürgerinnen und Bürgern eine Landpartie in den Sihlwald, wo der Idyllendichter und Porzellanfabrikant Salomon Gessner residiert.[46] Zur Einweihung eines Teegeschirrs aus Gessners Manufaktur versammelt sich dort die Gesellschaft, darunter neben Salomon Landolt und Figura Leu auch Bodmer und Breitinger. Der Ausflug selbst ist schon ein luxuriöser Akt, da ja – wie in der Eingangsszene ausdrücklich thematisiert – das sonntägliche Ausgehen ohne Erlaubnis von den Sittenmandaten nicht gestattet war.[47] Als deutlicher Gegensatz zu der von Mauern umgebenen Stadt mit ihren bewachten Toren erscheint der Sihlwald bei Keller als prototypischer *locus amoenus*: „der Tisch [war] am Ufer des Flusses unter den schönsten Ahornbäumen gedeckt, hinter denen die grüne Berghalde, Kronen über Kronen, zu dem blauen Sommerhimmel emporstieg." (LG 163) Die scheinbare Einfachheit der Natur gibt hier die exklusive Kulisse für Gessners Gäste ab. Doch ist die Idylle auch noch in anderer Hinsicht als Luxusort lesbar. Das ländliche und heitere Setting ist nämlich eine literarische Anspielung, und zwar auf ein durchaus luxuriöses Werk: Die Rede ist von Gessners eigenen *Idyllen*, die erstmals 1756 erschienen waren und ihren Autor in ganz Europa bekannt gemacht hatten.[48] Die *Idyllen* mit ihren in einer stilisierten Naturlandschaft spielenden Schäferszenen standen in der Tradition der bukolischen Dichtung. Zu Gessners internationalem Erfolg trug die Gestaltung dieses und späterer Werke als illustrierte Luxusausgaben im prestigeträchtigen Antiquadruck wesentlich bei. Die Illustrationen, welche mit Vorliebe die Protagonisten aus der antiken Mythologie, eine üppig-wuchernde Natur und nicht selten auch erotische Szenen abbildeten, werden vom Kellerschen Erzähler

---

46 Tatsächlich war Gessner an einer Porzellanfabrik in Kilchberg-Schooren beteiligt gewesen, für die er sich durch den Entwurf von Vorlagen auch „künstlerisch engagiert" hatte. Vgl. Rudolf Schnyder: Salomon Gessner als „Porzelliner". In: *Maler und Dichter der Idylle*. Ausstellungskatalog 1980, S. 158–161, hier S. 158.
47 In dem Keller bekannten „Großen Mandat" bei Zehnder-Stadlin werden zudem sowohl das Teetrinken als auch das Kutschenfahren verboten – beides Praktiken, die in der Szene explizit erwähnt werden; vgl. Zehnder-Stadlin, *Pestalozzi* 1875, S. 10 und S. 15.
48 Gessners *Idyllen* werden in einem Erzählerkommentar gelobt: „Geßner's idyllische Dichtungen sind durchaus keine schwächlichen und nichtssagenden Gebilde, sondern innerhalb ihrer Zeit, über die keiner hinaus kann, der nicht ein Heros ist, fertige und stilvolle kleine Kunstwerke. Wir sehen sie jetzt kaum mehr an und bedenken nicht, was man in fünfzig Jahren von alledem sagen wird, was jetzt täglich entsteht." (LG 162) Wie Böning im Stellenkommentar erklärt, ist eine solche Aussage bemerkenswert, da die Literaturkritik des neunzehnten Jahrhunderts vorwiegend negativ über Gessners Werk urteilt; vgl. Keller, *Sämtliche Werke*, Bd. 5, 2009 [1985], S. 587.

im Abschnitt zuvor erwähnt und somit für seine Leserschaft als Rezeptionsfolie für die Beschreibung des Sihlwalds aufgerufen.[49]

Obwohl sich in den Gessnerschen *Idyllen* keine Hinweise auf ihre Lokalisierung in der Schweiz finden, wurden sie immer wieder als Beschreibung schweizerischer Lebensrealität gelesen und Gessners Haus im Sihlwald schon von zeitgenössischen Schweizreisenden als idyllischer Ort und Vorbild für die Gessner'schen Landschaftsbeschreibungen interpretiert.[50] Es handelt sich also um einen literarisch und literaturgeschichtlich ‚vorbelasteten' Ort. Gessners *Idyllen* samt ihrer Rezeption werden von Keller mit der ganzen Inszenierung des Besuchs halb ironisch, halb verklärend zitiert.[51]

Der Erzähler der *Hanswurstel*-Episode stellt die Künstlichkeit der ländlich-luxuriösen Idylle nachdrücklich aus, indem die Idylle als Spiel der Oberschicht gekennzeichnet wird. So werden Theater und Tanz in der Szene mehrmals erwähnt. Besonders deutlich wird das Spiel, wenn „Salomon Geßner mit der Figura Leu die Szene auf[führt], wie ein blöder Schäfer von einer Schäferin im Tanz unterrichtet wird" (LG 164). Denn die in Kutschen angereisten Protagonisten dieser Idylle könnten kaum weiter von den Gessner'schen Hirten und Schäferinnen entfernt sein. Zudem macht Figuras späteres Spiel mit einem Spiegel auf die Frage nach dem Umgang mit der eigenen Originalität aufmerksam,[52] die ein wichtiges Motiv des ganzen Novellenzyklus und insbesondere der Rahmenhandlung um Monsieur Jacques ist.

---

[49] Der sich als Kenner gebende Erzähler Kellers beklagt die mangelnde Anerkennung für Gessners Illustrationskunst: „Sowohl seine [Gessners] Radierungen als die von Zingg und Kolbe nach seinen Gemälden gestochenen Blätter werden in hundert Jahren erst recht eine gesuchte Ware in den Kupferstichkabinetten sein, während wir sie jetzt für wenige Batzen einander zuschleudern." (LG 163)

[50] Vgl. Uwe Hentschel: *Salomon Gessners ‚Idyllen' und ihre deutsche Rezeption im 18. und beginnenden 19. Jahrhundert*. In: *Orbis Litterarum* 54 (1999), S. 332–349, hier S. 341. Die Einstellung der Leserschaft zur Schweiz beeinflusste die Rezeption von Gessners *Idyllen* stark. Philhelvetisch gesinnte Leserinnen und Leser tendierten dazu, die Idyllen auf „Schweizer Landschaftsbeschreibungen" zu reduzieren; vgl. ebd., S. 336.

[51] Vgl. zu Gottfried Kellers Auseinandersetzung mit Salomon Gessner Jakob Christoph Heller: „Ein Verhältnis zum Ganzen". Verfahren der Idyllisierung in Gottfried Kellers „Der grüne Heinrich" (Erste Fassung). In: *Prekäre Idyllen in der Erzählliteratur des deutschsprachigen Realismus*. Hg. Sabine Schneider und Marie Drath. Stuttgart 2017, S. 152–166.

[52] Vgl. zu der Spiegelszene Ursula Amrein: Geschichte als Spiegelkabinett. Das Zürich des 18. Jahrhunderts in Gottfried Kellers „Landvogt von Greifensee". In: *Alte Löcher – neue Blicke. Zürich im 18. Jahrhundert: Aussen- und Innenperspektiven*. Hg. Helmut Holzhey und Simone Zurbuchen. Zürich 1997, S. 167–177.

Die Frage nach Originalität und Künstlichkeit bzw. nach dem künstlich-inszenierten Charakter der Idylle stellt sich literarisch wie medial verdichtet in der ekphrastischen Beschreibung des von Gessner bemalten Teegeschirrs:

> Auf dem blendendweißen, mit Ornamenten durchwobenen Tischtuch aber standen die Kannen, Tassen, Teller und Schüsseln, bedeckt mit hundert kleinern und größern Bildwerklein, von denen jedes eine Erfindung, ein Idyllion, ein Sinngedicht war, und der Reiz bestand darin, daß alle diese Dinge, Nymphen, Satyrn, Hirten, Kinder, Landschaften und Blumenwerk mit leichter und sicherer Hand hingeworfen waren und jedes an seinem rechten Platz erschien, nicht als die Arbeit eines Fabrikmalers, sondern als diejenige eines spielenden Künstlers. (LG 163)

Luxurierende Motive prägen das ganze Tableau: Die Ornamente auf dem Tischtuch, aber auch die Nymphen und Satyrn, die mit Fruchtbarkeit und Sexualität assoziiert werden. Die in den Mandaten unterdrückte *luxuria* findet sich also unversehens auf dem Tisch der Gesellschaft wieder.[53] Dabei ist es gerade die vermeintliche Schlichtheit und Natürlichkeit der Sujets, die den (künstlichen) Luxuschararakter des Gegenstands ausmacht. So sind zwar auf den Tellern und Tassen bescheidene Schäferszenen oder Landschaften abgebildet, das Geschirr selbst aber ist ein exklusives Luxusobjekt. Die Widersprüchlichkeit und Ambivalenz, die den Umgang mit dem Luxus schon in den Stadt-Szenen geprägt haben, werden hier *en miniature* gespiegelt. Mit dem Hinweis auf die literarischen Gattungen des Idyllions und des Sinngedichts wird zudem die Literarizität der Gessner'schen Bilder – die tatsächlich teilweise von seinen literarischen Texten inspiriert waren – ebenso wie des Kellerschen Texts ausgestellt.[54] Diese Verbin-

---

[53] Ein ähnlich besticktes Tischtuch findet sich auch in der Novelle *Dietegen*, und zwar ebenfalls am Tisch einer Gesellschaft, die von Mandaten stark reguliert wird, in diesem Fall Seldwylas Nachbarstädtchen Ruechenstein. Seinen Besitzern ist allerdings noch nie aufgefallen, was da genau abgebildet ist, sodass sie empört auf die genauen Deutungen ihrer Seldwyler Gäste reagieren; vgl. Gottfried Keller: Dietegen. In: Ders.: *Sämtliche Werke in sieben Bänden*. Bd. 4. Hg. Thomas Böning. Frankfurt / M. 2006 [1989], S. 438–498, hier S. 446–448. Die Nymphen erinnern als naturhafte Wesen an Figura, die in der Eingangsszene ebenfalls als „elementares Wesen" vorgestellt wird (LG 150). Zudem wird sie beim Mittagessen im Hause Leu selbst als „schimmernde" Erscheinung im Sonnenlicht beschrieben (LG 160), in einem ähnlichen Arrangement wie hier das Porzellan auf dem Tisch bei Gessner: „Wie sie das geschliffene Gläschen mit dem bernsteinfarbigen Wein lächelnd erhob und ein Strahl der Nachmittagssonne nicht nur das Gläschen und die Ringe an der Hand, sondern auch das Goldhaar, die zarten Rosen der Wangen, den Purpur des Mundes und die Steine am Halsbande einen Augenblick beglänzte, stand sie wie in einer Glorie und sah einem Engel des Himmels gleich, der ein Mysterium feiert" (LG 159).
[54] Kellers eigener Novellenzyklus *Das Sinngedicht* erscheint erst 1881, also nach den *Züricher Novellen*, war allerdings schon seit den 1850er Jahren in Planung.

dung von Kunst und Geschäft war im achtzehnten Jahrhundert die Grundlage von Gessners Erfolg als Schriftsteller und Verleger: Schäfer- und Hirtenszenen, wie er sie in seinen literarischen Texten beschrieb, wurden ebenso als Illustration für die Luxusausgaben seiner Werke verwendet, wie zur Dekoration von Teetassen und Zuckerdosen, wie sie bei Keller beschrieben werden. Bezeichnenderweise erschienen gerade die *Idyllen* als reich illustrierte Luxusausgaben mit einer bewusst künstlerischen Gestaltung von Text und Bild für die – trotz ihrer seriellen Produktion für den europäischen Markt – ebenfalls nur die Oberschicht als Käufer in Frage kam, welche sich auch das luxuriöse Porzellan leisten konnte.[55] Zugespitzt könnte man also sagen, dass Gessners Geschäftsmodell auf der Indienstnahme der Kunst für kommerzielle (Luxus-)Produkte beruht.[56]

Mit der Beschreibung des Geschirrs wirft Keller deshalb die Frage nach seiner Herstellung bzw. nach seinem Status als Luxus- oder Kunstobjekt auf und in der Konsequenz davon auch die Frage nach dem Verhältnis von Luxus und Kunst überhaupt. Die ganze Präsentation weist dem Geschirr eher den Status eines Kunstwerks und weniger den eines Gebrauchsgegenstandes zu. Obwohl das Geschirr in einer Manufaktur produziert und bemalt wird, erscheint die Illustration gerade „nicht als die Arbeit eines Fabrikmalers, sondern als diejenige eines spielenden Künstlers" (LG 163). Die Bemalung macht das seriell hergestellte Produkt nicht nur zum Luxusgegenstand, sondern vielmehr zum Kunstwerk, wie die Bezeichnung der Illustrationen als „Bildwerklein" nahelegt. Die ganze Szene zeigt typische Ausstellungspraktiken. Dazu gehört neben der Gestaltung der Szene als Einweihungsfeier oder Vernissage auch die Art der Präsentation. Die Beleuchtung des Geschirrs verstärkt den Eindruck eines kunstvollen Arrangements: „Der so geschmückte Tisch war mit den rundlichen Sonnenlichtern bestreut, welche durch das ausgezackte Ahornlaub fielen und nach dem leisen Takte des Lufthauches tanzten, der die Zweige bewegte; es war zuweilen wie eine sanfte, feierliche Menuet, welche die Lichter aufführten" (ebd.). Die Beschreibung assoziiert das Geschirr mehrfach mit verschiedenen Künsten: Literatur, Malerei, Musik und Tanz werden rund um das Teegeschirr evoziert und verleihen diesem den Status des Kunstwerks. Die Romanistin Marta Caraion hat vorgeschlagen, für diese „transformation, par le regard, d'un élément du réel, indéterminé esthé-

---

55 Vgl. zu Gessners illustratorischer Tätigkeit Bruno Weber: Gessner illustriert Gessner. In: *Maler und Dichter der Idylle.* Ausstellungskatalog 1980, S. 107–129.

56 Auch Thomas Bürger betont diese Verbindung von Kunst und Geschäft, wenn er darauf hinweist, dass „der Erfolg des Verlegers Gessner von seinem buchkünstlerischen Engagement nicht zu trennen ist"; vgl. Thomas Bürger: Der redlichste Buchhändler seit Adams Zeiten. In: *Maler und Dichter der Idylle.* Ausstellungskatalog 1980, S. 87–94, hier S. 92.

tiquement, en objet esthétique",[57] also für die Umwandlung eines ästhetisch nicht markierten Gegenstands in ein ästhetisches Objekt, den Begriff der ‚artialisation' des Landschaftsphilosophen Alain Roger zu adaptieren.[58] Durch die spezifische Präsentation und die Wahrnehmungsdisposition des Publikums wird ein Gebrauchsgegenstand, hier also das Geschirr, als Kunstwerk rezipiert. Der narrativen Inszenierung kommt dabei eine konstitutive Funktion zu, die beinahe darüber hinwegtäuscht, dass die Kunst hier ‚lediglich' als „Ausschmückung" (LG 163) fungiert und damit eigentlich ihre Autonomie verliert. Keller gelingt es damit auf kleinstem Raum vorzuführen, wie die Grenzen zwischen Luxus(gegenstand) und Kunst(werk) im industriellen Zeitalter verschwimmen.

Die luxuriöse Landpartie der Hauptfiguren und die Inszenierung des Geschirrs machen nochmals deutlich, wie ambivalent die Beziehungen zwischen Zentrum und Peripherie, zwischen der Stadt und der Zürcher Landschaft verlaufen: Da die ökonomische Entwicklung in der Stadt durch ein starres Zunftsystem behindert wird, entwickeln sich protoindustrielle Fabriken, wie die Porzellanfabrik Gessners in Kilchberg-Schooren, auf dem Land. Dort werden die Luxusdinge produziert, die ebenso vom städtischen wie vom ländlichen Publikum konsumiert werden. Dagegen kommen aufklärerische Ideen zuerst in den Reformgesellschaften der Stadt auf; während sie dort aber von den Regierungskreisen abgefedert werden können, entfalten sie auf dem Land ihre ganze Sprengkraft. Die Sittenmandate, die aufkommende Luxusindustrie auf dem Land – neben Porzellan war Zürich auch für die Textil- und besonders die Seidenindustrie bekannt – und die republikanische Luxuskritik sind widersprüchliche Teile ein und derselben Entwicklung. Und so besteht denn auch das Publikum, welches Gessner mit seinen luxurierenden Darstellungen der Idylle begeistert, genau aus den Figuren, die politisch den Luxus für den direkten Weg in den Abgrund halten.

V Schluss

Entlang der Stadt-Land-Achse werden die Ambivalenzen rund um die Luxusthematik in der *Hanswurstel*-Geschichte besonders deutlich: Tradierte Zuschreibun-

---

[57] Marta Caraion: *Comment la littérature pense les objets. Théorie littéraire de la culture matérielle*. Ceyzérieu 2020, S. 103. Bei Caraion geht es an der besagten Stelle um die Präsentation und Rezeption von Maschinen im Rahmen der Pariser Weltausstellung 1855.
[58] Alain Roger benutzt den Begriff in seiner Landschaftstheorie, um die Veränderung der Wahrnehmung der Natur als Landschaft bzw. ästhetisches Objekt zu beschreiben. Erstmals findet sich der Begriff bei Montesquieu; vgl. Alain Roger: *Court traité du paysage*. Paris 2017.

gen von Urbanität bzw. Ländlichkeit lösen sich auf, wenn man sich in der Stadt zwar vordergründig bürgerlich-asketisch gibt, heimlich oder auswärts jedoch gerne und ausgiebig Luxus konsumiert und praktiziert. Im *Landvogt von Greifensee* zeigt sich deutlich, dass das Verhältnis zwischen Stadt und Land insbesondere im Zürcher Kontext äußerst komplex ist und keineswegs nur in eine Richtung verläuft. Im Rückblick aus Kellers Gegenwart auf das achtzehnte Jahrhundert sind der Luxus in der Stadt wie der auf dem Land den Vertretern des Fortschritts und der Aufklärung zugeordnet und grundsätzlich positiv gezeichnet. Dies geschieht vor allem über die Präsentation von Luxusgegenständen als Kunstwerken, wobei die Abgrenzung von Kunst und Luxus freilich schwerfällt. Vor dem Hintergrund der luxusfeindlichen zwinglianischen Tradition Zürichs wird der Luxuskonsum zum subversiven Akt gegen eine starre und illiberale Gesellschaftsordnung, die – aus Sicht des neunzehnten Jahrhunderts – glücklicherweise überwunden war. Neben diesem Bruch lenkt Keller mit der Sozietätenbewegung um Bodmer aber den Blick auch auf Kontinuitäten. Insbesondere die eigentlich anachronistische Bezeichnung von Bodmer als „freisinnige[m] Mann" (LG 154) verweist auf die direkte Linie zwischen dem Republikanismus der Reformbewegung und dem Republikanismus der liberalen Bewegung des neunzehnten Jahrhunderts, zu der auch Keller gehört. An diese Tradition der Luxuskritik wird Keller in seinem letzten Werk *Martin Salander* wieder stärker anschließen.

Cornelia Pierstorff
Im Reich des Zuckers und der Schokolade.
Begehrensökonomien in Wilhelm Raabes *Fabian und Sebastian*

Die Konditorei mit ihren verführerischen Auslagen ist ein Signum der modernen Großstadt und gehört bereits um 1800 zum Bild der Großstadt als Luxusort. Dabei sind es nicht die Waren selbst, sondern die durch orientalistische und erotische Codierung evozierten Imaginationen, die in den konditorischen Auslagen Begehren stiften. Wenn im Laufe des neunzehnten Jahrhunderts Zucker und Schokolade neben anderen ehemaligen Luxuswaren für eine breite Bevölkerung verfügbar werden, dann ändern sich damit zwar Preis und Zielgruppe, nicht aber die Imaginationen, die mit der Konditorei verbunden sind und die noch im zwanzigsten Jahrhundert in der Werbung beispielsweise für Industrieschokolade nachwirken.[1] So kommt es, dass um 1900 Konditoreien die Mechanismen und Paradoxien urbaner Konsumlandschaften regelrecht zu verdichten scheinen: Die Auslagen üppiger Torten, bunter Süßigkeiten und filigranen Zuckerwerks bewirtschaften qua Imagination einen Luxus, der eigentlich keiner mehr ist. Dafür produzieren sie Begehren zu den Bedingungen des Überflusses, und zwar auf doppelte Weise: Überfluss ist sowohl die Grundlage oder gar Herausforderung der modernen Konditoreien, weil die Rohstoffe eine breitere Verfügbarkeit erlangt haben, als auch ihr Ziel, weil sie auf Gewinne hin wirtschaften.

Mit dem Überfluss schreibt sich ein ökonomisches Begehren in die Begehrensproduktion der Konditorei ein. Das Begehren, das auf physiologische und sexuelle Lust – den Konsum – hin ausgerichtet ist und das die Konditoreien an ihren Auslagen zu evozieren versuchen, wird Grundlage eines übergeordneten ökonomischen Begehrens.[2] Um aus ersterem Begehren zu den Bedingungen des Überflusses überhaupt ökonomisch Profit schlagen zu können, muss die Konditorei ihren Charakter als Luxusort aufrecht erhalten. Deshalb besitzt der anachronistische Luxusort der Konditorei eine verdrängte Gegenseite, die in den Imaginationen aus dem Blick gerät und welche die Kosten dieses Begehrens offenlegt: die Fabrikstandorte und die Kolonien. Wie kein zweiter Ort steht die

---
1 Vgl. Institut für Popularkultur und Kinderkultur der Universität Bremen (Hg.): *Süsshunger. Zur Kulturgeschichte des Süßen.* Ausstellungskatalog. Bremen 1990, S. 43.
2 Allgemein zur unauflöslichen Beziehung von Begehren und Ökonomie siehe Jule Govrin: *Begehren und Ökonomie. Eine sozialphilosophische Studie.* Berlin und Boston 2020.

https://doi.org/10.1515/9783110764231-008

Konditorei für die Ambivalenz von Begehren und Ausbeutung, die Psychologie und Ökonomie miteinander verschränkt.

In Wilhelm Raabes *Fabian und Sebastian* von 1882 steht eben genau diese Verbindung von Psychologie und Ökonomie im Zentrum. In dieser Erzählung ist die Konditorei samt ihrer ausbeuterischen Gegenseite zu einer übergreifenden Institution erhoben, welche die gesamte Raumstruktur organisiert und eine recht provinziell anmutende, mittelgroße Industriestadt in einen kolonialen Zusammenhang stellt. Statt einer kleinen Konditorei, in der Produktion, Verführung und Konsum räumlich vereint sind, ist die Firma „Pelzmann und Kompanie"[3] (BA 15, 7) eine übermächtige, sämtliche Figuren organisierende Süßigkeitenfabrik. Angestoßen durch die Ankunft der Nichte der beiden titelgebenden Brüder, der Unternehmer Fabian und Sebastian Pelzmann, enthüllt sich nach und nach die Vorgeschichte der Fabrikantenfamilie. Konstanze Pelzmann kommt nach dem Tod ihres Vaters, des dritten Pelzmann-Bruders Lorenz aus ihrer Heimat, der niederländischen Kolonie auf Sumatra, in die deutsche Industriestadt in die Obhut ihrer Onkel. Dort bringt sie die ökonomische Ordnung der Firma aus dem Gleichgewicht. Konstanze symbolisiert nämlich die Schuld der Firma und verbindet dabei die ökonomische Schuld kolonialistischer Ausbeutung mit der privaten Schuld der Brüder gegenüber der Schäferstochter Marianne Erdener, die inzwischen 20 Jahre zurückreicht. Den Zusammenhang von ökonomischer und sexueller Ausbeutung stiftet die Süßigkeitenfabrik.

Fabriken gibt es in der Literatur des poetischen Realismus und auch bei Raabe zuhauf. Auch Zuckerfabriken haben nicht zuletzt mit Gustav Freytags Kaufmannsroman *Soll und Haben* (1855) Einzug in die deutschsprachige Literatur gehalten – ein Sujet, das sich bis zum ‚Chemieunfall' in Raabes *Pfisters Mühle* (1884) fortschreibt. Dass es sich bei der Fabrik in *Fabian und Sebastian* spezifisch um eine Süßigkeitenfabrik handelt, ist für die Verbindung von Psychologie und Ökonomie essenziell, welche die Erzählung insgesamt auszeichnet. Denn nicht der Zucker allein, sondern ganz konkret die industrielle Fertigung verbunden mit Formgebung und Präsentation der Süßwaren in den Auslagen, wie sie die Firma Pelzmann und Kompanie kennzeichnet, ist die Voraussetzung dafür, dass die Firma – so meine These – eine psychologische Struktur figuriert und so das ökonomische Subjekt veranschaulicht. In einer Logik des Überflusses, der qua Imaginationen mit Luxus assoziiert wird, verbindet diese Firma räumlich Wa-

---

[3] Hier und im Folgenden unter Verwendung der Sigle BA (mit Bandnummer und Seitenzahl) nach den jeweils neuesten Bandauflagen der Braunschweiger Ausgabe zitiert. Wilhelm Raabe: *Sämtliche Werke*. 20 Bde. und 5 Ergänzungsbände. Hg. im Auftrag der Braunschweigischen Wissenschaftlichen Gesellschaft von Karl Hoppe u. Jost Schillemeit. Göttingen 1960 ff.

renproduktion und Begehrensökonomie, und zwar jeweils mit deren anderer, nämlich ausbeuterischer Seite.

In einem ersten Schritt (I) skizziere ich knapp die kulturgeschichtliche Dimension der Süßigkeit von der Luxus- hin zur Massenware, wobei letztere jedoch an ersterer partizipiert und so Begehren überhaupt ermöglicht. Diese Vorüberlegungen helfen dabei, die räumlich strukturierte Begehrensmaschinerie und ihre ausbeuterische Basis in Raabes *Fabian und Sebastian* in drei Schritten (II–IV) zu analysieren: Erstens entwirft die Erzählung die Fabrik als einen Raum, in dem doppelt Überfluss generiert und zugleich über luxuriöse Imaginationen Begehren gestiftet wird. Zweitens ist der Raum der Fabrik nicht einfach ein Produktionsort, sondern er veranschaulicht in seiner topologischen Struktur das männliche ökonomische Subjekt. Drittens schließlich basiert die Raumstruktur der Erzählung auf einer weiteren topologischen Relation: der von Zentrum und Peripherie, über die der Überfluss mit seinen Kosten verbunden wird. Abschließend (V) setze ich das ökonomische Subjekt mit dem poetologischen Erzählanfang in Beziehung, der zeigt, dass das Erzählen diametral entgegen der Begehrensökonomie des Subjekts verfährt, dem damit narrativ der Boden entzogen ist.

I

Süßigkeiten folgen einer ganz bestimmten ökonomischen Logik, die sie für das Verhältnis von Luxus und Überfluss besonders relevant macht. Ihre geringe Größe im Verhältnis zu ihrer historisch bedingten Kostbarkeit, ihr Status als Objekt gesteigerter Konsumationslust sowie ihr enormes Imaginationspotenzial tragen dazu bei, dass die Süßigkeit als ‚Luxus' par excellence bezeichnet werden könnte.[4] So ist das zumindest bis ins neunzehnte Jahrhundert hinein. Mit der Massenfertigung und der Verfügbarkeit von Zucker durch die Rübenzuckerindustrie verändern sich die realökonomischen Bedingungen der Süßigkeiten. Zucker- und Schokoladenfabriken schießen aus dem Boden, Konditoreien und Warenläden machen die Süßigkeiten auch in der Provinz verfügbar, die Werbung in Zeitungen und Zeitschriften macht sie überall bekannt. Doch trotzdem wird die Süßigkeit nicht einfach schlagartig zur Massenware, vielmehr wirtschaftet die Industrie genau mit dem Status als Luxusware: Mit dem Überfluss wird aus dem Luxus ein ‚kleiner Luxus'. Mit einem Blick auf die Kulturgeschichte der Süßigkeit

---

4 Zur Affinität von Luxus und Imagination vgl. Christine Weder und Maximilian Bergengruen: Moderner Luxus. Einleitung. In: *Luxus. Die Ambivalenz des Überflüssigen in der Moderne.* Hg. Dies. Göttingen 2011, S. 7–31, hier S. 24f.

wird überhaupt erst deutlich, warum ihr begehrensökonomisches Reflexionspotenzial so groß ist.

Süßigkeiten, wie wir sie heute kennen, gab es in dieser Form nicht schon immer. So finden sich zwar Produkte aus Zuckerrohr und Honig und auch der Beruf des Zuckerbäckers bereits in frühen Hochkulturen, genauer in Ägypten, an Ganges und Indus, in Persien sowie später auch im Mittelmeerraum,[5] die moderne Süßigkeit und ihre Fabrikation, wie sie dann auch in Raabes Erzählung beschrieben werden, sind davon jedoch weit entfernt. In seiner wegweisenden kulturgeschichtlichen Studie *Sweetness and Power* beschreibt Sidney Mintz im Jahr 1985 erstmals die nicht allein ernährungsgeschichtliche Revolution, die mit der modernen Zuckergewinnung einsetzt.[6] Was Mintz in seiner Studie nämlich auch deutlich macht: Die Geschichte des Zuckers ist die Geschichte des Kolonialismus.[7] Zucker und gewaltvolle, strukturelle Ausbeutung sind historisch nicht voneinander zu trennen. Abgesehen von den frühen Zentren des Zuckerhandels im Mittelmeerraum, kommt die Zuckerbäckerei mit ihren Produkten also als koloniale Luxusware nach Europa und ist entsprechend zuerst in den wirtschaftlichen Zentren Europas vertreten: den adligen Höfen und später den Großstädten.

An den adligen Höfen der frühen Neuzeit entwickelt sich die mitteleuropäische Zuckerbäckerei im Rahmen der adligen Praxis des Schaumahls. Mit Verfahren der Ästhetisierung, die dezidiert auf eine ‚Augenlust' abzielen, versucht sich die adlige Küche von der gewöhnlichen Nahrungsaufnahme und ihrem Lustgewinn abzuheben.[8] Die Verbindung von Konditorei und Schaumahl ist deshalb so aufschlussreich, weil sie die Präsentation in den Vordergrund rückt, aus der sich die luxuriöse Semantik zusätzlich zur fernen Herkunft der Rohstoffe und ihrer Kostbarkeit ergibt. Nicht von ungefähr wird die auf Präsentation ausgerichtete Küche des Barock dann auch in der Luxuskritik des achtzehnten Jahrhunderts als besondere Fehlentwicklung des Geschmacks ins Visier genommen.[9]

Mit der Herausbildung der ersten europäischen Großstädte als wirtschaftliche Zentren löst sich die Zuckerbäckerei zunehmend von ihrer Assoziation mit dem

---

5 Vgl. Eugen Ziegler: *Zucker – die süße Droge. Medizinische und kulturgeschichtliche Aspekte eines Suchtmittels*. Hg. Christian Bachmann. Basel 1987, S. 33–46.
6 Vgl. Sidney W. Mintz: *Sweetness and Power. The Place of Sugar in Modern History*. New York 1985, insbes. S. xv–xxx. Vgl. auch Ziegler, *Zucker – die süße Droge* 1987, S. 60–62.
7 Vgl. Mintz, *Sweetness and Power* 1985, insbes. S. 19–73. Vgl. auch Ziegler, *Zucker – die süße Droge* 1987, S. 51–54.
8 Vgl. Thomas Kleinspehn: *Warum sind wir so unersättlich? Über den Bedeutungswandel des Essens*. Frankfurt / M. 1987, S. 153–158.
9 Ebd., S. 163.

Adel. So kommt es, dass die Verbindung von Großstadt und Konditorei bald schon mehr ist als eine rein akzidentielle. Vielmehr formt die üppige Auslage der Konditorei auch die Vorstellung der Großstadt, indem sie einen festen Ort in den Reisebeschreibungen des achtzehnten Jahrhunderts einnimmt. Entsprechend stellen die Auslagen der Konditorei bei Georg Christoph Lichtenberg, der 1775 seine Eindrücke der Großstadt London dokumentiert, ein besonderes Faszinosum dar.[10] Von einem Blendwerk aus Zucker berichtet Lichtenberg, dessen Darstellung ein besonderes Augenmerk auf die ferne Herkunft der Waren legt, für die vor allem die exotischen Früchte einstehen, die mit dem Zuckerwerk gemeinsam in den Auslagen präsentiert werden: von den „spanischen Trauben" bis hin zur „Ananas".[11] Im Zuge dessen weist er sie nicht nur als Luxuswaren aus, sondern verbindet sie zudem mit exotistischen und orientalistischen Imaginationen. Dass diese Imaginationen zudem mit einer Erotisierung einhergehen, ist ein fester Topos,[12] der hier zur Präsentation der Waren in Anschlag gebracht wird.[13] Die Funktion der an diesen Imaginationen partizipierenden Präsentation benennt Lichtenberg als Anreiz zum Konsum über das Maß des Körpers wie das des Geldbeutels hinaus: „Sie werden von ihren Herrn den Pasteten und Torten weißlich zugesellt, um auch den gesätigten Magen lüstern zu machen und dem armen Geldbeutel seinen zweytlezten Schilling zu rauben".[14] Wenn auch die Stoßrichtung der Beschreibung des großstädtischen Lebens keine affirmative ist,[15] ist die Faszination unüberhörbar. Die Ambivalenz von Faszination und Kritik ist es auch erst, welche den Schaufensterblick zu einer Verführungsszene macht: Das Begehren wird an der Auslage erst produziert.

Obwohl die Auslage, die Lichtenberg im London des achtzehnten Jahrhunderts beschreibt, und diejenigen, die zum Ende des neunzehnten Jahrhunderts auch in deutschen Städten zu finden sind, ähnlich aussehen, sind ihre Bedingungen durchaus andere. Durch quantitativen Überfluss und dem damit einhergehenden Preisverfall – sei es wie im Fall des Zuckers durch neue Formen der Zuckergewinnung oder durch günstige Transportmöglichkeiten im Zuge der Industrialisierung[16] – sind die ehemaligen Luxusgüter in ihrem Status bedroht. In

---

10 Vgl. Georg Christoph Lichtenberg: *Briefwechsel*. Hg. Ulrich Joost und Albrecht Schöne. Bd. 1. München 1983, S. 488f. Generell zu Lichtenbergs Faszination für die Londoner Schaufensterauslagen vgl. den Beitrag von René Waßmer in diesem Band.
11 Lichtenberg, *Briefwechsel* 1983, Bd. 1, S. 488.
12 Vgl. Edward W. Said: *Orientalism*. New York 1979, S. 187–190.
13 Vgl. Tilman Fischer: *Reiseziel England*. Berlin 2004, S. 379.
14 Lichtenberg, *Briefwechsel* 1983, Bd. 1, S. 488.
15 Vgl. Silvio Vietta: *Die literarische Moderne*. Stuttgart 1992, S. 283f.
16 Vgl. Mintz, *Sweetness and Power* 1985, S. 86f.

der zweiten Hälfte des neunzehnten Jahrhunderts werden Zucker, aber auch andere Produkte, die mit ihm eine wichtige Allianz eingehen, wie Schokolade, Tee oder Kaffee, zunehmend zur Massenware.[17] Und auch die Konsumierendenschaft hat sich verändert. Dabei spielt auch die Ausdifferenzierung nach sozialem Status eine wichtige Rolle. Exemplarisch ist dies an den sozialspezifischen Präferenzen für bestimmte Getränke nachvollziehbar: Kaffee wird zum Getränk des Bürgertums, während die Schokolade, die in Europa als Getränk des Adels vom spanischen Hof bekannt geworden war, mit dem Aufstieg des Bürgertums zu einem Getränk für Frauen und Kinder ‚abgewertet' wird.[18] Erst mit der breiten Verfügbarkeit von Zucker ist Schokolade überhaupt gesüßt und wird zur Zutat für die Zuckerbäckerei. Die Schokoladenfabrik in *Fabian und Sebastian* ist genau an dieser Schnittstelle angesiedelt: Sie bringt mit Zucker und Schokolade zwei ehemalige Luxusgüter in einer kulturhistorisch jungen Allianz zusammen.[19]

Die industrielle Fertigung von Süßigkeiten und Schokolade in fester Form macht die Waren für eine breite Abnehmerschaft verfügbar und verändert damit auch das traditionelle Zuckerbäckergewerbe: Die Industrie tritt neben die Konditorei. Beide unterscheiden sich vor allem in Produktion und Vertrieb, in der Präsentationsweise und im Publikum überschneiden sie sich aber durchaus. Dabei schwankt der Status der Schokolade zwischen Konsumgut und Luxusware. Zum einen gelten sowohl Zucker als auch Schokolade als nahrhaft, so dass sie als Produkte einen anderen, nämlich nützlichen Status erhalten und vornehmlich auf einen Konsum durch Kinder ausgerichtet sind.[20] Zum anderen werden für die Süßigkeiten in der konditorischen wie industriellen Verarbeitung Anleihen beim Luxus gemacht, der nicht mehr durch die Exklusivität, die Unverfügbarkeit, den – bei Lichtenberg noch schwindelerregenden – Preis, sondern vor allem durch Verfahren der Ästhetisierung reaktiviert wird: durch die Größe, durch Formvielfalt, aufwendige Verpackung, oder eben im Rückgriff auf die orientalistischen und erotisierten Imaginationen.[21]

Die moderne Konditorei bewirtschaftet also, könnte man sagen, ihre eigene Geschichte. In dieser Bewirtschaftung, die ganz wesentlich auf Imaginationen des

---

17 Vgl. Ausstellungskatalog *Süsshunger* 1990, S. 33f.
18 Vgl. Wolfgang Schivelbusch: *Das Paradies, der Geschmack und die Vernunft. Eine Geschichte der Genußmittel*. Frankfurt / M. 1990, S. 106.
19 Vgl. Ausstellungskatalog *Süsshunger* 1990, S. 39.
20 Vgl. ebd., S. 45.
21 Zur begriffsgeschichtlichen Verbindung des Luxus mit der Phantasie sowie der Sexualität um 1800 vgl. Joseph Vogl: Art. „Luxus". In: *Ästhetische Grundbegriffe. Historisches Wörterbuch in sieben Bänden*. Bd. 3. Hg. Karlheinz Barck et al. Stuttgart und Weimar 2001, S. 694–708, hier S. 701f.

Luxus beruht, wird sie zur Begehrensmaschine. Obwohl zwischen der Verführung des Blicks an der Auslage in den Reisebeschreibungen des achtzehnten Jahrhunderts und derjenigen in der großstädtischen Konsumlandschaft um 1900 auffällige Gemeinsamkeiten bestehen, finden sich damit eben auch in der Art der Bewirtschaftung des Begehrens deutliche Verschiebungen. Die Auslagen üppiger Torten, bunter Süßigkeiten und filigranen Zuckerwerks evozieren um 1900 spezifisch einen kindlichen Blick und kindliche Imaginationen des übermäßigen Konsums, während in den Gaststuben der Konditoreien vor allem eins konsumiert wird: Zeit. Dabei ist der Raum eben kein kindlicher mehr, sondern ein gegenderter, wenn nicht gar sexualisierter Raum, in dem Süßigkeit und Frau austauschbar werden.[22] Doch auch an den Auslagen geht es nicht wirklich um das Begehren des Kindes. Stattdessen wird es in die Verführungsszene einbezogen, sein imaginativer Konsum und sein Begehren werden Teil des Versprechens, das ein sexuelles wie ökonomisches ist. Zahlreiche Bilder, Illustrationen und Karikaturen um 1900 belegen diese Codierung der Konditorei (siehe Abb. 1 und 2). Während die Konditorei in der Großstadt ganz auf den Konsum ausgerichtet ist

Abb. 1: Jean Béraud: La pâtisserie Gloppe, 1889, Musée Carnavalet, Paris. Gemeinfrei über Wikimedia Commons.

---

22 Zur Darstellungstradition einer wortwörtlich ‚süßen' Erotik siehe exemplarisch Ausstellungskatalog *Süsshunger* 1990, S. 67–72.

und dafür mit dem Kaffeehaus eine Allianz eingeht,²³ ist die Produktion sowohl der Rohstoffe für das nach wie vor bestehende Handwerk der Konditorei als auch der zum Teil inzwischen industriell gefertigten Endprodukte, der Süßigkeiten, in die Fabrikstandorte ausgelagert, die wiederum zu einem Großteil weiterhin aus den Kolonien beliefert werden.²⁴ Diese Gegenseite der Konditorei ist in den Bildern der großstädtischen Konsumlandschaft jedoch ausgespart. Nur so kann sich die Konditorei ihr Bild als ‚Luxusort' bewahren und die Wunsch- und Imaginationsmaschine in Gang halten, die Begehren formiert und ökonomisch nutzbar macht.

Abb. 2: Heinrich Reinhold Pfeiffer: Kindermund. In: *Fliegende Blätter* 166 (1927), Nr. 4263, o. S. © Universitätsbibliothek Heidelberg.

---

23 Vgl. ebd., S. 39.
24 Vgl. allgemein Mintz, *Sweetness and Power* 1985, insbes. S. 69–72.

II

Raabes *Fabian und Sebastian* wurde häufig als besonders digressive Erzählung abgetan – und das mag bei Raabe tatsächlich etwas heißen.[25] Neben den geschwätzigen Monologen der alten Männer, deren Raabe in dieser Erzählung nicht wie üblich einen oder zwei, sondern insgesamt sechs versammelt, betreibt die Erzählung einen hohen narrativen Aufwand für die Ausgestaltung der Fabrik. Die ersten Kapitel bestehen in weiten Teilen aus ausführlichen Beschreibungen des Fabrikkomplexes: Von Raum zu Raum werden die Produktion der Süßigkeiten, aber auch Vertrieb, Verkauf sowie die konditorische Formgebung erzählt.

Das zentrale Merkmal der „Süßigkeitenfabrik der Firma Pelzmann und Kompanie" (BA 15, 15) ist die Unterteilung der Produktion in die industrielle Fertigung der Produkte und die Formgebung dieser Produkte. So setzt die Erzählung die Trennung in Industrie und Handwerk, welche die Bedingung der modernen Konditorei als Süßigkeitenfabrik bildet, räumlich ins Bild. Beide Bereiche umfassen eigene Produktionsabläufe, die in der ausführlichen, iterativen Erzählung vom Fabrikalltag nacheinander erzählt werden: Zuerst folgt die Darstellung dem Verarbeitungsweg der Kakaobohne über die „Röstofen", die „Mühle", die „'Walzmaschinen'", den „Melangeur", den „'Klappersaal'", die „Ettiketiersäle[]" bis in die „Packräume[]" (BA 15, 23f.). Die Maschine ist nicht nur Bestandteil des Fertigungsprozesses, sie dient auch als Bildspender, um die Abläufe der Produktion zu beschreiben. In dieser Funktion ist sie den menschlichen Akteur*innen in der Beschreibung über- beziehungsweise vorgeordnet. Scheinbar vollautomatisiert läuft die Produktion: „Kein Rad und Rädchen versagte seinen Dienst in dem merkwürdigen Getriebe" (BA 15, 23). Entsprechend sind es auch die Dampfmaschinen, die „arbeiteten" (ebd.), lediglich die einzige unökonomische Tätigkeit dieses Ablaufs, „daß die Mädchen bei der Arbeit singen" (BA 15, 24), ist direkt menschlichen Akteurinnen zugeordnet.

Nach der Beschreibung der maschinellen Produktionsabläufe wechselt der Fokus auf die „Zuckerseite des Wunderhauses, in [die] Konfektensäle[], in [die] Makronenbäckerei, in [das] Zauberreich der Pralinés und Dragées" (ebd.), wo das Handwerk dominiert und die Erzählung entsprechend keinen aufeinanderfolgenden, arbeitsteiligen Fertigungsprozess mehr präsentiert. Damit wechselt die Erzählung auch den Bildspender. Statt der Maschine steht die Schöpfung für diesen Bereich Pate, die sowohl im metaphysischen wie auch im künstlerischen

---

25 Vgl. bereits Theodor Fontane: Wilhelm Raabe: Fabian und Sebastian. In: Ders.: *Sämtliche Werke*. Hg. Edgar Gross. Bd. 21.1: Literarische Essays und Studien I. Hg. Kurt Schreinert. München 1963, S. 272–274.

Register semantisiert ist: als göttliche und künstlerische Schöpfung. Produziert, oder eben: geschöpft wird hier nicht arbeitsteilig nacheinander, sondern gleichzeitig nebeneinander. Die Beschreibung folgt entsprechend nicht mehr nacheinander den einzelnen Stationen, sondern sie präsentiert stattdessen ein simultanes Panorama des Lebens und der Natur:

> Was im Wasser schwimmt, was in der Luft fleugt, was auf der Erde wohlgerundetem Runde umherhüpft, -stolziert und -kriecht, wird durch einen Druck der Hand nachgebildet. Was da sprießt, wächst und blüht: sprießt, wächst und blüht auch hier aus Zucker auf. (BA 15, 24f.)

In auf enzyklopädische Erfassung irdischen Lebens angelegten Listen wird die künstlerische Produktion an der Formenvielfalt der Natur gemessen und ihr gleichgesetzt. Dabei entpuppt sich der „Genius der Kunst" (BA 15, 24) freilich trotz des Vergleichs als der göttlichen Schöpfung nachgeordnet: Am Charakter der Nachbildung lässt diese Beschreibung keinen Zweifel, alle Formen haben ihre Vorlage – und sei es nur „im Traum" (BA 15, 28) –, als Zucker- und Schokoladengebilde gewinnen sie keine neue, sondern stets nur „von neuem" (BA 15, 25) Gestalt.

Der handwerkliche Bereich ist der Ort, an dem überhaupt erst der Luxus ins Spiel kommt, indem hier nämlich die luxuriöse Semantik der Konditorei um 1800 und mit ihr ihre Vorgeschichte in der adligen Praktik des Schaumahls aus der frühen Neuzeit aktiviert wird: Die Produkte werden hier für eine Präsentation in den Auslagen vor- und aufbereitet, wo sie zunächst eine ‚Augenlust' erwecken. Nicht ihr Geschmack, sondern ihre Formen weisen sie als kleine Kunstwerke aus. Doch die luxuriöse Semantik des Schaumahls, die der handwerkliche Bereich der Süßigkeitenfabrik aufruft, kommt ebenfalls nicht ohne eine quantitative Logik aus. Weil die Beschreibung dieses Bereichs statt nur die Formen dezidiert die enorme Formen*vielfalt* in den Vordergrund stellt, trägt auch Überfluss zur luxuriösen Semantik bei.

Beide Bereiche produzieren nach einer jeweils anderen Logik und generieren so je eine spezifische Form von Überfluss: Während der maschinelle Fertigungsprozess iterativ und damit proliferierend verfährt, besteht der Überfluss des Handwerks in einer „überwältigend[en]" „Fülle" (BA 15, 24), die statt einer zeitlichen eine vornehmlich räumliche Struktur besitzt. Doch der proliferierende Überfluss der Industrie, der auf eine potenziell unendliche Vervielfältigung ausgerichtet ist, steht nicht im Gegensatz zur Fülle, in der die handwerkliche Inventarisierung der Welt resultiert und die aufgrund ihrer Inkommensurabilität eine Überfülle andeutet. Vielmehr greifen beide Formen des Überflusses ineinander, um eine maximal potenzierte Produktivität zu imaginieren: Von der Idee zum Produkt, das ist der Weg all dessen, „[w]as da drunten in den Arbeitssälen aus den Menschenhänden und den Formen vielgestaltig, phantastisch oder naturgetreu, buntfarbig, glitzernd und schimmernd in unerschöpflicher Fülle hervorging und nachher hinaus in alle Welt" (BA 15, 28). Jede der Formen aus dem unerschöpflichen Vorrat der Welt wird in der Fabrik vervielfältigt und dann wiederum in die Welt hinaus verschickt. Anhand der Zahl Tausend deutet die Erzählung diese Potenzierungslogik beider Formen des Überflusses an: „[T]ausendfach" (BA 15, 172) entstehen in den Fabrikräumen die Kreationen des „Tausendkünstler[s]" (BA 15, 42, passim) Fabian.

Weil die Firma Pelzmann und Kompanie als Fabrik eingeführt und in den Bestandteilen ihres „merkwürdigen Getriebe[s]" (BA 15, 23) beschrieben ist, scheint die Frage nach der Gewichtung der beiden Bereiche auf den ersten Blick klar. Entsprechend scheint auch das „Kesselhaus", von dem aus die Dampfmaschinen „durch immer andere Säle anderes Räderwerk in Bewegung" (ebd.) setzen, als das Herzstück der Firma. Doch die Gewichtung ist keineswegs eindeutig. Denn die luxuriöse Wertschöpfung, die Aufwertung der Süßigkeiten ganz buchstäblich zum ‚kleinen Luxus' geschieht im Handwerk. Dort entstehen sowohl die Süßigkeiten nach dem „Druck der Hand" (BA 15, 25) als auch die Attrappen, die Formvorlagen für die maschinell gegossene Schokolade. Deutlich wird dieser Vorrang daran, dass die Produkte, die Süßigkeiten selbst, jeweils nur im Zusammenhang des handwerklichen Bereichs benannt und beschrieben werden.

In der Beschreibung offenbart die Erzählung eine Ausrichtung auf Präsentation statt auf Konsum, den sie lediglich als rein potenziellen in die Beschreibung der Produktionsabläufe einträgt: Es geht um eine Augen- oder Schaulust, die an die Ästhetik des Schaumahls erinnert. Doch nicht nur implizit aufgrund ihrer Präsentationslogik, auch ganz explizit ist die Beschreibung auf einen Konsum bezogen. Immer wenn es nämlich um den wirtschaftlichen Erfolg der Firma geht, dann wird dieser durch die Kinder ‚beglaubigt': Durch „Tausende und aber Tausende von leckenden, schmatzenden, zuckerschaum- und schokoladebekrusteten Kindermäulchen" (BA 15, 7), oder durch ihren Blick, ob es nun der tatsächliche Blick der Kinder vor den Auslagen ist, wo sie die „Herrlichkeiten mit den Augen und der Einbildungskraft verschl[ingen]" (BA 15, 40), oder der potenzielle Blick eines Kindes, der das Zauberreich zum „Tummelplatz der Kinderphantasie" (BA 15, 25) macht. Dieser kindliche Blick ist deshalb so zentral, weil er den tatsächlichen Konsum der Süßigkeiten seinerseits wiederum in die Imagination verlagert. In der gesamten Erzählung werden nämlich keine der Produkte, die im Erzählerbericht aufgezählt und beschrieben werden, auch tatsächlich konsumiert. Die „Kinder" sind dementsprechend auch keine Figuren, sondern durchweg anonyme, kollektive mögliche Adressaten, insofern der imaginative Konsum der Kinder das ist, womit die Firma wirtschaftet. So verschiebt sich das psychologische Begehren von einem unersättlichen Wunsch nach den Süßigkeiten hin zu einem ökonomischen Begehren, das sich im Erzählen formiert und das freilich nicht weniger psychologisch, wenn auch eben durch ersteres vermittelt ist. Die lustvolle Beschreibung der Süßigkeiten in den Auslagen, wie sie in den Reisebeschreibungen um 1800 zum Topos geworden ist, weicht einer lustvollen Beschreibung der Fabrik, ihrer Abläufe und ihrer Umsätze.

Dass Raabe bei der Beschreibung der fiktiven Schokoladenfabrik tatsächlich eine solche lustvolle Beschreibung vor Augen stand, ist sehr wahrscheinlich. Drei Jahre vor Erscheinen und nur ein Jahr vor Entstehung der Erzählung war in der illustrierten Zeitschrift *Über Land und Meer,* zu deren regelmäßigen Lesern Raabe zählte, eine doppelseitige und beidseitig bedruckte Beilage eingelegt, welche die in Stuttgart ansässige „Bonbons & Chocolade-Fabrik E. O. Moser & Cie." vorstellt. Damit konkretisiert sich, was die Forschung bereits bis ins kleinste biographische Detail nachgezeichnet hat: der Bezug der Erzählung *Fabian und Sebastian* zu ihrem Entstehungsort und damit zur Stadtgeschichte Stuttgarts als Hochburg der deutschen Schokoladenfabrikation.[26] Noch um einiges augenfälliger als die Parallelen zwischen Raabes Wohnung im Haus eines Schokoladenfabrikanten und der Wohngemeinschaft Pelzmann sind die Anleihen an besagter Zeitschriftenbeilage. Über zwei Seiten erstreckt sich die detailreiche Illustration des Fabrikkomplexes, der die Produktions- und Lagerräume ebenso wie die Geschäftsräume sowie Verkauf und Vertrieb darstellt (Abb. 3). Auf der Rückseite findet sich ein sechs Kolumnen füllender Begleittext, der unter dem Titel „Eine Wanderung in das Reich des Zuckers und der Chokolade" hält, was er verspricht: Es handelt sich um eine imaginative Führung durch sämtliche Räumlichkeiten der Fabrik. Auch hier folgt der Weg der Verarbeitung der Kakaobohnen über die Mühlen, die Walzen, die hydraulische Presse zum Melangeur, und von dort zu den Formen und dann in die Verpackungsräume.[27] Und auch hier verbindet die äußerst anschauliche Beschreibung mechanistische Metaphern für die industrielle Fertigung mit der in Listen akkumulierenden Bildlichkeit, die das Handwerk zum Schöpfungsakt verklärt:

> Wir befinden uns hier schon in der Abtheilung für das Dekoriren, und was da Alles von kunstgeübten Händen aus Zuckermasse mittelst der kleinen Papierdüten nachgebildet wird: aus der Blumenwelt, aus dem Thierreich – was für Häuschen, Bäumchen, Sternchen aus Zuckermassen auf Ostereiern und anderem Zuckergrund, das übersteigt die Phantasie eines einzelnen Menschen, man darf sagen, daß hier und in einem zweiten Raum dieser Geschäftsabtheilung – wo die mit Zuckermasse und Zucker färbenden, bildhauenden und

---

[26] Vgl. Karl Fricker: *Wilhelm Raabes Stuttgarter Jahre im Spiegel seiner Dichtung.* Stuttgart 1939, S. 114–125; vgl. Komm. BA 15, S. 576f.
[27] Vgl. Sign. P. St.: Im Reich des Zuckers und der Schokolade. In: *Über Land und Meer* 14 (1879), o. S.

malenden Künstler sitzen – hunderttausend Dinge aus allen Reichen der Naturgeschichte und Industrie en miniature nachgeahmt werden, um Zucker- und Chokoladedelikatessen und Zuckerschaustücke auf's Feinste und Sinnigste auszuschmücken.[28]

Noch deutlicher als bei Raabe dient die spezifische Ökonomie der Süßigkeit als Grundlage, um die überwältigende Fülle der Formen anzuzeigen: Die konditorische Kunst besteht im Kleinen, wie das Adjektiv „klein[]" und die Diminutive deutlich machen. Nachbildung „en miniature" ist das Prinzip, nach dem Welt nicht nur verdoppelt, sondern darüber hinaus komprimiert wird. So verdoppelt und komprimiert die Nachbildung in Zucker von „allen Reichen der Naturgeschichte und Industrie" in das eine Reich, nämlich das titelgebende „Reich des Zuckers und der Chokolade".

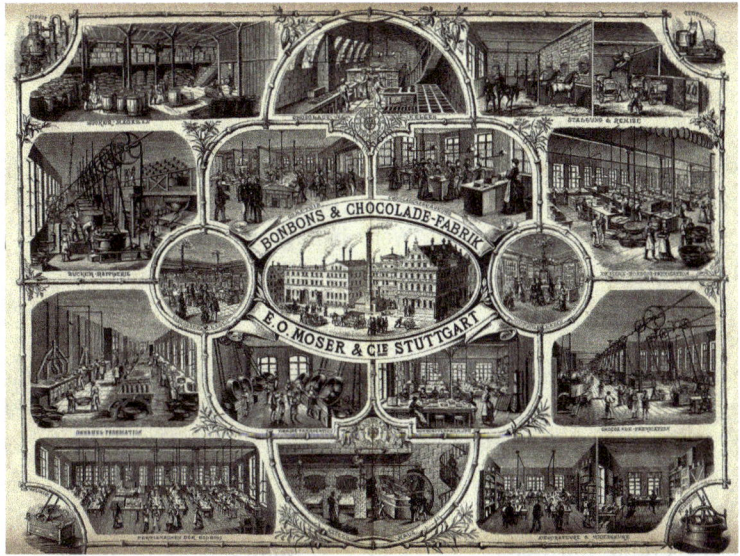

Abb. 3: [Anonym]: Bonbons & Chocolade-Fabrik E. O. Moser & Cie Stuttgart. In: *Über Land und Meer* 14 (1879), o. S. Gemeinfrei über Wikimedia Commons.

Was die Beilage ebenfalls deutlicher hervorhebt, ist die Ausrichtung auf den Konsum, den die lustvolle und sämtliche Sinne ansprechende Beschreibung fast schon vorwegzunehmen scheint. Anders als bei Raabe, der vom Fabrikkomplex in das „Zauberreich" (BA 15, 24) überleitet, steht die imaginative Führung von Anfang an unter den Vorzeichen des Zaubers: „Ein märchenhaft buntes, fröhliches

---

28 Ebd.

Reich!"[29] Dass der Rundgang in den Verkaufsräumen startet, verwundert nicht, weist doch die veranschaulichende und affektive Rhetorik den Text als Werbetext aus. Man könnte überlegen, ob diese Ausrichtung auf eine Präsentation von Fabrik und Ware ebenfalls die ästhetische Tradition des Schaumahls fortführt und dabei Darstellung mit Zucker assoziiert, als „Poesie des Essens"[30]. Doch geht die Präsentation nicht im Zauberreich auf. Auch der doppelte Überfluss, der darin besteht, dass die Überfülle der Formen durch industrielle Fertigung vervielfältigt und so potenziert wird, findet sich in der Werbebeilage. Sie bildet den Schlusspunkt der Führung, wenn der nun als Figur auftretende Führer die Geschäftszahlen offenlegt:

> „Wir beschäftigen," gab auf unsere Frage unser Führer Auskunft, „achtzig bis hundert männliche Arbeiter und hundertundvierzig bis hundertundsechzig weibliche. Unser Comptoir- und Magazinspersonal beläuft sich auf zweiundzwanzig Angestellte, wir brauchen zwei Güterfuhrwerke und versenden und verkaufen pro Jahr so gegen fünfzehntausend Centner fertiges Fabrikat. Alles Bonbons, Chokolade, Plätzchen, Pralinés, Dragées, Fondants und ähnliche Dinge."[31]

Inwiefern der internationale Warenversand, dem auch Raabe in seiner Firma Pelzmann und Kompanie den Ertrag zuschreibt, den „städtischen Einzelverkauf" (BA 15, 16) potenziert, findet sich in der Werbebeilage ausgeführt und beziffert. Während bei Raabe nur der Anzahl der Arbeiter*innen eine konkrete Zahl, nämlich „zwei- bis dreihundert" (BA 15, 23), zugeordnet ist, endet die imaginative Führung der Werbebeilage damit, dass die Fabrikabläufe insgesamt durch Geschäftszahlen quantifiziert werden. Dass die Zahlen darauf hin ausgelegt sind, die Schaulust noch zu steigern, welche die lustvolle Beschreibung des Zauberreichs wie der reibungslosen Abläufe in der Fertigung ohnehin evoziert, zeigt sich in der Reaktion der Adressiertenschaft dieser Führung. Sie staunt nämlich über die Zahlen selbst: „Von diesen! Fünfzehntausend Centner, eine Million fünfmalhunderttausend Pfund, [...] welch' eine Zahl!"[32] Obwohl die Werbebeilage eine Faszinationskraft der Produkte in Szene setzt, richtet sich die lustvolle Beschreibung letzten Endes auf die schiere Menge der Waren sowie auf übergeordneter Ebene – nimmt man nämlich den Charakter des Textes als *Werbe*text ernst – auf den Profit, der aus dieser Faszination und dem aus ihr resultierenden Begehren geschlagen werden kann. Wie in Raabes Erzählung basiert der ökonomische Überfluss der Schokoladenfabrik darauf, dass die Beschreibung mit dem

---

29 Ebd.
30 Ebd.
31 Ebd.
32 Ebd.

kindlichen Blick und damit mit der „vollen Konsumfähigkeit eines Kindes" (BA 15, 24) kalkuliert. Der Lustgewinn, auf den die Beschreibung in der Beilage wie auch die beschreibenden Passagen bei Raabe jedoch abzielen, ergibt sich nicht aus einer auf Schaulust hin abzielenden Präsentation der Waren, sondern aus dem ökonomischen Profit, in den sich diese Schaulust übertragen lässt.

III

Auf den ersten Blick mag die Beschreibung des Fabrikkomplexes in Raabes Erzählung vor allem als kulturhistorisch interessanter Exkurs erscheinen, der wiederholt die Aufdeckung der Familiengeschichte der Pelzmanns unterbricht. Doch die Passagen, welche den Fabrikkomplex und die Produktionsabläufe vorstellen, besitzen eine integrale Funktion für die Erzählung. Denn die beiden Hauptfiguren, der Künstler Fabian und der Geschäftsmann Sebastian, sind unauflösbar mit dem Fabrikkomplex verbunden, so dass der doppelte Überfluss der Fabrik auch mit der Figurenkonstellation und ihrer psychologischen Dynamik in Beziehung steht. In dieser Verbindung von Ökonomie und Psychologie motiviert der Fabrikkomplex die Handlung.

Den beiden Bereichen im Komplex der Süßigkeitenfabrik ist jeweils eine der beiden titelgebenden Figuren zugeordnet. Das ungleiche Brüderpaar betreibt gemeinsam die Fabrik. Während dem jüngeren und ernsteren Sebastian die Aufsicht des Kontors und der Produktionsabläufe in der Fabrikhalle obliegt, ist der ältere und melancholische Fabian so etwas wie das Mastermind hinter der schier unendlichen Vielfalt an Formen der Süßigkeiten, weshalb er auch der „Attrappenonkel" (BA 15, passim) genannt wird. Obwohl beide Figuren maßgeblich am ökonomischen Erfolg der Fabrik beteiligt sind, ist die Inhaberschaft der Firma ungleich verteilt. In diesem Punkt nimmt es der Erzählerbericht nämlich sehr genau: Zwar ist der Attrappenonkel Fabian der älteste der ehemals drei Brüder, trotzdem ist er nur der „nominelle[] Mitinhaber[]", wohingegen Sebastian „der andere wirkliche Mitinhaber" (BA 15, 25) ist. Als unmittelbares Resultat aus der Vorgeschichte der Familie Pelzmann ist die asymmetrische Inhaberschaft ein erster Hinweis für einen latenten Konflikt unter der Oberfläche der wohlgeordneten und florierenden Süßigkeitenfabrik. Sie geht nämlich auf die Konkurrenz zwischen Sebastian und dem inzwischen verstorbenen Lorenz zurück, in die der älteste Bruder Fabian intervenierte und in Folge dessen die Inhaberschaft verlor.[33] Ein weiterer Hinweis, der die räumliche Ordnung auf einen Konflikt hin lesbar macht, ist die Tatsache, dass die Zusammenkünfte der Brüder auf das Nötigste beschränkt sind. Die wenigen direkten Begegnungen sind als Ausnahmen eingeleitet (vgl. BA 15, 26); für die übrigen Geschäfte vermitteln Kontaktfiguren zwischen den Bereichen und zwischen den Brüdern.

Die Asymmetrie der Inhaberschaft schlägt sich in der Topologie des Fabrikkomplexes nieder. Ganz buchstäblich zeichnet sich hier nämlich eine Schieflage ab. Auf einer vertikalen Achse ist die Fabrik hierarchisch geordnet: Von den Wohnräumen, über die Geschäftsräume und Schreibstuben bis hinab in die Fabrikhalle und die Arbeitssäle. In diese vertikale Ordnung interveniert die horizontale Achse, weil sie keineswegs einfach ein gleichwertiges Nebeneinander bezeichnet. Auf dieser Achse stehen sich Sebastians „Vorderhaus[]" und Fabians „Hinterhaus[]" entgegen (BA 15, 15), die räumlich so sehr voneinander getrennt sind, dass sie sogar eigene Eingänge besitzen. Diese Eingänge liegen zudem in zwei verschiedenen Straßen: der repräsentativen „Hochstraße" mit ihren „glänzenden Räume[n]" und der „dunklen Fadengasse" (BA 15, 171). Die Straßennamen implizieren also ebenfalls eine topologische Ordnung von oben nach unten, womit die horizontale Achse gleichsam in die vertikale kippt. Damit wird aber zugleich auch die klare hierarchische Ordnung auf die horizontale Achse zwischen Vorder- und Hinterhaus übertragen. Die ‚wirkliche' gegenüber der ‚nominellen' Inhaberschaft ist jedoch nicht das einzige, was damit räumlich geordnet wird. Auch die jeweils den Brüdern zugeordneten Bereiche der Fabrik sind von dieser Hierarchisierung betroffen: Der industriellen Fertigung und mit ihr dem proliferierenden Überfluss kommt topologisch eine Vorrangstellung gegenüber dem künstlerischen Handwerk und dessen inventarisierendem Überfluss zu.

Der Hierarchisierung in der topologischen Ordnung entspricht der Lebensstil der beiden ungleichen Brüder. Denn die repräsentativen Wohnräume des Vorderhauses bilden den einzigen Ort, an dem im gesamten Komplex der Firma Pelzmann und Kompanie Luxusgüter konsumiert werden: Hier gibt Sebastian seinen Freunden Diners, er trinkt erlesenen Wein und raucht Zigarre mit seinem regelmäßigen Gast, dem Hofmedikus Baumsteiger. Nichts dergleichen geschieht in den Privaträumen des Hinterhauses. Jeglicher Besuch, der sich dorthin verirrt, und zwar geschäftlich wie privat, wird bis auf wenige Ausnahmen bereits im „Vorsaal" (BA 15, 17) abgewimmelt. Nicht allein dem ökonomischen Unterschied,

---

[33] Zu verschiedenen Möglichkeiten, die Andeutungen zu interpretieren, vgl. Eva Geulen: Der Attrappenonkel in seinem Element. Zu *Fabian und Sebastian*. In: *Raabe und heute. Wie Literatur und Wissenschaft Wilhelm Raabe neu entdecken*. Hg. Moritz Baßler und Hubert Winkels. Göttingen 2019, S. 211–226, hier S. 216–218.

der sich aus der asymmetrischen Inhaberschaft ergibt, ist diese Verteilung geschuldet. Der Konsum in den repräsentativen Gemächern oben steht nämlich in Analogie zur Verführung der ehemaligen Fabrikarbeiterin Marianne, die von Sebastian geschwängert und bereits nach kurzer Zeit fallen gelassen wurde. Denn ebenso wie beim Wein habe Sebastian in seiner Beziehung zur Schäferstochter Marianne „allewege einen feinen Geschmack prästiert" (BA 15, 40). Sein besonderes Talent, „sich der Welt Nichtsnutzigkeit in Zucker einzumachen", das ihm das Pelzmann'sche Faktotum Knövenagel attestiert, ist anders als Fabians Erfindungsgabe nicht auf Großzügigkeit hin ausgerichtet, sondern dient „seinem Vergnügen" (ebd.). Wie ein Indiz des früheren sexuellen Konsums weist sein Konsum der Luxusgüter darauf hin, dass eben nicht die Vernunft, sondern der eigene Lustgewinn Antrieb seines Handelns ist.

Die fast schon holzschnittartige Opposition des gutmütigen Künstlers Fabian und des strengen Geschäftsmanns Sebastian steht in mehrfacher Hinsicht in Frage. Denn trotz der strikten räumlichen Trennung bilden die Brüder eine Einheit. Ein erster Hinweis ist bereits der gemeinsame Namenstag der beiden Brüder am 20. Januar, mit dem die Handlung der Erzählung einsetzt. In der Manier Raabe'scher Erzählanfänge leitet eine halbseitige Liste lokaler Bußtage zu diesem einen „zwanzigsten Januar 187*" über, an dem „die Buße Herrn Sebastians Pelzmann an[ging]" (BA 15, 9), und sich dieser mit seinem Vertrauten, dem Arzt Baumsteiger, über die bevorstehende Ankunft Konstanze Pelzmanns berät. Über das Paradigma der Bußtage wird aus dem geteilten Festtag eine geteilte Schuld.[34] Doch die Zusammengehörigkeit der beiden Namen geht noch deutlich über diesen Hinweis auf eine anteilig getragene Schuld hinaus. Der gemeinsame Namenstag deutet bereits darauf hin, dass Fabian und Sebastian in gewissen Aspekten buchstäblich zusammenfallen. Und so überrascht es nicht, dass die Attribute, welche die Brüder in ihrer Gegensätzlichkeit ausweisen, dann doch variabel auch für den jeweils anderen Bruder ihren Einsatz finden: Nicht nur eignet beiden eine besondere „Erfindungsgabe" (BA 15, 40, 92, passim), auch wird Sebastian zunehmend „melancholisch" (BA 15, 84) und er isoliert sich von der „Gesellschaft der Stadt" (ebd.). Im Angesicht seiner Schuld, die Konstanze Pelzmann verkörpert, wird Sebastian seinem Bruder Fabian ähnlich.

Die Ähnlichkeit der Brüder ist aber nicht Ergebnis einer Figurenentwicklung, sondern gründet in einer Kippfigur, die der Struktur der Fabrik und insbesondere ihrer räumlichen Ordnung inhärent ist. So rekurrieren Zuständigkeiten wie auch

---

34 Als ‚Familienschuld' auch bei John Pizer: Raabe and Dutch Colonialism. In: *Wilhelm Raabe. Global Themes – International Perspectives*. Hg. Dirk Göttsche und Florian Krobb. London 2009, S. 74–86, hier S. 83.

Charakterisierungen der Brüder auf Konzepte, die in ihrer Tradition Psychologie und Ökonomie miteinander verbinden. Für diese Verbindung ist der Typus des Melancholikers, als der Fabian zu Beginn eingeführt wird und zu dem sich Sebastian entwickelt, in der Erzählung paradigmatisch; er bildet sozusagen die Folie dieser Verbindung.[35] Wie Timothy Attanucci und Ulrich Breuer aktuell herausstellen, ist der zum Übermaß der Einbildung neigende Melancholiker seit Aristoteles nicht nur ein Figurentypus der poetischen, sondern eben auch einer der ökonomischen Produktivität.[36] Sie weisen auf die Strukturanalogie zwischen der inhärenten Ambivalenz des Melancholikers und den prominent bei Aristoteles aufeinander bezogenen ökonomischen Typen hin, dem Ökonomen und dem Chrematisten.[37] Auch ohne an dieser Stelle ausführlich auf diese Tradition einzugehen, liegen die Referenzen auf der Hand: Obwohl die Brüder auf den ersten Blick als gegensätzliche ökonomische Typen erscheinen – der stets rechnende und strenge Sebastian und der gutmütige und großzügige Fabian –, sind beide durch Maßlosigkeit gekennzeichnet. So wird für Fabian alles und jede*r zur Vorlage seines unermesslichen Schöpfungsreichtums, so dass seine Wohnräume im Hinterhaus regelrecht überquellen vor Fund- und Sammelstücken (vgl. BA 15, 28f.). An Sebastian wiederum bildet sich biographisch ein Umschlag von Bedürfnis respektive Genuss zum Wunsch nach Profit ab, wie er dem Chrematisten attestiert wird. Nachdem er Marianne verführt und kurze Zeit später verstoßen hat, widmet er sich ganz dem Geschäft und wird dabei angetrieben vom Wunsch nach wirtschaftlichem Profit. Dass beide Figuren in der Erzählung als Melancholiker bezeichnet werden, nachdem die Firma von der Ankunft Konstanzes aus dem vermeintlich ökonomischen Gleichgewicht gebracht wurde, macht deutlich, dass den Figuren keine gegensätzlichen psychologischen Konzepte unterlegt sind. Das ökonomische Gleichgewicht stellt sich nicht zuletzt mit der Referenz auf den Typus des Melancholikers als in seiner Struktur immer schon auf Maßlosigkeit hin ausgerichtet heraus. Somit bilden beide Figuren gemeinsam die Ambivalenz ab, die hinter der vermeintlichen ökonomischen Ordnung der Firma der Firma Maßlosigkeit aufscheinen lässt.

---

35 Siehe Timothy Attanucci und Ulrich Breuer: Melancholie. In: *Handbuch Literatur & Ökonomie*. Hg. Joseph Vogl und Burkhardt Wolf. Berlin und New York 2019, S. 214–217. Zum modernen Melancholiker siehe allgemein Eckart Goebel: Art. „Schwermut/Melancholie". In: *Ästhetische Grundbegriffe. Historisches Wörterbuch in sieben Bänden*. Bd. 5. Hg. Karlheinz Barck et al. Stuttgart und Weimar 2010, S. 446–486, hier S. 476–478.
36 Attanucci und Breuer, Melancholie 2019, S. 214.
37 Vgl. Aristoteles: *Politik*. Hg. und übers. Eckart Schütrumpf. Hamburg 2012, 1256a–1258b. Vgl. dazu Attanucci und Breuer, Melancholie 2019, S. 214 und Moritz Hinsch: Oikonomia und Chrematistik. In: Vogl und Wolf (Hg.), *Handbuch Literatur & Ökonomie* 2019, S. 355–370.

In letzter Instanz ist es aber die Fabrik, die beide Brüder übergeordnet zusammenführt. Weil ihre Eigenschaften, mehr aber noch ihr Handeln verschiedenen Bereichen zugeordnet ist – dem der Kalkulation und dem der Einbildungskraft –, führt die psychologische Struktur weg von den Figuren hin zum Raum, als dessen Agenten die Figuren dann nur noch erscheinen. Nicht Fabian oder Sebastian, sondern der Fabrikkomplex ist Träger dieser psychologischen Struktur, der die Figuren insgesamt unterstellt sind. Der Firma Pelzmann und Kompanie kommt damit selbst Subjektstatus zu: In ihr, in ihren verschiedenen Zuständigkeitsbereichen, Mechanismen und Akteuren, bildet sich eine komplexe Begehrensökonomie ab, die Produktion und Wünsche reguliert beziehungsweise deren Konflikte zutage treten lässt. In dieser Unterordnung der Figuren unter den Raum deutet sich eine Verkehrung der antiken Vorstellung der Oikonomia an. Weniger die einzelnen Figuren werden als Typen aus der antiken Tradition übernommen und aktualisiert, sondern die Vorstellung, dass das Haus – der *oíkos* – einen Machtkomplex bildet, der in seiner Ganzheit Interessen oder Bedürfnisse verfolgt. Diese Vorstellung, die in der Antike Herrschaft begründet, ist bei Raabe invertiert. Statt einer „väterliche[n] Herrschaft über Menschen und Besitz im Haus"[38] ist es hier die Firma Pelzmann und Kompanie, die über die Figuren verfügt. Ihr, nicht den Figuren, ist die ökonomische wie psychologische Struktur des „maßlosen Ausgriffs"[39] zuzuordnen.

IV

Die beiden Bereiche und mit ihnen die beiden Figuren Fabian und Sebastian stellen sich im Laufe der Erzählung mehr und mehr als zwei Seiten einer Medaille heraus. Leerstelle wie verdecktes Zentrum dieser interfiguralen psychologischen Struktur ist der dritte Pelzmann-Bruder. Denn die Annäherung der Brüder vollzieht sich entlang der Aufdeckung der über zwanzig Jahre zurückliegenden Vorgeschichte um die Schäferstochter Marianne. Knövenagel hatte sie damals aus dem Dorf Schielau als Fabrikarbeiterin in die Stadt geholt, wo sie sowohl Lorenz' als auch Sebastians Interesse auf sich zog. Nicht Fabian und Sebastian, sondern Sebastian und Lorenz sind in diesem Konflikt die Kontrahenten. Wir erfahren, „daß die zwei meistens nicht friedlich, wie es sich für Brüder geziemte, nebeneinander gewohnt hatten, daß sie von Kindheit an nur zu häufig *eines* Sinnes, nämlich in betreff augenblicklichen Wunsches und Willens, gewesen waren"

---

38 Vgl. Hinsch, Oikonomia und Chrematistik 2019, S. 355.
39 Attanucci und Breuer, Melancholie 2019, S. 214.

(BA 15, 86). Ganz anders als es die Aufteilung des Firmenkomplexes nahelegt, ist Sebastian dem „muntere[n], vergnügte[n] Luftflieger" (BA 15, 11f.) Lorenz ausgerechnet in seinen Wünschen ähnlich und erweist sich nur insofern als „der Vernünftigere" (BA 15, 86), als er geschickter darin ist, seinen Willen durchzusetzen. Er macht sich Lorenz' fehlendes ökonomisches Geschick zunutze und erwirkt so einen doppelten Vorteil: Lorenz ist aufgrund seiner Schulden in den Militärdienst gezwungen und somit aus dem Weg geräumt; Fabian, der seinem jüngsten Bruder finanziell zur Seite springt, verliert die Inhaberschaft der Firma.

Obwohl die Erzählung die Zusammenhänge dieser Vorgeschichte erst nach und nach versatzstückhaft und über Anspielungen in Figurendialogen nachträgt, sind sie in der Raumstruktur von Anfang an präsent: Zum einen über die asymmetrische Inhaberschaft, die ich bereits analysiert habe, zum anderen, indem die Fabrik seit diesem Konflikt auf zwei Peripherien bezogen ist. Für diese topologische Relation von Zentrum und Peripherie spielt die Nichte Konstanze Pelzmann eine zentrale Rolle, weil sie diesen Bezug über ihre Bewegung im Raum nachvollzieht. Mit ihr werden gleich doppelt die peripheren Gegenorte der Fabrik aktiviert. Darüber hinaus verkörpert sie die Schuld, auf welcher der ökonomische Erfolg der Fabrik basiert, nämlich einer doppelten Ausbeutung.

Zwei Peripherien stehen in der Raumstruktur der Fabrik entgegen. Die erste Peripherie ist die niederländische Kolonie, die bereits im auf den Kolonialhandel verweisenden Namenszusatz der Firma „und Kompanie" (BA 15, 7, passim) angelegt ist. Wie auch in anderen Erzählungen Raabes ist die Kolonie kein Schauplatz, sondern wird durch eine Rückkehrerfigur kontrapunktisch in die Raumstruktur der erzählten Welt eingetragen.[40] Konstanze Pelzmann ist jedoch nur eine symbolische Rückkehrerfigur, weil sie in der niederländischen Kolonie auf Sumatra geboren wurde und erst nach dem Tod ihres Vaters Lorenz in die deutsche Industriestadt geholt wird.[41] Auf diese Weise ist sie zunächst einmal Repräsentantin der Kolonie: Sie vollzieht den Weg der Rohstoffe, des Zuckers und des Kakaos, und verbindet so die deutsche Fabrikproduktion mit den Plantagen in der Kolonie.[42] Dadurch ergänzt sie die Produktionsabläufe der Firma um deren ‚blinden Fleck', den Bereich der Ausbeutung nämlich, der nicht Teil der lustvollen Beschreibung der Firma ist.

Konstanze ist zwar keine tatsächliche Rückkehrerin, wohl aber eine Wiedergängerin, und damit kommt die zweite Peripherie ins Spiel, die sich in ihr sym-

---

[40] Vgl. Florian Krobb: *Erkundungen im Überseeischen. Wilhelm Raabe und die Füllung der Welt.* Würzburg 2009, insbes. S. 9–31.
[41] Vgl. Pizer, Raabe and Dutch Colonialism 2009, S. 82f.
[42] Zum ‚Othering' Konstanzes in der Figurenrede vgl. Petra Helmreich: *Platonische Schattenspiele in der Mignon-Rezeption bei Wilhelm Raabe.* Marburg 2014, S. 212.

bolisch verdichtet. Ihre Ankunft befördert nämlich die Vorgeschichte des Zerwürfnisses unter den Brüdern zutage, die Lorenz Pelzmann überhaupt dazu veranlasst hatte, in die Kolonie zu gehen.⁴³ Nach und nach offenbart die Erzählung um Konstanze Pelzmann eine verdrängte Erzählung um die Schäferstochter Marianne Erdener,⁴⁴ die doppelt verführt und verlassen, obendrein auch noch für das Geschäft ausgebeutet und dann – in der Logik des Überflusses – als überflüssiger Rest buchstäblich entsorgt wurde: Sie sitzt seit 20 Jahren wegen Kindsmord im örtlichen Gefängnis und stellt dabei die zweite, ganz persönliche Schuld der Firma Pelzmann dar.

Doch nicht nur, weil sie kausal mit den vergangenen Ereignissen um Marianne in Relation steht, bringt Konstanze diese „Schuld" (BA 15, 88) auf den Tisch, sondern auch, weil sie über die Raumstruktur mit Marianne eng geführt wird. Wie Konstanze stammte auch Marianne aus der Peripherie, und zwar aus dem Dorf Schielau außerhalb der Stadt. Ausgerechnet dorthin wird Konstanze von ihrem Onkel Fabian zur Sommerfrische verschickt. Mit ihrem Aufenthalt vollzieht sie also auch die zweite Bewegung in der räumlichen Ordnung von Zentrum und Peripherie nach, in der die Fabrik räumlich mit den Kosten ihres wirtschaftlichen Erfolgs verbunden ist. In ihrem Spiel in der Schielauer Natur tritt Konstanze in eine metonymische Beziehung mit dem Bach, der am Anwesen vorbeifließt und in dem, wie sich herausstellt, Marianne ihr Kind getötet hat, nachdem sie von allen Pelzmann-Brüdern im Stich gelassen wurde. Auf diese Weise symbolisch aufgeladen, verkörpert Konstanze im Folgenden dann die doppelte Schuld der Firma Pelzmann und Kompanie und kann konsequenterweise vom schuldgeplagten Sebastian auf seinem Sterbebett mit dem toten Kind verwechselt werden.⁴⁵

Was für die Pelzmann-Brüder eine Schuld ist und sich als Trauma der Deckerzählung um Konstanzes Rückkehr narrativ Bahn bricht,⁴⁶ ist für die Fabrik die Grundlage ihres ökonomischen Erfolgs. Die beiden Peripherien, auf denen der doppelte Überfluss der Schokoladenfabrik basiert, führen also eine Perspektivierung in die Raumstruktur ein: Sie sind Räume *für* das ökonomische Subjekt, das der Fabrikkomplex in seiner topologischen Struktur organisiert und veran-

---

43 Pizer weist darauf hin, dass Lorenz damit indirekt weiterhin der Produktion der Firma dient; vgl. Pizer, Raabe and Dutch Colonialism 2009, S. 83.
44 Zur Analyse von Konstanze als Attrappe einer Deckerzählung vgl. allgemein Geulen, Der Attrappenonkel in seinem Element 2019.
45 Zu Konstanzes ambivalenter Rolle zwischen Erlöserfigur und Todesengel vgl. ebd. sowie bereits Helmreich, *Platonische Schattenspiele* 2014, S. 218–222. Zur Erlöserfigur vgl. Hans Oppermann: Mythische Elemente in Raabes Dichtung. In: *Jahrbuch der Raabe-Gesellschaft* 9 (1968), S. 49–82, hier S. 62–68.
46 Vgl. Geulen, Der Attrappenonkel in seinem Element 2019, S. 221–224.

schaulicht. In ihrer räumlichen Ordnung legt die Fabrik damit die missbräuchliche Basis ihrer Begehrensmaschine frei. Denn während der imaginative Konsum der Süßigkeiten durch die Kinder in das ökonomische Begehren integriert wird, markieren die Peripherien, die Konstanze symbolisiert, den Konsum respektive den Verbrauch, der dieser Begehrensmaschine zugrunde liegt: die koloniale Ausbeutung sowie die Ausbeutung der Frau.[47] Nicht nur erstere, auch letztere ist von ökonomischen Interessen geleitet. Der eigentliche Missbrauch an Marianne ist nämlich nicht die sexuelle Verführung, derer sich erst Lorenz und dann Sebastian schuldig gemacht haben. Es ist der Missbrauch durch Fabian, der Marianne, ihrerseits noch Schäferstochter in Schielau, als Formvorlage für seine Attrappen verwendet und sie dadurch überhaupt warenförmig gemacht hat. Erst in Folge dessen kommt sie als Arbeiterin in die Stadt und wird dort von den anderen beiden Pelzmann-Brüdern nicht so sehr entdeckt als vielmehr wiedererkannt: als Abbild der Süßigkeit. Stand sie als junges Mädchen noch ihrem Ebenbild in Schokolade in der Auslage gegenüber, so erkennt sie sich am Tag ihrer Entlassung aus dem Zuchthaus nach 20 Jahren im Spiegel des Schaufensters nicht wieder, sondern tritt sich als ihr eigener Rest entgegen, als „häßliches, krankes, gebrochenes, irrsinnig stierendes Weibsbild" (BA 15, 156). An dieser Spiegelsituation vermag sich nicht wie am kindlichen Blick in eben dieses Schaufenster ein Wunsch formieren, der die Begehrensmaschinerie der Süßigkeitenfabrik in Gang hält. Dieser Blick macht vielmehr die Kehrseite der Begehrensmaschine sichtbar.

V

Den Luxusort der Konditorei überführt Raabes *Fabian und Sebastian* in die Begehrensmaschinerie der Süßigkeitenfabrik, die sowohl die Bedingungen des Begehrens als auch dessen Kosten offenlegt. Dabei kommt dem Raum eine doppelte Bedeutung zu: Zum einen organisiert die Fabrik sämtliche Figuren sowie die Handlung; sie ist also eine figurenübergreifende Institution. Zum anderen veranschaulicht die Fabrik selbst die psychologische Struktur eines ökonomischen Subjekts. Das zeigt sich daran, dass die Fabrik und ihre komplexe Raumstruktur perspektiviert sind: Sie ist ein Raum für das ökonomische Subjekt, das nicht von einzelnen Figuren, sondern von der Figurenkonstellation in Abhängigkeit von der Fabrik erzählt wird.

---

[47] Vgl. ähnlich Moritz Baßler: Fabian und Sebastian. In: *Raabe-Handbuch. Leben – Werk – Wirkung*. Hg. Dirk Göttsche, Florian Krobb und Rolf Parr. Stuttgart 2016, S. 196–198, hier S. 197.

Die Erzählung perspektiviert die Konditorei also weder von einem kindlichen Blick aus, noch von einem weiblichen Konsum. Stattdessen werden beide Positionen auf das männliche ökonomische Subjekt bezogen. Die Kinder – so könnte man Raabes Anordnung verstehen – stellen ideale Konsumierende dar, an denen sich die Präsentation der Waren wie auch die darin zum Tragen kommende Psychologie der Verführung ausrichtet. Am Kind reproduziert sich die Unverfügbarkeit eines Luxusguts, die schon allein deshalb zustande kommt, weil das Kind ökonomisch nicht handlungsfähig ist. Gleichzeitig ist dem Kind das größere, ungezügelte Begehren zugeschrieben. Damit wird das Kind in Stellung gebracht, um dem Statusverlust von der Luxus- zur Massenwaren entgegenzuwirken. Es geht in der Erzählung jedoch nicht um das Begehren des Kindes. Das Kind wird in die Verführungsszene einbezogen, sein Konsum und sein Lustempfinden wird Teil des Versprechens, während das erwachsene, männliche Subjekt das Zentrum bildet respektive dasjenige ist, das von der Institution der Süßigkeitenfabrik überhaupt geformt wird.

Das Begehren des erwachsenen Subjekts ist – und das ist das Spezifikum von Raabes Anordnung – aber eben auch keines, das sich mit der kindlichen Position identifiziert, und sich auf Süßigkeit respektive Frau richtet. Lediglich als mögliche Perspektive wird diese in der lustvollen Beschreibung des „Zauberreich[s]" (BA 15, 24) angedeutet. Ein entsprechendes narratives Programm verabschiedet die Erzählung bereits in ihrem Erzählanfang: „Und welch ein süß begehrens- und lesenswert Buch würde dies werden können, wenn wir es nur für die jungen Kinder in dieser Welt zu schreiben hätten!" (BA 15, 7) Die Geste der Abkehr vom Begehren korrespondiert nun nicht nur mit der Tatsache, dass in der Erzählung keine der direkt auftretenden Figuren Süßigkeiten konsumiert, sondern letztlich auch mit den langatmigen Figurendialogen der alten, männlichen Figuren, die einem solchen Begehren geradezu diametral entgegenzustehen scheinen. Insofern ist – das macht der Kontrast des weitgehend im dramatischen Modus präsentierten Gesprächs der Figuren gegenüber den Passagen lustvoller Beschreibung der Fabrikräume deutlich – Ausschweifung nicht automatisch mit Luxus assoziiert.[48] Keineswegs findet sich also eine Entsprechung des Erzählens mit der Tätigkeit Fabians, Welt in Zucker zu nachzuformen und damit Begehren zu stiften.

Wie steht es aber um die Perspektive des ökonomischen Subjekts, das auf einer übergeordneten Ebene aus der Begehrensmaschine der Süßigkeitenfabrik Kapital schlägt? Zwar formiert der erzählte Raum ein solches Subjekt, dessen ökonomisches Begehren seine Entsprechung in einzelnen Passagen findet, die wie die Werbebeilage aus *Über Land und Meer* eine Faszination mit den rei-

---

48 Vgl. dazu allgemein Weder und Bergengruen, Moderner Luxus 2011, S. 22f.

bungslosen Fabrikabläufen und den daraus resultierenden Gewinnen präsentieren. Dennoch ist auch dieses vermittelte, ökonomische Begehren in der Erzählung nicht eingelöst. So versagt die Erzählung auch ein Erzählprogramm, das analog zu Sebastians Vermögen, „sich der Welt Nichtsnutzigkeit in Zucker einzumachen" (BA 15, 40), den wirtschaftlichen Erfolg ins Zentrum stellen würde. Nicht weil hinter dem Unternehmerroman eine Ausbeutungserzählung aufscheint, sondern weil der Unternehmerroman eine Ausbeutungserzählung *ist*, wird dem ökonomischen Subjekt, das die Institution der Süßigkeitenfabrik formiert, der Boden entzogen.

Kira Jürjens
Überhitzte Räume. Wärmelehre des Luxus (Alexandre Dumas fils und Zola)

Wo in der Literatur des neunzehnten Jahrhunderts Luxus, Überfülle und Ausschweifung sind, da ist häufig auch Wärme. Da ist von glühenden Naturen, fiebernden Gemütern, aber auch von ganz konkreten Heizungen und überhitzten Räumen die Rede. Diese Beobachtung führt in ein Diskursgeflecht aus Thermodynamik, Physiologie, Hygiene, Architektur und Ökonomie und gewinnt besondere Relevanz und Anschaulichkeit im weiblich konnotierten Innenraum – in den Boudoirs, Ankleide-, Schlaf- und Badezimmern der französischen Literatur des neunzehnten Jahrhunderts.

Mit den überhitzten Frauenkörpern und -zimmern in Alexandre Dumas fils' *La Dame aux camélias* (1848) sowie in Émile Zolas *La Curée* (1871) und *Nana* (1880) kommt Wärme schon vor den „Entropiegeschichten"[1] der Jahrhundertwende literarische Relevanz zu.[2] Mit den beiden Autoren sind zwei Pole der französischen Erzählliteratur des neunzehnten Jahrhunderts abgesteckt: Wo Dumas fils' Realismus noch deutlich romantische Anleihen zeigt, steht Zolas Naturalismus bereits mit einem Bein in der *Décadence* des *Fin de Siècle*. Gemeinsam ist den Texten die Verortung von Luxus in weiblichen Innenräumen und die daran geknüpfte Verhandlung wärmebedingter Kraftverhältnisse und Energievorräte. Die Protagonistinnen umgeben sich mit Einrichtung und Kleidung, die aufgrund ihrer im Detail beschriebenen kostbaren Materialien und ihrer Herkunft aus den Häusern berühmter (Kunst-)Handwerker und Couturiers als Luxusgüter zu bewerten sind.[3] Zugleich werden die Dinge in den lebensnotwendigen Bedarf[4]

---

[1] Vgl. Christian Kassung: *EntropieGeschichten. Robert Musils „Der Mann ohne Eigenschaften" im Diskurs der modernen Physik*. München 2001; Ursula Reidel-Schrewe: „Alles ein Matsch und Schlamm". Volumen und Entropie im Zauberberg. In: *Der Geist der Erzählung. Narratologische Studien zu Thomas Mann*. Hg. Regine Zeller, Jens Ewen und Tim Lörke. Würzburg 2017, S. 9–24.
[2] Zur grundlegenden Bedeutung der Thermodynamik für Zolas *Rougon-Macquart*-Zyklus vgl. Michel Serres: *Feux et signaux de brume. Zola*. Paris 1975.
[3] Zu der hier angewendeten Definition vgl. Ute Tellmann: Figuren des Überflüssigen und die politisch-moralischen Grenzziehungen in der Ökonomie: luxuriöse Dinge, Menschenmassen und Parasiten. In: *Luxus. Die Ambivalenz des Überflüssigen in der Moderne*. Hg. Christine Weder und Maximilian Bergengruen. Göttingen 2011, S. 74–91, hier S. 77f.
[4] Zur Relativität der Bestimmung des Notwendigen vgl. Christine Weder und Maximilian Bergengruen: Moderner Luxus. Einleitung. In: Weder und Bergengruen (Hg.), *Luxus* 2011, S. 8–33, hier S. 12.

übersteigenden Mengen zu räumlich-konkreter Überfülle angehäuft und in hoher Frequenz erneuert, zerstört oder ausgetauscht, so dass auch der quantitative Umgang mit ihnen als Luxus beschreibbar wird.[5]

Wenn Luxus in „modernen Debatten" als eine „ganz der Sinnlichkeit verschriebene[] Lebensweise" dargestellt wird,[6] ist es nur konsequent, dass sich die Wahrnehmung und Darstellung von Luxus bei Dumas fils und Zola nicht auf das visuelle Register und den analytisch-distanzierten Sehsinn beschränken. Luxus erweist sich in den Boudoirs und Salons auch als ein thermisches Phänomen, das für die Figuren physisch erfahrbar wird. Während sich mit der Wärme als Merkmal literarischer Luxusorte einerseits erotische Phantasmen und Träume von fernen Sehnsuchtsorten verbinden, sind die beschriebenen Wärmeverhältnisse und -bewegungen andererseits fest in zeitgenössischen Wissensdiskursen verankert. In dieser Rückbindung an das in einem ersten Schritt näher zu umreißende Wärmewissen erweist sich das literarische Interieur als weit mehr als zeittypisches Dekor, Mittel räumlicher Figurencharakterisierung oder Chiffrierung von Sinnlichkeit und Sexualität. Der überhitzte Innenraum wird als eine Art Maschinenraum der Texte lesbar – von hier aus werden Narrative von Energiegewinn und -verlust in Gang gesetzt. Dabei wird in den anschließenden Textanalysen eine Ambivalenz literarischer Luxusorte deutlich: Die Romane modellieren den Wohnluxus nicht nur als schlechtes Haushalten mit Geld- und Kraftreserven, sondern statten ihn zugleich auf einer übergeordneten Ebene mit Energiepotentialen aus, die auf der Handlungsebene in den Interieurs eingelagert sind.

Damit sind Fragen danach verbunden, wie sich die Fülle der Welt in Romanform bringen lässt, wie sich – im Falle Zolas – ein zwanzigbändiger Zyklus am Laufen lassen hält, und was es für die traditionell im Roman erzählten „teleologischen Reifungsgeschichte[n]"[7] heißt, wenn die Wissenschaft die kontinuierliche Abnahme von nutzbarer Energie und Zunahme von Chaos und Zerstörung – sprich Entropie – als umfassendes Lebensprinzip ausmacht. Es gilt herauszuarbeiten, dass gerade die Wärme als physisch erfahrbares, physiologisch wirksames

---

5 Zur Unterscheidung von qualitativem und quantitativem Luxus vgl. Werner Sombart: *Studien zur Entwicklungsgeschichte des modernen Kapitalismus*. Bd. 1: *Luxus und Kapitalismus*. München und Leipzig 1913, S. 71f. Der in den Romanen inszenierte massenhafte Luxuskonsum erscheint kulturhistorisch durchaus paradigmatisch für das besondere Spannungsverhältnis zwischen Kunsthandwerk sowie Massenproduktion und -konsum in der Mitte des neunzehnten Jahrhunderts.
6 Weder und Bergengruen, Moderner Luxus 2011, S. 24.
7 Sabine Schneider: Formprobleme in der Prosa der Verhältnisse – Gattungswissen im realistischen Roman (Gottfried Keller, ‚Der grüne Heinrich. Erste Fassung'). In: *Prosa schreiben. Literatur – Geschichte – Recht*. Hg. Inka Mülder-Bach, Jens Kersten und Martin Zimmermann. Paderborn 2019, S. 289–307, hier S. 291.

und räumlich dynamisches Phänomen des Luxus eine zentrale Rolle für das im weiteren Sinne realistische Erzählen des neunzehnten Jahrhunderts spielt.

I Die Wärmehandlung

Wenn der französische Mathematiker, Physiker und Pionier der Thermodynamik Joseph Fourier 1820 das Wärmeverhalten mit den Gesetzen der Schwerkraft vergleicht und seine Forschungsergebnisse als „une des branches les plus importantes de la physique Générale"[8] bezeichnet, ist damit die umfassende Bedeutung des Wärmewissens für das neunzehnte Jahrhundert bereits klar umrissen.[9] Fourier begründet dies näher mit einer Allgegenwart, einer allgemeinen Durchdringung und einem allumfassenden Einfluss der Wärme auf alle Körper, Räume und Phänomene des Universums:

> Aucun sujet n'a des rapports plus étendus avec les progrès de l'industrie et ceux des sciences naturelles ; car l'action de la chaleur est toujours présente, elle pénètre tous les corps et les espaces, elle influe sur les procédés des arts, et concourt à tous les phénomènes de l'univers.[10]

Dabei kommt dem Wärmeverhalten als „action" der – auch für die Literatur interessante – Status einer Handlung zu. Laut Fouriers Theorie tendiert ungleich verteilte Wärme dazu, sich von stärker erhitzten Bereichen in Richtung der kälteren zu bewegen und so ein Gleichgewicht herzustellen.[11] Dass dieser solcherart bewegten Wärme auch bewegende Kraft inhärent ist, formuliert 1824 Sadi Carnot, der damit die Theorie zur Funktionsweise der Dampfmaschine liefert: „Partout où

---

8 Joseph Fourier: *Théorie Analytique de la chaleur*. Paris 1822, S. i.
9 Zur Wissensgeschichte der Thermodynamik vgl. grundlegend Anson Rabinbach: *Motor Mensch. Kraft, Ermüdung und die Ursprünge der Moderne*. Übers. Erik Michael Vogt. Wien 2001; Elisabeth Neswald: *Thermodynamik als kultureller Kampfplatz. Zur Faszinationsgeschichte der Entropie 1850–1915*. Freiburg / Br. 2006.
10 Fourier, *Théorie Analytique* 1822, S. 1f. „Keine andere Wissenschaft hat soviel Bedeutung für den Fortschritt der Industrie und Naturkunde, denn die Wirkungen der Wärme sind allgegenwärtig, die Wärme durchdringt alle Körper und alle Räume, sie beeinflusst die Entwickelung der Kunst und spielt bei allen Erscheinungen im Weltall eine Rolle." (Joseph Fourier: *Analytische Theorie der Wärme*. Übers. Max Bernhard Weinstein. Berlin 1884, S. 1).
11 Ebd., S. 2.

il existe une différence de température, partout où il peut y avoir rétablissement d'équilibre du calorique il peut y avoir aussi production de puissance motrice."[12]

Architektonisch umgesetzt werden die thermodynamischen Erkenntnisse in den zeitgenössischen Neuerungen in Bezug auf die Gebäudeheizung. Wie Moritz Gleich gezeigt hat, gewinnt die Architektur mit den um 1800 aufkommenden zentralen Heiztechniken wie Dampf-, Wasser- und Luftheizungen den Charakter eines „thermodynamische[n] Systems".[13] Damit ist ein „entscheidendes Moment des Medien-Werdens der Architektur" markiert, die mit der Lenkung von Luft- und Wärmeströmen von einer reinen Speicherstruktur zu „eine[r] genuine[n] Speicher- und Übertragungsstruktur" wird.[14] Ein Gebäudetyp, in dem moderne Heizungstechnologien schon früh erprobt werden, sind die gläsernen Pflanzenhäuser des neunzehnten Jahrhunderts,[15] die zugleich zum paradigmatischen Luxusort der Literatur avancieren.[16]

Das thermodynamische Wissen und dessen medial-architektonische Implementierungen erweisen sich für das realistische Erzählen als besonders anschlussfähig: Wenn die Erzähler versuchen, scheinbar hinter die von ihnen beschriebenen Welten zurückzutreten, ist ein physikalisch begründetes, der Dingwelt innewohnendes Bewegungspotential ein dankbares Phänomen. Die von Fourier hervorgehobenen penetrierenden Eigenschaften der Wärme prädestinie-

---

[12] Sadi Carnot: *Réflexions sur la puissance motrice du feu et sur les machines propres à developer cette puissance.* Paris 1824, S. 12. „Ueberall, wo ein Temperaturunterschied besteht, und wo daher die Wiederherstellung des Gleichgewichts des Wärmestoffs eintreten kann, kann auch die Erzeugung von bewegender Kraft stattfinden." (Sadi Carnot: *Betrachtungen über die bewegende Kraft des Feuers und die zur Entwicklung dieser Kraft geeigneten Maschinen.* Übers. und hg. von Wilhelm Ostwald. Leipzig 1892, S. 9).
[13] Moriz Gleich: Vom Speichern zum Übertragen. Architektur und die Kommunikation der Wärme. In: *Zeitschrift für Medienwissenschaft* 12/1 (2015), S. 19–32, hier S. 31. Zur Bedeutung klimatischer Technologien für die Architektur vgl. grundlegend Reyner Banham: *The Architecture of the Well-Tempered Environment.* Chicago 1969.
[14] Gleich, Vom Speichern zum Übertragen 2015, S. 26f.
[15] Vgl. Stefan Koppelkamm: *Künstliche Paradiese. Gewächshäuser und Wintergärten des 19. Jahrhunderts.* Berlin 1988, S. 17; für diesen Hinweis danke ich Hans-Georg von Arburg. Vgl. außerdem Georg Kohlmaier und Barna von Sartory: *Das Glashaus. Ein Bautypus des 19. Jahrhunderts.* München 1981, S. 96–101.
[16] Einen Überblick über das Treibhausmotiv in der Literatur der *Décadence* gibt Heide Eilert: Im Treibhaus. Motive der europäischen Décadence in Theodor Fontanes Roman ‚L'Adultera'. In: *Jahrbuch der Deutschen Schillergesellschaft* 22 (1978), S. 494–517; außerdem: Roger Bauer: *Das Treibhaus oder der Garten des Bösen. Ursprung und Wandlung eines Motivs der Dekadenzliteratur.* Wiesbaden u. a. 1979. Zum Treibhaus als Ort des Ehebruchs bei Fontane vgl. auch Uta Schürmann: Der ‚Fontanesche Treibhauseffekt'. Temperaturen, Emotionstheorien und Wirkungen in ‚L'Adultera'. In: *Fontane Blätter* 83 (2007), S. 53–66.

ren diese regelrecht für die „Transgressionsphantasie[n]"[17] der Realisten: Wo in den untersuchten Texten räumlich markierte Gegensätze von Stadt und Land, Orient und Okzident, alter und neuer Gesellschaftsordnung, bürgerlicher Gesellschaft und *demi-monde* der Kurtisanen überschritten und unterlaufen werden, sind Bewegungen der Wärme im Spiel.

Wenn damit ein allgemeiner Verlust an Ordnung einhergeht, lässt sich dies auch zur pessimistischeren Kehrseite der Thermodynamik in Beziehung setzen, die auf deren frühen Optimismus folgt. Rudolf Clausius und William Thomson identifizieren unabhängig voneinander den zweiten Hauptsatz, wonach „in jedem isolierten System die Übertragung von Kraft von einem wärmeren auf einen kälteren Körper mit einer Verringerung in der gesamt verfügbaren Kraft" und einer Zunahme von Unordnung einhergeht.[18] Clausius etabliert dafür die begrifflich an die ‚Energie' angelehnte Größe der ‚Entropie'.[19]

Der universelle Charakter der thermodynamischen Erkenntnisse macht auch vor dem Menschen nicht halt. Anson Rabinbach hat gezeigt, wie sich die bis in die Antike reichende Vorstellung vom Menschen als Maschine im neunzehnten Jahrhundert in Anlehnung an die thermodynamischen Gesetze hin zur Vorstellung eines von Erschöpfung bedrohten ‚Motor Mensch' verschiebt.[20] Dies gewinnt wiederum besondere Relevanz für die Literatur der *Décadence* und des *Fin des Siècle*, wo sich in den geschlossenen Systemen der Interieurs bei Baudelaire oder Huysmans und – wie Rabinbach hervorhebt – noch vor den einschlägigen medizinischen Schriften neurasthenische Erschöpfungsnarrative ausbilden.[21]

Die damit verbundene Frage des richtigen Haushaltens mit körpereigenen Ressourcen im Austausch mit dem jeweiligen Milieu ist von besonderer Bedeutung für die häusliche Hygiene des neunzehnten Jahrhunderts, die die Begriffe des ‚Wärmehaushalts' und der ‚Wärmeökonomie' aus der Physiologie übernimmt.[22] So bezeichnet der Münchner Arzt und Hygieniker Max von Pettenkofer

---

17 Diesen Begriff übernehme ich von Rainer Warning, auch wenn dessen Zola-Analyse der thermodynamischen Lesart Serres eher skeptisch gegenübersteht. Vgl. Rainer Warning: *Die Phantasie der Realisten*. München 1999, S. 244.
18 Rabinbach, *Motor Mensch* 2001, S. 13.
19 Rudolf Clausius: Über verschiedene für die Anwendung bequeme Formen der Hauptgleichungen der mechanischen Wärmetheorie. In: *Annalen der Physik* 125 (1865), S. 353–400, hier S. 400.
20 Vgl. Rabinbach, *Motor Mensch* 2001.
21 Vgl. ebd., S. 16.
22 Der Göttinger Anatom und Physiologe Carl Bergmann untersucht in den 1840er Jahren die Zusammenhänge zwischen dem Wärmehaushalt und der Körpergröße von Tieren. Vgl. Carl Bergmann: Ueber die Verhältnisse der Wärmeökonomie der Thiere zu ihrer Größe. In: *Göttinger Studien*. 1. Abt. 1847, S. 595–708.

1872 in seinen *Populären Vorlesungen* das Bett als einen „Apparat, welcher für den Wärmehaushalt ausgezeichnete Dienste leistet"²³. Zugleich betonen die Hygieniker allerdings immer wieder die Gefahren textiler Überladung in luxuriösen Wohnungen.²⁴ Die Diskussion um gesundes und ‚richtiges' Wohnen bewegt sich im Spannungsfeld zwischen der vorbildlichen Rosshaarmatratze und dem verpönten Eiderdaunenkissen, zwischen wärmeökonomischen Türportièren und frischlufthemmenden Bettvorhängen.²⁵ Mit der zentralen Bedeutung von Textilien zur Regulierung der Raumtemperatur erscheint Wärme auch als eine ökonomische Frage des Materialeinsatzes. Wie zu zeigen ist, hat die Literatur des französischen Realismus entscheidenden Anteil daran, die traditionell weiblich konnotierten Textilien verdächtig zu machen: Wo gepolsterte Diwans und Sessel herumstehen, die die Wärme ihrer ‚orientalischen' Herkunftsgeschichte gleichsam in sich tragen,²⁶ scheinen unproduktiver Müßiggang, Erschöpfung, Erschlaffung, aber auch Wollust und Leidenschaften räumlich regelrecht vorprogrammiert.²⁷ Darin wirken physiologische Vorstellungen nach, wie sie Alain Corbin für das achtzehnte Jahrhundert festhält und wonach ein direkter Zusammenhang zwischen Wärme und Kraftlosigkeit besteht:

> Wärme bewirkt eine tendenzielle Verdünnung der Luft und führt deshalb zur Erschlaffung und Verlängerung der Fasern. Die äußeren Körperteile, insbesondere die Extremitäten

---

23 Max von Pettenkofer: *Beziehungen der Luft zu Kleidung, Wohnung und Boden. Drei populäre Vorlesungen. Gehalten im Albert-Verein zu Dresden am 21., 23. und 25. März 1872.* Braunschweig 1873, S. 61.
24 In der haushaltshygienischen Schrift des Mediziners Jean-Baptiste Fonssagrives ist entsprechend von „notre ennemi le luxe" die Rede. Jean-Baptiste Fonssagrives: *La Maison. Étude d'Hygiène et de bien-être domestiques.* Paris 1871, S. 68.
25 Vgl. dazu Kira Jürjens: Ein weiteres Kleid. Zur Wissensgeschichte häuslich-textiler Umgebungen im 19. Jahrhundert. In: *N.T.M. Zeitschrift für Geschichte der Wissenschaften, Technik und Medizin* 29 (2021), S. 11–43.
26 Zu den Polstermöbeln als prominentem „Orient-Import" vgl. den Beitrag von Andrea Polaschegg in diesem Band.
27 Diesen Zusammenhang zwischen Textilien, Weiblichkeit, Wärme und Kraftlosigkeit stellt 1835 ein Lexikon-Artikel zum Begriff „paresse" her: „Nichts ist verderblicher für jene schlaffen und langsamen Menschen, für jene kränklichen Frauen, die unaufhörlich auf ihren bequemen Diwans liegen, auf ihren Federbetten, als dieser schlaffe Zustand, den wir Müßiggang heißen; nicht nur bringt er ihre Reize zum Verblassen, sondern macht sie für Euccorrhöe, die Amenorrhöe, Migränen, kranke Nerven, verdorbene Mägen anfällig, macht sie bleich, depressiv, kraftlos. Die Faulheit lagert Blut an, die Lymphe verursachen dann die Stockung der Körperflüssigkeiten, und dies alles aufgrund des horizontalen Lebens im warmen Bette, und die Polster, unter dem Kopf aufgehäuft, verursachen Körpersäfte, die die Grundlage der Apoplexie bilden." Art. „Paresse". In: *Encyclopédie des jeunes étudiants et des gens du monde, au dictionnaire raisonné humaines, des moeurs, et des passion.* Bd. 2. Paris ²1835, S. 187; zitiert nach Rabinbach, *Motor Mensch* 2001, S. 44.

schwellen an. Der gesamte Organismus leidet unter Schwäche, wenn nicht gar unter absoluter Mattigkeit. Kalte Luft dagegen zieht die festen Körper zusammen, vermehrt die Spannung der Fasern und kondensiert die Flüssigkeiten. Sie erhöht die Kraft und Aktivität des Individuums.[28]

Eine weitere Ebene der diskursiven Verflechtung ergibt sich mit Blick auf die Übertragung von Harveys Modell des Blutkreislaufes auf den Geld- und Warenverkehr, der „bei Hobbes oder Rousseau ebenso wie bei Quesnay oder von Justi" als „notwendiger Zusammenschluss von arterieller und venöser Bewegung" erscheint.[29] Die in zeitgenössischen literarischen Texten als überhitzt beschriebene Atmosphäre des *Second Empire* mit seinem Spekulations- und Konsumfieber erhellt sich auch im Zusammenhang einer solchen physiologisch modellierten Ökonomie. Die im Folgenden näher zu untersuchenden Luxusräume erscheinen in diesem Sinne als Stockungen und Stauungen des Geld- und Warenflusses,[30] mit denen entsprechende Pathologien der Figuren einhergehen.

Mit Blick auf die hier nur grob umrissenen diskursiven Kontexte zeitgenössischen Wärmewissens erscheint es nur konsequent, dass die geschlossenen Räume literarischer Luxusorte mit ihrer hohen Dichte an Dingen und Materialien als warm beschrieben werden und so auf die Figuren und die Handlung einwirken. Dabei soll es nicht darum gehen, die Literatur einsinnig einem universellen Erklärungsanspruch der Thermodynamik zu unterstellen. Vielmehr sollten die diskursübergreifenden Verbindungen von Raum, Luxus und Wärme im neunzehnten Jahrhundert deutlich geworden sein, die im Folgenden mit Blick auf die je eigenen literarischen Anachronismen, Ambivalenzen, Narrative, Bilder und Figuren zu untersuchen sind. Es gilt zu fragen, ob und wie sich Wärme als handlungstreibende Kraft für die Zusammenhänge zwischen der erzählten Wärmeökonomie und den literarischen Topologien des Luxus lesbar machen lässt. Die Wärme scheint in ihrer eigenen Ambivalenz als Triebkraft und Abfallprodukt der Energieerzeugung, als unendlich umwandelbares Energiepotential und als mit haushalterischen Notwendigkeiten verbundenes Phänomen besonders dazu ge-

---

28 Alain Corbin: *Wunde Sinne. Über Begierde, den Schrecken und die Ordnung der Zeit im 19. Jahrhundert*. Übers. Carsten Wilke. Stuttgart 1993, S. 22.
29 Joseph Vogl: *Kalkül und Leidenschaft. Poetik des ökonomischen Menschen*. Zürich und Berlin 2004, S. 224.
30 Zum Zusammenhang von Stockung und Hitze im Zusammenhang mit den Zirkulationsgeschäften an der Börse in Zolas *L'Argent* vgl. Ulrike Vedder: Aktien und Akten. Zolas Übertragungen im Feld von Wissenschaft und Roman. In: *Interesse für bedingtes Wissen. Wechselbeziehungen zwischen den Wissenskulturen*. Hg. Caroline Welsh und Stefan Willer. München 2008, S. 207–224, hier S. 210. Vedder macht dabei „Aufschub und Erhitzung" als grundlegende Momente der „Choreographie der Zirkulation" (ebd.) aus.

eignet, um die „Ambivalenz des Überflüssigen"[31] in seinen spezifischen räumlichen Ausprägungen und geschlechtlichen Besetzungen näher in den Blick zu nehmen.

II Fiebrige Körper und überfüllte Räume: Dumas fils' *Kameliendame*

In Alexandre Dumas' Liebes- und Leidensgeschichte zwischen dem bürgerlichen Armand Duval und der tuberkulosekranken Kurtisane Marguerite Gautier – der titelgebenden Kameliendame – sind Innenraum, Körper, Luxus und Wärme eng miteinander verknüpft. Marguerite Gautier wird entsprechend zu Beginn des Romans über eine detaillierte Innenraumbeschreibung des extradiegetischen Erzählers eingeführt:

> Le mobilier était superbe. Meubles de bois de rose et de Boule, vases de Sèvres et de Chine, statuettes de Saxe, satin, velours et dentelle, rien n'y manquait. Je me promenai dans l'appartement et je suivis les nobles curieuses qui m'y avaient précédé. Elles entrèrent dans une chambre tendue d'étoffe perse, et j'allais y entrer aussi, quand elles en sortirent presque aussitôt en souriant et comme si elles eussent eu honte de cette nouvelle curiosité. Je n'en désirai que plus vivement pénétrer dans cette chambre. C'était le cabinet de toilette, revêtu de ses plus minutieux détails, dans lesquels paraissait s'être développée au plus haut point la prodigalité de la morte.[32]

Der mit spannungssteigerndem Aufschub erzählte Eintritt in das „cabinet de toilette" sowie dessen superlativische Beschreibung („ses plus minutieux détails", „au plus haut point") inszenieren das Zimmer als räumliche Verdichtung von Marguerites Verschwendungssucht. Diese räumliche Charakterisierung ent-

---

[31] So lautet der Titel des Sammelbandes von Christine Weder und Maximilian Bergengruen (Hg.): *Luxus. Die Ambivalenz des Überflüssigen in der Moderne*. Göttingen 2011.
[32] Alexandre Dumas fils: *La Dame aux camélias*. Hg. Hans-Jörg Neuschäfer und Gilbert Sigaux. Paris 1981, S. 52f. „Das Mobiliar war prachtvoll. Möbel aus Rosenholz und Boulle, Sèvres- und Chinavasen, Statuetten aus sächsischem Porzellan, Seide, Samt und Spitzen, nichts fehlte. Ich schlenderte durch die Zimmer und folgte den vornehmen und so neugierigen Besucherinnen, die schon vor mir den Rundgang begonnen hatten. Sie traten in ein Schlafzimmer, das mit persischen Stoffen bespannt war, und ich schickte mich ebenfalls an, hineinzugehen, da verließen sie es beinahe im selben Augenblick schon wieder, lachend und so, als ob sie vor der Befriedigung dieser letzten Neugierde zurückscheuten. Mein Wunsch, gerade dieses Zimmer zu betreten, wuchs nur dadurch. Es war das Toilettenzimmer und enthielt noch vollständig bis in alle Einzelheiten die Einrichtung, die ein Beweis für die äußerste Verschwendungssucht der Toten war." (Alexandre Dumas: *Die Kameliendame*. Übers. Otto Flake. Frankfurt / M. ²2013, S. 9).

spricht dem Stereotyp der Prostituierten als besonders luxusaffin und greift die topische und bis in die Antike reichende Assoziation von Luxus und Weiblichkeit sowie die besonders im moraltheologischen Luxuria-Diskurs verankerte Verknüpfung von fleischlicher und materieller Ausschweifung auf.[33] Dabei setzt sich der Erzähler hier selbst als ‚begehrendes Subjekt'[34] („[j]e n'en désirai que plus vivement pénétrer dans cette chambre") zu Marguerites Wohnluxus in Beziehung.

Dem Erzähler ist dieser Einblick in die Wohnung möglich, da der kostbare Hausstand Marguerites nach deren Tod zur Tilgung ihrer Schulden versteigert und zuvor für Kaufinteressierte und Schaulustige zur Besichtigung geöffnet ist. Der rahmende Anfang des Romans nimmt damit dessen Ende vorweg: Zu diesem Zeitpunkt ist Marguerite bereits verstorben, so dass die räumliche Bestandsaufnahme des intimen Wohnungsinneren den Charakter einer Autopsie gewinnt. Die Wohnung wird zum metaphorischen Ersatzkörper. Die darin versammelten Luxusgegenstände aus kostbaren Materialien werden im letzten Moment ihrer Vollständigkeit („rien n'y manquait") präzise aufgezählt, bevor sich Marguerites gesammelter Besitz mit der Versteigerung auflösen wird.[35] Auch darin ist die Wohnung Marguerite angenähert, deren als innerliche Auflösung imaginierter Tuberkulosetod das Ende der intradiegetisch von Armand erzählten Romanhandlung markiert. Körper und Wohnung werden ganz im Sinne der von Susan Sontag herausgearbeiteten Tuberkulose-Metaphern gleichermaßen als Schauplätze von Verschwendung und Zerfall entworfen.[36]

Dumas etabliert dabei entlang der Topologie von innen und außen zwei Ausdrucksverhältnisse und stellt diese zugleich in Frage: Zum einen steht Marguerites Wohnung als Ausdruck ihrer Verschwendungssucht im Widerspruch zu

---

33 Die topische Verknüpfung von Weiblichkeit und Luxus wird Anfang des zwanzigsten Jahrhunderts zur Grundlage für die Wirtschaftstheorie Werner Sombarts, der die Entstehung der modernen Ökonomie auf das Luxusbedürfnis der Kurtisane zurückführt; Sombart, *Luxus und Kapitalismus* 1913. Zur Vergeschlechtlichung des Luxus seit dem achtzehnten Jahrhundert vgl. den Sammelband von Marjo Kaartinen, Anne Montenach und Deborah Simonton (Hg.): *Luxury and Gender in European Towns, 1700–1914*. Abingdon 2015. Zur Verflechtung von fleischlicher und materieller Ausschweifung im Luxus-Diskurs vgl. auch Joseph Vogl: Art. „Luxus". In: *Ästhetische Grundbegriffe. Historisches Wörterbuch in sieben Bänden*. Bd. 3. Hg. Karlheinz Barck et al. Stuttgart und Weimar 2010, S. 694–708.
34 Zur Bedeutung des Luxusbegriffs „für die Geschichte eines begehrenden Subjekts" vgl. ebd., S. 694.
35 Zum Zusammenhang von Sammlung und Auflösung in Dumas' Roman vgl. Kira Jürjens: Kuratierte Frauenzimmer. Museale Interieurs zwischen Sammlung und Auflösung bei Sophie von La Roche und Alexandre Dumas fils. In: *Museales Erzählen. Dinge, Räume, Narrative*. Hg. Johanna Stapelfeldt, Ulrike Vedder und Klaus Wiehl. Paderborn 2020, S. 139–159.
36 Vgl. Susan Sontag: *Illness as Metaphor*. New York 1990 [1977].

ihren Beteuerungen auf das Pariser Luxusleben verzichten zu können.[37] Zum anderen steht Marguerites äußerer Schönheit und Intaktheit ihr innerer Verfall durch die fortschreitende Tuberkulose entgegen. Ein wechselseitiges Abhängigkeitsverhältnis wird hingegen zwischen dem exzessiven Lebenswandel und der fortschreitenden Krankheit Marguerites entworfen, wobei auch die Wärme ins Spiel kommt. Fieber ist zugleich Begründung für und Ergebnis von Marguerites „excès de tous les jours".[38] Bei einem Abendessen beobachtet Armand ihre ausgelassene Fröhlichkeit, ihre Art zu sprechen und zu trinken, und erkennt darin „un besoin d'oublier, une fièvre, une irritabilité nerveuse".[39] Zugleich führt wiederum jedes weitere Glas Champagner dazu, dass ein „rouge fiévreux" ihre Wangen überzieht.[40] Der fiebrig-überhitzte Körper ist zugleich Antrieb und Resultat. Dies entspricht, wie Mark Föcking herausgearbeitet hat, dem zeitgenössischen medizinischen Diskurs, in dem die Tuberkulose „körperökonomisch" als „Überhitzung" der Lunge beschrieben wurde.[41]

Auch über das Leiden an der Tuberkulose hinaus wird Marguerites Körper in mehrfacher Hinsicht als Ort der Energieverschwendung entworfen. Als Kurtisane bietet sie sexuelle Begegnungen jenseits bürgerlicher Reproduktionspflichten an, die im Sexualitätsdiskurs des neunzehnten Jahrhunderts als „Kraftakt für Nichts"[42] erscheinen. Indem die Kurtisane ihren Bewunderern zudem mit den weißen oder roten Kamelien den Zeitpunkt ihrer Periode anzeigt, wird ein weiteres als Überfluss und Verausgabung imaginiertes körperliches Phänomen aufgerufen. So wurde die Periode bis ins zwanzigste Jahrhundert hinein als Störung der „innere[n] Energie-Ökonomie" pathologisiert.[43] Mit der besonders bei Tuberkulosekranken beliebten, geruchlosen Kamelie ist vor diesem Hintergrund auch eine

---

37 Dumas, *Dame aux camélias* 1981, S. 146f., 188f.
38 Ebd., S. 113.
39 Ebd. Die „Ausgelassenheit" könne „bei Marguerite als Bedürfnis nach Vergessen, als Fieber und nervöse Reizbarkeit erklärt werden." (Dumas, *Kameliendame* 2013, S. 76f.).
40 Ebd.
41 Im *Dictionnaire des sciences médicales* (1820) wird die Schwindsucht entsprechend als „surabondance calorique" der Lunge beschrieben, die zu einer „aptitude des pulmoniques pour les jouissances vénériennes" führe sowie zu einer „vive excitation des parties génitales, circulation augmentée, chaleur ardente de la poitrine, respiration précipitée". Art. „Phthisie". In: *Dictionnaire des sciences médicales*. Bd. 42. Paris 1820, S. 15–168, hier S. 59. Zitiert nach: Marc Föcking: ‚La Dame aux camélias' – Physiologie, Stadt und Milieu bei Dumas fils. In: *Romanistisches Jahrbuch* 61 (2011), S. 191–211, hier S. 202.
42 Vgl. das entsprechende Kapitel in Corbin, *Wunde Sinne* 1993, S. 105–124. Den Ausdruck (im Original: „vaste effort du néant") leiht Corbin von Francis Devay, der ihn in Bezug auf die Onanie verwendet; vgl. Francis Devay: *Traité spécial d'hygiène des familles particulièrement dans ses rapports avec le marriage au physique et au moral*. Paris ²1858, S. 180.
43 Föcking, ‚La Dame aux camélias' 2011, S. 202.

Art Reinheitsversprechen verbunden: Die symbolische Dichte der emblematischen Kamelie setzt ein Imaginationspotential frei, dessen Wirksamkeit noch die 1926 erfolgte Markteinführung der ‚Camelia' als erster Einwegbinde beweist.[44] Die im Roman selbst verhandelte Vermarktung der ‚Kameliendame' als Luxusgeschöpf der Konsumgesellschaft realisiert sich nicht nur in den zahlreichen Theater- und Filmadaptionen, sondern auch indem sie in ihrem kulturgeschichtlichen Nachleben so buchstäblich zu einem Wegwerfprodukt wird.

Zugleich handelt es sich bei der Kamelie nicht nur um ein Zeichen für die als Energieverschwendung imaginierten Körperfunktionen, sondern auch um einen ganz konkret mit Wärme verknüpften Luxusgegenstand: Die kälteempfindliche *camellia japonica* ist ein Orient-Import,[45] der in Europa nur in klimatisierten Gewächshäusern unter großem, mit neuen Heiztechniken bestrittenem Energie-, Licht- und Wärmeaufwand gezüchtet werden konnte.[46] Damit wird bei Dumas über die Kamelie implizit das Treibhaus als überhitzter Luxusort des neunzehnten Jahrhunderts aufgerufen, auf das später in Bezug auf Zolas *La Curée* noch genauer einzugehen ist.[47]

Auch wenn Marguerites Fieber durchaus noch in humoralpathologischer Tradition mit dem Galen'schen Feuer des Herzens assoziierbar ist,[48] wird Wärme im Roman zugleich gemäß modernen Vorstellungen in äußere Bewegung umgesetzt und verknüpft sich dabei mit räumlichen Fragen. Marguerites Fieber geht gemäß einer metonymischen Logik der Ansteckung auch auf ihren Liebhaber Armand über,[49] wenn dieser beschreibt, wie ihn vor lauter Liebe für Marguerite ein sanftes Fieber schüttelte („une douce fièvre m'agitait"[50]) und ihm in räumlicher Konsequenz das eigene Zimmer zu eng wurde: „Ma chambre me semblait trop

---

44 Für diesen Hinweis danke ich Andrea Polaschegg; vgl. dazu auch ihren Beitrag in diesem Band.
45 Vgl. dazu ebd.
46 Vgl. Föcking, ‚La Dame aux camélias' 2011, S. 207.
47 Zur Verbindung von Frau und Pflanzenwelt im Zweiten Kaiserreich sowie den Treibhäusern und Wintergärten als räumlicher Voraussetzung dieser Liaison, mit der auch die Überblendung von Frau und floraler Ornamentik in der symbolistischen Kunst und später im Jugendstil vorbereitet wird, vgl. Alain Corbin: *Pesthauch und Blütenduft. Eine Geschichte des Geruchs*. Frankfurt / M. 1992, S. 247–258.
48 Vgl. zu einer solchen Lesart Eva Siebenborn: *Texturen der Schwindsucht. Die ‚phtisie' im Wechselspiel von französischer Medizin und Literatur (1830–1900)*. Wiesbaden 2016, S. 175–212.
49 Zur Rhetorik der Ansteckung in *La dame aux camélias* vgl. Bernadette Lintz: Concocting ‚La Dame aux Camélias': Blood, Tears, and Other Fluids. In: *Nineteenth-Century French Studies* 33/ 3–4 (2005), S. 287–307.
50 Dumas, *Dame aux camélias* 1981, S. 126.

petite pour contenir mon bonheur; j'avais besoin de la nature entière pour m'épancher."[51]

Armands durch das Fieber angeregte romantische Entfaltungssehnsucht nach der Natur ist allerdings nicht nur eine feurige Herzensangelegenheit, sondern auch ökonomische Berechnung: Mit dem Fieber hat sich auch die Verschwendungssucht Marguerites auf ihn übertragen, wenn er seine bürgerlich-vorbildliche Haushaltung aufgibt, die Familie vernachlässigt, zum Spieler wird und sich in „cette vie rapide, bruyante, volcanique"[52] stürzt, um sich eine Kurtisane wie Marguerite leisten zu können.[53] Die schließlich erfolgende Übersiedelung aufs Land ist vor diesem Hintergrund weniger Rousseau'sche Idylle als ganz pragmatische Sparmaßnahme, wenn Armand sich in dem vom Herzog finanzierten Landhaus selbst wie eine Kurtisane aushalten lässt. Dabei ist der Gegensatz zwischen ausschweifendem Stadt- und gesundem Landleben auch thermisch markiert und bringt sogleich die Heilung Marguerites vor allem in Form von Abkühlung mit sich:

> Quand on nous voyait sortir de la maison pour aller faire une promenade dans un charmant petit bateau que j'avais acheté, on n'eût jamais cru que cette femme vêtue d'une robe blanche, couverte d'un grand chapeau de paille, et portant sur son bras la simple pelisse de soie qui devait la garantir de la fraîcheur de l'eau, était cette Marguerite Gautier qui, quatre mois auparavant, faisait bruit de son luxe et de ses scandales.[54]

Marguerite ist nicht mehr wiederzuerkennen: An die Stelle der mit ihrem Pariser Luxusleben verknüpften fiebrigen Hitze tritt hier der einfache Seidenschal zum Schutz vor der Kühle des Wassers.

Dieser neue Lebensstil mag vielleicht moralische Läuterung bringen, tilgt aber keine Schulden. Der Einfluss des Geldes bzw. von Marguerites Gläubigern reicht über die Stadtgrenzen von Paris hinaus und so bemerkt Armand eines

---

51 Ebd.
52 Ebd., S. 166.
53 Bei der gemeinsamen Wohnungssuche in Paris kurz vor der Intervention von Armands Vater hat sich bezeichnenderweise das Luxusbedürfnis der beiden umgekehrt: „Tous ceux [= les appartements] que nous voyions, Marguerite les trouvait trop chers, et moi je les trouvait trop simples." (Ebd., S. 191). „Marguerite fand alles zu teuer und ich zu einfach." (Dumas, *Kameliendame* 2011, S. 164).
54 Ebd., S. 177. „Wenn man uns das Haus verlassen sah, um in einem reizenden kleinen Boot, das ich gekauft hatte, eine Spazierfahrt zu machen, hätte man niemals geglaubt, daß diese Frau, die ein weißes Kleid, einen großen Strohhut und auf dem Arm den einfachen Seidenmantel trug, der sie vor der Kühle des Wassers schützen sollte, jene Marguerite Gautier sei, die vier Monate vorher durch ihre Verschwendungssucht und ihre Skandale in aller Mund gewesen war." (Dumas, *Kameliendame* 2011, S. 149).

Tages, dass Marguerites Besitztümer nach und nach das Landhaus verlassen, um in der Stadt veräußert zu werden. Im modernen Kreditwesen sind Stadt und Land gar nicht mehr so weit entfernt – eines Nachts macht Armand auf der verzweifelten Suche nach Marguerite den Weg bezeichnenderweise dann auch zu Fuß.[55] Mit der ohnehin brüchigen Idylle ist es ganz zu Ende, wenn auch noch Armands Vater auf den Plan tritt und diesen an seine familiären Pflichten erinnert. Ähnlich unausweichlich sind hier womöglich thermodynamische Prinzipien am Werk: Die ländlich-kühlen Temperaturen sind nicht in der Sommerfrische auf dem Land isoliert und stabilisiert, sondern bleiben dem Einfluss des fiebrigen Stadtlebens ausgesetzt. Der Weg zurück nach Paris ist damit gleichsam naturgesetzlich vorgegeben. Mit der Rückkehr in die Stadt und dem von Armands Vater initiierten Bruch des Paares ist Marguerites Tod nicht mehr aufzuhalten, der sich schließlich im kalten Pariser Winter ereignet, während Armand auf Reisen im warmen Alexandrien ist.

Die Wahl des Reiseziels erscheint als logische Ersatzhandlung Armands: An die Stelle der emblematisch mit der ursprünglich ‚orientalischen' Kamelie versehenen Marguerite tritt nun in räumlicher Konkretion der Orient selbst als *dem* europäischen Imaginationsort des Luxus. Dass Marguerite nicht nur ein Luxusleben führt, sondern als ‚käufliche' Frau auch selbst ein Luxusgut darstellt, legt besonders eine Beschreibung zu Beginn des Romans nahe, in der es über die Kurtisane heißt, sie sei eine jener „natures ardentes qui répandent autour d'elles un parfum de volupté, comme ces flacons d'Orient qui, si bien fermés qu'ils soient, laissent échapper le parfum de la liqueur qu'ils renferment".[56] Armands Begehren richtet sich am Ende des Romans entsprechend nicht mehr auf die mit orientalischen Gegenständen und Substanzen assoziierte Marguerite, sondern auf den Orient als Ursprungsort dieses Luxus, wenn er seinem Vater seinen Reisewunsch („le désir") mitteilt.[57] Dass es sich bei dieser Reise um einen Akt der Sublimation in Form einer räumlich-konkreten Verschiebung handelt, wird auch dadurch unterstrichen, dass Armands Vater, der zuvor die kostenintensive Beziehung zu Marguerite erfolgreich sabotiert hat, seinen Sohn nun bereitwillig mit dem nötigen Kleingeld und hilfreichen Empfehlungen ausstattet.[58]

Dass Marguerite mit einem Flakon verglichen wird, ist zudem durch die besondere räumliche Konfiguration der Verdichtung interessant: Im begrenzten

---

55 Vgl. Dumas, *Dame aux camélias* 1981, S. 208.
56 Dumas, *Dame aux camélias* 1981, S. 109f. „eine jener glühenden Naturen, die eine Atmosphäre von Wollust um sich ausbreiten gleich den orientalischen Flakons, die so fest geschlossen sind und doch ihren Wohlgeruch erraten lassen" (Dumas, *Kameliendame* 2011, S. 72).
57 Dumas, *Dame aux camélias* 1981, S. 229.
58 Vgl. ebd.

Raum des Flakons findet der Destillationsprozess zur Herstellung von Duftessenzen sein räumliches Äquivalent, während der immaterielle Duft dieser Essenzen sich nicht begrenzen lässt und in einer Raumlogik des Überflusses aus- und überströmt. Die mit der Wärme des Orients assoziierten Duftstoffe breiten sich in einem äquivalent zur Wärmeleitung konzipierten Prozess der Diffusion auf ihre Umgebung aus. Das hier angesprochene Raummodell der Verdichtung lässt sich auch zum Text selbst in Bezug setzen, wenn der extradiegetische Erzähler in einem metareflexiven Kommentar seine Sujetwahl damit rechtfertigt, dass alles in einem Wenigen enthalten sei:

> Certes, il doit paraître bien hardi à moi de vouloir faire sortir ces grands résultats du mince sujet que je traite ; mais je suis de ceux qui croient que tout est dans un peu. L'enfant est petit, et il renferme l'homme ; le cerveau est étroit, et il abrite la pensée ; l'œil n'est qu'un point, et il embrasse des lieues.[59]

Während Marguerite im kalten Pariser Winter fiebernd verglüht, bleibt der Temperaturunterschied zwischen ihr und Armand auf erzählerischer Ebene produktiv und bringt ganz konkret Text hervor, wenn Marguerite in ihren letzten Briefen an Armand schreibt: „Vous êtes bien heureux d'être sous le ciel chaud et de n'avoir pas comme moi tout un hiver de glace qui vous pèse sur la poitrine."[60] So wie mit den Briefen um Temperaturfragen kreisend Text produziert wird, ist auch Armands intradiegetische Erzählung das Ergebnis eines Zuviel an Wärme, wenn er infolge der Graböffnung Marguerites fiebernd zum Erzähler wird.[61] Wärme ist insofern nicht nur das Überschussprodukt unnötiger Verausgabung, sondern setzt eigene erzählerische Kraft frei.

An die Wärme gebunden erscheinen Luxus und Verschwendungssucht in Dumas' Roman weniger als individuelle Verfehlungen, sondern eher als strukturelles Problem, dem man sich ebenso wenig entziehen kann wie thermodynamischen Gesetzmäßigkeiten. Insofern ist es nur konsequent, dass auch der extradiegetische Erzähler selbst zum Verschwender wird, wenn er zu Beginn des Romans die *Manon Lescaut*-Ausgabe Marguerites völlig überteuert ersteigert und

---

[59] Ebd., S. 67. „Gewiß, es mag recht kühn von mir erscheinen, aus dem kleinen Gegenstand, den ich behandle, soviel Moral zu ziehen; aber ich gehöre zu denen, die glauben, daß in Wenig Alles enthalten sein kann. Das Kind ist klein und schließt den Mann in sich; das Hirn ist eng und birgt den Gedanken; das Auge ist nur ein Punkt und umfaßt Meilen." (Dumas, *Kameliendame* 2011, S. 26).

[60] Dumas, *Dame aux camélias* 1981, S. 239. „Wie glücklich Du bist, daß Du unter einem heißen Himmel leben kannst und nicht wie ich unter einem eisigen Winter leidest, der sich auf die Brust legt." (Dumas, *Kameliendame* 2013, S. 219).

[61] Vgl. dazu Lintz, Concocting ‚La Dame aux camélias' 2005, S. 293.

damit auch die Literatur in die Nähe zum Luxus rückt.[62] Indem dies wiederum die Bekanntschaft mit Armand und damit die Binnengeschichte initiiert, wird die vermeintliche Verschwendung finanzieller Ressourcen zur Grundlage des Erzählens: Der Einsatz des Erzählers zahlt sich aus.

III Treibhauseffekte der Vermögensbildung: Zolas *La Curée*

Die bereits bei Dumas anklingende Verschränkung von Weiblichkeit, Wärme und Luxus gewinnt in Zolas *La Curée* bauliche Konkretion: Im Hôtel des Immobilienspekulanten Aristide Saccard im neuen Luxusviertel um den Parc Monceau zeichnen sich vor allem die mit seiner Frau Renée assoziierten Räume durch Wärme aus. Dabei kommt dem angebauten Wintergarten, der *serre*[63], ein besonderer Stellenwert zu: Dieser Raum dient nicht nur als Schauplatz der sexuellen Begegnungen Renées mit ihrem Stiefsohn Maxime, sondern lässt sich mit den „permanent in Expansion begriffen[en]" Pflanzen auch als architektonische Verkörperung des „sich rasant entwickelnden, wuchernden Paris" lesen.[64] Besonders anschaulich wird die damit verbundene und an Verschwendung grenzende Schnelllebigkeit im „Hibiscus de la Chine", dessen Blätter die gesamte Seite des Hôtel einnehmen und über dessen Blüten es heißt, sie seien „sans cesse re-

---

[62] Dabei zeugt der von Marguerite geschätzte und wiederholt gelesene Band von einer Lektürepraktik, die dem in der Leseluxusdebatte kritisierten ‚Verbrauch' an Romanen deutlich entgegen gesetzt ist. Und auch wenn das Buch mit ausgezeichnetem Einband und Goldschnitt angepriesen wird („parfaitement relié, doré sur tranche"; Dumas, *Dame aux camélias* 1981, S. 63), handelt es sich hier keineswegs um einen Prachtband, der den Preis von hundert Francs rechtfertigen würde, wie der Erzähler selbst reflektiert. Es ist vor allem der Hinweis auf eine handschriftliche Notiz auf der ersten Seite („*Il y a quelque chose d'écrit sur la première page*", ebd., Hervorhebung im Original), die das Bietergefecht entstehen lässt.
[63] Zola verwendet im Roman sowohl den Begriff *serre* als auch *jardin d'hiver*. Während *serre* die Übersetzung mit Treib- oder Gewächshaus nahelegt, entspricht der Anbau in *La Curée* bautypisch eher dem Wintergarten (*jardin d'hiver*). Der Bautyp des Treibhauses, das vor allem der Anzucht, Vermehrung, Regeneration und Beschleunigung des Wachstums von Pflanzen dient, ist meist im Küchengarten zu finden und unterscheidet sich so von dem an das Wohnhaus angebauten Wintergarten. Vgl. Ruth Maria Ullrich: *Glas-Eisenarchitektur. Pflanzenhäuser des 19. Jahrhunderts*. Worms 1989, S. 48f.
[64] Isabel Kranz: *Raumgewordene Vergangenheit. Walter Benjamins Poetologie der Geschichte*. München 2012, S. 240.

naissantes, ne vivent que quelques heures."⁶⁵ Das Hôtel Saccard als bauliche Entsprechung und „[c]hronotopisch[e] [V]erdicht[ung]"⁶⁶ der überhitzten, luxussüchtigen und kurzlebigen Atmosphäre im Zweiten Kaiserreich bildet so das räumliche und thermische Gegenstück zu Renées Vaterhaus, dem altehrwürdigen Hôtel Béraud auf der Île Saint Louis, dessen Räume und Umgebung als „froide" und „glaciale" beschrieben werden.⁶⁷ Zugleich unterwandert Zola, wie Elke Kaiser gezeigt hat, die topologischen Oppositionen, wenn innerhalb des fensterlosen, verwinkelten Gebäudes das lichtdurchflutete und sonnengewärmte Kinderzimmer unter dem Dach wiederum eine „eine Enklave des oppositiven Raumes" bildet:⁶⁸ Mit den langen Blumenkästen und großen Fenstern erscheint dieses Zimmer als eine Art Fenstergarten und räumliche Vorwegnahme der *serre*. Wenn Renée von hier aus schon als junges Mädchen die Körper der Männer in der unten am Fluss gelegenen Badeanstalt beobachtet, scheint in diesem leeren Raum das noch unklare Begehren angelegt, das in der pflanzengefüllten *serre* mit Maxime seine Erfüllung finden wird.⁶⁹

Das Kinderzimmer als einzelner und von der Sonne ‚natürlich' aufgeheizter Raum hat sich im Hôtel Saccard zu einer etagenübergreifenden Raumfolge ineinander übergehender ‚künstlich' beheizter Luxusräume multipliziert: vom dottergelben Salon, über die mit exotischen Pflanzen gefüllte *serre*, das kleine alkovengleiche Boudoir und das als vergrößertes Bett erscheinende Schlafzimmer bis zum feuchtwarmen *cabinet de toilette*.⁷⁰ Einzig in Renées angrenzender *garde-robe*, in der das haushaltsökonomische Ordnungs- und Etikettiersystem der sparsamen⁷¹ und kühlen⁷² Dienerin Céleste zum Einsatz kommt, glänzen die

---

65 Émile Zola: *La Curée*. In: Ders.: *Les Rougon-Macquart. Histoire naturelle et sociale d'une famille sous le second Empire*. Bd. I. Hg. Armand Lanoux. Paris 1960, S. 319–599, hier S. 356.
66 Warning, *Die Phantasie der Realisten*, S. 291.
67 Zola, *La Curée* 1960, S. 400. Zur räumlichen Opposition der zwei *hôtels* als zentralem Strukturmerkmal von *La Curée* vgl. Elke Kaiser: *Wissen und Erzählen bei Zola. Wirklichkeitsmodellierung in den ‚Rougon-Macquart'*. Tübingen 1990. Zum Gegensatz des Heißen und Kalten vgl. Bernard Joly: Le Chaud et le froid dans ‚La Curée'. In: *Les Cahiers naturalistes* 51 (1977), S. 56–79.
68 Kaiser, *Wissen und Erzählen* 1990, S. 161.
69 Joly macht das Füllen von Leere in Renées Leben als zentrale Handlungsmotivation aus; vgl. Joly, Le Chaud et le froid 1977, S. 59.
70 Renées „appartement particulier" wird als „un nid de soir et de dentelle, une merveille de luxe coquet" beschrieben (Zola, *La Curée* 1960, S. 476f.).
71 Zola, *La Curée* 1960, S. 494.
72 Von Céleste (die Assoziation zum Kalten ist schon in der phonetischen Ähnlichkeit des Namens zum ‚glace' angelegt) heißt es, sie sei „au sang glacé" (Zola, *La Curée* 1960, S. 471) und habe „mains glacés" (ebd., S. 441). Auf die Konzeption Célestes als kalter Figur weist auch Joly hin. Vgl. Joly, Le Chaud et le froid 1977, S. 69.

Schranktüren „froids et nets".[73] Zwischen dem überhitzten Schlaf- und Badezimmer ist hier wie mit dem warmen Kinderzimmer im kalten Hôtel Béraud das thermische Gegenstück in die Raumordnung eingefasst. Dass dieser Raum kalter „arithmétique"[74] vielleicht zum inventarischen Auf-, aber nicht zum Erzählen taugt, wird auch daran deutlich, dass er im Verlauf des Romans nicht wieder erwähnt wird.[75]

Die Wärme in Renées Räumen erweist sich ganz konkret als Ergebnis expliziter Heizquellen und isolierender Materialien. So ist ihr Schlafzimmer von einem „grand feu"[76] beheizt und textil überladen mit „ses tapis, ses peaux d'ours, ses sièges capitonnés, ses tentures matelassés".[77] Dabei wird eine metonymische Wechselbeziehung zwischen der Wärme des Frauenkörpers und den weichen Stoffen evoziert: „Et, comme dans un lit, la jeune femme laissait là, sur toutes ces choses, l'empreinte, la tiédeur, le parfum de son corps."[78] Hinter der doppelten Portiere zum Boudoir öffnet sich wie beim Zurückschlagen einer seidenen Steppdecke („une courtepointe de soie") das Schlafzimmer wie ein noch warmes und feuchtes Lager („une grande couche encore chaude et moite").[79]

Besondere technische Konkretion kommt der Wärmequelle in der *serre* zu, auf deren Heizröhren der Erzähler schon im ersten Kapitel den Blick richtet:

> Derrière les massifs, une seconde allée, plus étroite, faisait le tour de la serre. Là, sur des gradins, cachant à demi les tuyaux de chauffage, fleurissaient les Maranta, douces au toucher comme du velours, les Gloxinia, aux cloches violettes, les Dracena, semblables à des lames de vieille laque vernie.[80]

---

73 Zola, *La Curée* 1960, S. 478.
74 Ebd.
75 Ulrike Vedder hat in Bezug auf *L'Argent* darauf hingewiesen, dass Zola selbst die Schwierigkeiten der literarischen Behandlung der ‚kalten' „Abstraktionsleistung des Geldes" reflektiert („Il est très difficile de faire un roman sur l'argent. C'est froid, glacial") und „durch die Einführung der Spekulation und ihres Heißlaufens lösen" wird (Vedder, Aktien und Akten 2008, S. 212).
76 Zola, *La Curée* 1960, S. 460.
77 Ebd., S. 478. „[M]it seinen Teppichen, seinen Bärenfellen, seinen Polstersesseln, seiner hinterfütterten Wandbespannung" (Émile Zola: *Die Beute*. Hg. Rita Schober. Berlin ⁹1972, S. 196).
78 Zola, *La Curée* 1960, S. 478. „Und wie in einem Bett ließ die junge Frau auf allen Gegenständen eine Spur, die Wärme, den Duft ihres Körpers zurück." (Zola, *Die Beute* 1972, S. 196).
79 Zola, *La Curée* 1960, S. 478.
80 Ebd., S. 355. „Hinter den Bäumen führte ein zweiter, etwas schmalerer Rundweg durch das Treibhaus. Hier blühten auf terrassenförmig ansteigenden Stufen, hinter denen halbversteckt die Heizröhren lagen, Pfeilwurz, der sich weich anfühlt, wie Samt, Gloxinien mit ihren violetten Glocken, Drazänen, die wie von altem chinesischem Lack überzogene Klingen aussehen." (Zola, *Die Beute* 1972, S. 47).

Auch wenn die Heizung in der *serre* wie im Textzusammenhang hinter den Pflanzen als Subjekt des Satzes geradezu verschwindet, bleibt sie doch als technische Voraussetzung für die Pflanzenpracht genannt. Das ist umso auffälliger, als in zeitgenössischen Darstellungen von Pflanzenhäusern die Heizanlagen zumeist unsichtbar bleiben. So liegt der Fokus in einem Stich des Wintergartens von Somerleyton Hall von 1857 auf den sich scheinbar endlos in die Ferne multiplizierenden verzierten Säulen und den hellen Fensterflächen. Zwischen den buschigen Pflanzen an den Bildrändern, dem Springbrunnen in der Bildmitte und den flanierenden Frauenfiguren findet sich nirgends ein Hinweis auf eine Heizungsanlage (Abb. 1). In Konstruktionszeichnungen (Abb. 2) erschließt sich dagegen, dass die Glashäuser des neunzehnten Jahrhunderts nicht mehr allein als „Wärmefalle"[81] der einstrahlenden Sonne funktionieren, sondern zugleich als Laboratorien zur Erprobung neuer Heiztechniken dienen und lange vor den eigentlichen Wohnräumen mit modernen Dampf- und Warmwasserheizungen ausgestattet werden.[82] Der Schnitt durch den Galerietrakt der *serres* im Pariser Jardin des Plantes zeigt das komplexe Netzwerk aus Heizkesseln und -rohren, das das Pflanzenhaus durchzieht, und veranschaulicht die Bewegung der Wärme durch Pfeile. Zola legt in seiner Beschreibung so gleichsam Gebäudeschnitt und Innenansicht der *serre* mit ihrer üppigen Pflanzenwelt übereinander. Die sprachlich wuchernde Pflanzenpracht verbirgt die ihr zugrundeliegenden technischen Bedingungen und antizipiert so bereits die Heimlichkeit des später hier vollzogenen Ehebruchs. Die versteckten Heizrohre markieren dabei auch den Ort des Erzählers, der einerseits hinter das dekadente Szenario der inzestuösen Ausschweifungen innerhalb der phantastischen Pflanzenwelt zurücktritt und andererseits von hier aus gemäß naturalistischen Erzählprinzipien die Handlung als Konsequenz der technisch hergestellten Milieubedingungen inszeniert.

Auf diese Heizanlage und die von ihr erzeugte Wärme lassen sich im Grunde alle schon in der ersten Beschreibung der *serre* angedeuteten und im Verlauf des Romans im Einzelnen erzählten inzestuösen[83] Ausschweifungen zwischen Renée

---

81 Ullrich, *Glas-Eisenarchitektur* 1989, S. 14.
82 Vgl. Kohlmaier und von Sartory, *Das Glashaus* 1981, S. 96–101; Koppelkamm, *Künstliche Paradiese* 1988, S. 17.
83 Die Beziehung wird als eine Art doppelter Inzest inszeniert, wenn Renée einerseits als Stiefmutter Maximes fungiert und die beiden andererseits als Geschwister erscheinen, wenn Saccard wiederholt von ihnen als den „enfants" spricht; vgl. Zola, *La Curée* 1960, S. 414, 497. Gleichzeitig handelt es sich um einen vor allem nominellen Inzest, da ja gerade keine ‚Blutsverwandtschaft' zwischen Renée und Maxime besteht.

Wärmelehre des Luxus (Alexandre Dumas fils und Zola) —— 199

Abb. 1: John Thomas: Somerleyton Hall, Wintergarten, Innenansicht, 1857. In: Ullrich, *Glas-Eisenarchitektur* 1989, Abb. 113.

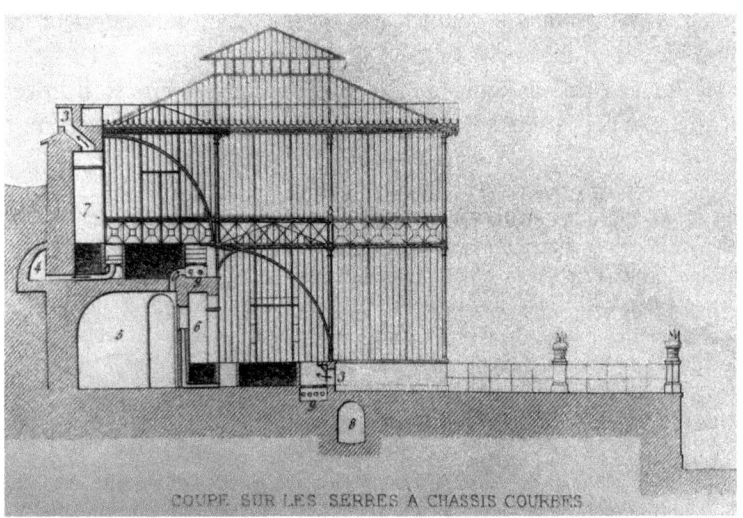

Abb. 2: Charles Rohault de Fleury: Jardin des Plantes Paris, Serres, Querschnitt durch den Galerietrakt, 1833–1835. In: Ullrich, *Glas-Eisenarchitektur* 1989, Abb. 160.

und ihrem Stiefsohn Maxime zurückführen.[84] Die Wärme der *serre* mit ihrem dampfenden Wasserbassin wird bereits im ersten Kapitel in engen Bezug zum erwachenden „besoin de volupté"[85] Renées gesetzt, bevor der ‚unnatürliche' Inzest im vierten Kapitel im ‚künstlichen Paradies' des Treibhauses habitualisiert wird.

Der geschlossene Raum („nef close"[86]) der beheizten *serre* erscheint so für die Handlung als thermodynamisch wirksame Maschine, wie Michel Serres sie als modellhaft und strukturbildend für den ganzen Zyklus ausgemacht hat.[87] Anders als in *Au Bonheur des Dames*, wo das Warenhaus zur metaphorischen Maschine wird, rückt die *serre* in *La Curée* mit ihrer dem damaligen Stand der Technik entsprechenden Dampfheizung tatsächlich in die Nähe zur Dampfmaschine, womit sich wiederum Fragen von Konsumtion und Produktion verknüpfen: Die Technik, die die Massenproduktion des neunzehnten Jahrhunderts ermöglicht, wird in den industriell gefertigten Glashäusern der Oberschicht zur Kultivierung von Pflanzen als Luxusgütern genutzt.[88]

Wenn die *serre* als Ursprungsort und Schauplatz des Inzests bei Zola zur „sexualisierten"[89] Maschine wird, greift dies einen bereits um 1800 verbreiteten Topos auf: Deidre Lynch weist in ihrem Aufsatz zum *Greenhouse Romanticism* auf eine Karikatur James Gillrays (Abb. 3) hin, aus der die sexuelle Besetzung des als Maschine imaginierten *Hothouse* deutlich hervorgeht.[90] Der mit „Effect of the Change of the Seasons on the Ladies Garden" überschriebene Stich von 1797 stellt den Winter als Frauentorso mit üppigen Brüsten dar, der mit einem fabrikartigen Schornstein an Stelle des Kopfes sowie mit der Aufschrift *Hothouse* versehen ist.

---

84 Hier würde ich Olivier Got widersprechen, der die Rolle der *serre* für die Handlung als marginal beschreibt, da er den Ursprung des Inzests im *bois* ausmacht und auf das Café Riche und Renées Schlafzimmer als Orte des ersten sexuellen Kontakts zwischen den beiden hinweist. Dagegen ist einzuwenden, dass im *bois* nur das unbestimmte und ungerichtete Begehren erwacht, das erst am Ende des ersten Kapitels in der Hitze des Treibhauses Maxime als sein Objekt findet. Vgl. Olivier Got: *Les Jardins de Zola. Psychoanalyse et paysage mythique dans Les Rougon-Macquart*. Paris 2002, S. 175.
85 Zola, *La Curée* 1960, S. 357.
86 Ebd.
87 Serres zufolge orientiere sich der ganze Zyklus am thermodynamischen Modell eines „moteur", der mit einem Wechsel aus „croissance" und „épuisement", „meurtre" und „progrès" arbeite und der seine Erzeugnisse multipliziere, während er seine Reserve zerstöre (Serres, *Feux et signaux de brume* 1975, S. 215).
88 Vgl. Deidre Shauna Lynch: „Young Ladies are Delicate Plants": Jane Austen and Greenhouse Romanticism. In: *ELH* 77/3 (2010), S. 689–729, hier S. 707. Für diesen Hinweis danke ich Felix Sprang.
89 Vgl. Warning, *Phantasie der Realisten* 1999, S. 290.
90 Lynch, Young Ladies 2010, S. 706.

Lynch zeigt vor dem Hintergrund von Linnés Sexualisierung der Pflanzenwelt, dass sich das Treibhaus nicht in Abgrenzung zur wissenschaftlichen Taxonomie, sondern in engem Austausch mit ihr zum literarischen Ort des libidinösen Überschusses entwickelt.[91] Als solches tritt es auch noch Ende des neunzehnten Jahrhunderts bei Zola auf den Plan.

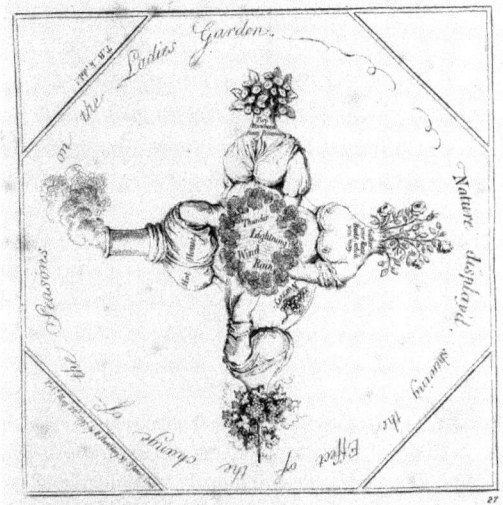

Abb. 3: James Gillray: Nature Display'd, Shewing the Effect of the change of the Seasons on the Ladies Garden, Druck, 1850 [1797]. Victoria and Albert Museum, London, https://collections.vam.ac.uk/item/O1302100/james-gillray-the-suppressed-prints-james-gillray/ (letzter Zugriff am 14. Juni 2021).]

Ihre besondere Wirksamkeit entfaltet Zolas Treibhaus-Maschine im Zusammenhang mit einem Temperaturunterschied:[92] Als sich Maxime und Renée eines Abends bei Frost in der *serre* treffen, ist diese „chauffée à un tel point"[93], dass

---

91 Vgl. Lynch, Young Ladies 2010, S. 698.
92 Auch der erste sexuelle Kontakt von Renée und Maxime in einem „cabinet" des Café Riche wird in einem Fensterblick Renées auf eine von einem Temperaturunterschied bedingte Wärmebewegung zurückgeführt. Mit der warmen Luft sei gleichsam die Sittenlosigkeit der Straße zu den beiden ins Zimmer aufgestiegen: „Ce qui restait au ras de l'avenue déserte, du bruit et du vice de la soirée, l'excusait. Elle croyait sentir la chaleur de tous ces pas d'hommes et de femmes monter du trottoir qui se refroidissait. Les hontes qui avaient traîné là, désirs d'une minute, offres faites à voix basse, noces d'une nuit payées à l'avance, s'évaporaient, flottaient en une buée lourde que roulaient les souffles matinaux." (Zola, *La Curée* 1960, S. 457).
93 Zola, *La Curée* 1960, S. 484.

Maxime bei seiner Ankunft zunächst in Ohnmacht fällt. Die Wirkung der *serre* beschränkt sich insofern nicht auf die phantasmatischen Pflanzendüfte und -säfte, sondern umfasst auch die physikalisch konkret erzeugten thermischen Eigenschaften des Raumes, die wiederum physiologische Reaktionen hervorrufen.[94]

Mit Maximes traditionell weiblich konnotierter Nicht-Handlung der Ohnmacht geraten in der Hitze der *serre* auch die Geschlechterrollen durcheinander: „C'était surtout dans la serre que Renée était l'homme."[95] Während es so einerseits zu einer entropischen Auflösung der (Geschlechter-)Ordnung kommt,[96] ist damit andererseits eine Energie verbunden, die sich als Ermächtigung und Belebung Renées gestaltet:[97] „Renée était l'homme, la volonté passionnée et agissante. Maxime subissait."[98] Im Zuge ihrer Ermächtigung eignet sich Renée Ma-

---

94 Hans Ulrich Gumbrechts Urteil über das Treibhausmilieu in *La Curée*, in dem Zola „noch nicht die Geschlossenheit späterer metaphorischer Darstellung von Milieus durch Organismen oder Maschinen gelungen" sei, hängt auch damit zusammen, dass Gumbrecht die „Wirkung des Wintergartens auf die Protagonisten" allein auf die Pflanzendüfte und -säfte zurückführt, denen ein „lebensweltliches Äquivalent" fehle (Hans Ulrich Gumbrecht: *Zola im historischen Kontext. Für eine neue Lektüre des Rougon-Macquart-Zyklus*. München 1978, S. 70f.). Liest man die *serre* mit ihren Heizröhren jedoch selbst als Maschine, deren Wärme auf die Protagonisten einwirkt, steht sie dem von Gumbrecht als positives Beispiel hervorgehobenem Destillierapparat in *L'Assomoir* mit seinen „tatsächlichen Auswirkungen" in nichts nach (vgl. ebd.).
95 Zola, *La Curée* 1960, S. 485.
96 Als Ort der Überschreitung räumlicher Ordnungen zwischen innen und außen, Garten und Salon, Stadt und Land, Orient und Okzident geraten im Treibhaus auch zeitliche Prinzipien aus den Fugen: Jahreszeiten verlieren hier ihre Gültigkeit, Pflanzen wachsen schneller und als Veranstaltungsort für Feste ist es den Regulierungen des Alltags enthoben.
97 In dieser „Rolleninversion" erkennt Elke Kaiser eine „vitalistische[] Aufwertung" Renées (Kaiser, *Wissen und Erzählen* 1990, S. 162). Auch Rainer Warning macht eine vitalistische Lesart des Zyklus stark und schlägt in Abgrenzung zu Michel Serres vor „von einer imaginären Fusion physikalischer Energetik mit vitalistischer zu sprechen" (Warning, *Phantasie der Realisten* 1999, S. 290). Dies entspreche Zolas „ambivalente[m] Umgang mit dem Wärmemotiv", das zwar Entropie assoziieren lasse, aber nicht zwangsläufig im Wärmetod gipfele (ebd.). Allerdings reduziert Warnings Kritik an Serres' reduktionistischer Lesart die Thermodynamik selbst wiederum auf die Entropie. Dabei ist die Ambivalenz von Wärme in den zwei thermodynamischen Hauptsätzen ja durchaus selbst angelegt, wenn Wärme als bewegende Kraft einerseits und entropisches Überschussprodukt andererseits imaginiert wird.
98 Zola, *La Curée* 1960, S. 485. „Renée war der Mann, der leidenschaftliche, handelnde Wille; Maxime ließ alles mit sich geschehen." (Zola, *Die Beute* 1972, S. 206).

xime gleichsam als Luxusgut an: „Maxime, en lui révélant un frisson nouveau, compléta ses toilettes folles, son luxe prodigieux, sa vie à outrance."[99]

Dies unterwandert zugleich die im Roman etablierte Opposition von Saccards ökonomischer und Renées sinnlicher Wärme, wonach die beiden Eheleute als „ces fièvres chaudes de l'argent et du plaisir"[100] beschrieben werden.[101] Wenn der Erzähler Saccards Tresor mit einem „alcôve de fer, grande à y coucher les amours d'un milliard"[102] vergleicht, werden dessen fieberhafte Spekulationen ebenso sexualisiert, wie Renées Beziehung zu Maxime ökonomisiert wird. So kommt Renée ihre Beziehung zu Maxime buchstäblich teuer zu stehen, wenn er sie überall für sich bezahlen lässt.[103] Schon das im ersten Kapitel in der *serre* entfachte Begehren gehorcht ökonomischen Prinzipien, wenn es heißt, Renées „ivresse" habe sich „doublée par les flammes de la serre."[104] In dieser Quantifizierung der Trunkenheit klingt nicht nur Buffons biologische „These von der unendlichen Produktivität der Natur" an, sondern auch die physiokratische „Theorie der Expansion", wonach jeder Kreislauf „mit der Verdoppelung des ersten Kapitaleinsatzes" ende.[105]

Die *serre* wird entsprechend nicht nur als Liebesnest, sondern auch als Geschäftsort eingeführt: Während die langen Blätter eines Bananenbaumes, „où deux amants pourraient se coucher",[106] ein reichlich offenes Liebes-Versteck andeuten, dient eine der verborgenen Lauben Saccard für seine Geschäfte.[107] In der räumlichen Konfiguration der *serre* kommt somit zum Ausdruck, dass es sich bei Maxime, Renée und Saccard gleichermaßen um Figuren eines entfesselten

---

99 Zola, *La Curée* 1960, S. 486. „Dadurch, daß ihr Maxime eine neue Art der Erregung offenbarte, bildete er eine Ergänzung zu ihren unsinnigen Toiletten, ihrem verschwenderischen Luxus, der Überspanntheit ihres Lebens." (Zola, *Die Beute* 1972, S. 206).
100 Zola, *La Curée* 1960, S. 399.
101 Zum Verhältnis dieser „deux personnages sous le signe de la chaleur" und dem damit verknüpften „parallélisme entre l'argent définissant Saccard et le plaisir Renée" vgl. Joly, Le Chaud et le froid 1978, S. 62.
102 Zola, *La Curée* 1960, S. 436.
103 Ebd., S. 492.
104 Ebd., S. 357.
105 Wolfgang Schivelbusch: Zur Naturgeschichte der Wirtschaftstheorie. Vom Blutkreislauf, vom Verzehr und von der Schwindsucht: Metaphern des Staatskörpers aus der Nähe betrachtet. In: *Frankfurt Allgemeine Zeitung*, 14. Mai 2005, S. 41.
106 Zola, *La Curée* 1960, S. 355.
107 Auch erzählerisch vollzieht sich dies im Verborgenen, wenn zunächst nur die versteckten Lauben erwähnt werden (ebd.), bevor schließlich am Ende der Passage – Renées erwachender Leidenschaft parallelisiert – Saccard mit seinen Geschäftspartnern aus einer der Lauben heraustritt (ebd., S. 358).

Konsums handelt: Maxime verschwendet Renées „argent de poche"[108], Renée häuft über den Roman hinweg immer größere Schulden bei ihrem *couturier* Worms an und Saccard verschlingt Renées Mitgift und ganze Häuserblöcke zu Spekulationszwecken.[109]

Der scheinbar unproduktiven Verausgabung Renées und Maximes in der Hitze der *serre* ist mit Saccards ebenfalls im Bild des Brennens und Glühens beschriebenen Geschäftsinteressen so eine Wärmehandlung entgegengesetzt, die als schöpferische Kraft gestaltet ist.[110] Saccard erweist sich im Verlauf des Romans als erfolgreicher Heizer und Schmied: Wenn er Renée schließlich ihre letzten ererbten Grundstücke zu Spekulationszwecken aus der Tasche ziehen will, dann schürt er zu diesem Coup auch ganz buchstäblich im Kamin das treibende Feuer.[111]

Die enge Verbindung zwischen dem sittlichen Verfall der Familie und dem finanziellen Aufstieg Saccards stellt der Erzähler auch über eine topologische Analogie her, indem Saccard – noch bevor es zum Ehebruch in der *serre* kommt – einen gigantischen Treibhausbau phantasiert: „Son cerveau bouillait. Il eût proposé sans rire de mettre Paris sous une immence cloche pour le changer en serre chaude, et y cultiver les ananas et la canne à sucre."[112] Den Ort der Ausschweifungen seiner Frau gedanklich vorwegnehmend, erscheint Saccard so geradezu als der Architekt ihres Luxuslebens in dessen ganzer moralischer Fragwürdigkeit. Entsprechend unterstützt er Renées hohe Ausgaben und treibt sie zum ‚demonstrativen Konsum' an.[113] Dabei geht es Saccard jedoch weniger darum, sich im Sinne Veblens als unproduktiver Vertreter der *leisure class* auszuweisen, als

---

108 Ebd., S. 498.
109 Zur Verflechtung von Konsum und Spekulation in *La Curée* vgl. Janell Watson: The Gendered Political Economy of Zola's ‚La Curée'. In: *Nineteenth-Century French Studies* 25/1–2 (1996/1997), S. 119–130, hier S. 123.
110 So heißt es kurz nach seiner Ankunft in Paris über Saccards ungeduldiges Warten, bis er dem Rat seines Bruders folgend die Geschäfte aufnehmen kann: „L'impatience le brûlait. Lorsqu'il se mettait à la fenêtre, et qu'il sentait sous lui le labeur géant de Paris, il lui prenait des envies folles de se jeter d'un bond dans la fournaise, pour y pétrir l'or de ses mains fiévreuses, comme une cire molle." (Zola, *La Curée* 1960, S. 362). „Wenn er am Fenster stand und unter sich das ungeheure Schaffen von Paris spürte, packte ihn eine rasende Lust, in diesen Schmelzofen hinabzuspringen, um dort mit fiebernden Händen das Gold zu kneten wie weiches Wachs." (Zola, *Die Beute* 1972, S. 55).
111 Zola, *La Curée* 1960, S. 461f.
112 Ebd., S. 419. „In seinem Kopf gärte es. Er wäre imstande gewesen, allen Ernstes vorzuschlagen, Paris unter eine riesige Glasglocke zu setzen, um es in ein Treibhaus zu verwandeln und dort Ananas und Zuckerrohr zu ziehen." (Zola, *Die Beute* 1972, S. 126).
113 Vgl. zum Konzept der ‚conspicuous consumption' Thorstein Veblen: *The Theory of the Leisure Class*. Hg. Martha Banta. New York 2007 [1899], S. 49–69.

vielmehr darum sein Vermögen zu vermehren: „Elle restait une valeur dans le portefeuille de son mari ; il la poussait aux toilettes d'une nuit, aux amants d'une saison ; il la tordait dans les flammes de sa forge, se servant d'elle, ainsi que d'un métal précieux, pour dorer le fer de ses mains."[114] Renées Luxusleben, das sich vor allem in ihren überhitzten Wohnräumen manifestiert, dient der Repräsentation von Saccards Kreditwürdigkeit und bildet die Grundlage für seine Geschäfte: Er macht aus nichts – den durch die Haussmannschen Bebauungspläne und der gezielten Zerstörung der alten Bausubstanz von Paris entstehenden Baulücken – etwas. Diesen Lücken steht der Wohnluxus seiner Frau gegenüber, mit dem er über die Volatilität seines täglich auf Null schrumpfenden und sich in den Spekulationen wieder ins Unermessliche aufblähenden Reichtums hinwegtäuscht. Dabei wird Renée letztlich selbst zum Brennmaterial, wenn sie an einer Hirnhautentzündung stirbt und den Aufsteiger Saccard als reichen Mann zurücklässt.

IV Wuchernde Polster: Zolas *Nana*

Während der Luxus in *La Dame aux camélias* und *La Curée* noch als individuelles, an einzelne Figuren mit ihren Wohnräumen und Lebensgeschichten gebundenes Phänomen auftaucht, weitet sich in *Nana*, dem neunten Band der *Rougon-Macquart*, die Verschwendungssucht der titelgebenden Kurtisane auf die ganze Gesellschaft aus. Wie Marguerite und Renée erscheint auch Nana gleichermaßen als Konsumentin und Konsumierte, deren Luxusbedürfnis sich besonders in den sie umgebenden Räumen materialisiert. Nanas Siegeszug, mit dem sie sich ganz Paris unterwirft, wird in der Forschung häufig auf ihren miasmatisch wirksamen Frauendunst und -duft zurückgeführt.[115] Doch mit der Wärme als Triebkraft zur Verbreitung der verführerischen Gerüche hält der Roman einen weiteren massenwirksamen Begründungszusammenhang bereit.

---

114 Zola, *La Curée* 1960, S. 574f. „Sie war nur ein Wertpapier in der Brieftasche ihres Gatten; er trieb sie an, sich Festkleider für eine Nacht, Liebhaber für eine Saison zuzulegen; er wendete sie hin und her in den Flammen seiner Schmiede, bediente sich ihrer wie eines Edelmetalls, um das Eisen seiner Hände zu vergolden." (Zola, *Die Beute* 1972, S. 314f.).
115 Vgl. dazu Catherine Bordeau: The Power of the Feminine Milieu in Zola's Nana. In: *Nineteenth Century French Studies* 27/1–2 (1998/1999), S. 96–107; Katrina Perry: Containing the Scent. Odor di Femina in Zola's Nana. In: *Cincinnati Romance Review* 10 (1991), S. 158–168. Die Bedeutung des Geruchs für Zolas Werk betont bereits sein Zeitgenosse Léopold Bernard: *Les Odeurs dans les romans de Zola*. Paris 1889. Vgl. dazu auch Alain Corbin, der in seiner Geschichtes des Geruchs mehrfach auf Zola Bezug nimmt; Corbin, *Pesthauch und Blütenduft* 1992 [1982].

Gleich zu Beginn des Romans wird die bei Vorstellungsschluss herrschende Wärme im Théâtre des Variétés als Ursprungsort von Nanas Erfolg als zentraler atmosphärischer Parameter etabliert:

> On suffoquait, les chevelures s'alourdissaient sur les têtes en sueur. Depuis trois heures qu'on était là, les haleines avaient chauffé l'air d'une odeur humaine. Dans le flamboiement du gaz, les poussières en suspension s'épaississaient, immobiles au-dessous du lustre. La salle entière vacillait, glissait à un vertige, lasse et excitée, prise de ces désirs ensommeillés de minuit qui balbutient au fond des alcôves.[116]

Menschenmasse, Gasflammen und Staub haben sich im Verlauf des Abends im geschlossenen Theatersaal zu unerträglicher Hitze verdichtet, die das Publikum besonders empfänglich für Nanas Schlussauftritt macht. Die genaue Aufmerksamkeit für das Wärmeverhalten innerhalb des Vorführungssaals teilt Zola mit zeitgenössischen Bemühungen zur Verbesserung der Belüftungssituation in öffentlichen Gebäuden. So legt der Chemiker Jean-Pierre-Joseph d'Arcet 1829 einen Plan zur Belüftung von Theatern vor, der ganz gezielt Heizquellen vorsieht, um die verbrauchte Luft in Bewegung zu versetzen.[117] Wenn Graf Muffat im fünften Kapitel gemeinsam mit dem Prinzen die Kulissen und Garderoben des Theaters erkundet, folgt dieser Besuch gleichsam der in einer späteren Neuausgabe von d'Arcets Zeichnung (1843) durch Pfeile markierten Wärmebewegung (Abb. 4). Räumlicher Aufstieg und Temperaturanstieg werden in der ganzen Passage parallelisiert, wobei die Wärme ganz konkret auf Öfen, Gasbeleuchtung und Heizgitter zurückgeführt wird.[118] Während Zola die Architektur des Theaters so dem zeitgenössischen Wärme- und Belüftungswissen entsprechend als „thermody-

---

116 Émile Zola: *Nana*. In: Ders.: *Les Rougon-Macquart. Histoire naturelle et sociale d'une famille sous le second Empire*. Bd. II. Hg. Armand Lanoux. Paris 1961, S. 1095–1485, hier S. 1120. „Es war zum Ersticken heiß, und die Last der Haare lag schwer auf den schweißgebadeten Köpfen. Seit den drei Stunden, die man hier war, hatte der Atem die Luft mit menschlichem Dunst erhitzt. Im Lichtkreis der Gasflammen verdichtete sich der schwebende Staub zu Wolken, die unbeweglich unter dem Kronleuchter hingen. Es war, als ob der ganze Saal bebte und, matt und erregt zugleich, in einen Taumel hineinglitte, gepackt von jenen schlummernden Begierden der Mitternacht, die in den Alkoven stammelnde Worte finden." (Émile Zola: *Nana*. Übers. Erich Marx. Frankfurt / M. und Leipzig ³2018, S. 39).
117 Vgl. Corbin, *Pesthauch und Blütenduft* 1992 [1982], S. 172.
118 Die Wärmequellen hinter den Kulissen des Theaters werden immer wieder ganz explizit benannt: „où brûlait un feu de coke; deux autres becs de gaz y flambaient, largement" (Zola, *Nana* 1961, S. 1195f.); „sous la bouée ardente de gaz" (ebd., S. 1210); „la chaleur lourde du gaz" (ebd., S. 1218); „À chaque palier au ras du sol, une fenêtre basse mettait un enfoncement carré de soupirail. Dans des lanternes scéelles aux murs, des flammes de gaz brûlaient, éclairant crûment cette misère, dégageant une chaleur qui montait et s'amassait sous la spirale étroite des étages." (ebd., S. 1221f.).

namisches System"[119] konzipiert, um seine Figuren analog zur Wärme in Bewegung zu versetzen, kehrt er die daran geknüpften hygienischen Hoffnungen um: Die Wärmebewegung führt gerade nicht zu kollektiver Gesundheit, sondern treibt den fortschreitenden Verfall der Sitten voran, wenn sich die Wärme in der stickigen Luft der Dachkammer im vierten Stock staut und Muffat mit der weiblichen Sexualität konfrontiert.[120] Dieser partiell konterdiskursive[121] Umgang mit zeitgenössischem Wissen liegt hier insofern nahe, als funktionale und gemäßigte Zirkulation sowie die daran geknüpfte moralische und physiologische Gesundheit in der Realität vielleicht erstrebenswert sind, aber keine Erzählungen hervorbringen.[122]

In der Hitze des Theaters ist bereits angelegt, was im weiteren Verlauf des Romans ausgeführt wird: Nanas zunehmender Einfluss auf die Pariser Gesellschaft und besonders auf den Grafen Muffat gestaltet sich – dem zweiten Hauptsatz der Thermodynamik entsprechend – als Bewegung von einem Körper höherer Temperatur in Richtung eines Körpers mit geringerer Temperatur. Nana wird dabei von vornherein mit Wärme assoziiert: Wenn die Theaterbesucher in der Anfangsszene einen Reinfall („four"[123]) erwarten, da Nana weder singen noch spielen könne, rückt diese damit auch in die Nähe eines buchstäblichen ‚four' im Sinne von ‚Ofen'. Die Bemerkung des Theaterdirektors, dass sie etwas habe, das alles andere ersetzt („quelque chose qui remplace tout"[124]) ließe sich entspre-

---

119 Gleich, Vom Speichern zum Übertragen 2015, S. 31.
120 „Toutes les odeurs, toutes les flammes venaient frapper là : le plafond jaune semblait cuit une lanterne brûlait dans un brouillard roussâtre. Un instant, il se tint à la rampe de fer, qu'il trouve tiède d'une tiédeur vivante, et il ferma les yeux, et il but dans une aspiration tout le sexe de la femme, qu'il ignorait encore et qui lui battait le visage." (Zola, Nana 1961, S. 1223). „Alle Gerüche, alle Hitze der Lampen strömte hier zusammen; die gelbgewordene Decke sah wie geschmort aus, und eine Laterne brannte in einem rötlichen Nebel. Einen Moment mußte er sich am eisernen Geländer festhalten, das ihm lau vorkam, wie Blutwärme, er schloß die Augen und trank in einem einzigen Atemzug das ganze weibliche Geschlecht, das er noch nicht kannte und dessen Dunst ihm nun mit Macht entgegenschlug." (Zola, Nana 2018, S. 166f.).
121 Zu Zolas Konterdiskursivität vgl. Warning, *Phantasie der Realisten* 1999, S. 240–268.
122 Entsprechend wird auch das in seinem „luxe" kostspielig beheizte Treppenhaus mit seiner „chaleur de serre" in *Pôt-Bouille* zur architektonischen Grundlage für das promiskuitive Verhalten der Bewohner des Miethauses (Émile Zola: Pôt-Bouille. In: Ders.: *Les Rougon-Macquart. Histoire naturelle et sociale d'une famille sous le second Empire*. Bd. 3. Hg. Armand Lanoux. Paris 1964, S. 3–386, hier S. 5). Das durch die Wärme angetriebene Zuviel an Zirkulation führt die hygienische Vorbildlichkeit, wie sie Jean-Baptiste Fonssagrives in seinen Ausführungen zur häuslichen Hygiene für das Heizen von Treppenhäusern festhält, ad absurdum; vgl. Fonssagrives, *La Maison* 1871, S. 142.
123 Zola, *Nana* 1961, S. 1098.
124 Ebd.

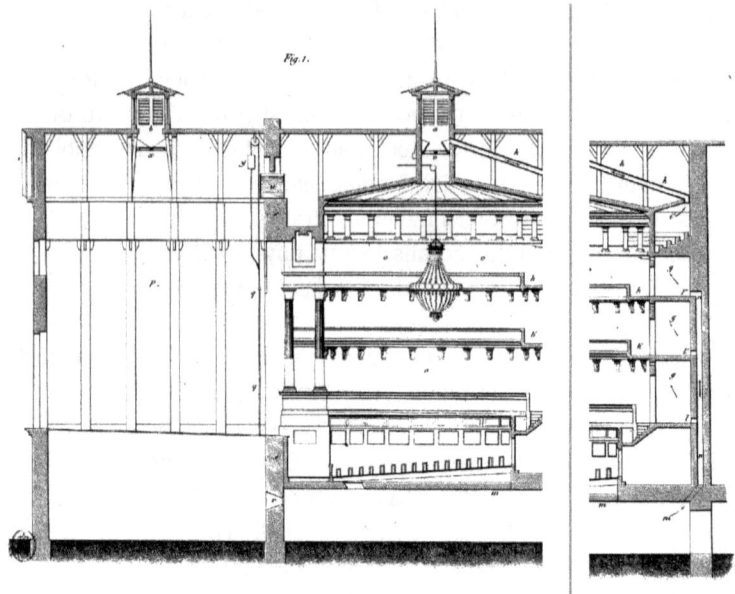

Abb. 4: Jean-Pierre-Joseph d'Arcet: Coupe d'un théâtre sur la longueur de la salle et de la scene, avec ses appareils de ventilation. In: Ders.: *Collection de mémoires relatifs à l'assainissements des ateliers, des édifices publics et des habitations particulières. Revus par l'auteur et mis en ordre par Philippe Grouvelle (avec un atlas)*. Paris 1843, Pl. 27, fig. 1; https://gallica.bnf.fr/ark:/12148/bpt6k201036z?rk=21459;2 (letzter Zugriff am 27. Dezember 2021).

chend auch auf die in der thermodynamischen Konzeption von Wärme angelegte Möglichkeit der Energieumwandlung beziehen.

Wie bereits in *La Curée* arbeitet Zola auch in *Nana* mit einer zentralen räumlichen Opposition,[125] der zugleich ein Temperaturunterschied entspricht. Die Wärme der mit Nana assoziierten Räume steht die Kälte im Hause Muffats gegenüber.[126] Aus seinem als „toute froide"[127] beschriebenem Kinderzimmer bleibt

---

[125] Vgl. dazu auch Chantal Jennings: La Symbolique de l'espace dans Nana. In: *MLN* 88/4 (1973), S. 764–774, hier S. 768.

[126] In Übereinstimmung mit seinem häuslichen Umfeld und seiner familiären Herkunft wird der Graf gleich zu Beginn des Romans als „très froid" (Zola, *Nana* 1961, S. 1114) und mit einem „air glacial" (ebd., S. 1121) eingeführt. So hebt er sich anfangs noch deutlich von der Masse von Männern „aux yeux ardentes, tout brûlants encore de la possession de Nana" ab (ebd., S. 1121f.).

[127] Ebd., S. 1213.

Muffat die Erinnerung an „la glace de ce baiser"[128] seiner Mutter, deren streng religiöser Geist noch immer im Salon seines Hauses herrscht:

> Le salon, d'ailleurs, était très grand, très haut ; quatre fenêtres donnaient sur le jardin, dont on sentait l'humidité par cette pluvieuse soirée de la fin d'avril, malgré les fortes bûches qui brûlaient dans la cheminée. Jamais le soleil ne descendait là ; le jour, une clarté verdâtre éclairait à peine la pièce ; mais, le soir, quand les lampes et le lustre étaient allumés, elle n'était plus que grave, avec ses meubles Empire d'acajou massif, ses tentures et ses sièges de velours jaune, à larges dessins satinés. On entrait dans une dignité froide, dans des mœurs anciennes, un âge disparu exhalant une odeur de dévotion.[129]

Der feuchtkalte Salon mit seinen hohen Decken zeichnet sich gerade durch geringe Dichte und spärliche textile Möblierung aus. Nur der rotseidene Polstersessel der Gräfin Sabine – das Äquivalent zum warmen Kinderzimmer im kalten Hôtel Béraud – verrät mit seiner „mollesse d'édredon"[130] bereits eine Anlage zu üppigerer Ausstattung, wie sie sich später unter Nanas zunehmendem Einfluss auf die Familie auch realisieren wird.[131]

Während die erstickende Hitze im Theater als unabänderliche Gegebenheit erscheint, wird sie in den häuslichen Innenräumen des Romans zum Ergebnis bewusster Gestaltung unter weiblicher Leitung.[132] Bereits in Nanas erster Wohnung – einem Neubau am Boulevard Haussmann – herrscht „une chaleur lourde et enfermée de serre".[133] Ihr späteres, von Muffat finanziertes Haus in der Nähe des Parc Monceau zeichnet sich durch eine textile Fülle aus, die materiell-konkret zur lauen Wärme als Träger von Nanas charakteristischem Veilchenduft beiträgt:

---

128 Ebd.
129 Ebd., S. 1144. „Dieser Empfangsraum war übrigens sehr groß und hoch; vier Fenster gingen auf den Garten, dessen Feuchtigkeit man an diesem regnerischen Abend Ende April trotz der dicken Holzscheite spürte, die im Kamin brannten. Niemals schien hier die Sonne herein; tagsüber erhellte ein grünliches Dämmerlicht den Raum nur spärlich; und des Abends, wenn die Lampen und der Kronleuchter angezündet waren, wirkte er nur ernst und streng mit seinen Empiremöbeln aus massivem Mahagoni, seinen Tapeten und Sesseln aus gelbem Samt mit dem großlinigen, schimmernden Muster. Man trat in ein Reich frostiger Würde, in den Dunstkreis alter Bräuche ein, in ein entschwundenes Zeitalter, das einen leisen Duft nach Frömmigkeit ausströmte." (Zola, *Nana* 2018, S. 69f.).
130 Zola, *Nana* 1961, S. 1144.
131 John Duffy hält in diesem Zusammenhang fest: „Rather than there being an ‚invasion', the central, true society contains all the marks of the marginalized world of the prostitute at its inception." (John J. Duffy: The Structure of Marginality in ‚Nana'. In: *Nineteenth-Century French Studies* 27/3–4 (1999), S. 366–383, hier S. 369).
132 Zur weiblichen Handlungsmacht in Form der Gestaltung des Milieus vgl. auch Bordeau, The Power of the Feminine Milieu 1998/1999.
133 Zola, *Nana* 1961, S. 1138.

„Dans la cour, sous la grande marquise, un tapis montait le perron ; et c'était, dès le vestibule, une odeur de violette, un air tiède enfermé dans d'épaisses tentures."[134] Die Beschreibung des Hauses arbeitet sich von dieser Schwellenzone über detailgenaue Aufzählungen der Wandbespannungen, Spitzenbesätze, Polstermöbel und Dekorationsobjekte bis in das bereits bei Dumas als intimes Zentrum des Hauses etablierte „cabinet de toilette" vor.[135] In einem gerahmten Türblick als eine Art Allerheiligstes der Kurtisanenwohnung inszeniert, erscheint dieser Raum als Ursprung des alles durchdringenden und erhitzenden Veilchenparfums:

> Et, par une porte presque toujours ouverte, on apercevait le cabinet de toilette, tout en marbre et en glace, avec la vasque blanche de sa baignoire, ses pots et ses cuvettes d'argent, ses garnitures de cristal et d'ivoire. Un rideau fermé y faisait un petit jour blanc, qui semblait dormir, comme chauffé d'un parfum de violette, ce parfum troublant de Nana dont l'hôtel entier, jusqu'à la cour, était pénétré.[136]

Dass dem Duft hier Heizkraft zugesprochen wird, erweist sich auch als ein Ergebnis von Verdichtung, wenn Nana das Haus kaum in seiner ganzen Größe bewohnt, sondern sich ihr Leben vor allem auf die drei Räume im Obergeschoss konzentriert: „[E]lle vivait au premier étage, dans ses trois pièces, la chambre, le cabinet et le petit salon."[137]

Mit Nanas zunehmendem Einfluss auf den Grafen Muffat erhitzt und füllt sich auch in dessen Haus das Interieur, wie im Rahmen des Festes anlässlich der von Nana eingefädelten Verlobung von Muffats Tochter deutlich wird. Der Erzähler ruft im Zusammenhang mit diesem Fest, das bezeichnenderweise auf einen warmen Juniabend fällt, noch einmal den alten feucht-kalten Salon in Erinnerung, „où passait le souvenir glacial de la comtesse Muffat"[138], zu dem das um-

---

134 Ebd. „Im Hof lag unter einer großen Markise ein Teppich auf der Freitreppe. Schon im Vestibül herrschte ein starker Veilchengeruch, eine laue Luft, die in den schweren Vorhängen eingeschlossen hing." (Zola, *Nana* 2018, S. 321).
135 Zola, *Nana* 1961, S. 1347–1349.
136 Ebd., S. 1348f. „Und durch eine fast immer geöffnete Tür sah man den Toilettenraum, ganz in Marmor und Spiegelglas mit der tiefen weißen Badewanne, seinen Büchsen und Waschbecken aus Silber und den Garnituren aus Elfenbein und Kristall. Ein zugezogener Vorhang ließ nur ein gedämpftes Zwielicht herein, es herrschte eine schwüle Dämmerung voll Veilchenduft [bzw. wie von einem Veilchenduft erhitzt, K.J.], dem betäubenden Lieblingsparfüm Nanas, mit dem das ganze Haus bis auf den Hof durchtränkt war." (Zola, *Nana* 2018, S. 323).
137 Zola, *Nana* 1961, S. 1348. „[S]ie lebte ganz in der ersten Etage in ihren drei Räumen, dem Schlafzimmer, dem Toilettenraum und dem kleinen Salon." (Zola, *Nana* 2018, S. 322).
138 Zola, *Nana* 1961, S. 1419.

gestaltete Haus mit seinem „luxe des glaces et de meubles précieux"[139] in deutlichem Kontrast steht. Wenn nun der ganze Salon mit „velours de Gênes" ausgeschlagen ist und im Zusammenspiel von Gold, Kristallüstern und Kandelabern erstrahlt, führt der Erzähler dies auf den einstigen einzelnen Sessel Sabines zurück:

> On eût dit que la chaise longue de Sabine, ce siège unique de soie rouge, dont la mollesse autrefois détonnait, s'était multipliée, élargie jusqu'à emplir l'hôtel entier d'une voluptueuse paresse, d'une jouissance aiguë, qui brûlait avec la violence des feux tardifs.[140]

Von diesem Sessel geht das geradezu exponentielle Wachstum des Luxus aus, wobei die Weichheit des Polstermöbels gemäß den zeitgenössischen Stereotypen mit Wollust und Bildern des Heißen und Glühenden verknüpft wird.[141]

Die von der Wärme vorangetriebene Handlung ist dabei vor allem destruktiver Natur: Der vom Journalisten Fauchery bei einem früheren Besuch erstmals wahrgenommene Riss im Hause Muffat vergrößert sich durch die Bewegung der in der Hitze zusammengedrängten tanzenden Massen. Dass dies auf den zersetzenden Einfluss Nanas zurückgeht, legt der Erzähler explizit nahe:

> Ici, sur l'écroulement de ces richesses, entassées et allumées d'un coup, la valse sonnait le glas d'une vieille race ; pendant que Nana, invisible, épandue au-dessus du bal avec ses members souples, décomposait ce monde, le pénétrait du ferment de son odeur flottant dans l'air chaud, sur le rhythme canaille de la musique.[142]

Die zersetzende Wirkung Nanas als metaphorischer Gärstoff hat zugleich eine materiell-konkrete Seite, die eng mit Nanas verschwenderischem Konsum von Luxusgütern verknüpft ist: In Bildern des Feuers, des Schmelzens und Schmiedens wird beschrieben, wie Nana sowohl die Arbeitskraft der kohlengeschwärzten

---

139 Ebd.
140 Ebd., S. 1419f. „Es war, als ob der tiefe Sessel Sabines, das einzige Polstermöbel aus roter Seide, dessen schwellende Üppigkeit einst von der übrigen Einrichtung wie ein Mißklang abstach, sich vervielfacht und ausgebreitet hätte, bis das ganze Haus erfüllt war mit seiner wollüstigen Weichheit und einem heißen Sinnenrausch, der mit der Gewalt später Gluten loderte." (Zola, *Nana* 2018, S. 411).
141 Vgl. Art. „Paresse", *Encyclopédie des jeunes étudiants* 1835, Bd. 2, S. 187.
142 Zola, *Nana* 1961, S. 1430. „Hier, beim Zusammenbruch dieser Reichtümer, die aufgehäuft und schlagartig angezündet, den Flammen anheimfielen, erklang der Walzer wie das Totengeläut eines alten Geschlechts, während Nana unsichtbar mit ihren schwellenden Gliedern über dem Ball hingegossen lag und im pöbelhaften Rhythmus der Musik diese ganze Gesellschaft mit dem zersetzenden Gärstoff ihrer Ausdünstung vergiftete." (Zola, *Nana* 2018, S. 423).

und schweißtriefenden Arbeiter in der Provinz¹⁴³ als auch die Vermögen der Pariser Familien¹⁴⁴ verschlingt. Besonders anschaulich wird dies, wenn Nana das Namenstaggeschenk ihres Liebhabers Philippe, eine Konfektdose aus Meißener Porzellan, versehentlich zerbricht und dies regelrecht ökonomisch rechtfertigt: „Si l'on ne cassait rien, les marchands ne vendraient plus. Tout ça est fait pour être cassé […]."¹⁴⁵ Hier zeigt sich die von Wolfgang Schivelbusch für das neunzehnte Jahrhundert als zentral ausgemachte Vorstellung von Konsumtion als „Vernichtung", die „etwas zerstört und aus dem Wege räumt, um Platz für Neues – die von der Produktion ausgestoßenen Gütermassen – zu schaffen."¹⁴⁶ Nana setzt dies buchstäblich um, wenn sie schließlich all ihre Namenstagsgeschenke vor den Augen Philippes in einem performativen Akt, in einer Art Theater der Entropie zerstört:

> Elle avait saisi un éventail, tirant sur les branches ; et la soie se déchira en deux. Cela parut l'exciter. Pour faire voir qu'elle se moquait des autres cadeaux, du moment où elle venait d'abîmer le sien, elle se donna le régal d'un massacre, tapant les objets, prouvant qu'il n'y en avait pas un de solide, en les détruisant tous. Une lueur s'allumait dans ses yeux vides, un petit retroussement des lèvres montrait ses dents blanches.¹⁴⁷

Doch wenn Nana die Dinge zerstört, um das ihnen eingelagerte entropische Potential zum Zerfall zu beweisen, setzt dies mit ihrer Erregung zugleich Energie frei. Diese Ambivalenz von Zerstörung bzw. Erschöpfung und Ermächtigung, die schon die Beziehung von Maxime und Renée in der *serre* in *La Curée* prägt, zeigt sich auch in der lauen Luft von Nanas Schlafzimmer und der „chaleur de ce lit", in der Muffat „[t]oute sa virilité" verliert.¹⁴⁸

Das immer wieder umgestaltete Schlafzimmer wird gegen Ende des Romans ein letztes Mal erneuert, wenn Nana es nun mit „velours rose thé, à petits capitons d'argent, tendue jusqu'au plafond au forme de tente, garnie de cordelières et

---

143 Zola, *Nana* 1961, S. 1455.
144 Ebd., S. 1432f.
145 Ebd., S. 1436. „Wenn man nichts zerbräche, hätten ja die Geschäfte nichts mehr zu verkaufen. Das ist doch alles bloß zum Kaputtmachen da." (Zola, *Nana* 2018, S. 432).
146 Schivelbusch, Naturgeschichte der Wirtschaftstheorie 2005, S. 41.
147 Zola, *Nana* 1961, S. 1436. „Sie hatte einen Fächer genommen und zog ihn so hart auseinander, daß die Seide mittendurch riß. Das schien sie aufzuregen. Um zu zeigen, daß sie sich auch aus den andern Geschenken nichts machte, nachdem sie einige zerbrochen hatte, gönnte sie sich den Spaß, alles zu zerstören; sie schlug auf die Gegenstände, um zu beweisen, daß auch nicht ein einziges solide gearbeitet sei, und zerstrümmerte sie alle. Ein Schimmer leuchtete in ihren leeren Augen auf, ihre Lippen öffneten sich halb und zeigten ihre weißen Zähne." (Zola, *Nana* 2018, S. 432).
148 Zola, *Nana* 1961, S. 1418.

d'une dentelle d'or" ausstatten lässt.[149] Das Zimmer soll einerseits als „fond superbe"[150] für ihre Haut und andererseits als „cadre au lit"[151] dienen – Nana, das Bett und das Zimmer werden so zu einer metoymischen Kette von Verweisungszusammenhängen verknüpft. Die über die Länge des Romans wuchernden Polster geraten in Gestalt des Bettes zu einer monströsen Vergrößerung Nanas.

Zugleich wird das von Nana erträumte und von Goldschmieden realisierte Bett zu einem Symbol ihrer Macht. Es ist ein „trône assez large pour que Nana pût y étendre la royauté de ses membres nus, un autel d'une richesse byzantine, digne de la toute-puissance de son sexe".[152] Diese im Bett symbolisch verdichtete Macht ist zugleich durch dessen konkrete Materialität gedeckt: Die im Kontakt von Haut und Bett, in dessen raumfüllender Verdichtung sowie bei dessen Herstellung entstehende Wärme entfaltet physiologische und thermodynamische Wirkung, die Zolas Figuren entweder erschlaffen lässt oder in Bewegung versetzt.

An Nanas Einrichtungs-Kaprizen zeigt sich, wie Frauen im Zuge ihrer Verortung im Innenraum des neunzehnten Jahrhunderts aus dem Inneren heraus (begrenzt) wirksam und aus männlicher Perspektive auch potentiell bedrohlich werden.[153] Doch wie an Marguerite, Renée und Nana gleichermaßen deutlich wird: „just as the woman consumer is emerging as a new modern force, her power is undermined as she herself becomes the object consumed."[154] In aller Konsequenz müssen die Frauen in den hier untersuchten Texten denn auch sterben oder – wie im Fall von Dumas fils' Kameliendame – schon am Anfang gestorben sein.

V Schluss: Auflösung und Umwandlung

In Anlehnung an die nach dem Vorbild des Blutkreislaufs modellierte Vorstellung des Geldkreislaufes erscheinen die mit Luxusgütern überladenen Innenräume in den untersuchten Texten als Stockungen, in denen sich ein überhitztes Wirt-

---

149 Ebd., S. 1434. „[A]usgeschlagen mit teerosenfarbenem Samt, der mit kleinen Silberflocken besetzt war und oben in eine zeltförmige Decke auslief, das Ganze mit Goldschnüren und Goldspitzen garniert." (Zola, *Nana* 2018, S. 430).
150 Zola, *Nana* 1961, S. 1434.
151 Ebd.
152 Ebd., S. 1462. „[E]in Thron, groß genug, daß Nana die majestätische Pracht ihrer nackten Glieder darauf ausbreiten konnte, ein Altar von byzantinischem Prunk, der Allmacht ihres Geschlechts würdig [...]." (Zola, *Nana* 2018, S. 465).
153 Vgl. Bordeau, The Power of the Feminine Milieu 1998–1999.
154 Masha Belenky: Disordered Topographies in Zola's „La Curée". In: *Romance Notes* 53/1 (2013), S. 27–37, hier S. 33.

schafts- als Wohnklima räumlich materialisiert: Die zur Maschine abgedichteten Räume laufen heiß.

Mit dem Tod der Protagonistinnen werden die in ihren Luxusräumen angestauten Warenflüsse entsprechend aufgelöst und wieder in die Zirkulation eingepflegt. Bei der Kameliendame geschieht dies mit der Versteigerung zu Beginn des Romans, in *La Curée* mit der Auslösung der Schulden Renées durch ihren Vater und auch Nana veräußert am Ende des Romans ihren Besitz und stirbt schließlich im transitorischen Raum des Hotels.

Doch wie ihr liquidierter Luxus werden auch die Verschwenderinnen nicht aus den Erzählungen ausgeschieden, sondern im Geld- und Zeichenkreislauf weiter verwertet. So haben Armand und der Erzähler mit der Graböffnung auch nach dem Tod Marguerites noch Zugriff auf ihren Körper. Renée ist eine der vielen Frauen bei Zola, die ihre Männer reich machen und von diesen über den jeweiligen Romanband hinaus überlebt werden. Ihr Tod wird entsprechend erzählökonomisch nur in einem Nebensatz des Schlusses lakonisch vermerkt und als sauberes Geschäft mit erzählerischer Kälte exakt beziffert.[155] Sie hat ihre Funktion für Saccards Lebensgeschichte, die in *L'Argent* weitergehen wird, erfüllt.

Dass der Tod so nicht der Wiederherstellung des moralischen Gleichgewichts durch die Auslöschung der Verschwenderinnen dient, sondern eher entropische Konsequenz eines Umwandlungsprozesses ist, der zugleich wiederum Energie freisetzt, wird in *Nana* noch einmal besonders anschaulich. Die in Bildern des Zerfließens beschriebene Auflösung ihres Körpers geht mit einem Wuchern von Pusteln und Beulen einher.[156] In der erzählerischen Parallelisierung mit dem

---

[155] *La Curée* endet mit folgenden Worten: „L'hiver suivant, lorsque Renée mourut d'une méningite aiguë, ce fut son père qui paya ses dettes. La note de Worms se montait à deux cent cinquante-sept mille francs." (Zola, *La Curée* 1960, S. 599). „Als Renée im Winter darauf an einer akuten Hirnhautentzündung starb, wurden ihre Schulden von ihrem Vater bezahlt. Die Rechnung bei Worms belief sich auf zweihundertsiebenundfünfzigtausend Francs." (Zola, *Die Beute* 1972, S. 345).

[156] „Les pustules avaient envahi la figure entière, un bouton touchant l'autre; et, flétries, affaissées, d'un aspect grisâtre de boue, ells semblaient déjà et moisissure de la terre sur cette bouillie informe, où l'on ne retrouvait plus les traits. Un œil, celui de gauche, avait complètement sombré dans le bouillonnement de la purulence; l'autre à demi ouvert s'enfonçait, comme un trou noir et gâté. Le nez suppurait encore. Toute une croute rougeâtre partait d'une joue, envaissait la bouche, qu'elle tirait dans un rire abominable." (Zola, *Nana* 1961, S. 1485). „Die Blattern hatten das ganze Gesicht überzogen, eine Eiterbeule saß dicht neben der andern; vertrocknet und eingesickert wirkten sie schon, wie wenn Schimmel über die Erde wächst auf diesem formlosen Brei, der keine Gesichtszüge mehr erkennen ließ. Ein Auge, das linke, war völlig zerfressen vom herausquellenden Eiter; über dem andern war das Lid halb offen, das Auge selbst war eingesunken und wirkte wie ein schwarzes, faules Loch. Aus der Nase floß noch eitriger Schleim. Eine rötliche

Kriegsbeginn scheint noch der kochende Eiter („le bouillonnement de la purulence") in Nanas von Pocken entstelltem Gesicht die glühende Menschenmasse auf der Straße anzutreiben.[157] Ihr Tod im heißen Hotelzimmer ist kein beruhigter Endpunkt, sondern läutet zugleich das Massensterben des Krieges ein, das die fiebrige Menge begeistert begrüßt.

In den überhitzten Körpern und Räumen der untersuchten Texte lässt sich so eine literarische Auseinandersetzung mit Luxus ausmachen, die sich nicht auf neurasthenische Erschöpfungsnarrative beschränkt, sondern Wärme zugleich als Antriebskraft und als Überschussprodukt von Krafterzeugung beschreibt. Aus strukturalistischer Perspektive mögen die selbst unter Luxusverdacht stehenden Beschreibungen kostbar ausgestatteter Innenräume zwar handlungsretardierend sein und die Stoffe, Polster, Troddeln und Fransen nichts als „das Wirkliche" bedeuten.[158] Gesteht man den erzählten Luxusräumen aber zumindest auf der Inhaltsebene eine über ihren Zeichencharakter hinausgehende materielle Präsenz zu, dann erscheint der geschlossene Innenraum mit seiner verdichteten Dingfülle und textilen Abdichtung nach außen als Ballungsraum erzählerischer Energie in Gestalt von Wärme die handlungsrelevant und -treibend wirken kann.

Das ist auch gattungs- bzw. formtheoretisch interessant: Gerade der Roman, über den Jean Paul schreibt, ihm fehle es an „Wärme-Verdichtung des Interesse"[159], gerade die laut Klopstock „kalte Prosa"[160] wird nun im neunzehnten Jahrhundert zum literarischen Ort, um Fragen des Wärmeverhaltens narrativ zu funktionalisieren. Der gattungsgeschichtlich verhältnismäßig junge und ohne feste Formbestimmungen auskommende Roman interessiert sich auf der Inhalts- und Handlungsebene umso mehr für den geschlossenen Raum und dessen mit dem Überfluss verknüpften energetischen Potentiale. Die Wärme hält eine Lösung für die besondere Herausforderung des Romans bereit, die Fülle der Welt darzustellen, indem sie auch den unbeweglichen Immobilien und den häuslichen In-

---

Kruste lief über die eine Wange bis in den Mund, den sie zu einem scheußlichen Lächeln verzog." (Zola, *Nana* 2018, S. 493).
157 Zola, *Nana* 1961, S. 1485.
158 Vgl. Roland Barthes: Der Realitätseffekt. In: Ders.: *Das Rauschen der Sprache*. Übers. Dieter Horning. Frankfurt / M. 2005. S. 164–172, hier S. 171.
159 Jean Paul: Ästhetische Vorschule. In: Ders.: *Werke*. Band 5. Hg. Norbert Miller. Darmstadt ⁶1995, S. 252.
160 Friedrich Gottlieb Klopstock: Von der Wortfolge. In: Ders.: *Ausgewählte Werke*. Bd. 2. München 1981, S. 1028.

terieurs als paradigmatischen Luxusorten bewegende Kraft zugesteht, um nicht nur Dinge aufzuzählen, sondern Handlung zu erzählen.[161]

---

[161] Zur Notwendigkeit des Romans „Worte so zu setzen, dass sie aus ihrem Sujet einen Text entstehen lassen, der nicht bloß auf- oder zusammenzählt, sondern erzählt" vgl. Vedder, Aktien und Akten 2008, S. 211.

III **Décadence und klassische Moderne**

Anne-Berenike Rothstein

„L'esprit créateur en art" oder Luxus im (Über-)Fluss. Von ästhetisierten Gender-, Genre- und Gesellschaftsräumen im *Fin de siècle*-Roman

I Hinführung: Weiblicher Dandy – *Figura luxuriosa*

In der *Décadence* und im *Fin de siècle* konzentriert sich die Idee einer Kompensierung von Luxus in seiner ästhetischen Dimension in den Bereichen Gesellschaft, Kunst und Literatur[1] und findet im männlichen und weiblichen Dandy eine umfassende Darstellung. Der *Fin de siècle*-Geschlechterdiskurs zeigt sich in seiner ganzen Ambivalenz im weiblichen und männlichen Dandy, sind doch beide Dandyfiguren einerseits Spiegel der dekadenten Gesellschaft, grenzen sich andererseits aber wiederum bewusst (durch Androgynität, Homosexualität etc.) von sämtlichen gesellschaftlichen Gender-Normen ab.[2] Das problematische Verhältnis des männlichen Dandys zur Frau wird durch den weiblichen Dandy parodiert.[3]

---

[1] Vgl. Christine Weder und Maximilian Bergengruen: Moderner Luxus. Einleitung. In: *Luxus. Die Ambivalenz des Überflüssigen in der Moderne.* Hg. Christine Weder und Maximilian Bergengruen. Göttingen 2011, S. 7–34.
[2] Vgl. Hiltrud Gnüg: *Kult der Kälte: Der klassische Dandy im Spiegel der Weltliteratur.* Stuttgart 1988, S. 12.
[3] Der weibliche Dandy verkörpert die Verkehrung von geschlechtsspezifisch besetzten kulturellen und sozialen Normen. Somit wird ein Frauenbild entworfen, das sich selbst widerspricht und durch die (vom männlichen Dandy übernommene) Misogynie selbst unterläuft: „Nineteenth-century women could not be dandies, it has typically been argued, because sexual double standards severely restricted women's freedom in social life; because concern for appearances was transgressive in men but not in women; because contemporaneous gender ideologies denied women the status of individual; and because women were associated with the natural body, rather than with stylized self-presentation." Miranda Gill: The Myth of the Female Dandy. In: *French Studies* 61/2 (2007), S. 167–181, hier S. 169. Während sich der männliche Dandy gerade durch die Abgrenzung zu anderen Männlichkeitsbildern charakterisieren lässt, überschneiden sich die zeitgenössischen Frauenbilder im weiblichen Dandy, trägt er doch Charakteristika der *femme fragile, femme fatale, femme louve, femme lionne* etc. Vgl. hierzu Anne-Berenike Binder: Metamorphosen des Selbst – Rachildes *Monsieur Vénus* (1884). In: *lendemains* 35, Heft 138/139 (2010), S. 155–170. Zur näheren Untersuchung des weiblichen Dandys als Sozialtypus, literarische

Durch ihre ostentativ zur Schau gestellten künstlich-kunstvollen Auftritte und ihre provokativ-androgyne Selbstinszenierung sind die weiblichen Dandys Sinnbild des *L'art-pour-l'art*-Gedankens und gestalten durch ihren Rückzug in artifizielle Paradiese und ästhetisierte Wohnpaläste Luxus als „ästhetische Erfahrung"[4]. In ihrem zur Gesellschaft inkohärenten Verhalten propagiert der weibliche Dandy eine hybride Identität, die gerade in der Übergangs- und Konfliktphase der Dekadenz ihr Potential entwickelt. Diese Hybridität des weiblichen Dandys wirkt sich auf literarische, gesellschaftliche und Gender-Bereiche solchermaßen aus, dass das weibliche Dandytum in seiner subversiven Kraft die behutsam geäußerte Gender- und Gesellschaftskritik eines männlichen Dandys, der bereits in die Gesellschaft integriert ist („la société dont ils dépendaient apparaît en eux"[5]), weit überschreitet und in geradezu herausfordernder Weise etablierte Gender- und Gesellschaftsstrukturen des neunzehnten Jahrhunderts in Frage stellt.[6]

Anhand der beiden Romane *Monsieur Vénus* (1884)[7] und *La Jongleuse* (1900)[8] der ‚reine des décadents' Rachilde (1860–1953) widmet sich nun der vorliegende Beitrag der Frage, inwiefern die Schauplätze – vorrangig die exzessiv ausgeschmückten Interieurs der weiblichen Dandys – nicht nur den zeitgenössischen Luxusgrad versinnbildlichen, sondern auch einen „rapport de miroir entre les personnes et leur chambre"[9] bilden und zur Charakterisierung der Hauptfiguren dienen. Der Textkörper weist analog zu den Räumlichkeiten und dem Frauenkörper eine rhetorische Form der Verkleidung auf. Nicht nur die literarische Zeichnung des weiblichen Dandys ist, so die These, einer besonderen hybriden Schreibästhetik unterworfen, sondern auch die literarischen Inszenierungen der Räume transportieren den *L'art pour l'art*-Gedanken, indem sie das Luxurieren

---

Figur und auch als Narrativ vgl. Anne-Berenike Rothstein (Hg.): *Rachilde (1860–1953). Weibliches Dandytum als Lebens- und Darstellungsform*. Wien, Köln und Weimar 2015.

4 Vgl. auch die Luxus-Theorie von Wiesing, deren Hauptthese lautet: „Diese Erfahrung, die den Luxus in der Welt der Menschen konstituiert, ist eine genuin ästhetische Erfahrung." Lambert Wiesing: *Luxus*. Berlin 2015, S. 15.

5 Jules Barbey d'Aurevilly: *Du Dandysme et de G. Brummel*. Caen 1845, S. 9. Foucault beschreibt diesen Prozess wie folgt: „se prendre soi-même comme objet d'une élaboration complexe et dure: ce que Baudelaire appelle, selon le vocabulaire de l'époque, le ‚dandysme'"; vgl. Olivier Dekens: *Qu'est-ce que les lumières? De Foucault*. Rosny 2004, S. 75.

6 Vgl. hierzu auch Anne-Berenike Rothstein: „Tu es un chiffre, un vilain chiffre". Männlichkeiten im weiblichen Dandydiskurs des *Fin de siècle*. In: *Der verfasste Mann. Männlichkeiten in der Literatur und Kultur um 1900*. Hg. Gregor Schuhen. Bielefeld 2014, S. 243–274.

7 Rachilde: *Monsieur Vénus*. Paris 1977 [1884]. Zitate nach dieser Ausgabe unter der Sigle ‚MV'.

8 Rachilde: *La Jongleuse*. Paris 1925 [1900]. Zitate nach dieser Ausgabe unter der Sigle ‚LJ'.

9 Guri Ellen Barstad: Violence et sacré dans *La Jongleuse* de Rachilde. In: *Revue Analyses* 12/1 (2017), S. 153–174. https://uottawa.scholarsportal.info/ottawa/index.php/revue-analyses/issue/view/274, S. 164 (letzter Zugriff am 16. Dezember 2021).

zum eigentlichen Konstruktionsprinzip erheben. Luxurieren im poetologischen Sinn bedeutet eine malerische, überbordende Ausgestaltung der Sprache und eine mit erheblichem rhetorischen Aufwand verbundene stilistisch-formale Üppigkeit.[10] Bei Rachilde zeigt sich dies in der Charakterisierung ihrer weiblichen Dandys und ihrer Interieurs, die sie mit phantastisch-phantasievollen Neologismen ausstattet. Zudem – so die These – durchlaufen die Luxusräume der weiblichen Dandys, die Körper der Protagonist*innen und der Textkörper ein (Cross-) Gendering. Hierbei widmet sich der Beitrag im Besonderen der literarischen Handlungsmacht der Interieurs, die nicht nur Luxusräume sind, sondern tatsächlich zur Bühne werden, zum Spiegel der Psyche, zum Körperraum und letztlich sogar selbst zu Protagonisten als Teil eines *tableau vivant* mit den Romanfiguren.

Der im neunzehnten Jahrhundert als skandalös empfundene Roman *Monsieur Vénus* (1884) stellt eine junge Aristokratin, Raoule de Vénérande, in den Handlungsmittelpunkt, die zusammen mit ihrer religiös-tugendhaften Tante in einer schlossähnlichen Familienvilla, dem „Palais des Vénérandes", in Paris lebt. Dieser Ort – Schauplatz und Spiegel der paradoxen Selbstinszenierungen der *femme dandy* – ermöglicht Raoule ein Leben in Luxus und von gesellschaftlichen Zwängen losgelöster Freiheit. Statt sich einen standesgemäßen Mann zu suchen, lehnt die burschikos-dominante Raoule die Männer ihrer Klasse ab und verliebt sich in den schönen Blumenhändler Jacques Silvert. Sie macht ihn zu ihrem Geliebten und beginnt ein Spiel von Macht und Unterwerfung, Sexualität und Perversion, an dessen Ende Jacques im Duell mit dem gemeinsamen Bekannten Raittolbe, der mit beiden eine Liaison unterhält, stirbt. Letztlich verfällt Raoule dem Wahnsinn und formt aus Jacques eine hochtechnisierte Wachspuppe.

„L'art d'être femme" (LJ 42) – so beschreibt die Titelheldin Eliante Dolanger in *La Jongleuse* (1900) die durch Maquillage und Maskerade inszenierte permanente Ästhetisierung ihres weiblichen Selbstentwurfs als *femme dandy*. Körper, Kleidung und Raum bilden in *La Jongleuse* eine Symbiose, bietet doch das herrschaftliche Anwesen von Eliante Dolanger nicht nur eine Räumlichkeit für die kunstvoll-künstlichen Auftritte der Jongleurin, sondern auch den Schauplatz für eine durch Objekte ausgelöste konsequente Illustration der dandyistischen Analogie von Kunst und Leben und schließlich für die Romanhandlung selbst: die Schilderung des Dreiecksverhältnisses zwischen dem jungen Medizinstudenten Léon Reille, der fasziniert ist von der älteren Künstlerin und ihr permanent Avancen macht, und Eliante, die ihn lediglich als „amant en théorie" (JL 50) wahrnimmt und mit ihrer Nichte Missie verloben will. In einem letzten stilisierten

---
10 Vgl. Weder und Bergengruen, Moderner Luxus 2011, S. 23.

Kunstakt, in dem Eliante die Messerjonglage als Totentanz inszeniert, tötet sie sich selbst zum Kunstwerk ab.

II Luxusräume und *stylus luxurians*

Die „multiple Zweischneidigkeit von Luxus als Kulturprodukt"[11] wird insbesondere in der gesellschaftlichen Kontextualisierung des weiblichen Dandys virulent. Einerseits sind weibliche Dandys (real und fiktional) Mediatorinnen der gesellschaftlichen, intellektuellen und ästhetischen Ideale der *Fin de siècle*-Gesellschaft. Andererseits sind sie Vertreterinnen eines luxuriösen Lebensstils, der dem Bürgertum vorenthalten ist, und zeichnen sich durch eine Lebensweise aus, die ausschließlich durch die Aristokratie verkörpert wird. Dieser Luxus findet seine narrative und sprachliche Umsetzung in den Beschreibungen der Räumlichkeiten, die in *Monsieur Vénus* und *La Jongleuse* den weiblichen Dandys zugeordnet sind und die allesamt im Zeichen von Eros und Thanatos stehen. Die Schlafgemächer bilden die wichtigsten Beispiele für die literarische Handlungsmacht der Interieurs, die die eigentlichen Schauplätze für die (Geschlechter-)Dramen bilden und exemplarisch für die dem Beitrag zugrundeliegende These der Verschränkung von Raum und Figuren zu lesen sind. Diese Luxusräume erinnern als dezidierter Gegenentwurf zur bürgerlichen Gesellschaft an den wohl berühmtesten dekadenten Mikrokosmos der Literatur des *Fin de siècle:* das in Fontenay-aux-Roses bei Paris angesiedelte künstliche Paradies von Jean Floressas Des Esseintes in Joris Karl-Huysmans' Roman *À rebours*, der im selben Jahr erschienen ist wie Rachildes *Monsieur Vénus*.[12] Der von der bürgerlich-biederen Gesellschaft angeekelte, neurasthenische „aristocrate dégénéré"[13] Des Esseintes zieht sich in sein hermetisch abgeriegeltes, schlossartiges Refugium in Fontenay-aux-Roses zurück, in dessen „silencieux repos"[14] er sich begibt. Anders als in Huysmans' ästhetizistischer Rückzugsphantasie werden die Luxusräume bei Rachilde zur Bühne eines Schauspiels der Inszenierung und Selbstinszenierung, der Maskerade, des Geschlechtertausches, der Um- und Abkehr gesellschaftlicher Normen. Die Räume werden sowohl in *La Jongleuse* als auch in *Monsieur Vénus* äußerst detailliert beschrieben. Dabei gilt, wie Diana Holmes festgehalten hat, dass „descriptions of

---

11 Weder und Bergengruen, *Moderner Luxus* 2011, S. 16.
12 Zur näheren Erläuterung vgl. Anne-Berenike Rothstein: Dekadenter Exzess des Materiellen: Joris-Karl Huysmans' *À rebours*. In: *Handbuch Literatur & Materielle Kultur*. Hg. Susanne Scholz und Ulrike Vedder. Berlin und Boston 2017, S. 289–296.
13 Pierre Jourde: ‚*À rebours'*, *l'identité impossible*. Paris 1991, S. 22f.
14 Joris-Karl Huysmans: *À rebours*. Berlin 2015 [1884], S. 23.

place owe something to realism in their detail, evocative power, and capacity to signify at once literally and metaphorically".[15] Ist bei Des Esseintes sein Universum der Artefakte ein existenziell notwendig gewordenes Refugium, ein Kosmos der absoluten Ordnung als Gegenentwurf zur sich beständig verändernden Welt, konzentrieren sich bei Rachilde die zwischenmenschlichen Beziehungen in den Räumen. Diese sind unverzichtbar, um Gender und Sexualität als dynamisches Spiel zu zeigen, das als Gegenentwurf zum Gesellschafts- und Genderverständnis gedacht ist und in der die Figur des weiblichen Dandys inhaltlich und erzählerisch verdichtet wird.

Das Moment des Überflusses findet sich sowohl in der erzählten Welt (beispielsweise als Fülle von symbolisch aufgeladenen Objekten und Materialien in der *mise en scène* der Räumlichkeiten) als auch auf sprachlicher Ebene (u. a. in der wiederholten Verwendung der Wasser- und Flüssigkeitsmetaphorik). Im *stylus luxurians*[16] legt Rachilde in *Monsieur Vénus* durch direkte Zitate aus der Literatur des neunzehnten Jahrhunderts und durch die Einbettung in Motivtraditionen intertextuelle Verweise und vielfältige Referenzen auf die Kulturgeschichte an. Neologismen, Kursivierungen und schließlich eine metaphorische Textverkleidung zeichnen darüber hinaus die außergewöhnliche Rhetorik dieser Autorin aus, mit der sie letztlich literarisch eine neue Genderwelt erschafft.[17] Das Moment des Fließens, Verschwimmens und Ineinanderfließens wird sowohl auf materieller Ebene (u. a. durch die Beschreibung ‚fließender' Stoffe) als auch in der Versprachlichung der Sentiments der Protagonist*innen eingesetzt. Schließlich fließen in *Monsieur Vénus* (auch) die Geschlechter- und Gesellschaftsgrenzen ineinander. Ebenso dominieren bei *La Jongleuse* überbordende, reichhaltige Satzkonstruktionen, die insbesondere die orientalisch-exotische Atmosphäre hervorbringen. Eine Besonderheit bei diesem Roman sind sicherlich die Beschreibungen der Olfaktorik im *stylus luxurians* – die Lesenden werden durch die ausgeklügelte Kombination der Geruchs- und Geschmacksrhetorik regelrecht in den ‚Dunstkreis' von Eliante hineingezogen.

In den folgenden Analysen sollen nun besonders die erzählerischen Elemente untersucht werden, die in Verbindung mit den Räumlichkeiten stehen.

---

15 Diana Holmes: *Rachilde: Decadence, Gender and the woman writer*. Oxford 2001, S. 109.
16 Vgl. Weder und Bergengruen, *Moderner Luxus* 2011, S. 22f.
17 Vgl. hierzu ausführlich Anne-Berenike Rothstein: Von Maskeraden, Mesalliancen und männlichen Musen – Kompositionsprinzipien und schreibästhetische Verfahren in Rachildes Werk. In: Rothstein (Hg.), *Rachilde* 2015, S. 129–157.

1. „La chambre bleue" – Luxus im (Über-)Fluss oder vom Rausch der Sinne

In *Monsieur Vénus* und *La Jongleuse* sind die Schlafgemächer der Protagonistinnen die zentralen Räumlichkeiten und bieten eine Bühne für die Inszenierung des Geschlechterspiels im Kontext von Liebe und Tod.

Als klassisches, prächtiges Herrenzimmer in *Monsieur Vénus* gedacht – mit Klavier und Staffelei versehen, mit „armes de tous genres et de tous pays" (MV 36) ausgestattet und einem Schreibtisch mit zahlreichen geöffneten Briefen sowie einem Gemälde Raoules, auf dem sie in einem Jagdkostüm in Begleitung eines Hundes abgebildet ist[18] –, ist Raoules Zimmer zunächst ein Ort, um mit Raittolbe bei Champagner und Zigarren über lebensweltliche Themen zu philosophieren. Zugleich bietet das Zimmer von Beginn an die Disposition eines Luxustempels: „La chambre de Raoule était capitonnée de damas rouge et lambrissée, aux pourtours, de bois des îles sertis de cordelières de soie. Une panoplie d'armes de tous genres et de tous pays, mises à la portée d'un poignet féminin par leurs exquises dimensions, occupait le panneau central. Le plafond, gondolé aux corniches, était peint de vieux motifs rococos sur fond azur-vert" (ebd.). Bereits hier klingt mit der Farbe Blau („azur-vert" als Hinweis auf die im Folgenden verwendete Wassermetaphorik) die Veränderung des Raumes als Sinnbild des Wandels der Protagonist*innen an und gibt Hinweis auf die Veränderung des Herrenzimmers zum Liebestempel: Mit der Transformation von Raoule zum weiblichen und dann männlichen Dandy und Jacques zur weiblichen Geliebten verändert sich auch das Schlafgemach. Die auf völlige Abhängigkeit und Unterwerfung ausgerichtete Liebe von Jacques zu Raoule[19] wird in einem Luxustempel exerziert, der nicht mehr mit rotem Seidendamast, sondern mit blauem Samt ausgestattet ist und zusätzlich, bereichert durch eine Kombination mit weißem Satin, an einen bewölkten Himmel erinnert. Eine künstliche, bedrohliche Zimmerverkleidung weicht also einem natürlichen, romantischen Bild.[20] Raoules Zimmer wird zur

---

18 Diana als Göttin der Jagd, des Mondes und der Geburt wird an einigen Stellen mit Raoule verglichen, u. a.: „Raoule portait, ce soir-là, une robe de gaze blanche vaporeuse, à traîne de cour, sans un bijou, sans une fleur. [...] La superbe Diane semblait marcher sur un nuage; sa tête, au profil pur, dominait l'assistance et ce n'était pas sans une admiration anxieuse qu'on osait intercepter son regard strié d'étincelles" (MV 95).
19 „Car Jacques aimait Raoule avec un vrai cœur de femme. Il l'aimait par reconnaissance, par soumission, par un besoin latent de voluptés inconnues. Il avait cette passion d'elle comme on a la passion du haschisch, et maintenant il la préférait de beaucoup à la confiture verte" (MV 57).
20 Ein Teppich trägt ein weiteres natürliches Motiv, denn er zeigt Varianten „de toutes les beautés de la flore orientale" (MV 122).

synästhetischen Erfahrung, indem nicht nur auf visueller Ebene Luxus als/im Überfluss dargestellt, sondern auch olfaktorisch Besuchende (und Lesende) ganz in den Bann gezogen werden: „L'intérieur et les plumes avaient été imprégnés d'un parfum oriental embaumant toute la pièce" (MV 37). Zentrum des Zimmers ist ein aus Ebenholz geschnitztes Bett, das mit stark orientalisch duftenden Kissen bedeckt ist. Eine Erosstatue und eine Antinoosstatue, die beide von aus einem Räuchergefäß aufsteigendem Weihrauchduft umhüllt werden, versinnbildlichen die Ideen, die auch der Roman transportiert: Androgynität (Antinoos als homosexueller mythologischer Held) und Liebe (Eros als Sohn der Venus, die zentral für den Roman ist) antizipieren die folgende Geschlechtertransformation der beiden Protagonist*innen. Auch das in Blautönen gestaltete Atelier – „une chambre à coucher toute bleue" comme un coin du ciel" (MV 71) – das Raoule Jacques und Marie geschenkt hat, rekurriert in künstlicher Weise auf die Natur. Raoules sexuelles Verlangen durchdringt den gesamten Raum, wobei die Seide, die dieses Verlangen als edler Stoff versinnbildlicht, nahezu jedes Möbelstück bekleidet: „[...] le désir de la soie, de cette soie épaisse comme une toison, qui tapissait la plupart des meubles de l'atelier" (MV 50). Die neue ‚Natürlichkeit' des Zimmers kann als Repräsentation der Anwesenheit von (Jacques') Weiblichkeit im Zimmer gelesen werden. Im Gegensatz dazu stehen die Antinoosstatue und das maskuline Gemälde Raoules weiterhin für ihre Männlichkeit, die im Laufe des Romans zunehmend dominiert. Das Schlafgemach erweist sich als Schauplatz der Venus, nachdem bereits der Titel den ambivalenten Geschlechterdiskurs widerspiegelt[21] und auch Jacques an mehreren Stellen direkt als Venus bezeichnet[22] und einer Venus Verticordia[23] entsprechend mit keuscher Reinheit – „pure comme un œuil de vierge" (MV 207) und „candeur d'*un vierge*" (MV 123) – assoziiert wird. Durch seine „beauté presque surhumaine" (MV 99) wird er mit verschiedenen Figuren der antiken Mythologie, die alle im Konnex von Liebe stehen, in Verbindung gebracht (vgl. Eros, MV 129; Adonis, MV 169; Antinoos, MV 155). In ihrer

---

[21] Bereits der Romantitel spiegelt den in *Monsieur Vénus* inszenierten ambivalenten Geschlechterdiskurs wider, denn sowohl Raoule (als „männliche" Frau) als auch Jacques (als „weiblicher" Mann) lassen sich als die titelgebende Hauptfigur lesen.
[22] „Vénus de Callipyge" (MV 55), „Vénus de Milo" (MV 47), „Vénus Impérial" und „Vénus du Titien" (MV 169). Hierbei korrespondiert die Inneneinrichtung Raoules voller Venus-Statuen mit ihrem Idealbild Jacques. Optisch kommt Jacques künstlerischen Umsetzungen der Liebesgöttin Venus recht nah: Er hat runde Arme, Schultern und Schenkel, „qui effaçaient leur sexe" (MV 55). „Autour de son torse, sur la blouse flottante, courait en spirale une guirlande de roses, des roses fort larges de satin chair velouté de grenat, qui lui passaient entre les jambes, filaient jusqu'aux épaules et venaient s'enrouler au col" (MV 24).
[23] Vgl. Hubert Cancik und Helmuth Schneider: „Venus." In: *Der neue Pauly. Enzyklopädie der Antike*. Bd. 12/2. Stuttgart 2003, S. 19.

Ambivalenz[24] als Stellvertreterin für den ambig-androgynen Geschlechterdiskurs und Versinnbildlichung des (Über-)Fluss-Motivs wird die Venus sowohl männlich als auch weiblich konnotiert und bietet die Grundlage für die räumliche Ausstattung: „Les nymphes s'appuyèrent sur le dos des satyres chinois, les casques coiffèrent les bustes, les glaces se renversèrent reflétant le plafond, les poufs roulèrent dans les supports grêles des chevalets et les trophées prirent des poses matamoresques" (MV 20). Raoule ist Venus und Nymphe zugleich,[25] und Jacques, der in diesem Umfeld wie neu geboren wird, suhlt sich gleich einer kindlich unbeschwerten, kostbaren Perle im Reich der Venus wie im Innern einer samtig-seidenen Muschel.[26] Jacques ist sich bewusst darüber, dass er sich im Abgleiten, im Abtauchen in die Tiefen der Wasser- bzw. Unter-Welt befindet: „Nous sommes perdus, pensa le fleuriste de la rue de la Lune" (MV 52). Der azurblaue Grund der Decke verstärkt noch einmal die meereshafte Atmosphäre des Venus-Tempels: „Le plafond, gondolé aux corniches, était peint de vieux motifs rococos sur fond azur-vert" (MV 36). Das vorherrschende Element Wasser, schwer fassbare Materie mit unbeständigem Wesen, könnte hier auch in Analogie zur Rätselhaftigkeit Raoules und konkret zu der im neunzehnten Jahrhundert als enigmatisch empfundenen Weiblichkeit gelesen werden.[27]

---

24 Vgl. hierzu die Ausführungen zur bereits in der antiken Mythologie angelegten Nicht-Eindeutigkeit der Geschlechtsidentität von Venus von Anne-Marie Lachmund: Gender Trouble im Paradies. Die Arbeit am Venus-Mythos von Marcel Proust zu den populären Medienkulturen der Gegenwart. In: *Transgender und Crossdressing. Grenz(en)überschreitende Lektüren vom Mythos bis zur Gegenwart*. Hg. Anne-Berenike Rothstein. Bielefeld 2021, S. 217–246, hier S. 228.
25 Das erste Kunstwerk, das Raoule erschafft, ist ein Nymphenkostüm, das, reich übersät mit Blumen und Wasserpflanzen, an Venus erinnert: „Voici, monsieur, il s'agit d'un bal costumé et j'ai pour habitude de porter des garnitures spécialement dessinées pour moi. Je serai en *nymphe des eaux* [Hervorhebung im Original], costume Grévin, tunique de cachemire blanc pailleté de vert, avec des roseaux enroulés; il faut donc un semé de plantes de rivière, des nymphéas, des sagittaires, lentilles, nénuphars... Vous sentez-vous capable d'exécuter cela en une semaine?" (MV 27).
26 „Il revint se jeter dans le grand divan, derrière l'horloge. Depuis une minute, il avait le corps tout chatouillé par le désir de la soie, de cette soie épaisse comme une toison, qui tapissait la plupart des meubles de l'atelier. Il se vautra, baisant les houppes et les capitons, serrant le dossier, frottant son front contre les coussins, suivant de l'index leurs dessins arabes, fou d'une folie de fiancée en présence de son trousseau de femme, léchant jusqu'aux roulettes, à travers les franges multicolores" (MV 19). Durch den Siegelring ist Jacques nun punziert wie eine Wachspuppe, eine sich formende Perle „en contemplant, sous les miroitements de l'eau, l'égratignure que lui avait faite la chevalière" (MV 54).
27 Im neunzehnten Jahrhundert setzt eine auch wissenschaftliche Diskussion über die Natur der Geschlechter ein. In Literatur, Gesellschaft und Politik wird vermehrt der Frage „Was ist die Frau?" nachgegangen; vgl. Ortrud Gutjahr: Lulu als Prinzip. Verführte und Verführerin in der Literatur um 1900. In: *Lulu, Lilith, Mona Lisa... Frauenbilder der Jahrhundertwende*. Hg. Irmgard Roebling. Pfaffenweiler 1989, S. 45–76, hier S. 50.

Die luxurierende, erotische, orientalisch-exotische und extravagante Atmosphäre des blauen Zimmers wird zusätzlich dadurch verstärkt, dass besonders emotionale Momente im Sinne des *stylus luxurians* sprachlich als Momente des Fließens, Überfließens, Zerfließens und Dahinfließens umgesetzt werden. Raoules Herz wird von Jacques Tränen berührt, geradezu überflutet und letztlich gereinigt:

> Mlle de Vénérande lui releva la tête; elle vit rouler ces larmes brûlantes, les sentit retomber une à une sur son cœur, ce cœur qu'elle avait voulu renier. [...] Tes larmes m'ont purifiée et mon amour vaut ton pardon. Elle s'enfuit, folle d'une atroce joie, plus voluptueuse que la volupté charnelle, plus douloureuse que le désir inassouvi, mais plus complète que la jouissance. (MV 25)[28]

Das Ineinanderaufgehen und Zerfließen der Geschlechtergrenzen, dieser Rausch der Sinne – versinnbildlicht durch die Wassermetaphorik – wird in der Transformation beider zu einem göttlichen Wesen im blauen Paradies veranschaulicht: „Le lit avait disparu, son corps aussi. Il tournoyait dans le bleu, il se transformait en un être semblable au génie planant. [...] L'espace, devant eux s'ouvrait infini, toujours bleu, toujours miroitant...; là-bas, dans le lointain, une sorte d'animal étendu les contemplait d'un air grave..." (MV 37f.). Die Assoziation mit der Venus in allen Facetten wird noch einmal gesteigert, wenn Jacques in diesem Tempel selbst (als Venus) in einem Erschaffungsprozess wiedergeboren[29] und zur göttergleichen Figur transformiert wird.[30] Diese erotisch aufgeladene Atmosphäre des blauen Zimmers überträgt sich auch auf Raittolbe,[31] wenn er im Anblick von Jacques' Körper Stoff und Interieur als Gesamtkomposition betrachtet und Jacques als Verkörperung des Eros selbst imaginiert (MV 128). Aus „toute bleue

---

[28] Auch Augenblicke höchster emotionaler Anspannung werden von Flüssigkeit begleitet: „De Raittolbe se leva aussi, en remplissant son hanap de champagne glacé. Plus ému qu'un hussard ne l'est d'habitude, après son dixième verre, mais plus courtois que ne l'eût été un viveur en pareil cas, il s'écria – A Raoule de Vénérande, le Christophe Colomb de l'amour moderne!" (MV 43).
[29] Raoule „forçait Jacques à se rouler dans son bonheur passif comme une perle dans sa nacre" und „le contempla pendant une minute, se demandant avec une sorte de terreur superstitieuse si elle n'avait pas créé, après Dieu, un être à son image" (MV 59).
[30] „De nouveau, les souvenirs grecs entouraient l'idole d'un nuage d'encens. A présent on l'aimait pour l'amour du vice; Jacques devenait dieu" (MV 70).
[31] Das Farbenspiel (im Besonderen das Blau) zieht Raittolbe so in seinen Bann, dass er imaginäre Räume halluziniert: „Le baron de Raittolbe, debout devant cette couche en désordre, eut une étrange hallucination. L'ex-officier de hussards, le brave duelliste, le joyeux viveur, qui tenait en égale estime une jolie fille et une balle de l'ennemi, oscilla une demi-seconde: du bleu qu'il voyait autour de lui, il fit du rouge, ses moustaches se hérissèrent, ses dents se serrèrent, un frisson suivi d'une sueur moite lui courut sur toute la peau. Il eut presque peur" (MV 129).

comme un coin du ciel" des Liebestempels (MV 71) wird „toute bleue comme un ciel sans nuage" (MV 227) – eine weitere Steigerung der Artifizialität des Liebestempels, der am Romanende zur Grabesstätte für Jacques Leichnam wird. Dieser vereint als Wachspuppe sämtliche zuvor beschriebenen kostbaren Materialen des Zimmers (MV 227).[32]

In ihrer Verbindung von Eros und Thanatos und der überbordenden Beschreibung von olfaktorischen und visuellen Sinneseindrücken gleichen sich zwar die Schlafgemächer in *Monsieur Vénus* und *La Jongleuse*, sie zielen aber doch in ihrer Intention auf unterschiedliche Aspekte in der Beschreibung der Hauptfiguren ab. Vorherrschende Farbe in *La Jongleuse* ist ein dunkles Rot: „un tapis de Smyrne rouge, d'un rouge groseille, vineux, aux dessins violâtres, presque noirs, étalait une mare de sang ou de vendange qu'on foulait avec une certaine appréhension des rejaillissements possibles" (LJ 68). Ein dunkles Rot, das mit dem Rot von Johannisbeeren, Blut und Wein verglichen wird, zeigt in Raoules ursprünglichem Zimmer und auch bei Eliante die visualisierte Verbindung von Eros und Thanatos, verstärkt noch durch die blutroten Spritzer („rejaillissements"). Des Weiteren trägt die schwarze Farbe der Möbel sowie eine schwarze, antike Erosstatue aus Marmor, die allerdings deutliche Abnutzungserscheinungen zeigt, zum düsteren und mystischen Eindruck des Zimmers bei. Dunkles Ebenholz wie das von Raoules Bett ist bei Eliante in Säulen verarbeitet. Wie auch Raoule besitzt Eliante eine Sammlung „des armes sauvages, curieuses" (LJ 68), wobei diese Waffensammlung im Kontext der Jagd noch von toten wilden Tieren ergänzt wird: „lions et panthères, ours bruns et ours noirs" (LJ 67). Die Exklusivität der Einrichtung besticht vor allem durch die zahlreichen edlen Materialien und Metalle, die im Mobiliar und anderweitig verarbeitet sind: „incrustations d'or ou de nacre [...], ébène [...], bronze [...], argent [...], marbre" (LJ 68). Alle Edelmaterialien haben nicht nur die Seltenheit und dadurch Kostbarkeit gemeinsam, sondern auch das kolonialistische Aneignungsmoment und den faszinierenden Glanz (nur eine leichte Trübung oder ein kleiner Kratzer würden die Perfektion oder das Gefüge zerstören). Gleichermaßen luxuriös sind die Fenster, die wie Edelsteine schillern: „comme des pierres précieuses, des topazes taillées à facettes larges comme des vitrines" (LJ 68). Nicht weniger exklusiv sind der „dais de mousseline indienne" (LJ 68) und ein exotisches Parfüm, das wie bei Raoule der Weihrauch den Raum erfüllt. Das Herzstück dieses tempelartigen Raumes ist ein extravagantes, ovales Bett: „cela ressemblait davantage à un grand œuf coupé, un œuf de laque banche tout plein de friandises joyeusement colorées et papillotées de dentelles" (LJ 68).

---

32 Vgl. nähere Ausführungen dazu unten, Abschnitt 3.

Die Waffen, das Blutrot, die wilden Tiere, exotische Details und die Erosstatue sind also sowohl bei Eliante als auch bei Raoule Bedeutungsträger der gewaltbereiten Erotik. Außerdem erzeugen diese Gegenstände bei dem/der Leser*in das Gefühl einer „imminence d'un malheur"[33]. Mit Männlichkeit assoziierte Gegenstände und Gemälde, wie beispielsweise die Waffen oder das Gemälde Raoules in Jagdkleidung, zeigen die Protagonistinnen in ihrem „refusal to abide by the codes that govern female behaviour and heterosexual relations".[34] Raoule rebelliert allerdings nur am Anfang als Frau gegen die gesellschaftlichen Normen und wird mit zunehmender Romanhandlung zur *femme dandy*, zum *homme dandy* bzw. zum *femme/homme dandy*.[35] Eliantes Zimmer spiegelt dagegen durchgehend die Züge einer *femme dandy* wider, so wie sie selbst auch bis zum Schluss die *femme enigmatique* bleibt. Der extravagante und exotische Stil ist in beiden Zimmern wiederzuerkennen, doch bei Eliante erhält das Exotische noch eine weitere Bedeutungsebene, da hier der Raum zugleich auch Erinnerungsraum ist: Eliantes Herkunft von La Martinique ist an zahlreichen Erinnerungsgegenständen zu erkennen. Die Souvenirs, die sie von ihren Reisen mit ihrem Mann mitgebracht hat, dienen als Kulisse und auch als Requisiten für ihre (Selbst-)Inszenierungen. Bei Raoule werden die Facetten ihres derzeitigen Lebens dargestellt, das Schlafzimmer nimmt die Veränderungen durch die Ästhetik auf und gewährt Einblicke in die Psyche der Protagonist*innen. Eliantes Schlafzimmer verbindet hingegen Vergangenheit und Gegenwart offensichtlich miteinander, lässt aber weder die Figuren noch die Lesenden an der Psyche Eliantes teilhaben: Dem Großteil der Menschen zeigt Eliante ihr Zimmer nicht, „elle reste fermée comme sa chambre" (LJ 104). In beiden Romanen illustriert Rachilde mit antithetischen Räumen ihre besondere Poetik bei der Beschreibung der luxuriösen Räumlichkeiten und in ihrer literarischen Verbindung Mensch-Raum. Mit Raoules Tante Elisabeth, die fromm und gesellschaftskonform als *femme fragile* das Zimmer gegenüber von Raoules Musentempel bewohnt, ist wohl der größtmögliche Kontrast zu sehen: ihr Zimmer hat weder einen Teppich noch andere kunstvolle Gegenstände, es hängt lediglich ein „Christ amaigri" (MV 37) an der Wand „d'un gris d'acier désolant le regard" (MV 37).[36] Eine Parallele zu Raoules Zimmer stellt das Motiv des Himmels

---

33 Barstad, *Violence et sacré* 2017, S. 164.
34 Holmes, *Decadence, Gender and the woman writer* 2001, S. 138.
35 „La nuit, une femme vêtue de deuil, quelquefois un jeune homme en habit noir, ouvrent cette porte. Ils viennent s'agenouiller près du lit et, lorsqu'ils ont longtemps contemplé les formes merveilleuses de la statue de cire, ils l'enlacent, la baisent aux lèvres" (MV 227).
36 Auch wenn man bei der kargen Zelle vielleicht an Des Esseintes Mönchszelle in *À rebours* denken mag, so ist deren Bedeutung jedoch eine andere: Des Esseintes' Affinität zum Ästhetizismus zeigt sich auch in der Einrichtung seines Schlafzimmers, das – gemäß seiner ästhetischen

dar, der bei Raoule blau mit weißen Wolken und bei Elisabeth als „un plafond peint de brumes comme un ciel du Nord" (MV 37) erscheint, was erneut den gegensätzlichen Charakter der Zimmer und der Figuren als „oppositions picturales" (MV 36) darstellt. Und auch in *La Jongleuse* gibt es zur aristokratisch-dekadenten Ausstattung zwei antithetische bürgerliche Räume: das spartanisch eingerichtete Studentenzimmer Léons, ein unpersönliches „pièce anatomqiue" (LJ 127), und das Zimmer Missies, das nicht näher beschrieben wird.

2. „L'art d'être femme" – Körper-Raum und Maskerade

Die Räume fungieren in *Monsieur Vénus* und *La Jongleuse* als Bühne und explizit in *La Jongleuse* als Theaterbühne[37], auf der die (Selbst-)Inszenierungen der weiblichen Dandys stattfinden. Diese Inszenierung wird als Maskerade und konkret über Verkleidungen visualisiert, die eine Einheit mit dem Körper und dem Dekor bilden. Diese Trias (Körper, Kleidung und Dekor/Raum) bildet den Spiegel für das Innenleben der Protagonist*innen. Der Körper des (weiblichen) Dandys ist sein Kapital, ohne den er seine Selbstinszenierungen, seine Kunst, seinen Lebensinhalt nicht präsentieren kann. Die Körperkunst des Dandys hat mit der „Bildhauerei, [der] Malerei, [der] Musik, [oder der] Dichtung einen gemeinsamen Nenner, [sie] sind auf ein Prinzip zurückzuführen, nämlich die Formbarkeit gegen den Widerstand eines Materials, und sie haben alle nur einen Sinn, nämlich das Schöne darzustellen".[38] Der Dandy macht sich also die Veränderlichkeit seines individuellen Körpers zunutze und schafft daraus sein eigenes Kunstwerk unter Zuhilfenahme unterschiedlicher Verkleidungen, die beim Dandy ein „künstlerisches Ausdrucksmittel, das die natürliche Beschaffenheit des Körpers ästhetisch überhöht", darstellen.[39] Identität ist in beiden Romanen eine ständige Reflexion und Erschaffung, ein „Prozess kontinuierlicher Selbstinszenierung, der sich aus unbewussten und intentional ausgeführten sprachlichen und performativen Ak-

---

Spiritualität – zwar als Mönchszelle eingerichtet ist, jedoch anhand feinster und luxuriösester Materialen die Einfachheit und Nüchternheit einer Gebetszelle geradezu parodiert.

37 Diese Reminiszenz an den Theaterraum wird in *La Jongleuse* mitunter ironisch gebrochen, indem etwa Eliantes Auftritte mit „Rideau! pensa-t-il" (LJ 28) kommentiert werden oder auch wenn das Ende eines Kapitels mit „Je crois, souffla Léon, que c'est une comédie qui… deviendra un drame vers la fin" (LJ 50) markiert wird.

38 Monika Lindner: Ästhetizismus, Dekadenz, Symbolismus. Englische Wurzeln und französische Einflüsse. In: *Die ‚Nineties'. Das englische Fin de siècle zwischen Dekadenz und Sozialkritik*. Hg. Manfred Pfister. München 1983, S. 53–81, hier S. 57.

39 Iris-Ulrike Korte-Klimach: *Rachilde: Femme de lettres – Homme de lettres. Weibliche Autorschaft im Fin de siècle*. Marburg 2002, S. 187.

ten zusammensetzt".[40] In Bezug auf die Protagonistinnen Raoule und Eliante nimmt der intentional ausgeführte Teil der Performanz einen größeren Raum ein, denn ganz nach dandyistischer Devise ist ihnen die (geplante) Wirkung, die sie mit ihrem performativen Akt erreichen, von größter Bedeutung: „Eliantes Selbstinszenierungen erinnern an die Ich-Entwürfe Des Esseintes' oder eines Dorian Gray, bei denen Kunst und Dekor als Projektionsräume fungieren, um stets neue Selbststilisierungen auszuspielen".[41]

In *La Jongleuse* verschwimmen Figur und Raum zu einem visuellen und olfaktorischen Arrangement, das auch und in besonderer Weise auf literarischer Ebene eingefangen wird: Die besondere Ausstrahlung Eliantes und ihrer Gemächer werden in einer synästhetischen Gesamtkomposition beschrieben: „Il respira, se laissa glisser... Il faisait chaud dans ce salon à la fois exotique et bourgeois. On y respirait une atmosphère de douces griseries" (LJ 44). Der Roman ist durchtränkt von dieser Atmosphäre und den Schwingungen, die von Eliante auszugehen scheinen. Von Beginn an wird eine fast außerweltliche, märchenhafte und intensiv wahrnehmbare Szenerie beschrieben, die – wie seine Protagonistin auch – Faszination und Unbehagen zugleich auslöst:

> Il faisait chaud ; des tentures de soie verte ruisselaient en plis ondulés du plafond comme des feuillages de saule, des étagères dressaient des cristalleries nuancées et fluides, on ne voyait ni porte ni fenêtre et un tapis épais, d'une mollesse de gazon, emprisonnait les chevilles. On eût dit un bout de jardin l'été, au crépuscule, un coin de jardin tiède, tout argenté par des reflets de lune (LJ 15).

An anderer Stelle heißt es: „Les Cristaux lançaient de tremblants rayons lunaires, l'argenterie, légère aux doigts, tintait discrètement sur les porcelaines de couleurs tendres ne réveillant que l'appétit, et quand il buvait, le parfum du vin lui donnait l'illusion de mâcher des fleurs" (LJ 18). Bei beiden Zitaten wird deutlich, wie Kunst die Natur zu imitieren versucht und dadurch einen eigenen märchenhaften Mikrokosmos schafft, um die schillernde Hauptfigur mit ihrer puppenhaften, erotischen und vereinnahmend-bezaubernden Ausstrahlung zu inszenieren („des yeux de poupée" und „son charme bizarre", LJ 38). In dieser erotisch duftenden[42] und zugleich morbiden Atmosphäre, die Léon an die Grenze des Wahnsinns

---

40 Susanne Gramatzki: „Homme de lettres" und „reine des décadents": Strategien und Praktiken der schriftstellerischen Selbstinszenierung am Beispiel der Autorin Rachilde. In: Rothstein (Hg.), *Rachilde* 2015, S. 17–49, hier S. 44.
41 Korte-Klimach, *Rachilde* 2002, S. 193.
42 „Elle riait, tranquille, continuant à doser de gentils petits mélanges, vanille, gingembre, poivre, crème à la framboise et crème à la pistache, elle remuait des poudres odorantes, goûtait dans des mignonnes spatules d'or" (LJ 19).

treibt, verschwimmen Duft, Weiblichkeit und Raum in einer Gesamtkomposition: „Il aspira fortement l'air saturé d'un parfum tour à tour fruit et fleur comme cette femme tour à tour vieille et jeune" (LJ 69) und „Vous avez donc pensé à me la rendre, questionna-t-elle, demi souriante, un petit sourire parfumé où il y avait la raillerie d'une goutte de citron" (LJ 41).

Bei beiden Figuren ist das Tragen exotischer Roben „subversive Mimesis dandyistischer Maximen"[43] und eine „nach außen gestülpte Innerlichkeit"[44], wobei durch die Extravaganz der Kleider sowohl die Künstlichkeit des Dandytums als auch seine Dekonstruktion visualisiert wird. Bei Eliante bilden Kleidung und Körper (im Besonderen die Haut[45]) eine Symbiose; ihr langes, eng anliegendes schwarzes Abendkleid wird sogar als „peau de serpent" (LJ 19) beschrieben, das durch den „salle flambante" (LJ 7f.) zu einer Einheit (Körper, Kleidung, Dekor) wird. Bei einem Tanz trägt sie einen Rock, der an dunkle Akanthusblätter erinnert (LJ 36). Durch den Vergleich der kunstvoll gestalteten Kleidung mit der giftigen Pflanze wird die Gefahr unterstrichen, die von Eliante ausgeht. Während Raoule Schwarz in Form von Anzügen in ihrer Inszenierung als männlicher Dandy trägt, erhält Eliantes schwarze Kleidung eine geradezu entmenschlichende Wirkung – sie erscheint edel und begräbnishaft zugleich, einer Hülle („cette robe hermétique", LJ 9) oder einem Leichentuch ähnelnd.[46] Wie die Zimmereinrichtung ist der Körper-Raum bei Eliante auch Erinnerungs-Raum, d. h. sie trägt orientalische, gemusterte Mäntel über ihrem schwarzen Kleid, die Blickfang und Memorandum an vergangene Zeiten sind. Ihre zahlreichen Auftritte in unterschiedlichen bezaubernden[47] oder auch verstörenden Kostümierungen (im Clownskostüm belustigt sie zunächst ihre Gäste, um diese gleich darauf zu schockieren, indem sie ihren Suizid vortäuscht) sind Teil ihrer (Selbst-)Inszenierung, ihrer Persönlichkeit und ihrer Jonglagekunst: Eliante „juggles [...] with her own identity, appearing variously dressed as the respectable ,Mme Donalger', as an exotic seductress, a Spanish dancer, an acrobat and [...] as the dowdy widow of a naval officer".[48] Die Symbiose von Kleidung und Körper wird nochmals deutlich als Eliante kurz vor

---

43 Korte-Klimach, *Rachilde* 2002, S. 188.
44 Hans-Joachim Schickedanz: *Ästhetische Rebellion und rebellische Ästheten. Eine kulturgeschichtliche Studie über den europäischen Dandyismus*. Frankfurt / M. 2000, S. 21.
45 Vgl. Schickedanz, *Ästhetische Rebellion* 2000, S. 21.
46 Vgl. Maryline Lukacher: Der französische weibliche Dandy: Rachilde und das Erbe Beau Brummells. In: Rothstein (Hg.), *Rachilde* 2015, S. 77–91, S. 86.
47 Als unschuldiger Engel – „blanche comme un ange" (LJ 60) – oder als artistische Akrobatin, „elle portait le maillot collant de l'acrobate, un maillot de soie noire très montant, se terminant au cou en corolle de fleur sombre" (LJ 95).
48 Holmes, *Decadence, Gender and the woman writer* 2001, S. 140.

ihrer Selbsttötung ihre orientalischen Kleidungsstücke, die sie nun als Spielereien bezeichnet, an Missie und eine Harfenspielerin verschenkt und damit auch die unterschiedlichen Facetten ihres Charakters und Lebens ablegt. Während Eliante in *La Jongleuse* keine größere psychische Entwicklung durchläuft, lässt sich bei Raoule in *Monsieur Vénus* eine Selbst(er)findung in Form einer performativen, sozialen Erschaffung von Identität[49] (unterstrichen durch ihre Kostümierung) nachvollziehen. Sie transformiert von der *femme à la mode* zum männlichen/ weiblichen Dandy. Mit ihren luxuriösen, extravaganten Kostümen (bspw. ein „pardessus de loutre"; MV 25) oder einem von Jacques angefertigten Nymphen-kostüm (MV 27) beeindruckt sie zwar von Beginn als „étrange beauté" (MV 34) und „éphèbe grec" (MV 6) die Pariser Gesellschaft, wendet sich aber mit zuneh-mender Romanhandlung durch *Crossdressing* der männlichen Dandy-Rolle im Tragen von distinguierten schwarzen Anzügen zu. Sie ist (wie der männliche Dandy) Verkörperung „d'opposition et de révolte"[50] und hervorragendes Beispiel der ästhetizistischen Selbst-Erschaffung und Selbst-Erfindung.[51] Hier dient An-drogynität vorrangig als Maskerade oder Kostümierung, um Raoule als exzentri-sches, in der Gesellschaft sich einen gesonderten Platz erhoffendes Wesen dar-zustellen. Dass dieses *Crossdressing* zugleich auch mit einem *Transgendering* einhergeht, lässt sich nicht nur daran erkennen, dass Raoule zunehmend „männlichere" Eigenschaften annimmt (auch wird sie in ihrer Männerkostümie-rung nicht erkannt), sondern dass auch Jacques zunehmend weibliche Kleidung (Frauenblusen und Kleider) trägt. Raoule ist sich des Geschlechterrollentauschs und der Geschlechterstereotypen durchaus bewusst, denn als es zum von Raoule provozierten Duell[52] zwischen Jacques und Raittolbe kommt, tauschen sie die Kleider, sodass Raoule „das traditionelle Duell im Kontext der weiblichen Untreue

---

[49] Vgl. auch Judith Butler, die den Gender-Begriff (in *Bodies That Matter: On the Discursive Limits of Sex*. New York 2011) reflektiert: „the materiality of sex is constructed through a ritualized re-petition of norms. [...] normative constraints [...] not only produce but also regulate various bodily beings" (S. ix).
[50] Charles Baudelaire: Le Peintre de la vie moderne (1863). In: Ders.: *Oeuvres completes*. Bd. II. Paris 1976, S. 683–724, hier S. 711.
[51] Baudelaire, Balzac und Barbey d'Aurevilly sehen diese kreative Komponente als inhärenten Bestandteil des (männlichen) Dandytums.
[52] Die negative Wirksamkeit des weiblichen Dandys in seiner luxurierten Gestalt(ung) zeigt sich in der Literatur bspw. im Duell als Sinnbild des Kampfes zwischen Proletariat und Aristokratie. Baudelaire zieht die Analogie zwischen Dandy und Duellant („Le dandysme est une institution vague, aussi bizarre que le duel" Baudelaire, *Le Peintre* 1976, S. 711) und Rachilde setzt diese li-terarisch als Antagonismus im Zweikampf zwischen dem Blumenhändler Jacques und dem ari-stokratischen Dandy Raittolbe (bzw. dem weiblichen aristokratischen Dandy Raoule de Véné-rande) in *Monsieur Vénus* um.

inszenieren kann".[53] Die Kleidung ist demnach ausschlaggebend für die Geschlechterrolle, die die Figur ausagiert. Im Verlauf des Romans sprengen Rachildes Protagonist*innen dann tatsächlich die Geschlechtergrenzen: „ils [Raoule und Jacques] s'unissaient de plus en plus dans une pensée commune: la destruction de leur sexe" (MV 110), um schließlich in einem symbiotischen Tanz während eines Festes im Schloss der Vénérandes zu einem „individu complet", einem die Geschlechtergrenzen vermischenden „unique monstre" (MV 171)[54] zu verschmelzen:

> Il [Jacques] ne cherchait pas à soutenir sa danseuse, mais il ne formait avec elle qu'une taille, qu'un buste, qu'un être. A les voir pressés, tournoyants et fondus dans une étreinte où les chairs, malgré leurs vêtements, se collaient aux chairs, on s'imaginait la seule divinité de l'amour en deux personnes, l'individu complet dont parlent les récits fabuleux des brahmanes, deux sexes instincts en un unique monstre. (MV 171)

Die Kostümierung und Verkleidung als Dandy wird für Raoule zunehmend zu einer intensivierten Form des *Transgendering* und *Crossdressing* und führt letztlich zum Identitätsverlust. Ihr Wunsch, mit einem die beiden Geschlechter vereinenden Wesen die Geschlechter- und Gesellschaftsgrenzen zu sprengen, erfüllt sich erst in ihrer Schizophrenie, indem sie sowohl als Mann wie auch als Frau verkleidet die Wachspuppe des toten Jacques besucht.[55] Trotzdem zeigt das sardonische Ende nicht das erwünschte Ideal der Androgynität. Rachilde bezeichnet am Schluss des Romans Raoule de Vénérande zunächst als Frau, dann als Mann und dann im Plural – ein Hinweis auf die Verschmelzung von Männlichkeit und Weiblichkeit in einer Person. Während Raoule mit zunehmender Männlichkeit das Modell des weiblichen Dandys sprengt,[56] wählt Eliante zum jeweiligen Kostüm das passende Make-up (von schön bis dekadent-hässlich-morbid), das einerseits der Verschleierung von Natürlichkeit dient und andererseits die Funktion einer Maske trägt, aber immer zur Kunst ihrer Selbstinszenierung – was zur „l'art d'être femme" (LJ 42),[57] wie Eliante selbst sagt – beiträgt. Maskerade, Maquillage,

---

53 Lukacher, *Der französische weibliche Dandy* 2015, S. 82.
54 Vgl. auch den Ausdruck „monstre", den Barbey d'Aurevilly als Charakterisierung des Dandys verwendet: „un de ces monstres chez qui la tête est au-dessus du cœur" (Jules Barbey d'Aurevilly: *Du dandysme et de George Brummel*. Paris 1918. S. XY).
55 Vgl. Anm. 35 und MV 227.
56 Vgl. Dorothy Kelly: Habitus, Gender und der weibliche Dandy: Rachildes *Monsieur Vénus*. In: Rothstein (Hg.), *Rachilde* 2015, S. 99–120, hier S. 108.
57 Zur „l'art d'être femme" Eliantes auch hier kontrastierend die Inszenierung Missies als „singe savant" (LJ 42).

Kostümierung und Rollenspiel sind Teile der Theatersemantik, die sich in den Räumlichkeiten der Romane entfaltet[58].

III „L'esprit créateur en art" – lebendige Kunstobjekte und Kunst gewordene Menschen

Zwischen Kunst und Luxus besteht ein enger Konnex,[59] der, verbunden mit der Imagination, v. a. in den Kunst- und Bildbetrachtungen in *Monsieur Vénus* virulent wird. Kunst- und Bildbetrachtungen vermitteln nicht nur Emotionen[60] oder lösen diese aus, sondern es werden dabei auch zeittypische Frauen- und Männerbilder und die im Roman geschilderten Geschlechterspiele gespiegelt. Hierbei stellt sich die Beobachter*innen-Bild-Konstellation nicht nur als Abbild der Geschlechterkonstellation heraus, sondern dient zugleich als Auseinandersetzung mit dieser, die sich bis zur Selbsteingliederung bzw. -imagination in ein Kunstwerk oder als Kunstwerk – das Bild und die Romanfigur als Gesamtensemble und *tableau vivant* – steigern kann. In der Rezeption der Bilder, in der Assoziation des Menschen mit Kunst(-gegenständen)[61] und letztlich in der Modellierung des Menschen als Kunst werden die Beobachter*innen in einen Zustand des intensiven Sentiments versetzt und nehmen das Objekt der Betrachtung neu wahr. Kunstrezeption fungiert hier als Moment der kulturellen Produktion mittels Geschlechtermodellierung. Zudem ist der Konnex von Kunst und weiblichem Dandytum evident: Der weibliche Dandy bewegt sich in seinem Dasein und Wirken permanent im

---

58 Wie auch die Räumlichkeiten in *La Jongleuse* und *Monsieur Vénus* kontrastiv zueinander gesetzt sind, so zeigt Rachilde ebenso in der Kleidung die Gegensätze zwischen Aristokratie und Bürgertum: Tante Elisabeth trägt ein weißes Spitzentuch (MV 38) in *Monsieur Vénus*, Missie tritt in *La Jongleuse* in lächerlicher Fahrradkleidung auf („Mademoiselle Marie Chamerot entrait vêtue d'un idéal costume cycliste pour fiancée moderne", LJ 144).
59 Weder und Bergengruen betonen in ihrer kulturgeschichtlichen Betrachtung des Luxus Verbindungen und Konvergenzen, die zwischen Kunst und Luxus bestehen. Dabei erkennen sie eine entwicklungsgeschichtliche Verknüpfung und eine Verbindung von Luxus und Kunst, die Kunst *als* Luxus konzeptualisiert. Zudem sehen sie eine Verbindung von Luxus und Kunst in ihren *Verfahren*, wobei die Verbindung darin bestehe, dass bestimmte *Verfahren* von Kunst bzw. Literatur als luxuriös qualifiziert würden; dies betreffe zwei verschiedene Dimensionen: Die eine beziehe sich auf die Rhetorik, die andere auf die Erfindung (Weder und Bergengruen, *Moderner Luxus* 2011, S. 17f.).
60 Oscar Wildes *The Picture of Dorian Gray* (1890) ist hierfür eines der eindrücklichsten Beispiele.
61 Vgl. zum Anteil des Betrachters am Kunstwerk, zu Projektionsprozessen und zum Akt des Vor- und Zurücktretens bspw. Ernst H. Gombrich: *Kunst und Illusion. Zur Psychologie der bildlichen Darstellung.* Stuttgart und Zürich 1986, hier z. B. „Wolkengestalten", S. 206–224.

Kunstdiskurs, der im Zeichen von Luxus, Eros und Thanatos steht. Der Schöpferwille der weiblichen Dandys geht mit der Perfektionierung und Technisierung des Menschen bzw. des menschlichen Körpers einher und kontextualisiert die literarischen Figuren erneut in den zeitgenössischen gesellschaftlichen Diskurs des Fortschrittglaubens. Die im Folgenden zu entfaltende These lautet, dass die bewusste Inszenierung des weiblichen Dandys als künstliches Wesen (bis hin zur Kunstfigur) eine Möglichkeit darstellt, in den literarischen Figuren Dandytum und Luxus als Denkfiguren zu kompensieren.

Bekanntestes Beispiel einer Interaktion zwischen Betrachtendem Objekt und (Kunst-)Raum ist in *À rebours* die Figur der Salome – die geheimnisvolle und sinnliche Tänzerin, Sinnbild der *femme fatale* im *Fin de siècle* und Stimulation für Des Esseintes. In *Monsieur Vénus* lässt sich die Wechselbeziehung zwischen Betrachtendem/r und Objekt und der damit verbundene, durch die Betrachtung neu entstehende (Kunst-)Raum[62] insbesondere an den Beschreibungen Jacques als Kunstwerk ablesen: Mit seinen runden Armen und Schenkeln, „qui effaçaient leur sexe" (MV 55), gleicht er einem Idealbild (weiblicher) Schönheit:

> Autour de son torse, sur la blouse flottante, courait en spirale une guirlande de roses, des roses fort larges de satin chair velouté de grenat, qui lui passaient entre les jambes, filaient jusqu'aux épaules et venaient s'enrouler au col (MV 24).

In der ersten Beschreibung von Jacques (in schlangenartigen Linien wird Jacques Körper von Blumen umkränzt) wird ekphrastisch ein Bild von ihm entworfen und Venus- und Eva-Bild in seinem Körper verbunden.[63] Das Motiv der Blumen,[64] auf

---

[62] Huysmans widmet sich in *À rebours* eingehend Gustave Moreaus Salome-Darstellungen (*Salomé dansant devant Herode* und *L'Apparition*, beide 1876; Huysmans, *À rebours* 2015, S. 53–55). Durch ekphrastische Passagen gelingt es dem Kunstexperten Huysmans (*L'Art Moderne*, Sammlung kunstkritischer Essays von 1883), Literatur und Kunst zu verbinden und eine Wechselbeziehung zwischen Betrachter*in und Objekt zu erzeugen, indem er ein Netz von Blicken entstehen lässt: Der/die Protagonist*in betrachtet das Bild, die Personen im Bild blicken zurück, scheinen ihn sogar zu reflektieren und zu spiegeln. Dabei verschmelzen Mensch, Objekt und Raum zu einem Gesamten.

[63] Rosen und Äpfel als Sinnbild von Weiblichkeit und Verführung sind auch der Venus zugeschriebene Attribute; vgl. Irène Aghion und Claire Barbillon: Art. „Eva". In: *Reclams Lexikon der antiken Götter und Heroen in der Kunst*. Stuttgart 2000, S. 51.

[64] Eine andere intertextuelle Referenz sind die Blumen, die in *Monsieur Vénus* als Vorboten der sexuellen Spannung dienen (MV 2), die sich mehr und mehr zwischen Raoule und Jacques im Roman aufbauen wird. Insgesamt ist die Blumenmetaphorik Teil des poetologischen Programms Rachildes: „As such, the flower is a privileged emblem in Rachilde's fiction, an emblem which is frequently associated with, indeed used to represent, the troubling urges of female desire. [...] What is new in Rachilde's writing, however, is her use of these [flower-]metaphors to replace, or

die weibliches Verlangen projiziert wird,⁶⁵ tritt auch direkt zu Beginn von *Monsieur Vénus* auf. Indem Rachilde das weibliche Verlangen nicht mit Hilfe des Körpers ausdrückt, sondern anhand von Blumen und Objekten versinnbildlicht, verdeutlicht sie die schwer fassbare Sexualität ihrer Heldinnen.⁶⁶ Diese Verschiebung erlaubt es Rachilde, den weiblichen Körper und seine Leidenschaften zu diskutieren, ohne diesen direkt zu beschreiben und damit den voyeuristischen Blick des/der Lesenden zu lenken. Eine weitere Referenz auf eine biblische Frauenfigur ist die Szene, in der Jacques vor den Augen Raoules badet und damit nicht nur eine Inversion der alttestamentarischen Erzählung von Susanna im Bade zeigt, sondern durch ihren Blick selbst zum Objekt der Begierde und letztlich zu ihrem Besitz wird.⁶⁷ Blick- und Imaginationsmacht spielen auch dort eine zentrale Rolle, wo in *Monsieur Vénus* Raoule und Raittolbe bei Champagner und Zigarren in der Bibliothek zusammensitzen und Raittolbe, nachdem ihm Raoule ihre Liebe zu Jacques offenbart hat, laut aus einem Buch vorliest. Hier entsteht ein weiteres *tableau vivant,* indem Raittolbe durch die Lektüre auf eine andere Bewusstseinsebene gehoben wird und sich das Gemälde mit Heinrich III., der Blumen an seine Günstlinge verteilt, und die Antinoosstatue, „couronné de pampres, ayant des yeux d'émail luisants de désirs" (M 83), zu bewegen und zu interagieren

---

displace, images of, and references to, the body. [...] Rachilde displaces references to the body onto references to flowers." Hannah Thompson: Rewriting the Perverse: Rachilde and the Erotic Body. In: *Nottingham French Studies* 42/2 (2003), S. 26 34, hier S. 29; S. 31.
65 Vgl. Rothstein, *Von Maskeraden, Mesalliancen und männlichen Musen* 2015, S. 135.
66 Rachilde kleidet ihre weiblichen Charaktere mit einer Vielzahl von Kleidungsschichten. Anstatt dem/der Leser*in Zugang zu diesen Körpern zu gewähren, versetzt sie die erotische Last auf zufällige Objekte, die die Heldinnen umgeben.
67 „[T]roublé subitement par la honte de lui devoir aussi la propreté de son corps" (MV 54). Durch zahlreiche Anspielungen auf den Apfel der biblischen Versuchung wird der Eindruck einer Referenz auf den (weiblichen) Sündenfall verstärkt. Hierbei verkörpert Jacques eine männliche Transformation einer Eva, die mit ‚natürlich-weiblichen' Attributen (sein Name „Silvert" erinnert an „silva", er ist inmitten von Blumen zu finden und ihn umweht ein Duft von Äpfeln) genau das Bild inkarniert, das der männliche Dandy von einer Frau entwirft. Zunächst findet Raoule den Geruch abstoßend, dann überlegt sie sich aber, vielleicht doch einen Apfel zu kosten („elle mangerait peut-être bien une de ces pommes", MV 28) – ein Zeichen dafür, dass sie sich von der männlichen Eva verführen lässt. Die Inszenierung von Raoules Eintritt zu dem Floristen ist typisch dekadent in seiner erotischen Spannung: Auf der Suche nach ihrem Begehren findet Raoule sich selbst in den Metaphern und ganz allgemein im Körper des verweiblichten Jacques, denn es ist exakt seine Weiblichkeit, die sie anziehend findet. Damit werden literarische Konventionen zur Beschreibung von Frauen unverändert auf Jacques übertragen. In Rachildes literarischen und metaphorischen Referenzen zu dekorativen Objekten lässt sich eine Möglichkeit ablesen, das Verlangen des weiblichen Körpers zu artikulieren; vgl. Thompson, Rewriting the Perverse 2003, S. 29f.

scheinen. In Raittolbes Vorstellung übergibt Raoule, gekleidet wie Heinrich III., Antinoos eine Rose: „tout à coup, les fumées du champagne aidant, il lui sembla voir Raoule, vêtue du pourpoint de Henri III, offrant une rose à l'Antinoüs." (MV 91f.) Mit dem kulturhistorischen Wissen um Heinrich III.[68] und Antinoos ist die Identifikation mit den beiden Protagonist*innen sinnfällig: Raoule agiert ähnlich wie Heinrich III. als Mäzenin von Jacques und schenkt diesem täglich Blumen, so wie Antinoos in Raittolbes Vorstellung eine Rose übergeben bekommt. Jacques wird in der Szene von Antinoos repräsentiert, der von Weinreben umrankt ist und eine Parallele zur Anfangsszene mit Jacques bildet, der von einer Rosengirlande umkränzt ist (MV 24).

In beiden Romanen spielen zahlreiche Kunstgegenstände eine entscheidende Rolle, die nicht nur zur Selbstinszenierung der Darsteller*innen dienen, sondern teilweise auch in direkte Verbindung mit ihnen treten oder diese sogar ersetzen. In À rebours erschafft sich Des Esseintes seine eigene Dingwelt mit dem Ziel, das Natürliche ganz durch das Künstliche zu ersetzen – seines Erachtens eine Möglichkeit, das Banale, sprich Bürgerliche zu überwinden und der Realität zu entfliehen.[69] Rachilde steigert diese bei Huysmans beschriebene Unabhängigkeit des eigenen Körpers, sprich die Entmaterialisierung des Körpers als ultimative Abgrenzung zur Gesellschaft, indem sie den Objekten menschlichere Eigenschaften zuschreibt als ihren Protagonist*innen. Während Raoule in ihren Kunstgegenständen ideale Vorbilder für ihr Leben sieht, diese in ihr Verhalten integriert und menschliche Beziehungen dadurch beeinflusst, geht Eliante eine persönliche, gar intime Beziehung mit einem Kunstgegenstand ein und negiert dadurch zwischenmenschliche Beziehungen im wahrhaftigen Sinn. Die Alabastervase, „un admirable objet d'art" (LJ 21f.), die im Salon Eliantes im Zentrum neben einigen fragilen Gegenständen wie venezianischen Gläsern und anderen kleinen Gegen-

---

[68] Heinrich III., dessen Kleidung und Vorliebe für Schmuck zu Lebzeiten als „Hinweis [...] für eine beginnende Homosexualität" (Ilja Mieck: Heinrich III. (1574–1589). In: *Die französischen Könige und Kaiser der Neuzeit (1498–1870)*. Hg. Peter Hartmann. München 2006, S. 125) gewertet wurde, hatte eine Schar von Günstlingen, die Mignons, um sich geschart, die er mit „Vergünstigungen, Ehrungen und Geschenken überhäufte" (ebd. S. 135). Sowohl die Mignons als auch Heinrich III. besaßen wohl in ihrer Selbstpräsentation und ihrer Vorliebe für Schönheit und Eleganz, Bälle, Maskeraden und Theater (ebd. S. 136) Züge eines klassischen männlichen Dandys.
[69] Die Kulmination seiner Bemühungen, Künstlichkeit als Leitgedanken seines Lebens zu definieren, ist erreicht, als sein Körper selbst zum Objekt wird: Durch seine Neurose ist es ihm nicht mehr möglich zu essen, und er wird künstlich ernährt. Die Transformation des Natürlichen ins Künstliche, der Triumph der Kunst über die Natur zeigt sich am deutlichsten in der Entmaterialisierung eines Tieres: Des Esseintes lässt den Panzer seiner Schildkröte vergolden und mit ausgesuchten Edelsteinen dekorieren, um den Schildkrötenpanzer in farbliche Harmonie zu seinem neuen Teppich zu setzen (vgl. Huysmans, *À rebours* 2015, S. 46).

ständen steht,[70] zeigt die absolute Distanzierung von sich selbst durch Künstlichkeit. Bereits die Beschreibung der Alabastervase gleicht der Charakterisierung und auch der Faszination für einen Menschen:

> Un vase d'albâtre de la hauteur d'un homme, si velte, si élancé, si délicieusement troublant avec ses hanches d'éphèbe, d'une apparence tellement humaine, bien qu'il n'eût que la forme traditionnelle de l'amphore, qu'on en demeurait un peu interdit. Le pied, très étroit, lisse comme une hampe de jacinthe, surgissait d'une base plate et ovale, se fuselait en montant, se renflait, atteignait, à mi-corps, les dimensions de deux belles jeunes cuisses hermétiquement jointes et s'effilait vers le col, avec là, dans le creux de la gorge, un bourrelet d'albâtre luisant comme un pli de chair grasse, et plus haut, cela s'épanouissait, s'ouvrait en corolle de liseron blanc, pur, pâle, presque aromal, tant la matière blanche, unie, d'une transparence laiteuse, avait la sincérité de la vie. Ce col s'évasant en corolle faisait songer à une tête absente, une tête coupée ou portée sur d'autres épaules que celles de l'amphore (LJ 21f.).

Während in *Monsieur Vénus* das Verlangen der weiblichen Protagonistin nicht einfach durch die sexuelle Vereinigung mit einem Objekt befriedigt werden kann,[71] ist die Alabastervase – zum Entsetzen Léons – sehr wohl fähig, den menschlichen Liebesakt zu ersetzen, ja sie übersteigt sogar Eliantes Menschlichkeit, die, bedacht auf ein artifizielles Erscheinungsbild, mit der Vase eine Art wechselseitige Metamorphose eingeht. Die Vase wird zum begehrenswerten Liebesobjekt, während Eliante zum (austauschbaren) Objekt und Teil des Dekors wird: „Mme Donalger se tenait droite de la nuque aux talons comme une statue" (LJ 96). Eliante mutiert zum Objekt, zur Idee der dekadenten Ästhetik und Artifizialität bei gleichzeitiger Verlebendigung ihres (einzigen) Objektes der Begierde. Dabei scheint sie diesen Rollentausch aber nicht nur mit der Vase einzugehen,

---

70 Gleich der Amphore im Zentrum des Zimmers von Eliante befindet sich in *Monsieur Vénus* im Zentrum von Raoules exklusiv eingerichteter Bibliothek (es hängen etliche Portraits an den Wänden – „des ouvrages inavouables" (MV 84); Bücher stapeln sich bis unter die Decke; das Lesen von weltlicher Literatur und das Sprechen über diese ist wiederum Teil der männlichen Inszenierung) eine Truhe mit doppeltem Boden, gleich der Büchse der Pandora. Verwirrend an dieser Platzierung ist die eigentliche Geheimhaltung dieser Werke in einem Versteck, das aber dennoch, wie Eliantes Vase, im Raummittelpunkt steht. Raoules Innerstes, ihre Neigung zur Perversität, zum Okkulten und zum Mystischen weiß sie zumeist geheim zu halten, zugleich ist es aber ihr innerstes Bedürfnis, das Verlangen danach zu befriedigen, was die zentrale Platzierung der Truhe zeigt.
71 Holmes, *Decadence, Gender and the woman writer* 2001, S. 140. So wird auch sexuelles Begehren, das zwischenmenschlich nicht erfüllt werden kann, auf Objekte transferiert: In *La Jongleuse* wird Eliante durch ihren kriegsversehrten Mann in Form von kleinen Statuen vervielfacht, ihr sexuelles Begehren, das nicht ausgeübt werden konnte, wird durch die Modellierung von Figuren ersetzt.

sondern auch mit anderen Kunstgegenständen wie beispielsweise einer Marmorstatue, die sie im Spiegel erblickt: „la glace ne reflétait que la statue de marbre, là-bas, [...] et, ici, la silhouette obscure de la femme immobile, également statue, deux jumelles se tournant le dos, celle-là très nue, répandant du froid dans les transparences électriques" (LJ 8). Die starre, unbewegliche Eliante und die Marmorstatue werden aufgrund der Künstlichkeit von Eliante sogar als Zwillinge beschrieben, sie sind sich also gegenseitig Spiegel und narzisstische Befriedigung zugleich. Der Dandy „wählt sich selbst zum Objekt, schläft vor dem Spiegel, um sich dieses Selbsts zu vergewissern. [...] Seine Libido entspringt erst aus der Identifikation mit dem Spiegelbild".[72] Meines Erachtens stellt Eliante selbst in ihrem Bemühen durch die Symbiose mit der Amphore, Natürlichkeit/Körper und Kunst in einem artifiziellen Akt zu vereinigen, die Idee einer dekadenten Ästhetik und Artifizialität dar: „Eliante semble maintenant fusionner avec son idole, les deux ne font qu'un seul corps: Eliante devient l'amphore, l'amphore devient Eliante. Voici alors que passé et présent, monde antique et monde moderne, se confondent".[73] Die Tatsache, dass diese Vase nicht nur sie, sondern auch Léon substituiert,[74] der wiederum mit der Erosstatue gleichgesetzt wird[75] und sich wie diese Statue zu Eliante positioniert,[76] festigt die These, dass im Roman nicht nur Sexualität, sondern auch Humanität durch Kunstgegenstände ersetzt werden. Eliante scheint sich mehr und mehr in ihre Selbstinszenierung hineinzusteigern und beendet sie als Höhepunkt mit ihrem Selbstmord als „grande dame blanche" (LJ 175), nachdem sie diesen bereits vorher spielerisch in einem ihrer Auftritte angekündigt hatte.

Auch Raoules sexuelles Begehren in *Monsieur Vénus* findet letztlich erst auf der Ebene der Kunst und Künstlichkeit Befriedigung: Die Bezeichnung von Jacques als antike Marmorstatue („marbre antique"; MV 129) ist zunächst ein Hinweis auf die Statue im Pygmalion-Mythos, denn Jacques erfährt durch Raoule

---

[72] Wanda G. Klee: *Leibhaftige Dekadenz. Studien zur Körperlichkeit in ausgewählten Werken von Joris-Karl Huysmans und Oscar Wilde*. Heidelberg 2001, S. 109.
[73] Barstad, *Violence et sacré* 2017, S. 162. Eine weitere Textstelle, die die These untermauert, dass Eliante selbst als Allegorie der Dekadenz und der Luxuria zu verstehen sein könnte, ist die Beschreibung Eliantes als Phantom: „Eliante Donalger ne lui apparaissait plus qu'en beau fantôme, un vampire au ventre argenté glissant, ondulant..." (LJ 84).
[74] Eliante beschreibt beide als „deux frères très blancs" (LJ 54) und ihr erscheint die Vase „plus harmonieux, moins sauvage d'attitude, immobilisé dans le plus jolie posture humaine, la posture sans sexe" (LJ 54).
[75] „Tout noir dans ses vêtements de jeune homme sérieux, il formait bien le pendant de l'Eros nu, et chaste, à cause de la noirceur de marbre" (LJ 69).
[76] Der Liebesgott und Léon scheinen Eliante mit ihren Augen zu verfolgen und anzubeten: „l'Eros noir semblait darder sur elle ses prunelles d'émeraude" (LJ 137).

tatsächlich eine gesellschaftliche und geschlechtliche Verwandlung („Raoule s'aperçut tout de suite de la transition qu'elle avait amenée dans ce caractère mou", MV 109) und die Metamorphose zur sinnlichen Marmorskulptur von fesselnder Aura inmitten des Luxus wird sukzessive im Text vollzogen.[77] Raoule sieht sich hierbei in der Rolle Pygmalions, also der Erschafferin („J'ai eu des hommes dans ma vie comme j'ai des livres dans ma bibliothèque, [...] je n'ai pas écrit mon livre moi", MV 84) und will das ihren Ansprüchen nach perfekte Kunstwerk – einen weiblichen Mann – erschaffen. Dieser Schöpfungsakt („J'ai mis la main sur une bonne œuvre" [MV 35] verspricht Raoule ihrer Tante) beginnt mit der finanziellen Unterstützung Jacques' (MV 67) und endet mit dem toten Jacques als Wachsstatue, der von seiner Schöpferin besucht wird (MV 227), eine ironische Umkehrung des Mythos, indem der Mann zum Kunstwerk abgetötet wird. Analog zu Barbey d'Aurevillys Welt, in der der Erzähler sowohl den Textkörper dominiert, den er in präzise und komplexe narrative Formen gießt,[78] als auch den Frauenkörper, der begehrt und, passt er nicht in diese Formen, zerstört wird,[79] könnte man bei *Monsieur Vénus* konstatieren, dass der Mann inhaltlich und erzählerisch verändert wird: Während Raoule ein „honnête homme" (MV 70), „monsieur" (MV 84) und „maître" (MV 105) ist, wird Jacques umgekehrt als „épouse" (MV 115), „la fiancée" (MV 84) und sogar „Madame de Vénérande" (MV 172) vorgestellt. Damit werden die Geschlechterverhältnisse nicht nur durch Sprache umgekehrt, sondern Sprache dient auch als Mittel zur Machtausübung: Alle Attribute sind in Abhängigkeit zum weiblichen Dandy gewählt und als Umkehrung eines Erzähl- und Verhaltensmodells eingesetzt. Das Verhältnis Künstler und Muse wird nicht nur durch den geschlechtsspezifischen Wechsel karikiert, sondern Raoule rächt sich an ihrer treulos gewordenen Muse (Jacques beginnt ein Verhältnis mit Raoules Bekanntem Raittolbe), indem sie diese zum Kunstwerk abtötet: Durch eine Mischung aus künstlichen Teilen und Leichenteilen entsteht nun eine arti-

---

[77] „Sa chemise, fermée au cou, ne laissait rien deviner de l'homme, et son bras rond, sans aucun duvet, ressortait comme un beau marbre le long de la courtine de satin" (MV 59); „il demeura superbe dans son impudeur de marbre antique" (MV 72); „son visage pâle dans les ténèbres lui fit l'effet d'une face de statue" (MV 73).
[78] Beim Dekadenzliteraten Barbey d'Aurevilly lässt sich der Akt des Schreibens und der Textproduktion als ein ‚viriler' Akt erkennen, in dem die ‚diabolische' Frau mit ihrer offenen Sinnlichkeit und aggressiven Sexualität in den Leerstellen zwischen den Worten und Zeilen angesiedelt werden muss; vgl. Susanne Rossbach: Blut, Schmerz und Tränen. Vorstellungen von Weiblichkeit und Männlichkeit im literarischen Werk Barbey d'Aurevillys. In: *Feministische Literaturwissenschaft in der Romanistik*. Hg. Renate Kroll und Margarete Zimmermann. Stuttgart 1995, S. 135–153, hier S. 147.
[79] Ebd., S. 148.

fizielle Venus.[80] Wurde Jacques' Männlichkeit im Roman durch Raoules (weiblichen) Blick zum Venus-Abbild, zur Dekoration und zu einem Teil der Inneneinrichtung geformt, so parodiert Rachilde auch in ihren Schlussbildern mythologische und literarische Vorbilder: Zum einen indem sie nochmals explizit auf die Erschaffung des/der Wunschpartner*in, wie es auch der Mythos vorgibt, verweist; zum anderen nimmt sie jedoch zugleich eine Parodie von Sandro Botticellis *Geburt der Venus* vor, indem sie ihre Wachsfigur mit transparenter Kautschukhaut auf einen muschelförmigen Untergrund bettet.

> Sur la couche en forme de conque, gardée par un Eros de marbre, repose un mannequin de cire revêtu d'un épiderme de caoutchouc transparent (MV 227).

Diese Anspielungen werden ironisch gebrochen, da sich Jacques deutlich von E. T. A. Hoffmanns Olympia unterscheidet, die durch den intertextuellen Verweis evoziert wird: „Ce mannequin, chef d'œuvre d'anatomie, a été fabriqué par un Allemand" (MV 227); er ist vielmehr ein erschreckender Automat aus Körperteilen Jacques', fremden Leichenteilen und künstlichen Fragmenten:

> Les cheveux roux, les cils blonds, le duvet d'or de la poitrine sont naturels ; les dents qui ornent la bouche, les ongles des mains et des pieds ont été arrachés à un cadavre. Les yeux en émail ont un adorable regard (MV 227).

Kritik und Karikatur vereinen sich in diesen letzten Worten des Romans: Kritik, wie auch bei Hoffmann, am selbstherrlichen und grenzenlosen Schöpferwillen eines perfekten Menschen, aber auch Karikatur des fehlgeschlagenen artifiziellen Strebens des Dandys. Die Umkehrung spielt eine doppelte Rolle im Roman und zwar nicht nur als formale Strategie, die auf Zitaten fußt; sie ist vielmehr selbst ein Zitat der *Fin de siècle*-Klischees. Die Sezierung von Jacques' Körper kann im Sinne der Dekonstruktion als Parodie des literarischen Prozesses gelesen werden.

IV Abschluss: Luxusorte am Abgrund

In Rachildes Romanen lässt sich eine Umkehrung des Androgynitätsdiskurses des neunzehnten Jahrhunderts erkennen, denn sie sieht Androgynität sowohl als Ideal vorrangig im weiblichen Dandy konzentriert als auch in der Gender-Kon-

---

80 „Le soir de ce jour funèbre, Mme Silvert se penchait sur le lit du temple de l'Amour et, armée d'une pince en vermeil, d'un marteau recouvert de velours et d'un ciseau en argent massif, se livrait à un travail très minutieux ... Par instants, elle essuyait ses doigts effilés avec un mouchoir de dentelle" (MV 224).

stellation insgesamt. Letztlich steht ihre androgyne Schreibweise als Symbol für weibliche Künstlerinnen, die mithilfe von Androgynität[81] ihre geschlechtsspezifischen Erfahrungen als Autorinnen innerhalb eines männlich dominierten Literaturdiskurses zur Sprache bringen können. Dabei könnte man Rachildes Schreibästhetik in Anlehnung an Luce Irigarays „*parler femme*"[82] am besten als Versuch eines *parler femme dandy* bezeichnen, denn diese Ästhetik stellt nicht nur eine – temporäre – Bedrohung für die patriarchale Kultur dar und ist ein Instrument für Kreativität, sondern sie vermittelt durch die Konzentrierung auf den männlichen Körper (in Narrativik und Semantik) zugleich eine männliche Komponente.

Der *stylus luxurians*, der sich besonders in der Ästhetisierung der (Körper-) Räume in den Romanen zeigt, ist hierbei zielgerichtet und umschreibt in einer ironischen Paraphrase von ästhetischen Grundsätzen der *Décadence* die Befreiung der Autorin aus dem patriarchal-heterosexuellen Beziehungs- und Literaturkonzept des neunzehnten Jahrhunderts. Hierbei sind die Beschreibungen von Orten keineswegs Akte narrativer Verschwendung, sondern markieren ihre Poetik, treiben die Handlung voran und geben Hinweise auf die Lesart des Textes. Zudem bedient sich Rachilde gängiger Diskurse des *Fin de siècle* (etwa *Crossdressing* und exzentrische (Selbst-)Inszenierung, Hysterie, Misogynie, Androgynität etc.) sowie eines feststehenden Metaphern-Pools und zeigt eine künstlerische Vermischung von Sprache, kulturgeschichtlichen und genderbezogenen Assoziationen. Eine Parodie des männlichen Dandydiskurses wird hierbei offensichtlich. Während Des Esseintes die Werte des klassischen Dandyismus nach den Grundsätzen der *Décadence* übertreibt und karikiert, ironisiert Raoule aus weiblicher Perspektive das Dandytum. Luxus selbst durchläuft im Laufe der Romanhandlungen eine Wandlung: Dient er zunächst noch zur Beschreibung von Reichtum und Komfort,

---

81 Das weibliche Dandytum als ästhetischem Produktions- und Konstruktionsprinzip findet in Rachildes Werken eine Neudefinierung der „différence sexuelle". Sowohl die gesellschaftlichen als auch die literarisierten Geschlechterverhältnisse werden bei Rachilde als marode entlarvt, indem weiblich konnotierte Stereotypen auf Männer übertragen werden. Damit wird der weibliche Dandy Ausgangspunkt aller Gender- und poetologischen Diskurse und der Mann zur bloßen Chiffre degradiert. Insofern bezeichnet die Androgynie bei Rachilde keine selbstbestimmte Artikulation, bei der sowohl die männliche als auch die weibliche Stimme als gleichwertig betrachtet werden kann; vgl. bspw. Woolfs Androgynie-Konzeption: „Virginia Woolf was free to develop both sides of her nature, both male and female, and to create the appropriate kind of novel for the expression of her androgynous vision." Elaine Showalter: *ALiterature of Their Own. British Women Novelists from Brontë to Lessing*. London 1978, S. 263.
82 Vgl. dazu die Ausführungen im Art. „Sexual Difference". In: *The Columbia Dictionary of Modern Literary and Cultural Criticism*. Hg. Joseph Hentzi und Gary Childers. New York 1995, S. 274 – 276, hier S. 275.

so stellt Rachilde mit zunehmender und intensivierter Beschreibung des Spiels mit Gender-Identitäten bestehende Hierarchien und Normen infrage und übt damit Gesellschaftskritik. Des Esseintes scheitert letztlich mit seinem ästhetizistischen Experiment, zwischenmenschliche Relationen durch Dingrelationen zu ersetzen. Die von seinen Objekten maßgeblich geprägte Individualutopie in Fontenay-aux-Roses wird zum Ort des Pathologischen und lässt ihn am Ende des Romans in das Pariser Leben zurückkehren. Auch Rachildes Luxusorte zeigen starke Abnützungserscheinungen: Das Schloss Vénérande, einst Ausgangspunkt für das Dandytum Raoules (sogar das Gemäuer spiegelt die Langeweile wider: „les murs gris semblaient s'ennuyer", MV 36), wird dann zur Bühne der Geschlechterspiele und zum Luxus- und Liebestempel. Die „obscurité profonde" (MV 190) des Schlosses intensiviert sich mit fortschreitender Romanhandlung, ein Hinweis auf das Mysterium der schillernden Raoule, die zunehmend der Gesellschaft entgleitet. Am Romanende bemerken sogar mehrere Gäste, dass etwas Schreckliches und Unerklärliches im Palast geschehen sein muss und das Schloss einem Grab gleicht: „cette maison est décidément transformée en tombeau" (MV 190). Durch das dunkler werdende Schloss wird noch einmal auf die degenerierte Psyche der Protagonistin verwiesen, wobei im Schluss zugleich gesellschaftliche Strukturen retabliert werden. Beide weiblichen Dandys enden außerhalb der gesellschaftlichen Ordnung in Schizophrenie (Raoule de Vénérande) oder im Tod (Eliante Dolanger). Zwar bietet *Monsieur Vénus* ein Beispiel der weiblichen Ermächtigung in einem dekadenten Versuchslabor, in dem Geschlechter- und Gesellschaftsgrenzen überwunden hätten werden sollen, der verweiblichte Mann ist jedoch tot und die androgyne Frau schizophren. Und auch die nicht-konforme Jongleuse nimmt sich das Leben und bereitet damit den Weg für die geschlechter- und gesellschaftskonforme Liaison zwischen Léon und Missie. Die Kunst triumphiert am Ende eben doch nicht über die Natur: So wie auch bei Des Esseintes in *À rebours* die Experimente zur Ästhetisierung scheitern (u. a. stirbt die Schildkröte nach der Verschönerung und Des Esseintes' künstliche Ernährung muss abgebrochen werden[83]), so bietet auch die tote und letztlich groteske Wachspuppe nur einer wahnsinnig gewordenen Protagonistin Zuflucht. Eliantes letzter Kunstakt ist für sie selbst tödlich. Unterschiedlich zu betrachten sind jedoch meines Erachtens die Romanschlüsse: Huysmans lässt seine Romanfigur Des Esseintes am Ende von *À rebours* geläutert in das Pariser Leben zurückkehren und beendet damit Des Esseintes' versinnbildlichte, rein ästhetische Spiritualität durch eine konkrete Hinwendung zur christlichen Religion. Rachildes Romane hingegen enden unversöhnlich: Auch wenn die Gender- und Gesellschaftsnormen wiederhergestellt

---

83 Vgl. Anm. 69.

werden, so lässt Rachilde die Lesenden in einem dekadenten Mikrokosmos zwischen Faszination und Schrecken, zwischen Abgründigem und Sinnbetäubendem zurück.

Raphael J. Müller
Emmerich Kálmáns *Herzogin von Chicago* und die Luxustopographie der Wiener Operette

Am 5. April 1928 wurde die Operette *Die Herzogin von Chicago* von Emmerich Kálmán am Theater an der Wien uraufgeführt. Tags darauf berichtete die *Illustrierte Kronen Zeitung*, die Aufführung sei „einfach wundervoll", die Premiere habe „wie eine große Sensation" gewirkt. Es sei

> das Sortiment wieder da, das in der Operette so beliebt ist. Man lacht, weint, staunt und ist verblüfft. Diesmal ganz besonders. Denn eine so kostbare Ausstattung mit so fabelhaften Revuetricks hat man überhaupt noch nicht in Wien zu sehen bekommen. Da wird eine Pracht, ein Luxus, eine Originalität entwickelt, die immer wieder zu Beifallssalven aufreizt.[1]

Aus den Spalten anderer Zeitungen klang es ähnlich. Gerühmt wurde „die blendende, luxuriöse Mise-en-scène", der Regisseur und Direktor des Theaters an der Wien Hubert Marischka habe „in Krösuslaune" sein Haus bestellt.[2] Die Aufführung sei „eine Hörens-, noch mehr: eine Sehenswürdigkeit", man habe „monatelang vorher" erfahren, „daß der Aufwand in die Milliarde hineinsteigt".[3] Der „Kleiderluxus"[4], den der als Ausstatter Max Reinhardts berühmt gewordene Kostümbildner Ernst Stern verantwortete, nötigte selbst den wenigen Stimmen Respekt ab, die der Ausstattungsorgie skeptisch gegenüberstanden. So gestand etwa der Rezensent der sozialdemokratischen *Arbeiter-Zeitung*, der dem neuen Stück ansonsten denkbar kühl begegnete, „Kostüme und Dekorationen" seien „wirklich sehenswert".[5]

---

1 Anon.: Die neue Kalman-Operette im Theater an der Wien. In: *Illustrierte Kronen Zeitung*, 29. Jg., 6. April 1928, Nr. 10131, S. 10.
2 Sign. c. kbg.: „Die Herzogin von Chicago" bei Marischka. In: *Der Morgen*, 19. Jg., 10. April 1928, Nr. 15, S. 4.
3 Sign. R. H–r.: „Die Herzogin von Chicago." Operette von Emmerich Kalman. In: *Wiener Zeitung*, 225. Jg., 7. April 1928, Nr. 83, S. 7.
4 Ernst Decsey: Die neue Kálmán-Operette. In: *Neues Wiener Tagblatt*, 6. April 1928. Zit. nach Kevin Clarke: *„Im Himmel spielt auch schon die Jazzband". Emmerich Kálmán und die transatlantische Operette 1928–1932*. Hamburg 2007, S. 492–495, hier S. 493.
5 Sign. pp.: „Die Herzogin von Chicago". In: *Arbeiter-Zeitung*, 41. Jg., 6. April 1928, Nr. 97, S. 7f., hier S. 7.

Im Spiegel der Presse erscheint die Bühne des Theaters an der Wien an jenem Premierenabend gleichsam als Luxusort innerhalb der kulturellen Topographie der Stadt Wien. Das von den Rezensenten wiederholt verwendete Prädikat ‚luxuriös' bezieht sich dabei in erster Linie auf das, was Daniel Fulda als den „bespielten Raum" bezeichnet hat, also auf die Kostüme, Kulissen und Requisiten, mittels derer auf der Bühne die dramatischen Schauplätze – der „gespielte Raum" – evoziert werden.[6] Allerdings handelt es sich auch beim Hauptschauplatz dieser Operette, dem Schloss Graditza in der fiktiven Balkanmonarchie Sylvarien, um einen dezidiert luxuriösen Ort. So berichtete etwa das *Neue Wiener Journal* unter ironischer Aufhebung der Differenz zwischen gespieltem und bespieltem Raum, im zweiten Akt reiche der „renovierte und in Gold strotzende Königspalast [...] fast von der Wienzeile bis zur Dreihufeisengasse".[7] Die Operettenbühne stellte am Uraufführungsabend der *Herzogin von Chicago* also sowohl als bespielter Raum im Rahmen der großstädtischen Unterhaltungsindustrie als auch als gespielter Raum innerhalb einer klischierten Operettenwelt einen Luxusort dar.

Dieser doppelte Luxuscharakter der *Herzogin von Chicago* ist symptomatisch für die Wiener Operettenproduktion der 1920er Jahre und insbesondere für die Produktionen des Theaters an der Wien, das damals das bedeutendste Operettentheater am Platz und wichtiger Taktgeber des internationalen Operettengeschäfts war. Im hart umkämpften Massenunterhaltungsmarkt der Zeit musste die Operette gegen die Konkurrenz von Revue und Stummfilm bestehen, deren Faszinationskraft sich entscheidend dem Optischen verdankte. Operettenbühne, Revuetheater und Kino markierten gleichermaßen Orte des optischen Überflusses, wo breite Schichten der Alltagsrealität entfliehen und sensationelle Welten erschauen konnten.[8] Dabei bewegt sich die Operette der Zeit gattungssystematisch zwischen den beiden Konkurrenzgenres. Mit der Revue teilt sie den aufwendigen musiktheatralischen Apparat und die „additive Dramaturgie"[9], ohne jedoch wie diese auf eine durchgehende Handlung zu verzichten. Während Ausstattung, Musik und Choreographie in der Revue zum Selbstzweck tendieren,

---

6 Daniel Fulda: „Breter, die die Welt bedeuten". Bespielter und gespielter Raum, dessen Verhältnis zur sozialen Um-Welt sowie Geltungsräume des populären Theaters im 17. und 18. Jahrhundert. In: *Theatralität und Räumlichkeit. Raumordnungen und Raumpraktiken im theatralen Mediendispositiv*. Hg. Jörg Dünne, Sabine Friedrich und Kirsten Kramer. Würzburg 2009, S. 71–86, bes. S. 75f.
7 Sign. ron.: „Die Herzogin von Chicago." In: *Neues Wiener Journal*, 36. Jg., 6. April 1928, Nr. 12346, S. 12.
8 Vgl. Moritz Csáky: *Ideologie der Operette und Wiener Moderne. Ein kulturhistorischer Essay zur österreichischen Identität*. Wien, Köln und Weimar 1996, S. 296.
9 Albert Gier: *„Wär' es auch nichts als ein Augenblick". Poetik und Dramaturgie der komischen Operette*. Bamberg 2014, S. 93.

dienen sie in der Operette grundsätzlich der Evokation einer kohärenten dramatischen Welt. Diese entfaltet die Operette – darin dem Film ähnlich – entlang einer durchgängigen Handlung. Dabei gerät im Unterschied zum Film der Handlungsfortgang der Operette in den revuehaften Gesangs- und Tanznummern immer wieder ins Stocken. Autoren, deren Operetten sich in den 1920er Jahren gegen Revuen und Stummfilme behaupten mussten, siedelten daher die Handlungen ihrer Stücke oft in luxuriösen gespielten Räumen an, die besonders in den retardierenden Revuenummern Anlass für opulente Ausstattungen und aufsehenerregende szenische Effekte boten.

Dieser ‚Operettenluxus' ist Thema des vorliegenden Aufsatzes. Im ersten Teil werden die ökonomischen Bedingungen genauer untersucht, unter denen sich die Wiener Operette seit den 1900er Jahren zum Inbegriff des luxuriösen Ausstattungsspektakels entwickelte. Die *Herzogin von Chicago* markiert gleichsam einen Höhepunkt dieser Entwicklung, wobei sich an diesem Stück die konstitutive Bedeutung der ökonomischen Umstände für die Gestaltung einer Operette besonders gut beobachten lässt. Im zweiten Teil des Aufsatzes ist daher zu zeigen, wie die Macher[10] der *Herzogin von Chicago* den formalen und inhaltlichen Ansprüchen an eine rentable Luxusoperette nachkamen. Dafür war nicht nur die Dramaturgie des Stücks konsequent auf spektakuläre Bühnenwirksamkeit ausgerichtet, sondern Luxus und Ausstattungsaufwand avancierten selbst zum Gegenstand der Handlung. Besonders aufschlussreich ist, wie in der *Herzogin von Chicago* die eigene Gattung als Ausstattungsgenre zwischen Revue und Stummfilm reflektiert wird. Der Operette ist damit eine selbstreferentielle Ebene eingeschrieben, auf der die luxuriösen gespielten Räume als (Operetten-)Klischees ausgestellt werden. Von zentraler Bedeutung sind dabei zwei Revuenummern im zweiten Akt, die opulente Bilder des mythischen Luxus- und Sehnsuchtsorts ‚Amerika' entwerfen und die im dritten Teil des Aufsatzes behandelt werden.

---

10 Dazu gehören neben Kálmán die beiden Librettisten Julius Brammer und Alfred Grünwald sowie Hubert Marischka, der nicht nur als Direktor des Theaters an der Wien Regie führte und die männliche Hauptrolle übernahm, sondern gleichzeitig als Inhaber des Karczag-Verlags auch die Rechte an der *Herzogin von Chicago* besaß. Ferner waren an der Produktion der Bühnenbildner Franz Marischka sowie die Kostümbildner Ernst Stern und Lilian Marischka beteiligt. Vgl. Emmerich Kálmán: *Die Herzogin von Chicago*. Operette in zwei Abteilungen (zwei Akte mit einem Vor- und Nachspiel) von Julius Brammer und Alfred Grünwald. Vollständiges Regie- und Souffilerbuch. Leipzig und Wien 1928, S. 2.

I Luxusort Wiener Operettenbühne

Die Uraufführung der *Herzogin von Chicago,* deren luxuriöse Ausstattung von der Presse so enthusiastisch gefeiert wurde, fand am Theater an der Wien statt, der glanzvollsten Operettenbühne der Stadt. Mehr als jede andere Wiener Bühne war dieses Theater für opulente Aufführungen bekannt; seit jeher war hier die „Befriedigung der Schaufreude"[11] eine wichtige Leitlinie der Spielplangestaltung. Wenn der Journalist Ludwig Hirschfeld 1927 in seinem feuilletonistischen Reiseführer *Das Buch von Wien* über die Zeit nach der Eröffnung[12] des Theaters an der Wien im Jahr 1801 schreibt, Mozarts *Zauberflöte* sei hier „in einer luxuriösen Inszenierung gegeben" worden,[13] so ist dies daher keinesfalls als bloße Rückprojektion der zeitgenössischen Verhältnisse auf das Eröffnungsjahr zu verstehen.

Das privat geführte Theater an der Wien war nach seiner Eröffnung das größte und modernste Theater der Stadt, besser ausgestattet noch als die Hofoper,[14] die bis zur Eröffnung des repräsentativen Hauses am Ring 1869 im Theater am Kärntnertor spielte. Während die Opernaufführungen an der bezuschussten Hofoper als Teil der höfischen Repräsentationskultur fungierten, befriedigten die aufwendigen Bühnenspektakel am Theater an der Wien und anderen privaten Bühnen zuallererst das Unterhaltungsbedürfnis eines seit der Mitte des neunzehnten Jahrhunderts stetig wachsenden bürgerlichen Publikums.[15] Dabei musste sich der Betrieb selbst tragen – und luxuriöse Ausstattungen stellten in diesem kompetitiven Markt ein wichtiges Verkaufsargument dar. Dies galt insbesondere für die Wiener Operette, die sich seit den 1860er Jahren, inspiriert vom Vorbild der Pariser Operette und namentlich Jacques Offenbachs, einen eigenen Stil entwi-

---

11 Franz Hadamowsky: *Wien. Theatergeschichte. Von den Anfängen bis zum Ende des Ersten Weltkriegs.* Wien und München 1988, S. 509.
12 Erbaut wurde das Theater an der Wien vom Theaterunternehmer und *Zauberflöten*-Librettisten Emanuel Schikaneder als Nachfolgebau des Freihaustheaters, wo zehn Jahre zuvor im Jahre 1791 ebenjene *Zauberflöte* zur Uraufführung gelangt war. Zur Geschichte des Theaters an der Wien vgl. Anton Bauer: *150 Jahre Theater an der Wien.* Zürich, Leipzig und Wien 1952; ferner Attila E. Láng: *200 Jahre Theater an der Wien. „Spectacles müssen seyn".* Wien 2001. Allgemein zur Wiener Theatergeschichte vgl. das Standardwerk von Hadamowsky, *Wien. Theatergeschichte* 1988.
13 Ludwig Hirschfeld: *Das Buch von Wien.* München 1927, S. 95.
14 Vgl. Ethel Matala de Mazza: *Der populäre Pakt. Verhandlungen der Moderne zwischen Operette und Feuilleton.* Frankfurt/M. 2018, S. 250.
15 Grundlegend zum Wiener Unterhaltungstheater und insbesondere zur Wiener Operette im neunzehnten und frühen zwanzigsten Jahrhundert Marion Linhardt: *Residenzstadt und Metropole. Zu einer kulturellen Topographie des Wiener Unterhaltungstheaters (1858–1918).* Tübingen 2006.

ckelte[16] und deren Geschichte eng mit dem Theater an der Wien verwoben ist. Hier gelangten zentrale Werke ihrer klassischen Ära wie Johann Strauß' *Die Fledermaus* (1874) und *Der Zigeunerbaron* (1885) in aufwendigen Produktionen zur Uraufführung.[17] Hinsichtlich der Bühnenästhetik und des Sozialprestiges spielte das Theater an der Wien ab den 1870er Jahren durchaus in einer Liga mit der Hofoper.[18] So lobte ein zeitgenössischer Kritiker die „eines ersten Hoftheaters würdige Pracht"[19] der Premiere von Strauß' Operette *Das Spitzentuch der Königin* (1880).

In den 1890er Jahren erwuchs den Wiener Operettenbühnen mit den damals neuen Varietétheatern eine Konkurrenz, die mit einem bunt gemischten Programm aus optischen Sensationen sowie Musik- und Tanznummern um ein ähnliches Publikum buhlte und dessen Vorlieben entscheidend beeinflusste.[20] Die herkömmliche Wiener Operette, die ästhetisch und institutionell in der Tradition des Volkstheaters verankert war, hatte dagegen einen schweren Stand, zumal kurz vor der Jahrhundertwende drei ihrer erfolgreichsten Komponisten – Carl Zeller, Johann Strauß und Carl Millöcker – verstarben. Um das Überleben der Operettentheater und damit zugleich der Gattung zu sichern, mussten die Operettenmacher versuchen, mit ihren Neukreationen den veränderten Publikumsgeschmack zu treffen. Die Erfolgsformel fand Franz Lehár, der mit der 1905 am Theater an der Wien uraufgeführten Operette *Die lustige Witwe* einen Erfolg nie dagewesenen Ausmaßes landete.[21] Schon von der zeitgenössischen Kritik wurde die *Lustige Witwe* als „Anfang der neuen Operette" wahrgenommen.[22] Und in der Operettengeschichtsschreibung wird Lehárs Erfolgsstück gewöhnlich mit dem

---

16 Zur komplexen Genese der Wiener Operette vgl. ebd., S. 60–64 und 71–77. Speziell zum Einfluss Jacques Offenbachs auf die Wiener Operette vgl. Mathias Spohr: Inwieweit haben Offenbachs Operetten die Wiener Operette aus der Taufe gehoben? In: *Offenbach und die Schauplätze seines Musiktheaters*. Hg. Rainer Franke. Laaber 1999, S. 31–67.
17 Vgl. Láng, *200 Jahre Theater an der Wien* 2001, S. 54–57.
18 Vgl. Linhardt, *Residenzstadt und Metropole* 2006, S. 73.
19 Anon.: Zum Direktionswechsel im Theater an der Wien. In: *Fremden-Blatt*, 1. Mai 1884, S. 11f. Zit. nach Linhardt, *Residenzstadt und Metropole* 2006, S. 66.
20 Zum Verhältnis von Operette und Varieté um die Jahrhundertwende vgl. Linhardt, *Residenzstadt und Metropole* 2006, S. 95–101.
21 Lehárs Operette wurde allein im Jahr 1910 rund 18 000-mal auf Bühnen rund um den Globus aufgeführt; vgl. Stefan Frey: *Franz Lehár oder das schlechte Gewissen der leichten Musik.* Tübingen 1995, S. 35.
22 Felix Salten: Die neue Operette. In: *Die Zeit*, 8. Dezember 1906, S. 1–3. Zit. nach: *Stimmen zur Unterhaltung. Operette und Revue in der publizistischen Debatte (1906–1933)*. Hg. Marion Linhardt. Wien 2009, S. 39–45, hier S. 39.

Beginn der zweiten Blütephase des Genres identifiziert, die bis Ende der 1920er Jahre andauerte.[23]

Mit der *Lustigen Witwe* näherten Lehár und seine Librettisten Victor Léon und Leo Stein die Operette der populären Varietéästhetik an. Dies schlug sich am augen- und ohrenfälligsten in der Übernahme von „Musik- und Bewegungsformen aus der Sphäre jener Etablissements" nieder, „die aus der Perspektive vieler Zeitgenossen keinen künstlerischen Anspruch erheben konnten, nämlich aus den Varietés und Nachtlokalen".[24] Mit der Aufwertung des Tanzes, der zum eigentlichen „Medium des Gefühlsausdrucks"[25] wurde, gewann ein Schau-Element an Gewicht, das zwar dramaturgisch in der Regel überflüssig war, jedoch willkommenen Anlass für zusätzlichen Ausstattungsaufwand bot. Auf diese dramaturgische Eigentümlichkeit ist am Beispiel der *Herzogin von Chicago* noch zurückzukommen. Durch ihren enormen Erfolg auf der ganzen Welt trug die *Lustige Witwe* maßgeblich dazu bei, dass sich die ‚neue' Wiener Operette als ein für Komponisten und Verleger lukratives ‚Exportprodukt' etablieren konnte. Dabei erlangten Tanzdramaturgie und Handlungsmodell der *Lustigen Witwe* paradigmatischen Charakter für die nachfolgende Operettenproduktion.[26]

Die konsequente Kommerzialisierung der Operette verbunden mit der enormen Nachfrage nach neuen Stücken leistete einer Konfektionsästhetik Vorschub, die Stefan Frey im Anschluss an den zeitgenössischen Kritiker Klaus Pringsheim metaphorisch als „Warenhaus Operette" beschrieben hat.[27] Typisch für die „Salonoperette" sei „ihre schematische Dramaturgie, die musikalische Stilmischung und die Verfügbarkeit, mit der sie seit der *Lustigen Witwe* über ihre Bestandteile gebietet".[28] Die „standardisierten Inhalte" gehorchten dabei in der sprachlichen Realisierung der „Logik der Reklame".[29] Die *Lustige Witwe*, so meinte Pringsheim in seinem 1912 erschienenen kulturkritischen Essay, auf den sich Frey bezieht,

> sollte sichs wohl gefallen lassen, zu jenen verbreiteten Gebrauchsartikeln gerechnet zu werden, welche dem Bürger zur behaglicheren Ausstattung des täglichen Lebens dienen.

---

23 Zur Periodisierung der Wiener Operettengeschichte vgl. Linhardt, *Residenzstadt und Metropole* 2006, S. 124–128. Die *Lustige Witwe* als „Zäsur in der Operettengeschichte" behandelt eingehend Frey, *Franz Lehár oder das schlechte Gewissen* 1995, S. 33–45, hier S. 34.
24 Marion Linhardt: Einblicke in den Theateralltag der Moderne. In: dies. (Hg.), *Stimmen zur Unterhaltung* 2009, S. 11–37, hier S. 16.
25 Ebd., S. 18.
26 Vgl. Stefan Frey: *„Was sagt ihr zu diesem Erfolg". Franz Lehár und die Unterhaltungsmusik des 20. Jahrhunderts*. Frankfurt/M. und Leipzig 1999, S. 107–110.
27 Frey, *Franz Lehár oder das schlechte Gewissen* 1995, S. 45 f. und 61 f.
28 Ebd., S. 45.
29 Ebd., S. 61.

> Eine Industrie hat sich organisiert: für welche nicht die Qualität der Produkte den Konsum, sondern die Nachfrage die Masse des Angebotes bestimmt; und die mit jener planvollen Ausnutzung aller geschäftlich-praktischen Möglichkeiten, mit der skrupellosen Ausbeutung aller möglichen Geschäftspraktiken betrieben wird, deren der einzelne nicht fähig wäre. [...] Die oder jene Operette, merkwürdig genug, kann verworfen werden, *die* Operette, eine Industrie, die Tausende Menschen ernährt, ist nicht umzubringen, sie ist in die Bedürfnisse des öffentlichen Lebens aufgenommen, wie Warenhäuser, Automobile, sexuelle Aufklärung, ein Dokument der Zeit, der billigen Geistigkeit schlechter Zeitungen gleich nahe verwandt wie all jenen wohlfeilen Surrogaten, welche in unseren Tagen die Illusion von Bildung und Luxus unter die Masse tragen.[30]

Der kulturkritische Unterton darf nicht über die Akkuratesse von Pringsheims Analyse der ‚Operettenindustrie' hinwegtäuschen, die bis Ende der 1920er Jahre nach diesem Prinzip erfolgreich wirtschaften sollte.

Die Parallele zwischen Operettentheater und Warenhaus erschöpft sich jedoch nicht in der industriellen Herstellungsweise und der prinzipiellen Austauschbarkeit der dort gezeigten bzw. verkauften Produkte sowie in der Ähnlichkeit der Zielgruppen. Sowohl das Operettentheater als auch das Warenhaus sind darüber hinaus Orte, an denen Luxus visuell konsumiert werden kann, ohne über ihn zu verfügen. Dabei entsprechen der Bühne im Operettentheater die Schaufenster und Warenauslagen im Warenhaus, deren Anblick weniger betuchte Konsumentenschichten zum Träumen von einem Luxusleben anregen können – Émile Zola hat diesen Mechanismus in *Au Bonheur des Dames* (1884) einschlägig beschrieben. Einer ähnlichen Wirkungsästhetik ist auch die Operette verpflichtet: Das Publikum fühle sich dann am wohlsten, so meint Pringsheim an einer anderen Stelle seines Essays,

> wenn klangvolle Namen ausgesprochen, Geldsummen von schwindelnder Höhe erwähnt werden, wenn von Paris, Ostende, Monte Carlo die Rede ist, von kostbaren Toiletten, Brillantrivieren, prachtvollen Soupers, Tennispartien, livrierten Dienern gehandelt wird und sonst von Dingen, die ein meskines Parfüm von Allerweltselegan z verbreiten. Wie schön, wie verschwenderisch gesegnet ist das Leben – jeder sagt es sich, vom Handlungsgehilfen auf der obersten Galerie bis zum Lebemann in der Proszeniumsloge, und läßt sich selig vom Glück dieser strahlenden Sonntagsmenschen beglänzen, die im Frack auf die Welt gekommen sind, sich von Kaviar, Austern, Champagner nähren, deren Dasein sich in Ballsälen, auf illuminierten Hotelterrassen, im „*Moulin rouge*" oder im *Séparé* bei „Sacher", in Luxuskabinen und Schlafcoupés festlich vollendet, denen eine Welt von Erbinnen, Kokotten und Oberkellnern zu Füßen liegt.[31]

---

30 Klaus Pringsheim: Operette. In: *Süddeutsche Monatshefte* 9 (1912), Bd. 2, S. 178–187, hier S. 183 f.; Kursivierung im Original gesperrt.
31 Ebd., S. 181 f.; Kursivierungen im Original.

In den 1920er Jahren bestanden dann auch ganz handfeste Bande zwischen Operettenbetrieb und Einzelhandel. So war auf den Theaterzetteln der Zeit in der Regel vermerkt, aus welchen Geschäften die von den Darstellern auf der Bühne getragene Luxusgarderobe stammte,[32] und auch in Zeitungsrezensionen fanden die Ausstatter häufig Erwähnung.[33] Die Operettenbühne wurde damit recht eigentlich zu einem Schaufenster für Luxusmodegeschäfte.[34] Auch auf dem Theaterzettel zur Premiere der *Herzogin von Chicago* am Theater an der Wien fanden sich detaillierte Angaben zur Provenienz der Kostüme.[35]

Nach dem Ersten Weltkrieg erwuchs dem Genre wie erwähnt mit der Revue – „neben der Operette *die* Großform musikalischen Unterhaltungstheaters bis zum Zweiten Weltkrieg"[36] – und dem Stummfilm eine Konkurrenz, deren Erfolg sich entscheidend der optischen Opulenz verdankte und die, wie bereits das Varieté rund zwei Dezennien zuvor, großen Einfluss auf die Ästhetik der Operette ausübte. Mehr denn je mussten die musikalischen Nummern vor allem Anlass für glanzvolle Auftritte der Operettenstars, aufsehenerregende szenische Effekte und Tanzeinlagen in opulenter Ausstattung bieten, während die dramatische Motivation der Nummern aus der Handlung vollends in den Hintergrund rückte. Der in den 1920er Jahren der Wiener Operette häufig vorgeworfene Rückgriff auf stereotype Handlungsschemata – üblicherweise wurde noch immer das Modell der *Lustigen Witwe* mehr oder minder originell adaptiert – ist daher vor allem Aus-

---

32 Vgl. Stefan Frey: „O, ihr verfluchten Millionen!" Kult und Kommerz der Wiener Operette. In: *Welt der Operette. Glamour, Stars und Showbusiness*. Hg. Marie-Theres Arnbom, Kevin Clarke und Thomas Trabitsch. Wien 2011, S. 103–115, hier S. 113.
33 Vgl. Martin Lichtfuss: *Operette im Ausverkauf. Studien zum Libretto des musikalischen Unterhaltungstheaters im Österreich der Zwischenkriegszeit*. Wien und Köln 1989, S. 51 f.
34 Zur kommerziellen Verflechtung von Theatergeschäft, Warenhäusern und Modeindustrie am Beispiel Berlins und Londons vgl. Tobias Becker: *Inszenierte Moderne. Populäres Theater in Berlin und London, 1880–1930*. München 2014, S. 369–394.
35 „Die Toiletten von Rita Georg und Elsie Altmann stammen aus dem Hause Heinrich Grünbaum, 1. Bezirk, Graben / Frackanzug des Herrn Steiner: J. Humhal, 1. Bezirk, Opernring 3 / Gesamte Schuhausstattung aus der Modellwerkstätte Leopold Jellinek, 7. Bezirk, Burggasse 5, hergestellt aus Erzeugnissen der Heyt'schen Lederwerke, Liebenau, Worms a. Rhein / Seidenstrümpfe ‚Drei Ring-Marke', hergestellt aus Küttner Zellvag-Seide / Moderne Musikinstrumente: Sternberg, 6. Bezirk, Gumpendorferstraße 109". Gerahmt wird der Theaterzettel mit Annoncen für ein Seidenhandelsgeschäft, ein „Jugend und höchste Lebensenergie" versprechendes radiumhaltiges Arzneimittel, eine Grammophonhandlung sowie für Gesichtsverjüngungskuren; https://www.theatermuseum.at/de/object/1d320942c0/, letzter Zugriff am 6. Juli 2021.
36 Hartwin Gromes: Theater. In: *Handbuch Populäre Kultur. Begriffe, Theorien und Diskussionen*. Hg. Hans-Otto Hügel. Stuttgart und Weimar 2003, S. 445–451, hier S. 449; Kursivierung im Original. Zur Revue im deutschsprachigen Raum vgl. Franz-Peter Kothes: *Die theatralische Revue in Berlin und Wien 1900–1938. Typen, Inhalte, Formen*. Wilhelmshaven 1977.

druck des Bedeutungsverlusts der Operettenhandlung im Zuge der Annäherung an die Revue und weniger Symptom des angeblichen Konservatismus der Operettenautoren. Begünstigt wurde die Tendenz zur revuehaften Nummerndramaturgie durch das Bedürfnis der Operettenmacher, einzelne Musiknummern aus dem Kontext des Stückes herauslösen und über neuartige audiomediale Kanäle als selbstständige Schlager vermarkten zu können.[37] Die massenmediale Verbreitung dieser Schlager über den Vertrieb von Schellackplatten, die Ausstrahlung am Radio, aber auch den Verkauf von Notenmaterial für Tanzkapellen popularisierte nicht nur die Operette, aus der die Schlager stammten, sondern erhöhte vor allem auch direkt die Tantiemen.

Ebenso wichtig für den wirtschaftlichen Erfolg einer Operette war, dass das Stück nach der Uraufführung von möglichst vielen Bühnen rund um den Globus nachgespielt wurde. In diesem kommerziellen Setting kam der Uraufführungsproduktion eine herausragende Bedeutung zu: Sie musste die Novität in einer möglichst spektakulären, luxuriös ausgestatteten Inszenierung präsentieren und damit wortwörtlich um jeden Preis einen durchschlagenden Erfolg landen, damit möglichst viele Bühnen die neue Operette in den Spielplan aufnahmen und Tantiemen entrichteten. Zwar verfügten gerade kleinere Provinzbühnen kaum über die Mittel, um eine Produktion zu stemmen, die ähnlich opulent ausgestattet war wie die Wiener Referenzaufführung. Als Werbemaßnahme war das Ziehen sämtlicher Ausstattungsregister bei der Uraufführung dennoch angezeigt. Für den Profit von Komponist und Verleger, der wirtschaftlich häufig mit dem Uraufführungstheater verbandelt war, fiel angesichts des einträglichen Geschäfts mit den Aufführungsrechten schließlich weniger ins Gewicht, ob die luxuriöse Uraufführungsproduktion selbst rentierte. Schon Wilhelm Karczag, der 1901 das Theater an der Wien pachtete, wirtschaftete nach diesem Muster und war nicht nur Theaterdirektor, sondern verlegte auch viele Stücke, die in seinem Theater zur Uraufführung gelangten. Er gehörte damit zu „jenem Trust von Verlegern, Bühnenleitern, Autoren, Journalisten", der „in der Operettenmetropole residiert und von hier aus den allgemeinen Markt befehligt, die neuen Fabrikate lanciert und die Kurse diktiert".[38]

---

[37] Vgl. Linhardt, Einblicke in den Theateralltag der Moderne 2009, S. 27; ferner Frey, *Franz Lehár oder das schlechte Gewissen* 1995, S. 37 f.
[38] Pringsheim, Operette 1912, S. 187. Zur „Vertrustung" der Operette vgl. Linhardt, Einblicke in den Theateralltag der Moderne 2009, S. 28.

In den 1920er Jahren perfektionierte Karczags Schwiegersohn, der Tenor Hubert Marischka, dieses Geschäftsmodell.[39] Nach dem Tod seines Schwiegervaters übernahm Marischka 1923 nicht nur die Direktion des Theaters an der Wien, sondern auch den Karczag-Verlag. Zudem betrieb er mit dem Wiener Stadttheater und dem Raimundtheater zwischenzeitlich zwei weitere Revue- und Operettenbühnen, was zusätzliche synergetische Effekte zeitigte. Ästhetisch trimmte Marischka die Operette weiter auf Luxusspektakel. Er reklamierte daher später nicht zu Unrecht die Erfindung des „Genre[s] der großen Ausstattungsoperette" für sich.[40] Die größten Erfolge an Marischkas Theater an der Wien waren einem Komponisten beschieden, dessen Operetten mit seismographischer Präzision die Bedürfnisse des spektakelsüchtigen Publikums zu befriedigen wussten: Emmerich Kálmán, der „in den 20er Jahren [...] die Personifikation der spektakulär aufbereiteten Wiener Show-und-Glamour-Operette" verkörperte.[41] In einer „in Prunk und Farben schwelgenden Ausstattung"[42] feierte 1924 Kálmáns *Gräfin Mariza* im Theater an der Wien ihre umjubelte Erstaufführung und avancierte umgehend zu einem Welterfolg. Dies bescherte nicht nur dem Komponisten Kálmán enorme Einkünfte, sondern ließ auch die Kassen von Marischkas Karczag-Verlag klingeln.

Zwei Jahre später versuchte das Gespann aus Kálmán, den beiden Textdichtern Julius Brammer und Alfred Grünwald sowie Marischka, der erstmals neben der Übernahme der männlichen Hauptpartie auch Regie führte, mit *Die Zirkusprinzessin* an den Erfolg der *Gräfin Mariza* anzuknüpfen.[43] Für die so wichtige Uraufführungsproduktion scheute der „Marischka-Konzern"[44] wiederum keinen Aufwand. Unter Rückgriff auf den Unsagbarkeitstopos beschrieb der Kritiker Hans Liebstoeckl die Premiere der *Zirkusprinzessin* hyperbolisch als einen Luxusgottesdienst:

> Von den drei Tempeln, in denen der Operettengöttin gehuldigt wird, ist das Theater an der Wien der luxuriöseste. Hier opfert man dem wundertätigen Emmerich Kalman, der die Zone der Welterfolge und Tantiemen beherrscht, und die Pracht dieses Kultes läßt sich kaum

---

39 Vgl. Marie-Theres Arnbom: „Mit frommen [sic] Schauder in Marischkas Girlkirche...". Hubert Marischkas Operetten-Imperium 1923 bis 1935. In: Arnbom, Clarke und Trabitsch (Hg.), *Welt der Operette* 2011, S. 74–101, bes. S. 80 f.
40 Vgl. Hubert Marischka: Zum Geleit. In: Bauer, *150 Jahre Theater an der Wien* 1952, S. 7–9, hier S. 9.
41 Clarke, *„Im Himmel spielt auch schon die Jazzband"* 2007, S. 49.
42 Sign. R. H–r.: [Theater an der Wien]. In: *Wiener Zeitung*, 221. Jg., 29. Februar 1924, Nr. 50, S. 7.
43 Vgl. Stefan Frey: *„Unter Tränen lachen". Emmerich Kálmán. Eine Operettenbiografie*. Berlin 2003, S. 178–187.
44 Hirschfeld, *Buch von Wien* 1927, S. 98.

beschreiben. Wohl gibt es, wenn der Prophet ruht und Kräfte für neue Mirakel sammelt, neben ihm auch andere Theaterheiligte, aber so tüchtig sie sind, das höchste Fest im Jahre bleibt der Tag, da die Operettengläubigen in hellen Scharen dem Naschmarkt zuwandern, mit frommem Schauder in Marischkas Girlkirche eintreten und hier den ganzen Zauber auserwählter Klang-, Farben-, Tanz- und Gesangsorgien auf sich wirken lassen, wie er in gleicher Stärke nirgendwo anders entfaltet wird, an dieser Stätte, die das Mekka und Medina aller rechtgläubigen Operettenbekenner, das Bayreuth der leichtgeschürzten Kunst geworden ist.[45]

Mit seinem Bericht war Liebstoeckl freilich selbst Teil des von ihm be- und erschriebenen Operettenkults. Schließlich war die mediale Begleitmusik für den Erfolg des Operettengeschäfts zentral – und umgekehrt: Der glamouröse Operettenbetrieb lieferte willkommenen Stoff insbesondere, aber nicht nur für die florierenden Boulevardblätter, die dasselbe Massenpublikum bedienten, welches auch die Operette anvisierte. Von diesem medialen Glanz profitierten Operettenunternehmer wie Hubert Marischka doppelt, sorgte doch der in den Zeitungsspalten erschriebene Sensationscharakter ihrer Operetten nicht nur für volle Häuser in Wien, sondern förderte darüber hinaus auch den überaus ertragreichen Absatz ihrer Produkte außerhalb Wiens. Die Belieferung der Presse mit geeigneten Inhalten gehörte daher zum kommerziellen Kalkül der Operettenmacher. Überhaupt standen die Wiener Presse und das Operettenbusiness der Zwischenkriegszeit in einem geradezu symbiotischen Verhältnis zueinander. Dieses gründete darin, dass viele Operettenlibrettisten gleichzeitig auch als Journalisten arbeiteten und in dieser Funktion nach dem *do ut des*-Prinzip die Stücke ihrer Kollegen rezensierten; Martin Lichtfuss hat in diesem Zusammenhang von der Presse als „Propagandamedium" des Operettenbetriebs gesprochen.[46]

Allerdings darf die „freigiebige Hand für Ausstattung, für Glanz und Farbe, für prachtvolle Kostüme"[47] am Theater an der Wien nicht darüber hinwegtäuschen, dass Marischka äußerst knapp kalkulieren musste. Dies hing einerseits mit den exorbitanten Kosten seiner luxuriösen „Musteraufführungen für sämtliche Operettentheater der Welt"[48] zusammen. Andererseits belastete in den wirtschaftlich angespannten 1920er Jahren die sogenannte ‚Lustbarkeitsabgabe' – eine der zahlrei-

---

45 Hans Liebstoeckl: Operette. In: *Wiener Sonn- und Montagszeitung*, 64. Jg., 29. März 1926, Nr. 13, S. 3.
46 Lichtfuss, *Operette im Ausverkauf* 1989, S. 48.
47 Anon.: Mariza 300. Der größte Operettenerfolg Wiens seit Lehárs „Lustiger Witwe". In: *Die Bühne*, 1. Jg., 11. Dezember 1924, Nr. 6, S. 2.
48 Marischka, Zum Geleit 1952, S. 9.

chen von der sozialdemokratischen Stadtregierung eingeführten Luxussteuern[49] – nicht nur die Rechnung Marischkas, sondern die aller Wiener Operettenunternehmer. Vom Eintrittspreis für Operettenvorstellungen mussten in der Regel dreißig (!) Prozent an den Fiskus abgeführt werden. Die Wiener Operettentheater der Zwischenkriegszeit und insbesondere Marischkas Theater an der Wien lassen sich demnach nicht nur aufgrund der dort gepflegten Bühnenästhetik, sondern auch mit Blick auf die Steuergesetzgebung als Luxusorte beschreiben.

Unter diesen ökonomischen Rahmenbedingungen versuchten Kálmán, Brammer, Grünwald und Marischka mit der *Herzogin von Chicago* den Erfolg der *Gräfin Mariza* und der *Zirkusprinzessin* noch einmal zu übertreffen. Zu diesem Zweck wurde das bewährte Wiener Operettenmodell gezielt weiterentwickelt. Zwar bewegt sich das Handlungsschema der *Herzogin von Chicago* in wohlbekannten Bahnen, der konkrete Plot ist jedoch so konsequent wie in keiner Operette je zuvor auf größtmögliche Prunkentfaltung auf der Bühne ausgerichtet – darauf wird noch ausführlich zurückzukommen sein. Die Operettenmacher versuchten damit einzulösen, was von einer Kálmán-Operette nach *Gräfin Mariza* und *Zirkusprinzessin* allerorten erwartet wurde: ein noch luxuriöseres Ausstattungsspektakel, das alles bisher Gesehene in den Schatten stellen sollte. Diese Erwartungshaltung lässt sich exemplarisch an der Bewerbung der Schweizer Erstaufführung im Dezember 1928 am Basler Stadttheater dingfest machen. Auf einem Plakatentwurf wurde die *Herzogin von Chicago* explizit als „Kálmáns grosse Prunk- und Ausstattungsoperette" annonciert (Abb. 1).[50] Die hauseigene *Theater-Zeitung* ließ verlauten, der „meisterhafte Komponist mit seinen Textdichtern" habe „natürlich noch eine Steigerung zustande gebracht gegenüber den vorausgehenden Operetten" und versicherte: „Wir haben keine Kosten gescheut, dieser Ausstattungsoperette ein würdiges Gewand zu bereiten."[51] Explizit wurde auf den Primat der Ausstattung hingewiesen:

---

[49] Vgl. Felix Czeike: *Wirtschafts- und Sozialpolitik der Gemeinde Wien in der Ersten Republik (1919–1934)*. Wien 1958, Teil I, S. 61–84. Als Luxus besteuert wurde neben der Unterhaltungsindustrie unter anderem der Verkauf von Nahrungs- und Genussmitteln in sogenannten „Luxusbetrieben", Kraftwagen, Hauspersonal, Pferde und Hunde. Zu den Auswirkungen der Lustbarkeitsabgabe auf den Operettenbetrieb vgl. Arnbom, „Mit frommen [sic] Schauder" 2011, S. 78 f.; ferner Lichtfuss, *Operette im Ausverkauf* 1989, S. 43–45.

[50] Es ist unklar, ob dieser Entwurf tatsächlich als Plakat realisiert wurde. Als Titelbild zierte er die Dezember-Ausgabe des Branchenblattes *Schweizer Theater. Offizielles Organ des Verbandes Schweizerischer Bühnen* 11 (1928).

[51] Anon.: Kálmáns neue Operette „Die Herzogin von Chicago". In: *Theater-Zeitung. Offizielles Organ des Stadttheaters Basel* 13 (1928/29), H. 14, S. 15.

Abb. 1: Plakatentwurf von Willy Wenk für die Schweizer Erstaufführung der *Herzogin von Chicago* auf der Titelseite der Zeitschrift *Schweizer Theater. Offizielles Organ des Verbandes Schweizerischer Bühnen* 11 (1928).

„Das Textbuch schafft eine pompöse Grundlage zur Entfaltung eines seltenen Prunkes, der der Schaufreude bietet, was sie nur wünschen kann."[52] Glaubt man den Premierenkritiken in der Lokalpresse, so wurde das Basler Stadttheater den selbst auferlegten Ansprüchen durchaus gerecht.[53] Vom Stück selbst waren die Basler Kritiker hingegen wenig angetan. Dabei war es gerade der im Hausblatt des Stadttheaters emphatisch hervorgehobene Ausstattungsprimat, der gegen die Operette in Anschlag gebracht wurde. Die beiden Librettisten hätten eine Handlung aufgetischt, die „auf dem billigen Boden einer Wette dem Regisseur die Möglichkeit gibt, seiner Phantasie in der Ausgestaltung einer großen Prunkschau all ihre Register spielen zu lassen und eine Handlung zu inszenieren, die in Charakter- und

---

[52] Anon.: Die neue Operette „Die Herzogin von Chicago" von Kálmán. In: *Theater-Zeitung. Offizielles Organ des Stadttheaters Basel* 13 (1928/29), H. 15, S. 13.
[53] Vgl. Sign. D.: „Die Herzogin von Chicago", Operette von Emmerich Kalman. In: *National-Zeitung*, 86. Jg., 17. Dezember 1928, Abendblatt, Nr. 587, S. 13 f.; Anon.: „Die Herzogin von Chicago", Operette von E. Kálmán. In: *Basler Nachrichten*, 84. Jg., 17. Dezember 1928, Nr. 348, S. 1.

Milieuchargierung wahre Orgien feiert".[54] Kálmáns „Operettenrevue" komme wohl „dem Geschmack der breiten Masse entgegen",[55] allerdings um den Preis, dass sich die Operette damit selbst abschaffe und das Feld dem konkurrierenden Film überlasse: „Wenn es in diesem Stiefel weitergeht, wird der Film – der übrigens im letzten Akt des Stückes als ‚Kronzeuge' aufgeführt wird – immer größere Herrschaft erlangen!"[56] In den Augen der Rezensenten haben die Macher der *Herzogin von Chicago* ihre Operette also aus kommerziellen Erwägungen den beiden so populären, aber nach Kritikermeinung minderwertigen Schau-Genres Revue und Film bis zur totalen Entfremdung von der eigenen Gattung angenähert.

Damit schreiben sich die Basler Rezensenten in die seit Mitte der 1920er Jahre intensiv geführte Debatte über das Verhältnis von Operette und Revue[57] ein und schlagen sich auf die Seite derer, die in der kontinuierlichen Annäherung der Operette an die luxuriöse Revueästhetik den Niedergang der Gattung erkennen. Ähnliche Kritik erntete die *Herzogin von Chicago* schon einige Monate zuvor in Wien. Während die „kostspielige[n] Revuetricks, szenische[n] Ueberraschungen und verblüffende[n] Schauwunder"[58] einhellig gelobt wurden, stieß die Handlungssubstanz zuweilen auch in den operettenfreundlichen Wiener Zeitungen auf Vorbehalte. Dies geschah weniger in den auflagenstarken und geschäftsnahen Boulevardblättern als vielmehr im bildungsbürgerlichen Feuilleton. Die neue Operette gehorche dem am Theater an der Wien vorherrschenden „Nietzscheschen Prinzip der ewigen Wiederkehr des Gleichen",[59] ätzte Ludwig Hirschfeld in der *Neuen Freien Presse*. Tatsächlich entspricht der Plot der *Herzogin von Chicago* im Wesentlichen jenem dutzendfach reproduzierten Handlungsmuster von Lehárs *Lustiger Witwe*, dem auch die Vorgängeroperetten *Gräfin Mariza* und *Die Zirkusprinzessin* verpflichtet sind. Im *Neuen Wiener Tageblatt* urteilte Ernst Decsey etwas differenzierter und konstatierte, die „Handlungssubstanz" sei „mager", jedoch biete sie „ein willkommenes Skelett für Kleiderluxus".[60] Der „Konflikt Europa-Amerika" ergebe „die Möglichkeit zur großen Marischka-Ope-

---

54 Anon., „Die Herzogin von Chicago", *Basler Nachrichten* 17.12.1928.
55 Sign. D., „Die Herzogin von Chicago", *National-Zeitung* 17.12.1928, S. 14.
56 Anon., „Die Herzogin von Chicago", *Basler Nachrichten* 17.12.1928.
57 Eine umfangreiche Materialsammlung zu dieser Debatte bietet Linhardt (Hg.), *Stimmen zur Unterhaltung* 2009.
58 Sign. e. k.: [Meldung ohne Titel]. In: *Prager Tagblatt*, 53. Jg., 6. April 1928, Nr. 83, S. 6.
59 Ludwig Hirschfeld: Kalman-Premiere. „Die Herzogin von Chicago" im Theater an der Wien. In: *Neue Freie Presse*, 6. April 1928, Morgenblatt, Nr. 22830, S. 12.
60 Decsey, Die neue Kálmán-Operette 2007 [1928], S. 493.

rette, zur Entfaltungs-, Betäubungs-Revueoperette, worin die Handlung nur ein Rahmen ist".[61]

Decseys Befund ist in der Tat zutreffend. Die Handlung der *Herzogin von Chicago* ist bewusst so konzipiert, dass in der szenischen Umsetzung Anlass zu maximal wirkungsvollem Ausstattungsaufwand besteht, und das Luxusland Amerika erweist sich dabei als äußerst ergiebige Imaginationsressource. Allerdings ist in der *Herzogin von Chicago* der auf der Bühne gezeigte Luxus selbst Gegenstand der Handlung. Und eben hier läuft Decseys Kritik ins Leere. Denn die stückinhärente Ironisierung des Operettenluxus ist untrennbar verbunden mit der ebenfalls im Stück angelegten Selbstreflexion der Gattung Operette und ihres Verhältnisses zu den bildmächtigen Konkurrenzgenres Revue und Film. Mit Recht hat daher bereits Kevin Clarke von der *Herzogin von Chicago* als einer „(Selbst)Parodie[] der traditionellen Operettenform"[62] und „Parabel auf das Genre Operette selbst"[63] gesprochen. Wie sich das auf die Topographie des Luxus im dramatischen Zusammenhang des Werks auswirkt, soll im Folgenden gezeigt werden.

II Selbstreflexivität und Luxusdramaturgie in der *Herzogin von Chicago*

Klaus Pringsheims Rede vom „Warenhaus Operette" nimmt die *Herzogin von Chicago* wörtlich: Auslöser der Operettenhandlung ist nämlich ein Luxusshoppingwettbewerb, den die amerikanische Milliardärstochter Mary Lloyd mit ihren steinreichen Freundinnen vom New Yorker „Young Lady Excentric Club" in Europa veranstaltet. Wie Mary in amerikanischem Operettendeutsch erklärt, gewinnt „diejenige, die hier das kauft, was für *Geld ist am schwersten zu haben*, [...] eine große Preis von eine Million Dollars!"[64] Damit wird Europa gleich zu Stückbeginn als Luxusort exponiert, durch den sich kaufkräftige Amerikanerinnen wie durch ein Luxuswarenhaus bewegen. Auf ihrer Suche nach dem ultimativen Luxusobjekt trifft Mary im Vorspiel in der Budapester Tanzbar „Grill americain" auf Sandor Boris, den Erbprinzen des bankrotten Balkanstaates Sylvarien. Sie wünscht, mit dem walzer- und csárdásseligen Prinzen einen Charleston zu tanzen. Dieser weigert sich jedoch mit chauvinistischem Getöse. Mary schwört Revanche und reist nach Sylvarien. Dort trifft sie im ersten Akt wieder auf den Erbprinzen, der

---

61 Ebd., S. 492f.
62 Clarke, „Im Himmel spielt auch schon die Jazzband" 2007, S. 43.
63 Ebd., S. 115.
64 Kálmán, *Die Herzogin von Chicago* 1928, S. 21; Kursivierung im Original gesperrt.

zwar noch immer keinen Charleston tanzen will, aber schweren Herzens und zum finanziellen Wohle des Vaterlandes einwilligt, sein Schloss an die reiche Amerikanerin zu verkaufen. Mit dieser Luxusimmobilie hofft Mary den Preis des Young Lady Excentric Club zu gewinnen. Im Kaufrausch telegraphiert sie an ihren Vater: „Habe soeben wunderschönes *Prinzenschloß* gekauft, teile Dir mit, daß ich mir auch den dazugehörigen *Prinzen kaufen werde!!*"[65] – der Operettenkonvention gehorchend hat sie sich längst in Sandor verliebt. Im zweiten Akt feiert Mary die „Auföffnung"[66] ihres umgebauten Schlosses. Von ihren Freundinnen bekommt sie prompt den Preis zugesprochen, allerdings nicht für das Schloss, sondern für den Prinzen, den die Freundinnen für den eigentlichen Luxuserwerb Marys halten. Als dieser davon erfährt – „weil Sie sind so nice, kriegt sie einen Preis"[67] –, lässt er die Verlobung mit der zur „Herzogin von Chicago" erhobenen Mary platzen und verspricht nach alter Standestradition seine Cousine zu ehelichen, Prinzessin Rosemarie aus dem ebenso verarmten Bruderland Morenien. Damit ist das operettentypische Zerwürfnis des Protagonistenpaares am Ende des zweiten Akts perfekt.

Im Nachspiel treffen Mary und Sandor dann noch einmal im „Grill americain" aufeinander und finden nun auf Druck eines Filmproduzenten endlich zusammen:

> DER FREMDE HERR: [...] Mein Name ist Charlie Fox. Ich bin der Generaldirektor des Paramount Fox-Film-Konzerns in New York. Unsere neueste Spezialität sind *Filme nach dem Leben!* Wir sind darauf gekommen, daß das Leben viel bessere Filme kurbelt als wir. Die Reise des Young Lady-Clubs nach Europa, um das zu kaufen, was hier für Geld am schwersten zu haben ist, war schon ein prachtvoller Ausgangspunkt für einen Film. – –
>
> SANDOR: – – ja – ja – aber – erlauben Sie – –
>
> DER FREMDE HERR: Ihre Begegnung mit Miß Lloyd hier im „American *Grill*" war eine reizende Fortsetzung. Das muß gefilmt werden. Und als man Miß Lloyd zur Herzogin von Chicago ernannte, hatten wir auch unseren Titel –
>
> SANDOR: Ja, also, was wollen Sie denn dann noch?
>
> DER FREMDE HERR: Die Hauptsache! – Daß Sie sich mit Ihrer kleinen entzückenden Cousine verlobten, also das ist in einem amerikanischen Film unmöglich. Unser Publikum will unbedingt, daß sich die *richtigen* Paare kriegen – Wir brauchen das *happy end!!*
>
> SANDOR (lachend): Das happy end??
>
> MARY (wie oben): Ach, ja, das happy end!

---

65 Ebd., S. 83; Kursivierung im Original gesperrt.
66 Ebd., S. 89.
67 Ebd., S. 121.

DER FREMDE HERR: Ganz Hollywood – ganz Amerika wartet darauf. Und zu diesem Zweck hat mich Miß Lloyd ermächtigt, Ihnen mitzuteilen, daß Sie [sic] vom ersten Moment an, als sie Sie sah, verliebt war in Sie – – –[68]

Der Auftritt des *deus ex cinematographia* macht nicht nur die Tanzfläche für die Versöhnung des Paars und den finalen Slowfox frei – seit dem Vorspiel ist der Charleston längst aus der Mode gekommen. Er verweist auch explizit auf das ästhetische Paradigma des Stücks, den Film, und enthüllt im Modus der *mise en abyme* die Produktionsbedingungen und Poetik der Operette selbst. Schließlich besteht der entscheidende Grund für Marys Liebesgeständnis darin, das *happy end* des geplanten Films zu garantieren. Dies entlarvt die zuvor von Charlie Fox ausgegebene Devise „Filme nach dem Leben" als hohle Marketingphrase, ist es doch gerade umgekehrt das Leben Marys, das sich nach dem stereotypen Handlungsmuster des Films zu richten hat. Allein, das Publikum in „ganz Amerika" will es so. Die Logik der amerikanischen Filmindustrie, wie sie Charlie Fox skizziert, entspricht damit ziemlich genau den Mechanismen des Wiener Operettenbetriebs – man ersetze nur Amerika durch Wien, den Film durch die Operette und den „Paramount Fox-Film-Konzern" durch den „Marischka-Konzern". In ironischer Brechung fügen sich die Operettenfiguren also auch in der *Herzogin von Chicago* dem altbewährten, weil kommerziell erfolgreichen Handlungsschema samt *happy end*. Solch selbstreferetielle Züge tragen zwar bereits frühere Operetten des Gespanns Kálmán, Brammer und Grünwald – allen voran *Die Bajadere* (1921) –, jedoch sind sie nirgendwo so dominant wie in der *Herzogin von Chicago*.[69]

Diese „romantische Ironie der Operette" ist schon der zeitgenössischen Kritik aufgefallen.[70] Bereits der Name „Sylvarien" weist Sandors Heimatland als Operettenstaat im Wortsinn aus: Der Name rekurriert auf Sylva Varescu, die Csárdásfürstin aus den siebenbürgischen Bergen. Indem in der *Herzogin von Chicago* „der musikalische Ringkampf zwischen Europa und Amerika, zwischen alter und neuer Tanzmusik"[71] auf der Handlungsebene als handfeste Auseinandersetzung zwischen Sandor und Mary dramatisch ausgestaltet wird, bildet das Stück nicht nur den „objektiven Stand der Unterhaltungsmusik am Ende der zwanziger Jahre"[72] ab, sondern stellt zugleich die Frage nach dem *quo vadis* der Gattung Ope-

---

[68] Ebd., S. 155; Kursivierungen im Original gesperrt.
[69] Zur Selbstreferentialität in der *Gräfin Mariza* vgl. Heike Quissek: *Das deutschsprachige Operettenlibretto. Figuren, Stoffe, Dramaturgie.* Stuttgart 2012, S. 62–64.
[70] Paul Stefan: „Die Herzogin von Chicago". In: *Die Stunde*, 6. Jg., 7. April 1928, Nr. 1524, S. 5.
[71] Hirschfeld, Kalman-Premiere, *Neue Freie Presse* 06.04.1928.
[72] Frey, *„Unter Tränen lachen"* 2003, S. 188.

rette.⁷³ Die Rivalität zwischen Alter und Neuer Welt als Showdown zwischen zwei Musikkulturen hat bereits Ernst Křenek mit *Jonny spielt auf* ein Jahr vor der *Herzogin von Chicago* auf die Musiktheaterbühne gebracht. Kálmáns Operette ist nicht nur durchsetzt von parodistischen Bezugnahmen auf dieses Stück,⁷⁴ sondern reflektiert auch die kontroverse und zuweilen tumultuöse Rezeption von Křeneks Oper.⁷⁵ Zudem wird hier wie dort der Starkult im zeitgenössischen Musik- und Showbusiness thematisiert. In der *Herzogin von Chicago* erscheinen sowohl Sandor als auch Mary als Stars, deren Nimbus sich wesentlich aus der Presseberichterstattung speist. Zu Beginn des zweiten Aktes erfährt Mary aus einer „illustrierte[n] Zeitung", wie Sandor für die wohltätige Spende des Erlöses aus dem Schlossverkauf vom Volk gefeiert wird: „Oh, schon wieder sein Bild in der Zeitung! *(Liest.)* Der Erbprinz begab sich – der Erbprinz erschien – Er, immer er!"⁷⁶ Der zeitgenössische Zuschauer dürfte darin unschwer eine Anspielung auf die Dauerpräsenz von Operetten- und Stummfilmstars in solchen Blättern erkannt haben. Nicht von ungefähr assoziiert Mary den Prinzen wahlweise mit „Harry Liedtke im Kino"⁷⁷ oder „Fairbanks Douglas [sic] im Film"⁷⁸. Im selbstreferentiellen Kálmán-Kosmos liegt es dabei nahe, bei „Harry Liedtke im Kino" an den Auftritt Liedtkes als Graf Tassilo im Operettenstummfilm *Gräfin Mariza* (1925) zu

---

73 Kai Marcel Sicks hält fest: „Der Streit zwischen Mary und Sándor Boris (zwischen Amerika und Europa) scheint so auf einer performativen Ebene den Streit darüber zu implizieren, ob sich die Operette amerikanische Musik aneignen oder – als genuine Gattung des Habsburgerreichs – den Dreivierteltakt der Monarchie weiter perpetuieren soll." Kai Marcel Sicks: Charleston, Girls und Jazztanzbar. Amerikanismus und Identitätskrise der Operette in den zwanziger Jahren. In: *Einschnitte. Identität in der Moderne*. Hg. Oliver Kohns und Martin Roussel. Würzburg 2007, S. 162.
74 Vgl. Clarke, *„Im Himmel spielt auch schon die Jazzband"* 2007, S. 130–133; Frey, *„Unter Tränen lachen"* 2003, S. 191f.; ferner Volker Klotz: *Operette. Porträt und Handbuch einer unerhörten Kunst*. Erweiterte und aktualisierte Auflage. Kassel 2004, S. 186.
75 Zeilen wie „Kein Niggertanz und kein Krawall, / Sonst demolier' ich das Lokal" (Kálmán, *Die Herzogin von Chicago* 1928, S. 25) oder „Oh, wie hast du dich verwandelt, / Schöne Welt, bist ganz verschandelt, / Pallawatsch und Durcheinander, das ist dein Lauf! / Keine Rosen und kein Flieder, / Neuer Tanz, verrenkte Glieder, / Dollarrausch und Negerlieder: ‚Jonny spielt auf!'" (ebd., S. 31), die Sandor im Vorspiel der Operette in den Mund gelegt sind, spielen explizit auf die chauvinistischen Reaktionen auf Křeneks Oper an. Diese dürften dem Wiener Publikum im April 1928 durchaus noch präsent gewesen sein. Zu denken ist dabei etwa an den Duktus der polemischen Kritik zu *Jonny spielt auf* von Julius Korngold, dem konservativen Doyen der Wiener Musikkritik. Vgl. Julius Korngold: „Jonny spielt auf" von Ernst Krenek. In: *Neue Freie Presse*, 1. Januar 1928, Nr. 22734, S. 1–5. Die Pointe von Kálmáns Operette besteht jedoch gerade darin, dass der Prinz allen Abwehrversuchen zum Trotz am Ende sowohl musikalisch als auch erotisch der Neuen Welt erliegt.
76 Kálmán, *Die Herzogin von Chicago* 1928, S. 89.
77 Ebd., S. 21.
78 Ebd., S. 83.

denken. Die Präsenz von Sandor in illustrierten Zeitungen ruft wohl vor allem deswegen Marys Bewunderung hervor, da sie die Mechanismen der medialen Selbstinszenierung selbst zu bedienen weiß. Die Zeitungen auf der anderen Seite des Atlantiks scheinen jedenfalls intensiv über ihre Europatour zu berichten. Schon im Vorspiel hat Mary ihren Sekretär angewiesen: „Mister Bondy, kabeln Sie die ‚New York Times': Habe heut das Erbprinz von Sylvarien gesehen; sieht sehr dekoriert aus, wie Harry Liedtke im Kino."[79] Auch ihr Plan, Sandors Schloss zu kaufen, ist wirkungsästhetisch wohlkalkuliert. Auf die Frage, weshalb sie ausgerechnet dieses Schloss kaufen wolle, gibt sie zur Antwort: „Oh, es wird geben eine große Aufsehen, und alle Zeitungen werden sein voll davon, und meine Freundinnen werden – wie sagt man hier in Europa? – zersprungen!"[80] So wie Sandor die Züge eines Film- und Operettenstars trägt, so gleicht Marys Reise nach Europa dem Gastspiel eines Revuestars.[81] Schließlich hat sie „sechzehn bildhübsche Tanzgirls und eine eigene Jazzkapelle"[82] im Schlepptau. Bei den Girls handelt es sich um „Ziegfieldgirls"[83] [sic], sie stammen also aus der Broadwayrevue *Ziegfeld Follies*, die Direktor Marischka während eines Aufenthalts in New York 1927 wohl selbst besucht hat.[84] Die Pointe dabei: Indem Mary in der Operette mit Girls und Jazzband auftritt, wird die für die Operette der 1920er Jahre so typische Integration von Revueelementen als Theater auf dem Theater performativ ausgestellt.

Auf der Handlungsebene wird jedoch nicht nur die generische Nähe zu Revue und Film selbstreferenziell thematisiert, sondern auch die von der zeitgenössischen Presse so gerühmte Prachtausstattung. Grundsätzlich folgt das Stück einer

---

79 Ebd., S. 21.
80 Ebd., S. 63.
81 Zufälligerweise gastierte zum Zeitpunkt der Uraufführung der *Herzogin von Chicago* mit Josephine Baker *der* amerikanische Revuestar *par excellence* in Wien, und zwar in der Revue *Schwarz auf Weiß* im Johann Strauß-Theater, Kálmáns vormaliger Stammbühne, wo u. a. 1915 seine *Csárdásfürstin* herausgekommen war. Zu dieser Koinzidenz vgl. Clarke, „Im Himmel spielt auch schon die Jazzband" 2007, S. 133–137. Der gemeinsame Rezeptionskontext von Kálmáns Operette und der Baker-Revue spiegelt sich exemplarisch in der Anordnung der Zeitungsseite, auf der in der Zeitung *Die Stunde* die Premiere der *Herzogin von Chicago* rezensiert wurde. In der Mitte der Seite ist in unmittelbarer Nachbarschaft zur Premierenbesprechung ein sich über zwei Spalten erstreckendes Inserat placiert, das in fetten Lettern für den Auftritt Bakers im Kabarett Pavillon wirbt: „Allabendlich tritt JOSEPHINE BAKER mit ihrer eigenen JACOBS-JAZZ-KAPELLE aus Paris nach der Strauß-Theater-Revue in Wolfs ‚Pavillon' auf." In: *Die Stunde*, 6. Jg., 7. April 1928, Nr. 1524, S. 5.
82 Kálmán, *Die Herzogin von Chicago* 1928, S. 41.
83 Ebd., S. 83.
84 Clarke, „Im Himmel spielt auch schon die Jazzband" 2007, S. 138.

durchdachten optischen Dramaturgie und ist so angelegt, dass der Ausstattungsaufwand vom Vorspiel zum ersten Akt und vom ersten zum zweiten Akt jeweils markant gesteigert wird. Durch die Integration von zwei opulenten Revuenummern artet der zweite Akt zu einer regelrechten Ausstattungsschlacht aus. Darauf folgt ein Nachspiel, das zur verhältnismäßig frugalen Dekoration der aus dem Vorspiel bekannten Tanzbar „Grill americain" zurückkehrt. Gemäß des an der Wiener Uraufführungsproduktion orientierten Regiebuchs besteht diese Dekoration „aus sechs Bögen aus Silberlaméstoff, welche in den Regenbogenfarben gespritzt sind, und wird durch einen Sonnenprospekt aus Goldlaméstoff abgeschlossen" (Abb. 2 und 3). Dieses technisch simple Bühnenbild „ist so konstruiert, daß die Umwandlung in den ersten Akt blitzschnell vor sich gehen kann. Hinter dieser Dekoration steht bereits die Dekoration des ersten und zweiten Aktes."[85] Durch den Kontrast zum abstrakt-schlichten Bühnenbild des Vorspiels und den raschen Umbau kommt die luxuriöse Ausstattung des Audienzsaals in Sandors Schloss umso effektvoller zur Geltung (Abb. 4).

Wie bereits Kai Marcel Sicks angemerkt hat, ist dieses Schloss „einem permanenten ‚Umbau' ausgesetzt" – und eben „damit reflektiert sich die ‚Herzogin von Chicago' selbst als Ausstattungsoperette".[86] Schon im ersten Akt werden von den Amerikanern Umbaupläne geschmiedet:

> BONDY: Schloß wird sofort umgebaut: Dampfbad, Eislaufplatz.
>
> MARY (hat sich auf den Schreibtisch gesetzt): Hierher kommt eine Tanzbar zu meinem Privatgebrauch.
>
> PEROLIN (entsetzt): Eine Tanzbar im Thronsaal Dagobert des Sanftmütigen?? Aber, aber!
>
> BONDY: Yes! Mit Jazzband und Girls! Girls haben wir gleich mitgebracht!
>
> PEROLIN (entsetzt): Girls im Audienzsaal!!
>
> BOJATZOWITSCH (begeistert): Girls! Entzückend![87]

Aus dem „Rumpelkasten", der für Sandor „schönste Erinnerung an seine Jugendzeit" bedeutet,[88] soll ein modernes amerikanisches Vergnügungsetablissement werden. Getreu ihrem Motto „ich liebe mehr Zentralheizung als Tradition!"[89] profaniert Mary damit gleichsam einen auratischen Erinnerungsort nicht nur des

---

85 Kálmán, *Die Herzogin von Chicago* 1928, S. 5.
86 Sicks, Charleston, Girls und Jazztanzbar 2007, S. 165.
87 Kálmán, *Die Herzogin von Chicago* 1928, S. 49.
88 Ebd., S. 63.
89 Ebd., S. 95.

Abb. 2: Bühnenbildskizze zum Vor- und Nachspiel. In: Kálmán, *Die Herzogin von Chicago* 1928, o. S.

Abb. 3: Szenenphoto aus dem Vorspiel, Theater an der Wien (1928). KHM-Museumsverband, Theatermuseum Wien.

Abb. 4: Bühnenbildskizze zum ersten Akt. In: Kálmán, *Die Herzogin von Chicago* 1928, o. S.

Prinzen, sondern auch des Wiener Publikums. Das sylvarische Prinzenschloss umweht schließlich der Hauch des untergegangenen Habsburgerreichs, an dessen nostalgischer Verklärung die Nachkriegsoperette an vorderster Front beteiligt war.

Die Renovierung und Neugestaltung des vormaligen Audienzsaals wird mit dem Umbau zum zweiten Akt vollzogen:

> Der gleiche Saal wie im ersten Akt, aber nunmehr vollständig renoviert und neu eingerichtet. Die acht Säulen (umgedreht) stellen goldene Palmenstämme dar, die dazugehörigen *Soffitten* die *goldenen Palmenkronen*. Der erste Prospekt zeigt jetzt vier Säulenöffnungen, der zweite transparente Gobelinwände. Die folgenden Türen sind ebenfalls mit goldenen Palmensäulen abgeschlossen. [...] Ebenso wurden die Lisenen umgedreht und zeigen plastische, goldene Palmenblätter. [...] Nur der Thronsessel ist der gleiche wie im ersten Akt. Die ganze Dekoration muß jetzt den Eindruck eines goldenen Palmenhaines hervorrufen und größten Luxus zeigen.[90]

Die Repräsentationsherrlichkeit des kakanischen *Ancien Régime* ist überbordender floraler Ornamentik in kräftig gedüngtem Jugendstil gewichen (Abb. 5 und 6), wobei zu bedenken ist, dass nur einen Häuserblock vom Theater an der Wien entfernt goldene Blätterranken das Wiener Secessionsgebäude umwuchern. Was also vordergründig als moderne amerikanische Innenarchitektur präsentiert wird,

---

90 Ebd., S. 87; Kursivierung im Original gesperrt.

Abb. 5: Bühnenbildskizze zum zweiten Akt. In: Kálmán, *Die Herzogin von Chicago* 1928, o. S.

Abb. 6: Szenenphoto aus dem zweiten Akt, Theater an der Wien (1928). KHM-Museumsverband, Theatermuseum Wien.

erweist sich im Rekurs auf die *Belle Époque* als ebenso nostalgisch konnotiert wie der höfische Prunk im ersten Akt. Gleichzeitig weisen die goldenen Palmen das Phantasieamerika, das sich auf der Bühne breitmacht, als exotisch aus – darauf ist noch zurückzukommen. Der Abschluss der Renovierungsarbeiten bildet den äußeren Anlass für die Handlung des zweiten Aktes. Der frühere Audienzsaal bzw. die üppige Bühnendekoration sei „ganz very nice" geworden, verkündet Mary den Gästen des Eröffnungsfestes und wünscht „recht fröhliche Vergnüglichkeit" bei der Besichtigung der „anderen Räumlichkeiten".[91] Diese Aufforderung ist nicht nur an Marys Gäste auf der Bühne gerichtet, sondern gilt auch dem Publikum im Theatersaal. Während nämlich die intradiegetische Festgesellschaft die Räume des Schlosses inspiziert, bekommt das hinter der vierten Wand von Marys Palmensaal zurückgebliebene Operettenpublikum zwei raffiniert gebaute Revuenummern zu sehen. Diese suspendieren die Einheit des Ortes innerhalb des zweiten Aktes und markieren die optische Klimax der Operette.

III Amerika als luxuriöse Imaginationsressource

Es wurde bereits deutlich, dass aus der Perspektive Marys und ihrer amerikanischen Freundinnen Europa im Allgemeinen und Sylvarien bzw. Schloss Graditza im Speziellen einen Luxusort darstellen. Für das europäische Operettenpersonal und das Publikum verhält es sich jedoch genau umgekehrt: In dessen Vorstellung ist nicht Europa, sondern Amerika das phantastische Luxusland – und eben diese Vorstellung macht sich Kálmáns Ausstattungsoperette zunutze. Zwar spielt die Operette diesseits des Atlantiks, gleichwohl wird der Luxustopos ‚Amerika' nach Kräften szenisch ausgeschlachtet: Zum einen mutiert das sylvarische Prinzenschloss durch den Umbau unter Marys Bauherrschaft zu einer luxuriösen US-amerikanischen Exklave in den Weiten des Kálmánschen Operettenbalkans. Zum anderen materialisiert sich Amerika als Land des Luxus und Überflusses auf der Bühne punktuell innerhalb von einzelnen Gesangs- und Tanznummern. Der Inhalt der Gesangstexte bildet dabei jeweils den Ausgangspunkt zur Inszenierung von aufwendigen Revuenummern, die die Einheit des Ortes sprengen und spektakuläre Amerikabilder auf die Bühne bringen.

Nach diesem Prinzip funktioniert bereits das Duett zwischen Prinzessin Rosemarie und Marys Sekretär Bondy im ersten Akt (Nr. 9). Abgesehen von ihrer Rolle als weibliche Hälfte des obligaten Buffopaares fungiert die arme Prinzessin als unmittelbare Identifikationsfigur fürs Operettenpublikum, und zwar besonders für die weiblichen Zuschauer. Bondy malt Rosemarie das Luxusleben aus, das die Prinzessin, wäre sie seine Frau, in Amerika erwarten würde – und von dem wohl auch manche im Publikum geträumt haben: „Die Toiletten aus Paris nur – /

---

[91] Ebd., S. 89.

Jeden Tag ein neuer Hut! / Eine Villa in Florida – / Und ein Auto von Pakard". Und weiter: „Keinen Schritt mußt du mehr laufen / Wozu haben wir das Geld – / Will ein großes Luftschiff kaufen, / Damit schifft man durch die Welt!" Schließlich lautet Bondys Credo: „Was meine reizende Frau von mir verlangt, / das kriegt sie gleich, wenn sie sich nur hübsch bedankt!"[92] Die Vorstellung von Amerika als dem Land der unbegrenzten Shoppingmöglichkeiten bleibt aber nicht bloße Textzeile, sondern wird auf der Bühne unmittelbar anschaulich, wenn Girls in den Kostümen auftreten, die Ernst Stern, der Kostümbildner der Uraufführung, für diese Nummer entworfen hat (Abb. 7 und 8). Die Girls – nach Siegfried Kracauer selbst kommerzielle „Produkte der amerikanischen Zerstreuungsfabriken"[93] – verwandeln sich in die von Bondy besungenen Luxusgüter, die es in Amerika zu kaufen gibt, und bringen damit gleichzeitig das Schaufenster des Warenhauses Operette zum Tanzen.

Abb. 7: Figurinen von Ernst Stern für die Nummer „Mister Bondy". KHM-Museumsverband, Theatermuseum Wien.

An Marys Fest im zweiten Akt treffen Rosemarie und Bondy wieder aufeinander. Ähnlich wie im ersten Akt besteht Rosemaries dramaturgische Funktion auch hier vor allem darin, einen luxuriösen amerikanischen Lebenswandel zu ersehnen und damit den Luxus, den Mary auf der Bühne auslebt, dramatisch zu explizieren.

---

92 Ebd., S. 69 – 71.
93 Siegfried Kracauer: Das Ornament der Masse. In: Ders.: *Das Ornament der Masse. Essays.* Frankfurt/M. 1977, S. 50 – 63, hier S. 50.

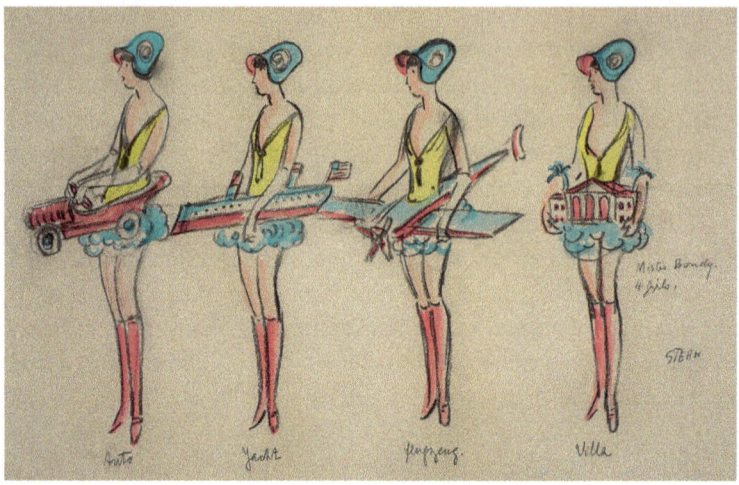

Abb. 8: Figurinen von Ernst Stern für die Nummer „Mister Bondy". KHM-Museumsverband, Theatermuseum Wien.

In Morenien heiße es „immer sparen und sparen", sie sei daher „gar nicht gerne Prinzessin", sondern möchte „viel lieber Miß Mary Lloyd sein": „Da hätt' ich alle Toiletten aus Paris und sechs Autos und drei Luftschiffe – und verlieben könnt' ich mich, in wen ich wollte!"[94] Bondy verspricht ihr, den Wunsch nach einem Leben im Luxus zu erfüllen, und zwar in Amerika: „Ich führe Sie übers Meer – nach Chicago – dort hab' ich einen entzückend eingerichteten kleinen Wolkenkratzer – nur 52 Stock – und ganz oben auf dem Dachgarten sitzen wir im Mezzanin vom siebten Himmel – und hören die Englein singen!"[95] Der Dachgarten von Bondys Wolkenkratzer liegt in der vertikalen Schnittzone von zwei mit Überfluss assoziierten Orten: Geographisch im Luxusland Amerika verwurzelt, reicht der Wolkenkratzer bis ins vulgäreschatologische Paradies des „siebten Himmel[s]". Im unmittelbaren Anschluss an Bondys Versprechen wird diese Überblendung von Paradies und Amerika im Stile einer Revuenummer inszeniert (Nr. 14). Im Foxtrott-Duett phantasieren sich Rosemarie und Bondy ins „Jazzparadies":

> PRINZESSIN: Warum fühl' ich mich so
> Kreuzfidel und so froh,
> Warum hängt heut der Himmel voller Geigen?

---

94 Kálmán, *Die Herzogin von Chicago* 1928, S. 107.
95 Ebd., S. 109.

> BONDY: Ach, was fällt Ihnen ein –
> Geigen werden's nicht sein –
> Das ist unmodern, das hat man nicht mehr gern!
> So wie hier auf der Welt,
> Ist's auch droben bestellt,
> Weil den Engerln das auch sehr gefällt:
> Ja, im Himmel spielt auch schon die Jazzband,
> Alle Englein tanzen Fox!
> Rufen selig voll Freud': Ach, die Jazzband
> Ist der Clou des Five o'clocks!
> Selbst Herr Petrus vergißt auf sein Tagwerk,
> Läßt 's G'schäft in der Milchstraße stehn,
> Lauscht vergnügt der Trompete, dem Schlagwerk:
> Ja, der Himmel wird mondän!!

In der zweiten Strophe wird der sprichwörtliche „Himmel voller Geigen", den die Prinzessin in der ersten Strophe zu vernehmen glaubt, durch jazzige Schlagerklänge aus dem Radio ersetzt. Und weil die Operettennummer selbst als massenmedial verwertbarer Schlager konzipiert wurde und auf Schallplatte gepresst schon kurz nach der Uraufführung im audiomedialen Kosmos zirkulierte,[96] ist der selbstreferentielle Charakter der Strophe nicht zu überhören:

> PRINZESSIN: Wenn man manchmal jetzt spät
> Noch beim *Radio* steht,
> Hört man plötzlich ein süßes Musizieren,
>
> BONDY: Ja, was mag das nur sein?
> Plötzlich ruft wer hinein:
> „Sieb'nte Himmelsbar auf Welle hundertneun!!"
>
> PRINZESSIN: Und es klingt weich und süß
> Aus dem Jazzparadies –
> Und ein jeder, der's hört, weiß gewiß:
>
> BEIDE: Ja, im Himmel spielt auch schon die Jazzband, [etc.].[97]

Während in den Gesangsstrophen das Jazzparadies nur als narrativ evozierte Vorstellung besteht, materialisieren sich die ewigen Jazzgründe im anschließenden Tanzarrangement auf der Bühne: Es erscheinen „Girls in reizenden Engelskostümen, mit silbernen Zylinderhüten, silbernen Engelsflügeln und silbernen Jazzinstrumenten", die in der Wiener Uraufführung zusammen „mit Girls, welche

---

[96] Zu denken ist etwa an die Platte Emmerich Kálmán: *Im Himmel spielt auch schon die Jazzband*. Tanz-Orchester Dajos Béla. Odeon O-2580b (1928).
[97] Ebd., S. 109–111; Kursivierung im Original gesperrt.

Abb. 9: Figurinen von Ernst Stern. KHM-Museumsverband, Theatermuseum Wien.

einen Wolkenschleier aus Gaze bilden", aufgetreten sind (Abb. 9 und 10). Am Ende der Nummer „tragen auch Bondy und die Prinzessin schlanke silberne Engelsflügel, die sie hinter der Bühne, während draußen die Girls tanzen, umgenommen haben".[98] Während im Duett zwischen Rosemarie und Bondy im ersten Akt (Nr. 9) das Kostümbild noch deutlich illustrativen Charakter hatte, fungiert der Gesangstext hier nun als das, was Ernst Decsey als „willkommenes Skelett für Kleiderluxus" abgewertet hat.[99] Neutraler formuliert bedeutet dies, dass die luxuriöse Ausstattung hier gegenüber den traditionellen musiktheatralischen Paradigmen, Libretto und Musik, an Autonomie gewinnt. Und genau darin besteht die spezifische Differenz zwischen der Ausstattungsoperette und den ebenfalls um eine Handlung organisierten Nachbargenres Oper und Film. Eine ähnlich selbstzweckhafte Bedeutung wie in der Wiener Operette der 1920er Jahre genossen Ausstattung und Bühnenspektakel höchstens in den französischen *Grand opéras* des neunzehnten Jahrhunderts mit ihren pompösen Tableaus und ausgedehnten Balletteinlagen. Und selbst im optisch so auffälligen expressionistischen Film sind Inszenierung und Ausstattung stets der Handlungsentwicklung untergeordnet. In der ausstattungsorgiastischen Jazzparadies-Szene zeigt sich zudem die fundamentale Bedeutung von Luxusorten als Handlungsschauplätzen für die Wiener Operette der 1920er Jahre. Die aufmerksamkeitsökonomische Konkurrenz mit der Revue erfordert von der Operette aufwendige Ausstat-

---

98 Ebd., S. 111.
99 Vgl. Anm. 60.

Kálmáns *Herzogin von Chicago* und die Luxustopographie der Wiener Operette —— 275

Abb. 10: Szenenphoto aus dem zweiten Akt (Nr. 14), Theater an der Wien (1928). KHM-Museumsverband, Theatermuseum Wien.

tungsbilder. Während jedoch die Revue handlungslos bleibt und sich nicht um die Konstruktion eines konsistenten intradiegetischen Handlungsraums zu scheren braucht, muss die Ausstattungsoperette einen handlungsinhärenten Vorwand zur inszenatorischen Prachtentfaltung liefern. Die Wahl eines Luxusortes als Schauplatz der Operettenhandlung oder – wie in der Jazzparadies-Szene – zumindest als Setting für eine einzelne Nummer ist dabei ein ebenso naheliegendes wie szenisch fruchtbares Mittel.

Nach einem ähnlichen Prinzip funktioniert auch die Szene zwischen dem hohen Paar Mary und Sandor, die nach zwei kurzen Dialogszenen anschließt und in die Nummer „Rose der Prairie" (Nr. 15) mündet. In Windeseile herrscht enorme Intimität zwischen Mary und Sandor, der kaum glauben kann, „daß Gnädigste so romantisch veranlagt" ist:

> MARY (geht in die Mitte): Oh, Sie glauben, wir in Amerika haben keine Romantik? Haben Sie noch nie was gehört von die *Poesie* der *Prairie*?

SANDOR: O ja, habe unlängst erst neuesten Foxfilm gesehen, „Die gestörte Rummypartie im Urwald von Kentucky". War sehr romantisch!![100]

Als Beleg für die amerikanische Romantikbegabung wird hier von beiden Operettenfiguren auf populäre Erzeugnisse der Unterhaltungsindustrie verwiesen. Mit der „Poesie der Prairie" spielt Mary höchstwahrscheinlich auf das „Über die Prärie-Lied" an, die deutsche Version des „Indian Love Call" aus der Broadway-Operette *Rose-Marie* (1924) von Rudolf Friml und Herbert Stothart. Im deutschsprachigen Raum erlangte dieses Lied durch eine 1927 erschienene Schallplattenaufnahme mit Richard Tauber Popularität. Das Publikum im Theater an der Wien dürfte also 1928 „von die Poesie der Prairie" schon durchaus „was gehört" haben:

> So dringt das Echo klagend durch die Nacht:
> Lieder, die ich nur für dich erdacht,
> Allein auf dieser Welt.
>
> Der Missouri rauscht. Ich halte Wacht,
> Zuckende Flammen glüh'n durch die Nacht.
> Wenn des Feuers Schein trübe verblich,
> Unter den Palmen denk' ich an dich.
>
> Über die Prärie dringt mein Lied durch die Nacht.
> Hat die Melodie dir der Wind nicht gebracht?
> Du wohnst in prunkvollen Räumen fern dem Lärm der Stadt.
> Ich denk' in einsamen Träumen dein, die meine Seele hat.
>
> Über die Prärie zieh'n die Sterne zu dir,
> Bringen sollen sie eine Botschaft von mir:
> Wann wirst du mein? Ich harre ja Dein!
> Komm in die Prärie und das Glück weicht nie![101]

Freilich sind die Prärielandschaften am Missouri genauso wenig von Palmen bewachsen wie Kentucky von tropischem Regenwald – den „Urwald" in Sandors Filmtitelparodie assoziierte der durchschnittliche Wiener Operettenzuschauer kaum mit dem real existierenden mesophytischen Primärforst in den Appalachen. Marys „Poesie der Prairie" und Sandors „gestörte Rummypartie im Urwald von Kentucky" stecken vielmehr den Rezeptionsrahmen für die unmittelbar an-

---

100 Ebd., S. 117; Kursivierungen im Original gesperrt.
101 Rudolf Friml: *Über die Prärie-Lied (Indian Love Call)*. Richard Tauber, Orchester des Deutschen Künstlertheaters Berlin, Dirigent: Ernst Hauke. Odeon O-8310b (1927); Transkription R. M. Der deutsche Liedtext, der nur vage am englischen Originaltext von Otto Harbach und Oscar Hammerstein II orientiert ist, stammt von Arthur Rebner.

schließende Musiknummer ab, die damit als Nacherzählung einer Filmszene interpretierbar wird:

I.
MARY: Wenn der Sonne Flammenschein
Abends am Missouri glüht,
Durch den goldnen Dämmerschein
Dringt ein heißes Liebeslied.

SANDOR: Indiangirl, so süß und schlank,
Schenk' mir deiner Glieder Pracht,
Fleht der Cowboy, liebeskrank,
Schenke mir nur diese purpurrote Liebesnacht,
O schenk' mir diese purpurrote Nacht!
Komm in mein kleines Liebesboot,
Du – Rose der Prairie!
Komm, lieb' mich bis zum Morgenrot,
Du – Rose der Prairie!
Komm, schenk' mir deinen Purpurmund,
Hör' meine Melodie,
Komm, küsse mir die Lippen wund,
Du – Rose der Prärie!

II.
MARY: Indiangirl, so süß und schlank,
Bebend vor dem Cowboy steht,
Fremder Mann, du machst mir bang,
Küss' mich nicht, sie angstvoll fleht!
Morgen mußt du fort von hier
Bei des Tages Silberschein...

SANDOR: Diese Nacht nur schenke mir!
Laß uns diese eine Nacht noch glücklich sein,
Oh, diese eine Liebesnacht nur glücklich sein!

MARY: Komm in mein kleines Liebesboot, [etc.].[102]

Offenkundig haben sich die beiden Librettisten Brammer und Grünwald ausgiebig beim Friml-Schlager bedient. Was dort die „zuckenden Flammen" sind, die sprachlich etwas schief „durch die Nacht" „glüh'n", ist hier „der Sonne Flammenschein", der schon „[a]bends am Missouri glüht". Während das lyrische Ich im Liedtext Arthur Rebners weiter gegen die Sehnsucht nach einem indianischen Du ansingt, wird das „heiße[] Liebeslied" bei Brammer und Grünwald vom „Indiangirl" erhört. Die Anrede als „Rose der Prairie" spielt dabei selbstredend auf

---

102 Kálmán, *Die Herzogin von Chicago* 1928, S. 119.

den Namen der Titelfigur in Frimls Operette an.¹⁰³ Im lyrischen Rollenspiel als Cowboy und Indianerin vollziehen Sandor und Mary symbolisch den Liebesakt. Das kolonialistisch konnotierte Setting des Duetts hat Kai Marcel Sicks als „*mise-en-abîme*, ein Spiel im Spiel" gedeutet, „in dem sich der europäische Prinz und die amerikanische Millionärin als indianisches Mädchen und Western-Cowboy gegenüber treten".¹⁰⁴ Das Duett unterstreiche damit, dass „das Verhältnis von Amerika und Europa", wie es in der Operette inszeniert wird, „ein koloniales Abhängigkeitsverhältnis bildet". Das Hierarchieverhältnis zwischen Cowboy und Indianerin in der „Rose der Prairie" entspricht auf der Ebene der Operettenhandlung dem Machtverhältnis zwischen Mary und Sandor, der von der Amerikanerin sowohl wirtschaftlich und als auch erotisch unterworfen wird. Auf gattungsreflexiver Ebene wiederum kommt die kulturelle Potenz Amerikas in der Dominanz des amerikanischen Films über die europäische Operette zum Ausdruck, der durch den Eingriff des Filmproduzenten Charlie Fox in die Operettenhandlung sinnfällig wird.

Im Tanzarrangement, das an die beiden Gesangsstrophen der „Rose der Prairie" anschließt, verwandelt sich die Bühne in das, was im Friml-Schlager als „prunkvolle[] Räume[] fern dem Lärm der Stadt" bezeichnet wird. Laut Regieanweisung wechselt die „Beleuchtung [...] schon in der zweiten Strophe auf ‚Stimmung'. In dem dunkelroten Licht macht der goldene Palmenhain den Eindruck eines Urwaldes".¹⁰⁵ Im Handumdrehen verwandelt sich Marys Prunksaal in eine Phantasielandschaft, die mit „Girls in Phantasiekostümen" sowie „Indianergirls mit Goldfedern und Goldkleidern" bevölkert ist und wo am Ende auch „Bondy und Rosemarie als Indianer" erscheinen (Abb. 11). Die phantastische Szenerie ähnelt dabei dem „Totem-Tom-Tom"-Tanz im ersten Akt der Friml-Operette.¹⁰⁶

---

103 Rose-Marie mit dem sprechenden Nachnamen La Flamme ist in Frimls Operette allerdings keine Indianerin, sondern eine Frankokanadierin, die es in den wilden Norden Saskatchewans verschlagen hat. Im Übrigen ist Frimls Rose-Marie Namenspatin von Prinzessin Rosemarie in Kálmáns Operette. Das Duett „O Rose-Marie!" (Nr. 7) zwischen der Prinzessin und Sandor im ersten Akt ist von Frimls Operettenlied „O Rosemarie, ich lieb' dich" inspiriert, das auf die A-Seite jener Tauber-Platte gepresst ist, auf der rückseitig das „Über die Prärie-Lied" zu hören ist.
104 Sicks, Charleston, Girls und Jazztanzbar 2007, S. 158.
105 Kálmán, *Die Herzogin von Chicago* 1928, S. 119.
106 Vgl. Kurt Gänzl: *The Encyclopedia of the Musical Theatre*. Vol. 2: L–Z. New York 1994, S. 1239. Clarke hingegen behauptet freiweg, die Nummer „Rose der Prairie" sei „der Indianerszene aus dem Stummfilm *Rose-Marie* von 1928 direkt nachempfunden" (Clarke, „*Im Himmel spielt auch schon die Jazzband*" 2007, S. 159). Diese Behauptung entbehrt jeglicher Grundlage, und zwar schon allein aus dem Grund, da die Bänder dieses Films als verschollen gelten. Vor allem aber ist schlechterdings ausgeschlossen, dass die Stummverfilmung der Broadway-Operette, die weniger

Kálmáns *Herzogin von Chicago* und die Luxustopographie der Wiener Operette —— 279

Abb. 11: Szenenphoto aus dem zweiten Akt (Nr. 15), Theater an der Wien (1928). KHM-Museumsverband, Theatermuseum Wien.

Obwohl durch den Verweis auf den fiktiven Film „Die gestörte Rummypartie im Urwald von Kentucky" die Nummer „Rose der Prairie" in die Nähe einer Filmszene gerückt wird, steht im Tanzarrangement, anders als im Western, nicht die pseudorealistische Darstellung indianischer Lebensweisen im Vordergrund. Stattdessen dient hier, ähnlich wie in der Jazzparadies-Nummer, ein geographisch lokalisierbarer und mit Überfluss und Luxus assoziierter Ort als Ausgangspunkt für ein selbstzweckhaftes phantastisch-üppiges Kostümbild, wie es von einer Revuenummer in den 1920er Jahren verlangt wurde. Wie die Figurinen Ernst Sterns anschaulich machen, verfügt die Figur der federleichtbekleideten Indianerin darüber hinaus über erhebliches erotisches Potential, was sich – *sex sells* – wiederum ins kommerzielle Kalkül der Operette einfügt (Abb. 12 und 13).

In den Nummern „Im Himmel spielt auch schon die Jazzband" und „Rose der Prairie" werden zwei topische Orte inszeniert, die im kollektiven Imaginären der Zeit mit Amerika bzw. den Vereinigten Staaten identifiziert werden und die stereotypisch mit Luxus und Überfluss assoziiert sind, sich also vorzüglich für die Fruchtbarmachung im Rahmen einer Ausstattungsoperette eignen. Die beiden Luxusorte stehen innerhalb der in der Operette entfalteten Topographie zudem

---

als zwei Monate vor der Uraufführung der *Herzogin von Chicago* erstmals in den USA gezeigt wurde, von den Wiener Operettenmachern produktiv rezipiert werden konnte.

nicht isoliert für sich, sondern sind topologisch aufeinander bezogen. Bondys Wolkenkratzer erhebt sich über den Lärm einer Stadt, die das natürliche Habitat von Luxusladies wie Mary Lloyd und ihren Freundinnen bildet. Dieser mit der Vorstellung von materiellem Überfluss und modernstem Komfort verknüpfte amerikanische Stadtraum kontrastiert mit den „prunkvollen Räumen" der urwaldbewachsenen Phantasieprärie, die im Friml-Schlager explizit „fern dem Lärm der Stadt" verortet ist. Diese paradiesische Naturlandschaft ist doppelt mit Überfluss assoziiert. Einerseits handelt es sich geographisch um die scheinbar unbeschränkte Landreserve für euroamerikanische Siedler an der ehemaligen *frontier*, die in den 1920er Jahren längst selbst zum Mythos geworden war. Anderseits und vor allem bildet die Landschaft den imaginären Lebensraum für jene Indianer, die schon seit der ‚Entdeckung' Amerikas die luxurierende Phantasie von Europäern beflügelten und in der Operette auch tatsächlich auftreten.

Abb. 12: Figurine von Ernst Stern für die Nummer „Rose der Prairie". KHM-Museumsverband, Theatermuseum Wien.

Die beiden Luxusorte Großstadt und Prärie liegen realiter zwar denkbar weit voneinander entfernt und besetzen auf den Diskursachsen Stadt–Land und Kultur–Natur die jeweils entgegengesetzten Pole, überlagern sich in der *Herzogin von Chicago* aber dennoch auf intrikate Art und Weise. Wenn Mary für die „Rose der Prärie" in die Rolle einer Indianerin schlüpft und sich dabei die Palmstuckaturen ihres Saals in echte Palmen verwandeln, dann wird anschaulich, dass die Figur der jazzverrückten Stadtamerikanerin und die der ‚wilden' Indianerin in der eu-

Abb. 13: Figurine von Ernst Stern für die Nummer „Rose der Prairie". KHM-Museumsverband, Theatermuseum Wien.

ropäischen Imagination eng miteinander verwandt sind. Dabei besteht das *tertium comparationis* im exotischen Charakter der beiden Figuren.¹⁰⁷ Das Exotische an der Figur Mary liegt dabei nicht nur in ihrem sagenhaften Reichtum und ihrer US-amerikanischen Herkunft begründet, sondern auch in ihrer Funktion als Personifizierung des Jazz. Dieser ist als ‚Negermusik' in den 1920er Jahren der akustische Inbegriff von wilder und zuweilen negativ konnotierter Exotik. Mary selbst ist zwar keine ‚Negerin', hat sich aber einen künstlichen Urwald in ihr Schloss einbauen lassen und erscheint in dieser Umgebung als Schwester jenes „Mädchen[s] aus den Tropen"¹⁰⁸, das in der Person von Josephine Baker *herself* am Uraufführungsabend der *Herzogin von Chicago* nur ein paar hundert Meter vom Theater an der Wien entfernt auf der Bühne des Johann Strauß-Theaters tanzte. In Mary verschwimmen also gleich drei topische Exotenfiguren zu einer einzigen:

---

107 Bereits Volker Klotz hat die *Herzogin von Chicago* als exotistisches Einbruchstück gedeutet, in dem eine „fremdartige Hauptfigur[] ihre Herkunft verl[ä]sst[t] und in den heimischen Ort einbr[i]ch[t], um sich an den hiesigen Lebensformen zu reiben"; Volker Klotz: Sieben Jahre lebt' ich in Batavia. Kult, Spiel und Spott mit dem Exotismus in der Operette. In: *Die andere Welt. Studien zum Exotismus.* Hg. Thomas Koebner und Gerhart Pickerodt. Frankfurt / M. 1987, S. 267–290, hier S. 275.
108 So der deutsche Titel des pseudobiographischen Stummfilms *La Sirène des tropiques* (1927) mit Josephine Baker in der Hauptrolle, der Mitte März 1928 in den Wiener Kinos anlief; vgl. *Die Stunde,* 6. Jg., 17. März 1928, Nr. 1506, S. 9.

nämlich die der amerikanischen Milliardärin, die der ‚Negerin' und die der Indianerin.[109]

Die „Rose der Prärie" markiert den optischen Höhepunkt der Operette[110] und geht der Peripetie der Handlung unmittelbar voraus. Nach dem symbolischen Liebesakt erfährt Sandor vom Luxuswettbewerb des Young Lady Excentric Club und der ihm dabei – vermeintlich – zukommenden Funktion. Die von der Festgesellschaft sehnlichst erwartete Luxushochzeit („Seid umschlungen, ihr Millionen, / Heute gibt's noch Sensation, [sic] / Heute wird's ein Fest noch geben / Von ganz unerhörter Pracht!"[111]) fällt ins Wasser. Das Nachspiel kehrt zurück nach Budapest in den „Grill americain". Die Rückkehr an den Schauplatz des Vorspiels führt dazu, dass der inhaltlich konstitutive Gegensatz zwischen Europa und Amerika auf formaler Ebene als Symmetrieverhältnis anschaulich wird. Aus der Spiegelbildlichkeit von Vor- und Nachspiel lässt sich eine Symmetrieachse ableiten, die zwischen den beiden Binnenakten zu liegen kommt. Der Balkan-Operettenstaat im ersten und das exotische Phantasieamerika im zweiten Akt sind damit als zwei Seiten derselben Medaille markiert. Offensichtlichster Ausdruck davon ist auf inhaltlicher Ebene, dass der erste und zweite Akt in demselben Saal spielen, nur dass das Schloss im ersten Akt noch dem Balkanprinzen gehört und diesem als Residenz dient, während es im zweiten Akt eine Art Retortenamerika in Marys Besitz darstellt. Mit Marys Erhebung zur Herzogin von Chicago werden Sylvarien und Amerika symbolisch ebenbürtig (was freilich nicht den ökonomischen Machtverhältnissen entspricht). Auf der Figurenebene kommt das Spiegelverhältnis zwischen Sylvarien und Amerika noch weiter zum Ausdruck: Der sylvarische „Hofzigeuner"[112] und seine Musikanten haben ihr amerikanisches Pendant in Marys Jazzband mit dem „Neger Bobby"[113] und Sandor selbst sieht ein, dass „so ein Charleston gar nix anderes ist als amerikanischer Csardas!"[114]

Die beiden komplementären Figuren ‚Zigeuner' und ‚Neger' fungieren nicht nur als Träger zweier distinkter Musikstile, sondern verkörpern emblematisch die beiden Operettenschauplätze Balkan und Amerika. Diese sind in der *Herzogin von Chicago* beide als stereotype Topoi gekennzeichnet: Sylvarien durch die Na-

---

[109] Eine ähnliche Gleichsetzung des ‚Negers' und des Indianer bei gleichzeitiger Markierung der beiden Figuren als amerikanisch erfolgt bereits im Vorspiel, wenn Sandor von der „amerikanische[n] Neger- und Indianermusik" spricht; Kálmán, *Die Herzogin von Chicago* 1928, S. 11.
[110] Vgl. Frey, *„Unter Tränen lachen"* 2003, S. 192.
[111] Kálmán, *Die Herzogin von Chicago* 1928, S. 123. Im Klavierauszug reimen die „Millionen" auf „Sensationen".
[112] Kálmán, *Die Herzogin von Chicago* 1928, S. 81.
[113] Ebd., S. 87.
[114] Ebd., S. 95.

mensähnlichkeit mit der Operettenfigur Sylva Varescu, Amerika etwa durch die intradiegetische Reflexion der „Rose der Prairie" als Filmszene und Gegenstand von Schlagerlyrik. Die Operettenschauplätze erheben also nicht den Anspruch, reale geographische Orte abzubilden, sondern sind explizit in einem populärkulturell geformten Imaginationsraum verortet. In der Welt der Wiener Operette eignet schließlich nicht nur Amerika, sondern seit jeher auch dem Balkan bzw. Südosteuropa die musikalische und dramatische Attraktion des Exotischen.[115] Beide Orte erweisen sich damit als geeignete Grundlage für eine luxuriöse und in den 1920er Jahren erfolgversprechende Ausstattungsoperette. Auf der Handlungsebene ist dabei nicht nur Amerika, sondern auch Europa als Luxusort markiert. Während Amerika, wie gezeigt, aus der Perspektive des europäischen Operettenpersonals und -publikums als märchenhafter Ort des Luxus und Überflusses erscheint, stellt für Mary und ihre amerikanischen Freundinnen umgekehrt Europa eine Art Luxuswarenhaus dar, das sie anlässlich eines Wettbewerbs bereisen und nach Belieben vereinnahmen. Wenn Mary das sylvarische Prinzenschloss samt Prinz und damit symbolisch das Österreich der Vorkriegszeit käuflich erwirbt, dann wird damit deutlich, dass die gute alte Zeit, in der das Wiener Publikum in den 1920er Jahren anhand von Operettenstaaten wie Sylvarien nostalgisch schwelgt,[116] längst selbst zu einem kommerziell ausschlachtbaren Topos geronnen ist.

---

[115] Zum balkanischen „Binnenexotismus" – gemünzt auf die geographische Lage des Balkans an der Peripherie der Donaumonarchie – in der Wiener Operette vgl. Christian Glanz: Aspekte des Exotischen in der Wiener Operette am Beispiel der Darstellung Südeuropas. In: *Musicologica Austriaca* 9 (1989), S. 75–90, hier S. 75.

[116] Von der Wiener Operette der 1920er Jahre als einer „Enklave des Ehemals" spricht Gerd Rienäcker: Im Blick zurück nach vorn. Lebensbilder in der Wiener Operette. In: *Wien – Berlin. Stationen einer kulturellen Beziehung.* Hg. Hartmut Grimm, Mathias Hansen und Ludwig Holtmeier. Saarbrücken 2000, S. 162–169, hier S. 169.

Hans-Georg von Arburg
Luxusarchen. Der Ozeandampfer als moderne Wohnutopie zwischen Autarkie, Abundanz und Askese

Da sprach Gott zu Noah: Das Ende allen Fleisches ist bei mir beschlossen, denn die Erde ist voller Frevel von ihnen; und siehe, ich will sie verderben mit der Erde. Mache dir einen Kasten von Tannenholz und mache Kammern darin und verpiche ihn mit Pech innen und außen. Und mache ihn so: Dreihundert Ellen sei die Länge, fünfzig Ellen die Breite und dreißig Ellen die Höhe. Ein Fenster sollst du für den Kasten machen obenan, eine Elle groß. Die Tür sollst du mitten in die Seite setzen. Und er soll drei Stockwerke haben, eines unten, das zweite in der Mitte, das dritte oben. Denn siehe, ich will eine Sintflut kommen lassen auf Erden, zu verderben alles Fleisch, darin Odem des Lebens ist, unter dem Himmel. Alles, was auf Erden ist, soll untergehen. Aber mit dir will ich meinen Bund aufrichten, und du sollst in die Arche gehen mit deinen Söhnen, mit deiner Frau und mit den Frauen deiner Söhne. Und du sollst in die Arche bringen von allen Tieren, von allem Fleisch, je ein Paar, Männchen und Weibchen, dass sie leben bleiben mit dir.
1. Mose 6,13–19

Wenn heute vom Highlife auf hoher See die Rede ist, dann denkt man zuerst an die Luxusyachten der Superreichen und die Kreuzfahrtschiffe des gehobenen Massentourismus. Völlig losgelöst von der Erde treiben da die Damen und Herren dieser Welt dahin im Delirium bodenloser Verfügbarkeit und zielloser Verausgabung. Natürlich hat dieses globalisierte Schlaraffenschiffsleben aber auch seine Schattenseiten, wo lokaler Mangel und persönliche Entbehrung herrschen. Und es hat vor allen Dingen auch eine Vorgeschichte, in der sich Autarkie, Abundanz und Askese systematisch miteinander verbinden. Es ist die goldene Zeit der modernen Ozeandampfer, die nicht nur die oberen Zehntausend in der Kabinenklasse, sondern Millionen von Auswanderern auf den Zwischendecks über den Atlantik transportierten und zugleich als Fracht- und Postschiffe dienten. Anders als die postmodernen Kreuzfahrtschiffe bewegten sich die legendären *Ocean liners* durchaus zielstrebig über die Weltmeere, indem sie ums Blaue Band und andere Rekorde wetteiferten.[1] Und statt Symbole rabiater Umweltzerstörung und verantwortungsloser Ressourcenverschwendung wurden sie mit ihrem funktiona-

---

[1] Aus der umfangreichen Spezialliteratur vgl. exemplarisch Terry Coleman: *The Liners*. London 1976; Robert W. Wall: *Ocean liners*. London 1977; Bill Miller: *Ozeanriesen. Luxusschiffe einst und jetzt*. Hamburg 1992, sowie die neuere kulturwissenschaftliche Studie von Douglas R. Burgess Jr.: *Steamships and the Victorian Imagination*. Stanford 2016.

listischen Komfort und ihrem futuristischen Design zu utopischen Hoffnungsträgern eines modernen Lebens auf der Erde als einer guten Wohnung für alle.

Die Frage ist, was diese bessere Welt im Zeichen von Autarkie, Abundanz und Askese im Innersten zusammenhält. Eine repräsentative Antwort darauf gibt der Schweizer Kunsthistoriker Sigfried Giedion in seinem populären ‚Schaubuch' *Befreites Wohnen* von 1929.[2] Dort prangt auf der achten Tafel der durchkomponierten Bildstrecke der italienische Turbinendampfer *Saturnia*, der am 21. September 1927 zur Jungfernfahrt von Triest nach Rio de Janeiro aufgebrochen war (Abb. 1): „Glänzender Ausdruck gesammelter Kraft. Kompromißlose Anpassung an die Funktion. Die strengen Anforderungen lassen keinen Raum für Firlefanz. Funktion schafft hier Schönheit", erklärt Giedion.[3] Demgegenüber heißt es zum historistischen Interieur desselben Dampfers auf der neunten Tafel: „Man sieht, die Freiheit, gestalten zu können, wie man Lust hat, führt nicht immer zu einwandfreien Resultaten."[4] Wie diese ‚einwandfreien Resultate' aussehen, führt Giedion auf der folgenden Doppelseite aus (Abb. 2). „Des ungehinderten Ausblickes wegen ist die Front" beim Speisewagen der Berninabahn „in eine einzige Glaswand aufgelöst"[5]. Und „daß uns eine Fensterwand mehr Freude macht als Mauerpfeiler", weil sie „unserem Verlangen nach Licht und Verbundensein mit der übrigen Welt" entspricht, beweist nach Giedion Le Corbusiers *Maison Cook* in Boulogne-sur-Seine.[6]

Mit dieser kleinen Fotoserie vom modernen Ozeandampfer zum Neuen Wohnen und ein paar gezielten Schlagworten baut Giedion eine für den emphatischen Aufbruch in die Moderne paradigmatische Schlussfolgerung auf. Das moderne Neue Wohnen mit seiner Transparenz und seinem Freilicht- und Freiluftwesen sollte dem ewiggestrigen bürgerlichen Interieur ein rasches Ende bereiten.[7] Das ideale Medium dieses ästhetischen und lebensreformerischen Paradigmenwechsels ist das neusachliche Foto-Schaubuch, dessen filmisch mechanisierte Grafik das altersschwache Buch fit für die Gegenwart machen

---

[2] Sigfried Giedion: *Befreites Wohnen. 85 Bilder erläutert von S. Giedion*. Zürich und Leipzig 1929.
[3] Giedion, *Befreites Wohnen* 1929, Taf. 8. Der von Giedion nicht näher bezeichnete Dampfer kann bei entsprechender Vergrößerung eindeutig identifiziert werden. Für nähere Angaben und eine aufschlussreiche Bilddokumentation zur *Saturnia* der Triester Cosulich Line vgl. https://granditransatlantici.blogspot.com/2010/05/saturnia-e-vulcania-1927-1928.html (letzter Zugriff am 11. März 2022).
[4] Giedion, *Befreites Wohnen* 1929, Taf. 9.
[5] Ebd., Taf. 10.
[6] Ebd., Taf. 11.
[7] Vgl. Walter Benjamin: *Gesammelte Schriften*. Bd. V.1. Hg. Rolf Tiedemann und Hermann Schweppenhäuser, unter Mitwirkung von Theodor W. Adorno und Gershom Scholem. Frankfurt/M. 1982, S. 292.

Abb. 1: Bildtafeln 8 und 9 aus Sigfried Giedions Schaubuch *Befreites Wohnen* (1929).

sollte.[8] Und der mythische Ort dieser zukunftsträchtigen Lebensstile und Medientechniken ist der riesenhafte Luxusliner, der die Europamüden über den At-

---

[8] Vgl. Roland Jaeger: Gegensatz zum Lesebuch. Die Reihe Schaubücher im Orell Füssli Verlag Zürich. In: *Autopsie. Deutschsprachige Fotobücher 1918 bis 1945*. Bd. 1. Hg. Martin Heiting und Roland Jaeger. Göttingen 2012, S. 316–330, sowie die zeitgenössische Theorie dazu vom Erfinder der Avantgarde-Type FUTURA Paul Renner: *Mechanisierte Grafik: Schrift, Typo, Foto, Film, Farbe*. Berlin 1930, insbes. S. 94–152.

Abb. 2: Bildtafeln 10 und 11 aus Sigfried Giedions Schaubuch *Befreites Wohnen* (1929).

lantik in die schöne neue Welt spedieren sollte (Abb. 3). Sein praktischer Komfort und sein existenzielles Autonomieversprechen machten den Luxusdampfer zur ikonischen Gesellschaftsarche: eine Utopie vom befreiten Leben, als sei die schlechte alte Welt auf diesen Planken ganz neu aufzubauen. Dabei ist die ‚Arche' mehr als nur ein metaphorisches Anhängsel dieser Gesellschaftsarchen. Denn im Ozeandampfer konzentrieren sich *in a nutshell* drei Leitdifferenzen des Modernetopos vom Neuen Wohnen: erstens das Bedingungsverhältnis von Abundanz

Abb 3: Werbeplakat der Compagnie Générale Transatlantique für ihr neues Flaggschiff *Normandie* (1932). http://www.liners.dk/ship-dk/Normandie/download/Plakat2_300.jpg (letzter Zugriff am 11. März 2022).

und Askese als gemeinsame Signatur neuzeitlicher Luxustheorien,[9] zweitens die Korrespondenz von Mikro- und Makrokosmos als ideengeschichtliche Blaupause für das funktionalistische gute Wohnen in der Neuen Welt[10] und drittens die Dialektik von Schuld und Sühne, Strafe und Rettung als Möglichkeitsbedingung des globalen Katastropheneinsatzes, zu dem die Architekten der internationalen Avantgarde aufgebrochen waren.[11]

---

9 Vgl. Joseph Vogl: Art. „Luxus". In: *Ästhetische Grundbegriffe. Historisches Wörterbuch in sieben Bänden*. Bd. 3. Hg. Karlheinz Barck et al. Stuttgart und Weimar 2000, S. 694–708, hier S. 698–703.
10 Vgl. Peter Collins: *Changing Ideals in Modern Architecture 1750–1950*. London 1965, S. 149–182.
11 Vgl. am Beispiel helvetischer Katastrophenerzählungen Peter Utz: *Kultivierung der Katastrophe. Literarische Untergangsszenarien aus der Schweiz*. München 2013, S. 149–176 (Kap. 6: Noahs Arche, die Sintflut und die alpine Insel).

In diesem kultursemiotischen Fadennetz wird der Transatlantikdampfer als Mastertrope einer emphatischen Moderne sichtbar, die von der Literatur mit der notwendigen mythischen Energie versorgt wird. Denn als Mythos ist das Schiff und sind die Erzählungen davon so alt wie die Menschheit selbst. Es akkumuliert so diverse kollektive Urfantasien wie die Hoffnung auf Rettung aus globalen Katastrophen und Erlösung von der bösen Welt, den Wunsch nach glücklicher Überfahrt als Bild für ein gelingendes Leben, die archetypische Vorstellung von der menschlichen Seele auf ihrer Suche nach Erkenntnis oder die Sehnsucht nach einer erfüllten Gemeinschaft in einem idealen Staat.[12] Über diese mythopoetischen Textströme und Bilderwirbel pendeln die modernen Luxusliner im langen zwanzigsten Jahrhundert in konjunkturellen Wellenbewegungen zwischen Architektur und Literatur hin und her. Drei dieser Konjunkturen sind für den Ozeandampfer als Wohnutopie besonders signifikant: (I) ihre hochgemute Jungfernfahrt in der *Belle Époque*, (II) ihre heroische Phase im transatlantischen Stoßverkehr zwischen den großen Kriegen und (III) ihr unvermeidlicher Schiffbruch in der Postmoderne.

I Jungfernfahrt um 1900

Die Reise beginnt an einem Punkt, der für die skizzierte Topologie des modernen Ozeandampfers auf den ersten Blick untypisch zu sein scheint: mit einem Roman, in dem die Verbindungslinie zwischen der transatlantischen Schifffahrt und dem modernen Wohnungsbau nicht ausdrücklich gezogen wird, und einem Reisebericht von einem Luxusdampfer, der als einer der ersten zum Kreuzfahrtschiff umgenutzt worden war. Aber gerade das Untypische dieser Konstellation ist symptomatisch für die Pionierzeit der Ozeandampfer. Denn in dieser frühen Phase hängt der kultursemiotische Komplex noch recht lose und diffus zusammen. Indem Schlüsselelemente mehr assoziativ als argumentativ miteinander kombiniert werden, formiert er sich erst zum epochalen Modernetopos.

In Thomas Manns *Zauberberg* sitzt Hans Castorp auf den ersten Seiten in der Rhätischen Bahn von Landquart nach Davos, um dort im Tuberkulosesanatorium

---

[12] Vgl. neben dem Klassiker von Hans Blumenberg: *Schiffbruch mit Zuschauer. Paradigma einer Daseinsmetapher.* Frankfurt/M. 1979, die Studien von Eckart Schäfer: Das Staatsschiff. Zur Präzision eines Topos. In: *Toposforschung. Eine Dokumentation.* Hg. Peter Jehn. Frankfurt/M. 1972, S. 259–292; Alexander Demandt: *Metaphern für Geschichte. Sprachbilder und Gleichnisse im historisch-politischen Denken.* München 1978, S. 190–198, und Dietmar Peil: „Im selben Boot". Variationen über ein metaphorisches Argument. In: *Archiv für Kulturgeschichte* 68 (1986), S. 269–293.

„Berghof" seinen lungenkranken Vetter Joachim Ziemßen zu besuchen. Diesem ist das medizinische Regime von Licht, Luft und Sonne längst zur Daseinsform geworden. Der Alltag der mondänen Kurgesellschaft ist ebenso schwammig wie das Gehäuse, in dem er zeitlos verstreicht: „ein langgestrecktes Gebäude mit Kuppelturm, das vor lauter Balkonlogen von weitem löcherig und porös wirkte wie ein Schwamm"[13]. Dabei entspricht der „farblose, entseelte und traurige Übergangszustand", in dem Castorp das Gebäude zum ersten Mal im „Abendrot" sieht, ganz der Gemütsverfassung des europamüden Ankömmlings selbst.[14] Castorps Auffahrt „ins Hochgebirge" weist so auf seine Überfahrt in die Welt der Berghofgesellschaft voraus. Umgekehrt strahlt aber auch die Ankunft im „Berghof" atmosphärisch auf die Situation im Waggon der Rhätischen Bahn zurück. Dort liegt auf der Bank neben Castorp „ein broschiertes Buch namens ,Ocean steamships', worin er zu Anfang der Reise bisweilen studiert hatte; jetzt aber lag es vernachlässigt da, indes der hereinstreichende Atem der schwer keuchenden Lokomotive seinen Umschlag mit Kohlenpartikeln verunreinigte"[15]. Der Schatten der heraufdämmernden Zeit im Davoser Tuberkulosesanatorium legt sich hier auf die Zukunftspläne des angehenden Ingenieur-Volontärs bei der Hamburger Firma „Tunder & Wilms (Schiffswerft, Maschinenfabrik und Kesselschmiede)"[16] wie die Tuberkulose auf die kranken Lungen der Patienten. Auf der hellschimmernden Silhouette der Schiffe, die das lustlose Herrensöhnchen einst bauen wollte,[17] zeichnet sich von Anfang an das skelettartige Profil der Lungenheilstätte ab. Das Kompositbild ist narrativ subtil konstruiert und gleicht den Röntgenbildern von Hofrat Behrens, auf denen Castorp durch sein vergängliches Fleisch wie durch einen spukhaften Nebel hindurch sein unsterbliches Gebein erkennt.[18] So, unscharf und verwackelt, prognostiziert der Erzähler dem ,mittelmäßigen' Hans Castorp sein allzu menschliches Schicksal. Dabei garantiert gerade ihre Mittelmäßigkeit der Romanfigur „eine gewisse überpersönliche Bedeutung"[19]. Und eben diese allgemeine Bedeutsamkeit gilt auch für die evozierte Geisterfotografie von Schiff und Sanatorium. Auf ihr wird nicht allein der historische Gang der Dinge vom nautischen Vorbild zum architektonischen Nachbild sichtbar. Evident wird mit ihr vor allen Dingen das erzählerische Verfahren von Thomas Mann im

---

13 Thomas Mann: *Der Zauberberg*. Große kommentierte Frankfurter Ausgabe. Bd. 5.1. Hg. Michael Neumann. Frankfurt/M. 2002, S. 18.
14 Ebd., S. 15.
15 Ebd., S. 12.
16 Ebd., S. 59.
17 Ebd., S. 56.
18 Vgl. ebd., S. 327 und 333.
19 Ebd., S. 53.

Zauberberg: ein Erzählen vermittels narrativer Doppelbelichtungen, wobei korrespondierende Dinge übereinandergeschoben und Abhängigkeiten angedeutet statt logisch miteinander verknüpft werden.

Mann projiziert 1924 die „Wende" zum neuen Wohnen und Leben in die Jahre „vor dem großen Kriege" zurück, „mit dessen Beginn so vieles begann, was zu beginnen wohl kaum schon aufgehört hat"[20]. Dazu gehört auch das Wettrennen immer größerer Ozeanriesen um den schnellsten und bequemsten Weg über den Atlantik. Eine ganz ähnliche Rückprojektion wie bei Mann lässt sich übrigens auch bei Giedion beobachten. Auch im *Befreiten Wohnen* folgt auf den Ozeandampfer (Taf. 8) unversehens der Waggon der Rhätischen Bahn (Taf. 10). Und wenn man weiterblättert, dann stößt man auch hier auf ein Sanatorium: die Davoser Volksheilstätte von 1907 (Taf. 63 und 64) und das Treiben auf den winterlichen Liegebalkonen und Dächern des Lungenkurorts (Taf. 65 und 66). Allerdings kehrt Giedion die Logik des Bildarguments aus dem *Zauberberg* gerade um. Denn mit dem Ozeandampfer als Modell für das lichte und luftige Wohnen im Kollektivhochhaus ist es bei Giedion nicht vorbei, im Gegenteil, es wird damit immer besser! Am Paradebeispiel der Gesellschaftsarche Sanatorium wird hier kein Abgesang auf die abendländische Kultur angestimmt, sondern zum Aufbruch in die lichte Zukunft des Neuen Bauens geblasen. *Vers une architecture,* lautet Giedions Parole, die er von seinem Freund und Verbündeten Le Corbusier ausdrücklich „im positiven Sinn" übernimmt![21]

Diesen klaren Kurs konnten die modernistischen Luxusarchen allerdings erst in der Stabilisierungsphase der Weimarer Republik nach 1924 halten. Und erst um 1930 sind die Noten zwischen guter, komfortabler Askese und schlechter, luxuriöser Abundanz so eindeutig verteilt. In der Luxusdampferliteratur um 1900 taucht diese manichäische Bewertungsskala erst schemenhaft aus dem Morgennebel der heroischen Moderne auf. Das Wort führt hier immer noch der konkurrenzkapitalistische Luxus mit seiner rhetorischen und ästhetischen Überbietungslogik im Geiste von Thorstein Veblens *conspicuous leisure* und *conspicous consumption.*[22] Ein beredtes Beispiel dafür sind die *Briefe aus dem hohen Norden* des Ostschweizer Arztes und Reisejournalisten Elias Haffter. Haffter berichtet darin als Sonderkorrespondent der Thurgauer Zeitung von einer Fahrt auf dem HAPAG-Dampfer *Auguste Viktoria,* die ihn im Juli 1899 über Norwegen nach

---

20 Ebd., S. 9f.
21 Ebd., S. 4, vgl. in diesem Beitrag unten, S. 295–300.
22 Vgl. Thorstein Veblen: *The Theory of the Leisure Class* (1899). With an Introduction by John Kenneth Galbraith. Boston 1973, S. 61–80.

Spitzbergen führte.²³ Die *Augusta* oder *Auguste Victoria* war 1888 von der Hamburg-Amerikanischen-Paketfahrt-Aktiengesellschaft oder kurz: Hamburg-Amerika Linie als spektakulärer „Prachtsdampfer"²⁴ für den gründerzeitlichen Geldadel gebaut worden und wurde von der Reederei am 22. Januar 1891 auf die allererste Kreuzfahrt in der Geschichte der modernen Schifffahrt geschickt.²⁵ Ihr opulenter Luxus hatte neben der Erschließung des neuartigen touristischen Terrains vor allem ein Ziel: die Demonstration der Territorialansprüche des aufstrebenden Deutschen Reiches.²⁶ Wie ihre größeren und potenteren Schwestern der HAPAG und des Norddeutschen Lloyd, die *Kaiser-Wilhelm der Große* (1897), die *Deutschland* (1900) oder die *Imperator* (1913), war auch die *Auguste Viktoria* vollgestopft mit pompösem allegorischen Mobiliar. Dessen imaginationspolitische Botschaft sollte den Überfluss von Kaiser, Sieg und Vaterland im Kampf des deutschen Reiches um einen Platz an der Sonne in alle Welt hinausposaunen.²⁷ Ein imperialistischer Wust, der auch auf der *Auguste Viktoria* die großdeutschen Herzen schwellen und die Räume schrumpfen ließ.²⁸

Den Schweizer Reisereporter aus dem Thurgau scheint das wenig gekümmert zu haben. Haffter interessiert sich mehr für die landschaftlichen Schönheiten der Fjorde und Schären und die anekdotischen Bekanntschaften an Deck.²⁹ Der Dekorationsluxus in den Gesellschaftsräumen läuft in seinen Reisebriefen eher mit. Und dasselbe gilt auch für den konkurrierenden Komfort in den vollelektrifizierten Kabinen.³⁰ Dessen utopisches Versprechen vom modernen ‚Schöner Wohnen' wird jedoch indirekt zum Thema, wo Haffter das „prunkvolle kleine Universum"³¹ gegen alternative Wohn- und Einrichtungsformen hält: bei der vernakulären Architektur einerseits, die er auf den Landgängen inspiziert, und bei fremden

---

23 Elias Haffter: *Briefe aus dem hohen Norden. Eine Fahrt nach Spitzbergen mit dem H.A.P.A.G.-Dampfer „Auguste Viktoria" im Juli 1899.* Frauenfeld 1900.
24 Haffter, *Briefe aus dem hohen Norden* 1899, unpag. Vorwort.
25 Vgl. Hans-Joachim Rook: Der erste deutsche Doppelschrauben-Schnelldampfer ‚Augusta Victoria'. Hintergründe zur Auftragserteilung. In: *Deutsches Schiffahrtsarchiv* 14 (1991), S. 139–156.
26 Vgl. Burgess, *Engines of Empire* 2016, S. 249–269 (Kap. 10: The Floating Kaiser. Steamships and National Identity). Zum Luxusdiskurs und seiner identitätspolitischen Rolle im Wilhelminismus vgl. Warren G. Breckman: Disciplining Consumption: The Debate about Luxury in Wilhelmine Germany, 1890–1914. In: *Journal of Social History* 24/3 (1991), S. 485–505.
27 Vgl. Matthias Trennheuser: *Die innenarchitektonische Ausstattung deutscher Passagierschiffe zwischen 1880 und 1940.* Bremen 2010, S. 69–72.
28 Vgl. Burgess, *Engines of Empire* 2016, S. 254.
29 Vgl. Haffter, *Briefe aus dem hohen Norden* 1899, S. 19–36 und 61–76.
30 Vgl. ebd., S. 14f. und 71f.
31 Ebd., S. 85.

'Prachtsdampfern' andererseits, die den Kurs der *Auguste Viktoria* kreuzen. Dafür liefert das dreizehnte Kapitel das perfekte Drehbuch. Nach einer Spezialführung durch die Vorratsräume überfällt die Kreuzfahrtgesellschaft die norwegische Fremdenstation Maraak (Maråk) am Geriangerfjord, um sich dann eiligst für den Besuch der deutschen Kaiseryacht *Hohenzollern* wieder an Bord zurückzuziehen. Zwar nötigt die Opulenz des „aus Speis und Trank zusammengesetzten Labyrinths" für das „Schlaraffenleben" an Bord dem Mediziner Respekt ab. Aber der für die immer „frische und prima Nahrung" betriebene *Food waste* ist in seinen Augen doch ein „protziges Unrecht"[32]. Und ähnlich ambivalent wirken auch die überbordenden Dekorationen der *Auguste Viktoria* vor der elementaren Architekturkulisse von Maraak: Die Baukastenwelt aus „einfachen Häusern" und der „schlichte[n], achteckige[n]" Kirche ist zugleich das kindliche Vorspiel und das künstlerische Vorbild für eine „prächtige, lebenswarme, sonnige" Wohnkultur „wie bei dem bekannten Kinderspielzeug"[33] von Adolf Richters Anker-Steinbaukästen aus dem Thüringischen Rudolstadt. Erst beim nautischen Manöver mit der kaiserlichen *Hohenzollern* (Baujahr 1893) wird der Vergleich auf Augenhöhe möglich. Über dem nationalistischen Soundtrack der Schiffskapelle mit Kaiser Wilhelm-Marsch und deutscher Nationalhymne[34] gleicht Haffter den protzigen Luxus auf seinem eigenen „schwimmenden Palaste" der HAPAG Punkt für Punkt mit dem vornehmen Komfort auf dem „schwimmenden Palast" von Wilhelm II. ab.[35] Der Direktvergleich fällt klar zugunsten der *Hohenzollern* aus:

> So was behaglich Schönes, einfach Vornehmes hatten wir noch nie gesehen. Bekanntlich hat die „Hohenzollern", die ja verschiedene Male kleiner ist als die „Auguste Viktoria", 27 Millionen Mark gekostet, die Vergoldung des Kieladlers allein 80,000 Mark, und doch ist das Innere nicht so prunkvoll und überladen wie bei den großen Hamburger Personen-Dampfern. Aber jeder Planke und jeder Niete sieht man die hervorragende Qualität an, und es giebt nichts an dieser kaiserlichen Yacht, das nicht das Attribut absoluter Vollkommenheit verdiente.[36]

Veredelung triumphiert hier über Verschwendung; der Speisesaal ist mit Blumen vom eigenen Gärtner und stilvollen Wanddekorationen geschmückt statt mit

---

[32] Ebd., S. 16 und 156–158.
[33] Ebd., S. 160–162. Zu Richters Anker-Steinbaukasten und seiner propädeutischen wie modellhaften Doppelfunktion für die gesellschaftliche Durchsetzung der modernen Architektur im frühen zwanzigsten Jahrhundert vgl. Tamar Zinguer: *Architecture in Play. Intimations of Modernism in Architectural Toys*. Charlottesville und London 2015, S. 53–95.
[34] Vgl. Haffter, *Briefe aus dem hohen Norden* 1899, S. 165 und 171.
[35] Ebd., S. 3 und 167.
[36] Ebd., S. 167f.

klotzigen Möbeln und Mahlzeiten überfrachtet wie bei einer „Mastkuranstalt"; das praktische Linoleum „erlaubt weite Spaziergänge an Deck" und läuft dem schicken Teakholz den Rang ab.[37] So wird die *Hohenzollern* in der Beschreibung des aufmerksamen Beobachters Haffter zum Flaggschiff eines Paradigmenwechsels vom französischen Luxus zum englischen Komfort, der in Deutschland seit 1871 die politische Rhetorik beherrscht hatte und rasch auch in die Alltagssprache gesickert war.[38] Nur bei zwei Details registriert Haffter auf der *Hohenzollern* Luxusexuberanz: beim protzigen Kieladler und bei den verspielten Aschenbechern im Rauchzimmer, die als „silberne Schiffsteile *en miniature*" ausgeführt sind und an deren „kleinen niedlichen Schiffsschrauben" man abaschen konnte.[39] Daran, wie hier das ganz Große mit dem ganz Kleinen verschraubt wird, fasziniert Haffter die funktionale Potenzierung des Luxuriösen, während er zum bloßen Muskelspiel mit politischer und pekuniärer Potenz auf Distanz geht. Doch bei aller helvetischen Reserve Haffters gegenüber der wilhelminischen Großmannssucht, an den zivilisatorischen Hegemonialansprüchen des Reichs zweifelt er nicht. Am Ende lässt er die Kaiseryacht wie den utopischen Fluchtpunkt auf einem Turner'schen Seestück ins Blaue entrücken: „Nach einer halben Stunde sahen wir weit zurückliegend den Aalesund, mitten drin in der blauen Fläche einen grauen Punkt – die märchenhafte ‚Hohenzollern'."[40]

II Stoßverkehr in den 1920er und 1930er Jahren

Wohin die Reise geht, das weiß 1906 eine andere Schweizer Reiseschriftstellerin: *Vorwärts!* So heißt der aufsehenerregende Bericht über die zehnjährige Weltreise der Berner Hausangestellten und Lehrerin Lina Bögli. Und *Vorwärts* ist auch der Name des Dampfers, mit dem das unerschrockene Fräulein Bögli aus Herzogenbuchsee in See sticht.[41] Der Bucheinband setzt Böglis Dampfermotto kongenial in Szene: Wer Böglis Reisebriefe in die Hand nimmt, erblickt durch ein visionäres

---

37 Vgl. ebd., S. 15 und 168. Die Argumente sind typisch für den Luxusdiskurs um 1900. Vgl. exemplarisch Werner Sombart: *Studien zur Entwicklungsgeschichte des modernen Kapitalismus*. Bd. 1: *Luxus und Kapitalismus*. München und Leipzig 1913, S. 71–77 und 116–118.
38 Vgl. Horst Mühlmann: *Luxus und Komfort. Wortgeschichte und Wortvergleich*. Bonn 1975, S. 206–223, sowie zum antifranzösischen Affekt des deutschen Komfortprimats speziell Breckman, Disciplining Consumption 1991, S. 487f. und 498–500.
39 Ebd., S. 169.
40 Ebd., S. 170.
41 Lina Bögli: *Vorwärts. Briefe von einer Reise um die Welt*. Frauenfeld 1906. Das Buch war zuerst 1905 unter dem Titel *Forward* auf Englisch erschienen und erhielt 1915 eine Fortsetzung unter dem noch emphatischeren Titel: *Immer Vorwärts!*

Fenster auf einem travestierten Schweizer Pass die Silhouette einer modernen Großstadt und sitzt unter dem Fahnenmast unversehens selbst im vorwärts strebenden Boot (Abb. 4).

Abb. 4: Vorderer Umschlag von Lina Böglis Travelogue *Vorwärts*, Frauenfeld 1906.

Zum ästhetischen Programm wie zur gebauten Realität wird das modernistische Zukunftsversprechen allerdings erst eine Generation später: in der Rushhour der transatlantischen Luxusliner in den zwanziger und dreißiger Jahren. Dass 1912 die unsinkbare *Titanic* untergegangen war und dass der darin symbolisierte Schiffbruch der modernen Kultur kurz vor dem Ersten Weltkrieg eine Flut von Zeitungsartikeln, Trivialromanen (darunter Gerhard Hauptmanns *Atlantis* von 1912) und Katastrophenfilmen (wie August Bloms monumentale Hauptmann-Verfilmung *Atlantis* von 1913) ausgelöst hatte, ist kein unwichtiges Detail. Denn das epochale Untergangstrauma vibriert als verdrängte Kränkung der Menschheit fortan im Topos der modernen Luxusarchen weiter und rauscht unheimlich in allen ihren künftigen Heldengeschichten mit.

Die Sternstunde der Ozeandampfer in der modernen Baukunst fällt mit dem Hochbetrieb im Luxuslinienverkehr zwischen den Weltkriegen zusammen. Von

den stromlinienförmigen Schiffshäusern des Expressionismus über den ‚Terrassentyp' des Neuen Bauens bis zu den urbanistischen Visionen der Congrès Internationaux d'Architecture Moderne CIAM verdichtet sich der Topos vom Wohnen auf dem Ozeanriesen zu einem Leitmotiv der Moderne.[42] Dabei bedeuten das Schiff und insbesondere die Schiffskabine mit ihren sieben bis neun Quadratmetern Wohnfläche, an denen hier Maß für den Neuen Menschen einer zukünftigen Gesellschaft genommen wird, gerade keine Nivellierung nach unten. Sie versprechen vielmehr einen statistisch kalkulierten und seriell produzierten ‚Luxus für alle'. „Es wäre falsch", so fasst der frühere Bauhausdirektor Walter Gropius die genannten Entwicklungen 1930 zusammen, „das programm der minimalwohnung aus den untersten ansprüchen verelendeter volkskreise und aus dem gegenwärtigen durchschnittseinkommen abzuleiten. Aus den biologischen und soziologischen grundforderungen ergibt sich vielmehr [,] analog einem mietbaren d-zugsplatz oder einer schiffskabine, das aus zweck und sinn begründete sachliche minimum: die standardwohnung."[43]
Durch ästhetische Askese in numerischer Abundanz zur existenzsichernden Autarkie des neuen „Einheitsmenschen"[44]. Das ist die Traumformel der Architekten des Neuen Wohnens auf ihren demokratischen Luxusarchen. Ihr erster Kapitän war der französisch-schweizerische Weltbaumeister Charles-Édouard Jeanneret alias Le Corbusier. Wie kein anderer Architekt des zwanzigsten Jahrhunderts experimentierte Le Corbusier unermüdlich mit immer wieder anderen Realisierungsmöglichkeiten dieser Vision.[45] Über den anhaltenden Querelen um seine futuristischen Bootshäuser und Wohnhäfen ging allerdings vergessen, mit welchen buchkünstlerischen Ambitionen Le Corbusier seine modernistische Architekturdampfschifffahrt einst angetreten hatte. Sein wichtigstes Navigationsinstrument waren seit je Architekturtexte, die er

---

42 Vgl. Gerd Kähler: *Architektur als Symbolverfall. Das Dampfermotiv in der Baukunst.* Braunschweig 1981.
43 Walter Gropius: Die soziologischen Grundlagen der Minimalwohnung für die städtische Bevölkerung. In: *Die Wohnung für das Existenzminimum.* Hg. Internationale Kongresse für Neues Bauen und Städtisches Hochbauamt in Frankfurt am Main. Frankfurt/M. 1930, S. 17–19, hier S. 18. Schon als Bauhausdirektor hatte sich der Architekt Gropius speziell für den Schiffbau als Modell für die Serienproduktion von dringend benötigtem Wohnraum interessiert. Vgl. Walter Gropius: Wohnhaus-Industrie. In: *Ein Versuchshaus des Bauhauses in Weimar.* Hg. Georg Muche und Adolf Meyer. Bauhaus-Bücher, Bd. 3. München 1923, S. 5–14, hier S. 11, sowie Kähler, *Architektur als Symbolzerfall* 1981, S. 79–82.
44 Vgl. dazu kritisch Winfried Nerdinger: *Walter Gropius: Architekt der Moderne 1883–1969.* München 2020, S. 191–200, hier S. 196.
45 Vgl. neben Kähler, *Architektur als Symbolverfall* 1981, S. 113–144, auch Stanislaus von Moos: Wohnkollektiv, Hospiz und Dampfer. In: *archithese* 12 (1974), S. 30–41 und 56.

Abb. 5: Blick über Deck auf das Tor zur Zukunft auf dem vorderen Umschlag von Le Corbusiers erster Buchpublikation *Vers une architecture* (1923).

mit selbst gemachten und fremden Bildern (v. a. Fotografien) zu komplexen Medienexperimenten zwischen reklametechnischer Propaganda und surrealistischer Provokation montierte.[46] So inszeniert Le Corbusier schon 1923 sein erstes und vielleicht wichtigstes Architekturbuch, das Manifest *Vers une architecture*, als eine Art transatlantische Science fiction.[47] Auf dem vorderen Buchumschlag flieht der Blick auf einen Punkt am Ende eines Schiffsdecks zu, wo sich mit der modernen Architektur auch dem Neuen Menschen Tür und Tor öffnen sollen (Abb. 5).[48] Mit dem Buch in der Hand und diesem Bild vor Augen verwandelt sich der Leser unversehens in einen Passagier auf einem visionären Raum-Schiff (Böglis *Vorwärts* lässt grüßen!). Dass man in *Vers une architecture* auf der *Aquitania* der damals marktführenden britischen Cunard Line auf Mission ist, erfährt man dann im Kapitel über die wegweisenden Passagier-

---

[46] Vgl. Catherine de Smet: *Vers une architecture du livre. Le Corbusier: édition et mise en pages 1912–1965*. Baden 2007.

[47] Le Corbusier-Saugnier: *Vers une architecture*. Paris 1923.

[48] Vgl. für den exemplarischen Fall Deutschlands Tanja Poppelreuter: *Das neue Bauen für den neuen Menschen. Zur Wandlung und Wirkung des Menschenbildes in der Architektur der 1920er Jahre in Deutschland*. Hildesheim 2007.

schiffe – *Les paquebots*.⁴⁹ Zusammen mit ihren Schwesterschiffen *Mauretania* und *Lusitania* sowie der *Imperator* (die man den Deutschen abgejagt und zur *Berengaria* umgetauft hatte) war die *Aquitania* bei ihrem Stapellauf 1914 der größte Passagierdampfer der Welt. Der legendäre späthistoristische Prunkpott war 36 Jahre lang im Einsatz und verteidigte ganze 22 Jahre das Blaue Band für die schnellste Nordatlantik-Überquerung – so lange wie kein anderes Schiff.⁵⁰ Le Corbusier setzt aber vor allem die monumentalen Dimensionen der *Aquitania* in Szene und steigert sie im Vergleich zu den auch nicht gerade unbescheidenen Schiffsreklamen der Zeit (Abb. 6) ins Fantastische (Abb. 7), um seinen Fachkollegen die Augen für die konstruktiven Innovationen aus der Schiffsbautechnik zu öffnen: „Les architectes vivent dans l'étroitesse de leur ignorance des règles à bâtir et leurs conceptions s'arrêtent aux colombes entrebaisées. Mais les constructeurs de paquebots, hardis et savants, réalisent des palais auprès desquels les cathédrales sont toutes petites: et ils les jettent sur l'eau!"⁵¹ Dem modernen Leser-Betrachter aber predigt er, dass sein Heil nicht mehr in den verkröpften Stilmöbeln des bürgerlichen Interieurs niste, sondern von der modernen Industrie als tadellos funktionierende Wohnmaschine geliefert werde: „Une maison est une machine à demeurer. Bains, soleil, eau chaude, eau froide, température à volonté, conservation des mets, hygiène, beauté par proportion. [...] Notre vie moderne [...] a créé ses objets : son costume, son stylo, son eversharp, sa machine à écrire, son appareil téléphonique, ses meubles de bureau admirables, les glaces de Saint-Gobain et les malles ‚Innovation', le rasoir Gillette et la pipe anglaise, le chapeau melon et la limousine" – und *last not least* natürlich: „le paquebot"⁵²!

---

49 Vgl. Le Corbusier, *Vers une architecture* 1923, S. 65–80, die Umschlagsillustration wird ebd., S. 76 noch einmal abgebildet und kommentiert.
50 Vgl. neben Coleman, *The Liners* 1977, S. 94–109, speziell auch Miller, *Ozeanriesen* 1992, S. 35.
51 Le Corbusier, *Vers une architecture* 1923, S. 71. Das Zitat aus dem Dampferkapitel von *Vers une architecture* steht unter dem polemischen Motto „des yeux qui ne voient pas...". Es lautet in der deutschen Übersetzung von Hans Hildebrandt: „Die Architekten leben in der Beschränktheit ihres Schulwissens, ohne Ahnung der neuen Bauregeln, und ihre Erfindungen bleiben aus freien Stücken bei dem schnäbelnden Taubenpaar stehen. Aber die Konstrukteure der Ozeandampfer machen, kühn und wissend, Paläste zur Wirklichkeit, neben denen die Kathedralen ganz klein werden: und setzen sie gar auf das Meer!" (Le Corbusier: *Kommende Baukunst*. Berlin und Leipzig 1926, S. 73).
52 Le Corbusier, *Vers une architecture* 1923, S. 73. „Ein Haus ist eine Maschine zum Wohnen. Bäder, Sonne, warmes und kaltes Wasser, Temperatur nach Belieben. Aufbewahrung der Speisen, Hygiene, Schönheit durch Proportion. [...] Unser modernes Leben [...] hat sich die Dinge, die es braucht, selbst geschaffen: seine Kleidung, seinen Füllfederhalter, seine Rasierklinge, seine Schreibmaschine, seinen Telephonapparat, seine wundervollen Büromöbel, die Spiegelgläser

Abb. 6: Der Ozeanriese *Olympic* (das Schwesterschiff der *Titanic*) überragt alle anderen gebauten Weltwunder der Menschheit, Werbeplakat der amerikanischen White Star Line, 1922. In: Miller, *Ozeanriesen* 1992, S. 32.

Abb. 7: Fotomontage von vier Pariser Architekturmonumenten (Notre Dame, die Tour Saint-Jacques, der Arc de Triomphe und die Opéra Garnier) vor der alles überragenden Silhouette der *Aquitania*. In: Le Corbusier, *Vers une architecture* 1923, S. 71.

---

von Saint-Gobain und ‚Innovation'-Koffer, den Gilette-Rasierapparat und die englische Pfeife, den Melonenhut und die Limousine, den Ozeandampfer und das Flugzeug" (Le Corbusier: *Kommende Baukunst* 1926, S. 75). Vgl. dazu den vorzüglichen Ausstellungskatalog von Stanislaus von Moos (Hg.): *L'Esprit Nouveau. Le Corbusier und die Industrie 1920–1925*. Zürich und Berlin 1987, S. 244–247.

Wie es dort aussieht, wo diese Wohnmaschinen landen sollten, das macht zehn Jahre nach *Vers une architecture* Le Corbusiers skandalöses Nachfolgeprojekt *La Ville Radieuse* klar.[53] Der *Plan voisin* dieser ‚leuchtenden Stadt', der die historisch gewachsene Pariser Innenstadt plattmachen und mit kreuzförmigen Wohnwolkenkratzern überbauen wollte,[54] versetzt die Pariser und die Touristen noch heute in helle Aufregung. Aber *La Ville Radieuse* ist mehr als nur eine brutale Heimatschutzvernichtungsmaschine. Das blitzt am hellsten in der subtil komponierten Bildstrecke von Le Corbusiers urbanistischem Nachtmahr auf. An dessen utopischem Ende leuchtet ein neues, komfortables Luxusleben auf „en plein océan, sur un bateau; tennis, piscine, bain de soleil, conversation et divertissement; les bateaux ont une largeur de 22 à 27 m. Les immeubles de La Ville Radieuse aussi. Sur toute l'étendue de la ville au-dessus de la mer des arbres, un nouveau sol serait ainsi gagné."[55] Am Ozeandampfer als Bauanleitung für dieses *leisure life* für alle hielt Le Corbusier noch in seinen späten Unités d'habitation fest.[56] Deren „élément biologique" war nach dem Modell einer Schiffskabine zwar knapp bemessen: „14 m² par habitant"[57]. Stapelte man aber alle diese funktionalen Wohnzellen übereinander, ergab das eine riesige „maison sur l'eau" wie auf den beliebten Werbewimmelbildern der Luxusschiffsreedereien (Abb. 8), ja womöglich eine ganze „ville flottante" (Abb. 9). Das Beispiel zeigt, wie Le Corbusier nicht nur die Idee, sondern auch das konkrete Bildmaterial aus dem Luxusdampfer-Diskurs in seine funktionalistischen Architekturtexte übernimmt.

Inbegriff des neuen, komfortablen Luxus, der hier in Wort und Bild konstruiert wird, war die Design-Legende *Normandie*, die damals gerade im Bau war und mit der die französische Compagnie générale transatlantique alle Rekorde brechen sollte (Abb. 10). „La *Normandie* – Mégalomanie?", fragt die dazugehörige Bildlegende in *La Ville Radieuse*.[58] Die Frage beantwortete sich vor dem Riesenrumpf des nationalen Superschnellliners von selbst – zumal wenn man wie Le

---

53 Le Corbusier: *La Ville Radieuse. Éléments d'une doctrine d'urbanisme pour l'équipement de la civilisation machiniste*. Boulogne-sur-Seine 1933.
54 Vgl. ebd., S. 202–219 et passim.
55 Ebd., S. 59. „[A]uf dem weiten Ozean, auf einem Schiff: Tennis, Schwimmbecken, Sonnenbad, Smalltalk und Amüsement; die Schiffe haben eine Breite von 22 bis 27 Metern. Die Gebäude der leuchtenden Stadt ebenfalls. Auf der ganzen Fläche der Stadt über dem Meer der Bäume wird so neuer Boden gewonnen." (Übers. des Verf.).
56 Vgl. Kähler, *Architektur als Symbolverfall* 1981, S. 120–124.
57 Vgl. Le Corbusier, *La Ville Radieuse* 1933, S. 115 und 143.
58 Ebd., S. 75. Zum Wettlauf zwischen der *Normandie* mit der *Queen Mary* (1934) der britischen Cunard Line, die beide zu den schönsten und schnellsten Passagierschiffen aller Zeiten gehören, vgl. Coleman, *The Liners* 1977, S. 141–158.

Abb. 8: Der Querschnitt durch einen Luxusliner (wie hier der *Aquitania*) war ein beliebtes Souvenir der Zeit, Werbeplakat der Londoner Cunard Line, 1914. © Alamy.

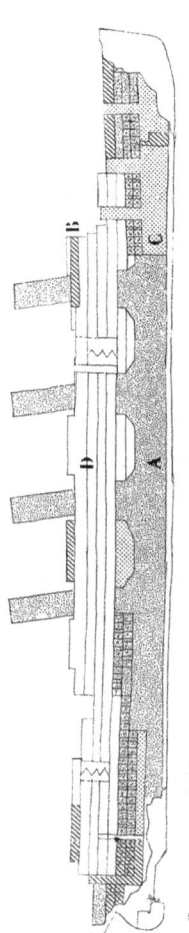 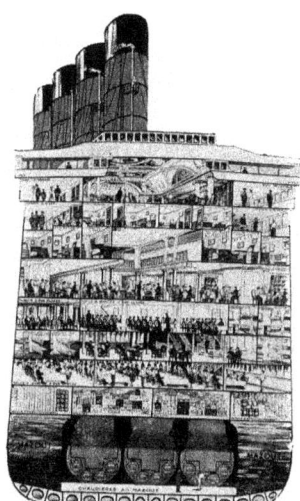

Abb. 9: Längs- und Querschnitt durch die Aquitania als „ville flottante" bzw. „maison sur l'eau". In: Le Corbusier, *La Ville Radieuse* 1933, S. 118.

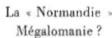

Abb. 10: Der Rumpf der *Normandie* im Bau. In: Le Corbusier, *La Ville Radieuse* 1933, S. 75.
Abb. 11: Gustave Doré: *L'arche de Noé sur le mont Ararat*, Stahlstich, 1866–1870. Gemeinfrei über Wikimedia Commons.

Corbusier die ikonographische Tradition von Noahs Arche auf dem Berg Ararat im Hinterkopf hatte, auf die das sorgfältig ausgewählte Werkfoto anspielt (Abb. 11). Der liebe Gott hatte Noah einst einen genauen Bauplan ausgehändigt, damit er sich in seiner Arche vor der großen Sintflut retten konnte (Abb. 12): Dreihundert mal fünfzig mal dreißig Ellen groß sollte sie sein und drei Stockwerke haben, damit von allem Fleisch je ein Paar darin leben bleibe (1. Mose 6,13–19; vgl. das Motto dieses Beitrags oben, S. 285). Und auch hier zitiert Le Corbusier die emblematische Bildtradition, in die er sein eigenes Projekt stellt. Denn er schenkte der Menschheit nun seinen kartesischen Wolkenkratzer aus Glas und Stahl von 200 mal 200 Metern Länge überkreuz und 220 Metern Höhe, in den sie sich aus dem Chaos der alten Stadt flüchten konnten (Abb. 13).[59]

Mit diesem messianischen Versprechen verschiebt sich die Topografie des Luxuriösen auf den Wohnarchen des Neuen Bauens vom fantastischen Dekor zum funktionalen Design, vom überbordenden Wust zur großen Zahl, kurz: von Abundanz und Luxus zu Askese und Komfort. Diese Gewichtsverlagerung zeichnet

---

[59] Vgl. Le Corbusier, *La Ville Radieuse* 1933, S. 127–135. Der Plan zur „Funktionellen Stadt" wurde am vierten CIAM-Kongress vom 30. Juli bis 14. August 1933 an Bord des Passagierdampfers *Patras II* zwischen Marseille und Athen gefasst. Le Corbusier übernahm dabei als Primus inter pares und federführender Autor der *Charta von Athen* die Rolle eines neuen Noah. Vgl. Le Corbusier: *La Charte d'Athènes. Avec un discours liminaire de Jean Giraudoux. [Urbanisme de CIAM]*. Paris 1943, S. 93–128, sowie die Dokumentation von Martin Steinmann (Hg.): *Internationale Kongresse für Neues Bauen / Congrès Internationaux d'Architecture Moderne CIAM. Dokumente 1928–1939*. Basel und Stuttgart 1979, S. 111–171. Der CIAM-Plan ging nach dem Zweiten Weltkrieg (und dank diesem) tatsächlich auf, als viele der zerbombten Städte nach den Prinzipien dieser funktionalistischen Charta wiederaufgebaut wurden. Vgl. dazu den *Atlas of the Functional City. CIAM 4 and Comparative Functional Analysis*. Hg. Evelien van Es et al. Zürich 2014.

Abb. 12: Die göttliche Hand verschließt Noahs Arche vor äußeren Feinden. In: Juan de Horozco: *Emblemas morales*, Segovia 1589, II, Nr. 18.
Abb. 13: Die Hand des Architekten über seinen „grattes-ciel cartésiens". In: Le Corbusier, *La Ville Radieuse* 1933, S. 132.

sich auch in der modernen Literatur ab, obwohl da vom Wohnen auf Booten und Schiffen viel seltener die Rede ist. Oder vielleicht gerade deswegen. Denn je geringer der literarische Anspruch auf Modernität zu sein scheint, umso mehr kann man vom transatlantischen Luxusleben lesen. Und je höher man auf der modernistischen Werteskala hinaufsteigt, umso rarer werden die Geschichten und umso tiefer unten in den Schiffsbäuchen spielen sie sich ab. Symptomatisch dafür ist die Hast, mit der Kafka im vielleicht berühmtesten Dampfertext der deutschsprachigen Literatur, dem Eingangskapitel „Der Heizer" seines unvollendet gebliebenen Amerika-Romans *Der Verschollene*, über den Bordluxus hinweg huscht.[60] Im Labyrinth des „schrecklich große[n] Schiff[s]" der Hamburg-Amerika-Linie, auf dem der arme Karl Roßmann im Zwischendeck auf dem billigsten Weg zu seinem reichen Onkel in Amerika geschafft wird, und im Wirrsal unter dem Schiffspersonal erhascht man gerade mal ein Detail einer „verschwenderisch[en] Schiffseinrichtung" und darf mit Karl bloß einen flüchtigen Blick auf „Newyork mit den hunderttausend Fenstern seiner Wolkenkratzer" werfen.[61]

Wesentlich beredter ist da der wie Kafka aus dem deutschsprachigen Prag stammende rasende Reporter Egon Erwin Kisch. Dessen Feuilleton über den Besuch *Bei den Heizern des Riesendampfers „Vaterland"* der HAPAG am 2. Juni 1914 liest sich in der Buchfassung wie eine fotografische Negativaufnahme modernistischer Stadtvisionen aus dem Maschinenraum: „Fünfundzwanzig Meter un-

---

[60] Franz Kafka: *Der Verschollene*. Kritische Ausgabe. Hg. Jost Schillemeit. Frankfurt/M. 1983. Der Roman, an dem Kafka von 1911 bis 1914 arbeitete, erschien 1927 unter dem Titel *Amerika* in einer vom Herausgeber Max Brod hergestellten Erstausgabe.
[61] Ebd., S. 8f., 13, 18, 20.

terhalb der Oberkante des Schornsteins stehen wir; an der Heckseite, im Kesselraum Nr. 4. Dieser ‚Raum' hat vier enge Seitengassen, je fünfundzwanzig Meter lang, kein Raum also, sondern ein Stadtviertel. Zwölf Wolkenkratzer: die Kessel."[62] Das hehre Ziel, auf das die modernen Architekten auf ihren Riesendampfern zuschossen, erscheint hier in der nackten Gestalt seiner Möglichkeitsbedingung. Die Silhouette von Manhattan, die auf abertausenden von Schiffsreklamen winkte, verwandelt sich in Kischs neusachlichem Bildumspannwerk in eine „Höllenlandschaft" mit den schwitzenden Leibern von zweihundert Heizern und noch einmal so vielen Trimmern.[63] Die Leserinnen und Leser der *leisure class* halten mit Kischs Reportagebuch die Architekturtopie in dieser doppelten Gestalt in Händen. Sie selbst werden im Text zwar nirgends erwähnt, sind aber selbstverständlich mitgemeint. Denn für wen sonst rackerten sich in der „Teufelsküche" die „Gladiatoren" im Schichtbetrieb „wie beim Sechstagerennen" ab?[64] Ganz unten „in den Straßen der Dampffabrik" wird die emanzipatorische Bauphantasie so als affirmative Herrschaftsarchitektur enttarnt. Und ganz oben werden die „drei ockergelben Riesenschornsteine", die „Wahrzeichen des Schiffes", wie auf einer Fotomontage von John Heartfield als Symbole der herrschenden Klasse demaskiert: „Die Schlote aber, die hohen Herrschaften, ziehen den Rauch behaglich ein und paffen ihn in die Luft."[65]

Die komplettesten und komplexesten transatlantischen Luxusnarrative aus der emphatischen Moderne lieferte jedoch nicht die deutschsprachige Literatur, sondern die europäische Konkurrenz. Mit einem Paukenschlag eröffnet hier 1921 das großartige *Reklameskibet* (Das Reklameschiff) des dänischen Expressionisten Otto Gelsted die Debatte.[66] Wie in einem expressionistischen Stummfilm beschreibt dieses Portalgedicht der skandinavischen Zwischenkriegsavantgarde

---

[62] Egon Erwin Kisch: Bei den Heizern des Riesendampfers. In: *Der rasende Reporter*. Berlin 1925, S. 138–141, hier S. 139.
[63] Ebd., S. 139.
[64] Ebd., S. 138, 140f.
[65] Ebd., S. 141. Die ockerfarbenen Schornsteine waren das Markenzeichen der HAPAG, die die *Vaterland* 1914 als zweiten Dampfer der so genannten Imperator-Klasse in Betrieb nahm. Die Dimensionen und der Luxus dieser Schiffe sollten alles Dagewesene überbieten und für Jahrzehnte Standards setzen. Der über 1000 m² große Speisesaal der *Vaterland* konnte gleichzeitig alle Passagiere der Ersten Klasse fassen und gehört zu den größten je auf einem Schiff installierten Räumen. Vgl. Trennheuser, *Die innenarchitektonische Ausstattung deutscher Passagierschiffe* 2010, S. 96–98.
[66] Otto Gelsted: Reklameskibet. In: *Nye Intelligensblade*, Vinter 1922–23, S. 40–41. Hier zit. nach der zweisprachigen Ausgabe in: *Licht überm Land. Dänische Lyrik vom Mittelalter bis heute*. Hg. Peter-Urban Halle und Henning Vangsgaard. München 2020, S. 142–144. Den Hinweis auf diesen fantastischen Text verdanke ich Klaus Müller-Wille.

kaleidoskopartig einen in den Hafen einlaufenden Atlantikdampfer voller reklameträchtiger Sensationen aus Amerika und mit Stars und Sternchen aus aller Welt. Im bengalischen Licht der Flugzeugscheinwerfer stellt die transatlantische Freakshow einen grotesken Längsschnitt durch die Gesellschaft dar, „vom Proletarier, in einer Mülltonne von Läusen gefressen / bis zum Luxus-WC des Millionärs"[67]. Der Ozeandampfer erscheint hier als modernistischer Spuk, dem die Bombe eines Anarchisten ein schrilles Ende bereitet.[68]

Der Champion der modernistischen Luxusdampferliteratur ist aber zweifelsohne Blaise Cendrars. Nur ein paar Tage älter als Le Corbusier und wenige Meter von dessen Elternhaus in La Chaux-de-Fonds als Frédéric Louis Sauser aufgewachsen, machte auch er in der Pariser Avantgardeszene unter seinem Künstlernamen Karriere. Und auch für den auf den Weltmeeren hausenden Reporter und Romancier Cendrars wurde der Ozeandampfer zur ästhetischen Wunsch- und Wundermaschine. Dabei hat die Liebe zu den großen Schiffen bei Cendrars sogar noch eine existentiellere Note als bei Le Corbusier.[69] Der publizistische Höhepunkt dieses autofiktionalen *amour fou* war die Jungfernfahrt der *Normandie* vom 30. Mai bis 3. Juni 1935 von Southampton nach New York in sensationellen 4 Tagen, 3 Stunden und 2 Minuten.[70] Für diese identitätspolitische Rekordfahrt ums Blaue Band hatte man Cendrars neben anderen Vedetten aus Kunst, Kultur und Politik als Starreporter an Bord geholt. Von dort berichtete er als *envoyé spécial* für über eine Million Leserinnen und Leser des *Paris-soir* live vom transatlantischen Triumph der Grande Nation.[71] Cendrars faszinierten freilich weniger die unschlagbare Größe und Schnelligkeit der Normandie (die nur wenige Wochen später von der englischen Konkurrenz mit der um 0.49 Knoten schnelleren und um ein paar Hundert Bruttoregistertonnen größeren *Queen Mary* deklassiert wurde).[72] Er bewundert darin vielmehr den schicksten Luxusliner aller Zeiten *made in France*:

---

67 Ebd., S. 143.
68 Ebd., S. 144.
69 Vgl. zu Cendrars Schiffsfimmel Robert Guyon: *Échos du bastingage. Les bateaux de Blaise Cendrars*. Rennes 2002; zur Künstlerfreundschaft mit Le Corbusier Daniela Ortiz Dos Santos: Blaise Cendrars et Le Corbusier : villes et voyages utiles. In: *Komodo 21. La revue en ligne du RIRRA* 9 (2018). komodo21.fr/blaise-cendrars-corbusier-villes-voyages-utiles/ (letzter Zugriff am 11. März 2022).
70 Vgl. Guyon, *Échos du bastingage* 2002, S. 86–105.
71 Die Artikelserie wurde später unter dem Sammeltitel „À bord de [la] *Normandie*" publiziert in: *Tout autour d'aujourd'hui*. Nouvelle édition des œuvres de Blaise Cendrars, dirigée par Claude Leroy, Bd. 13. Paris 2013, S. 145–180.
72 Vgl. Coleman, *The Liners* 1977, S. 151f.

> Enfin, la *Normandie* sort de la brume, et je puis la contempler dans toute sa grandeur. Je pensais être impressionné par les dimensions du plus grand paquebot du monde. Certes, la *Normandie* est un géant, mais comparé à l'*Ile-de-France* et au *Paris*, qui sont également à quai aujourd'hui, ses dimensions ne surprennent pas. [...] Par contre ce qui vous frappe d'étonnement en contemplant cette masse, c'est la forme nouvelle de ce transatlantique, et c'est surtout par sa ligne audacieuse et si heureuse dans sa perfection que la *Normandie* fait grand.[73]

Die Augen dafür scheint ihm Le Corbusier geöffnet zu haben. Cendrars Hymne auf das funktionale Designwunder der halbstaatlichen Compagnie Générale Transatlantique scheint bis in den Wortlaut hinein von Sätzen aus *Vers une architecture* und *La Ville Radieuse* inspiriert:

> L'œil ne se lasse pas d'admirer les proportions harmonieuses et immédiatement intelligibles de ce beau navire, proportions qui font de cette ville flottante, de cet immense engin pratique, conçu par des ingénieurs à une fin utile, une œuvre d'art, un chef-d'œuvre de l'esthétique contemporaine au sens le plus profond, le plus aigu, le plus moderne du mot.[74]

Die wahre Liebe des Raubein-Avantgardisten Cendrars gilt freilich den Mechanikern und Maschinisten in dem mit modernster Elektrotechnik angefüllten Schiffsbauch der *Normandie*. Allein durch ihre Fron blieb diese „ville flottante" auf Erfolgskurs.[75] Wie die Arbeiter in Fritz Langs *Metropolis* schufteten sie an den silberglänzenden Kolossen der Kondensatoren und Dynamos als wär's eine Herde knieender Elephanten, „semblables à un troupeau d'éléphants agenouillés"[76].

---

73 Vgl. Cendrars Artikel „Veillée d'armes" vom 29. Mai 1935, in: *À bord de „Normandie"* 2013, S. 149. „Endlich kommt die *Normandie* aus dem Nebel hervor, und ich kann sie in ihrer ganzen Größe betrachten. Ich hatte geglaubt, dass mich vor allem die Dimensionen dieses größten Dampfers der Welt beeindrucken würden. Und gewiss, die *Normandie* ist ein Riese, aber verglichen mit der *Ile-de-France* und der *Paris*, die ebenfalls am Kai liegen, ist ihre Größe nicht überraschend. [...] Was einen beim Anblick dieser Masse frappiert, ist die neue Form dieses Transatlantikliners, und es ist zumal die kühne und perfekt geschwungene Linie, die die Normandie wirklich groß macht." (Übers. des Verf.).
74 Ebd. „Das Auge wird nicht müde, die harmonischen und unmittelbar verständlichen Proportionen dieses schönen Schiffs zu bewundern; diese Proportionen machen aus dieser schwimmenden Stadt, aus dieser von Ingenieuren zu einem praktischen Zweck erfundenen riesigen Maschine, ein Kunstwerk zeitgenössischer Ästhetik im tiefsten, reinsten und modernsten Sinne des Wortes." (Übers. des Verf.).
75 Die Techniker hatten die *Normandie* nach einem totalen Stillstand aller Maschinen in nur drei Minuten wieder flottgemacht und ihr so durch ihr „admirable entraînement" und ihr aufopferndes „dévouement" das begehrte Blaue Band gesichert. Vgl. den Artikel „Il n'a fallu que 3 minutes ..." (2. Juni 1935), ebd., S. 155–158.
76 Vgl. „Dans les entrailles du bon colosse" (30. Mai 1935), ebd., S. 151.

Nur verbinden sich Mensch und Maschine bei Cendrars durch eine „énergie mystérieuse" zu einer technisch-mystischen Union, statt dass sie sich wie bei Lang entzweien und zerfleischen.[77] Und ihre elementare „mélodie de la Force" unterstützt die ekstatischen „bruits des jazzbands" auf dem „sundeck", statt sie zu untergraben.[78] Alles läuft auf dieser Staatsarche wie geschmiert. Die gesellschaftliche Mechanik funktioniert nicht weniger perfekt als die elektrische. Darin besteht für Cendrars der wahre Luxus dieser schwimmenden Gesellschaftsutopie: „Tout est calme, bien ordonné, comme dans une usine. Avant d'être une ville flottante, avant d'être le plus luxueux palace naviguant sur les océans, la *Normandie* est avant tout une véritable usine électrique."[79]

So verfrachteten also auch die Modernisten unter den Schriftstellern ihre neue Gesellschaft gern auf die Traumschiffe einer kommenden Baukunst. Dabei treiben gerade ihre technizistischen Variationen der Utopie vom demokratischen Wohnluxus für alle den Geist aus. Am schonungslosesten hat das Ernst Bloch in seinem Hauptwerk *Das Prinzip Hoffnung* aufgedeckt, das zwischen 1938 und 1947 im amerikanischen Exil entstand.[80] Am transatlantischen Sehnsuchtsziel tatsächlich angekommen, auf das Le Corbusiers *Aquitania* und Cendrars *Normandie* euphorisch zusteuerten, sieht Bloch die Utopie eines neuen Atlantis an der Realität New Yorks scheitern. Der Ungeist, der die modernistischen Wohnfantasien im Grunde antrieb, heißt für Bloch zuerst schlicht: Faschismus und später nicht viel differenzierter: Kapitalismus. Das war für den Physiognomiker der Moderne Bloch am zuverlässigsten an ihren Schiffsarchitekturen abzulesen:

> Heute sehen die Häuser vielerorts wie reisefertig drein. Obwohl sie schmucklos sind oder eben deshalb, drückt sich in ihnen Abschied aus. Im Innern sind sie hell und kahl wie Krankenzimmer, im Äußeren wirken sie wie Schachteln auf bewegbaren Stangen, aber auch wie Schiffe. Haben flaches Deck, Bullaugen, Fallreep, Reling, leuchten weiß und südlich, haben als Schiffe Lust, zu verschwinden. Ja, die Feinfühligkeit der westlichen Architektur geht so weit, daß sie ziemlich lange schon, auf Umwegen, den Krieg witterte, der das Hitlerische ist, und sich auf ihn bereitete.[81]

---

77 Vgl. „Nous avons embarqué un mystère" (31. Mai 1935), ebd., S. 153f.
78 Vgl. „Dans les entrailles du bon colosse" (30. Mai 1935), ebd., S. 151.
79 Vgl. „La conquête du Ruban Bleu" (3. Juni 1935), ebd., S. 159. „Alles läuft hier ruhig und geordnet wie in einer Fabrik. Die *Normandie* ist, mehr als eine schwimmende Stadt und mehr als der luxuriöseste aller auf dem Ozean schwimmenden Paläste, vor allen Dingen eine veritable elektrische Fabrik." (Übers. des Verf.).
80 Ernst Bloch: *Das Prinzip Hoffnung*. Gesamtausgabe, Bd. 5. Frankfurt/M. 1959, S. 858–863 (Kap. 38: Bauten, die eine bessere Welt abbilden. Architektonische Utopien, Abschnitt II: Neue Häuser und wirkliche Klarheit).
81 Ebd., S. 858f.

In der „kapitalistischen Außenwelt" offenbart die Schiffsform ihre „rein dekorative" Fratze. Sie ist für den vertriebenen deutschen Juden wie für den Emigranten Bloch in den USA einfach „nicht real genug"[82]. Und darum kann „in die spätbürgerliche Leere" dieser Form auch nichts wahrhaftig Neues hereinkommen, das die missionarische Expedition *vers une architecture* gelohnt hätte.[83] Das „Stahlmöbel-, Betonkuben-, Flachdach-Wesen" des Neuen Bauens hatte einst am funktionalen Design der Luxusliner Maß genommen statt an den mitgeführten Auswanderern. Deshalb steht es für Bloch nun „geschichtslos da, hochmodern und langweilig, scheinbar kühn und echt trivial"[84]. Das „einzig Bedeutsame daran" bleibt für den Utopietheoretiker am Ende „die Abfahrtsrichtung dieser Zeiterscheinungen aus sich selbst, eben das Haus als Schiff"[85].

III Schiffbruch um 1980

Blochs Abrechnung mit den Haus- und Schiffsutopien der heroischen Moderne ist in doppelter Hinsicht visionär. Prospektiv, weil sie einen Paradigmenwechsel in naher Zukunft wittert. Und retrospektiv, weil sie ein unabgegoltenes Potential in der Vergangenheit aufdeckt, das nur darauf wartete, wiederbelebt zu werden. Tatsächlich brach die avantgardistische Fahrt zur Insel der Glückseeligen mit dem Umbau der legendären Luxusschiffe für militärische Zwecke im Zweiten Weltkrieg bald jäh ab. In der Wirtschaftswunderzeit bringt nicht mehr der Transatlantikliner die Menschen zum Träumen, sondern das Interkontinentalflugzeug. Die *Super Constellation,* die 1951 zum ersten Mal abhebt, überflügelt die *Queen Marys* und *Queen Elizabeths* als Kollektivsymbol für das Projekt Moderne. Dann aber, am Ende des zwanzigsten Jahrhunderts, erlebt der Ozeandampfer noch einmal eine Konjunktur: im Rückspiegel der Postmoderne nämlich. Wo aber diese Totengräberin der Moderne ihre Flagge hisst, da stehen die Zeichen auf Sturm. Als erste heben die Technik- und Kulturhistoriker in den späten siebziger Jahren zum Abgesang auf die Ära der Ozeanriesen an.[86] Ihnen folgen die Architekturhistoriker auf dem Fuß. 1981 beklagt Gerd Kähler in seiner bis heute maßgeblichen Studie zum Dampfermotiv in der modernen Baukunst mit dessen Untergang den allgemeinen Symbolverfall in der Architektur.[87] Und 1984 doppelt der Gründungsdi-

---

82 Ebd., S. 859.
83 Ebd., S. 859f.
84 Ebd., S. 860.
85 Ebd., S. 862.
86 Vgl. oben, S. 285, Anm. 1.
87 Vgl. Kähler, *Architektur als Symbolverfall* 1981, S. 13–20.

rektor des Deutschen Architekturmuseums Heinrich Klotz nach, wenn er mit der postmodernen Kritik am modernen Autarkie- und Askesediktat die endlich gelungene Abfahrt aus dem „Ozean der Monotonie" feiert.[88]

Auch die Literatur zelebriert oder exekutiert an den Luxusarchen der klassischen Moderne um 1980 nicht weniger als den universalen Schiffbruch der Kultur. Die überragende Mastertrope wird (erst) jetzt der historische Untergang der angeblich unsinkbaren *Titanic*. Das hat nicht nur mit der postmodernen Schadenfreude über das frühe Scheitern der Moderne zu tun. Die Häufigkeit, mit der nach 1968 gerade kritische und literarisch ambitionierte Autoren und Satiriker von links das Thema aufgreifen, scheint noch in einem vertrackteren Sinn mit dieser Unsinkbarkeit zusammenzuhängen. Man kann sie als Symptom einer fast schon zwanghaften Psychohygiene der Postmoderne verstehen, die die Moderne im Grunde nicht los wird. Dabei scheint es um eine sehr deutsche Geschichte zu gehen. Denn offenbar musste die unzulängliche Verarbeitung des Faschismus durch die darin involvierten oder davon vertriebenen Intellektuellen (wie Ernst Bloch) von der jüngeren Generation der um 1930 Geborenen unbedingt noch einmal bearbeitet werden.

Für dieses neurotische Ablösungsdrama gibt es mindestens in der bundesdeutschen Literatur kein aussagekräftigeres Beispiel als Hans Magnus Enzensbergers Versepos *Der Untergang der Titanic* von 1978 (an dem er seit 1968 zehn Jahre lang gearbeitet hatte).[89] Die Handlung dieses Schiffskatastrophendramas wird in dreiunddreißig Gesängen auf mindestens vier Ebenen übereinander montiert: auf einer ereignisgeschichtlichen, einer autobiographischen, einer ideologiekritischen und einer medienästhetischen.[90] Der Text wird dadurch zur Textur, „deren Muster so viele Bedeutungen ineinanderknüpft, dass die Knoten nur noch willkürlich zu lösen" [91] sind. Dabei demontiert Enzensbergers Montage den Modernemythos *Titanic* zwar als Symbol vollkommener Naturbeherrschung. Aber sie muss gleichzeitig auch dessen „Anspruch auf Sinneinheit anerkennen, indem sie ihn destruiert"[92].

---

88 Vgl. den von Klotz betreuten Ausstellungskatalog *Revision der Moderne. Postmoderne Architektur 1960–1980*. München 1984, S. 7–11, hier S. 7. Gleichzeitig erklärte Klotz den Ozeandampfer zu *dem* Symbolträger des Projekts Moderne schlechthin und seine spielerische Resymbolisierung durch die Postmoderne zur selbsttherapeutischen „Fortsetzung" und zum „Neubeginn" der unvollendeten Moderne. Vgl. Heinrich Klotz: *Moderne und Postmoderne. Architektur der Gegenwart 1960–1980*. Braunschweig und Wiesbaden 1984, S. 19f. und 46.
89 Hans Magnus Enzensberger: *Der Untergang der Titanic. Eine Komödie*. Frankfurt/M. 1978.
90 Vgl. Wolfram Malte Fues: *Text als Intertext. Zur Moderne in der deutschen Literatur des 20. Jahrhunderts*. Heidelberg 1995, S. 70–157.
91 Ebd., S. 73.
92 Ebd., S. 74.

Ein solches kulturhermeneutisches *double bind* demonstriert paradigmatisch der vierundzwanzigste Gesang. Er spielt offensichtlich und doch vertrackt auf den Schlussgesang der *Odyssee* an. Bei Enzensbergers großem Vorbild Homer preisen Achilles und Agamemnon in der Unterwelt die siegreiche Heimkehr ihres Gefährten Odysseus als finalen Triumph des technisch versierten Menschen über die Willkür der Götter und Elemente. Enzensberger greift diese Topologie von Helden und Hölle, Tod und Triumph auf, um sie zunächst zu konterkarieren und dann umso sicherer weiterzuschreiben. Im vierundzwanzigsten Gesang seiner *Titanic* taucht das orientalistische Interieur der modernen Luxusarche wieder auf, das im siebenten Gesang *al fresco* entworfen wurde. Die „herrlichen Wandgemälde" im „Palmensaal", die „von einem bekannten Salonmaler, im orientalischen Stil" eigens für die *Titanic* angefertigt worden sind, bieten dort die koloniale Kulisse für ein lukullisches „*Dinner First Class*".[93] Allein die Warnung „Vorsicht Stufe" signalisiert, dass man nicht ganz hindernisfrei durch die „Flügeltüren" zum „Türkischen Bad" hinabsteigt.[94] Aus diesem fantastischen Dampfraum steigen dann jene Gestalten an Deck auf, die sich der Salonmaler P. im Sinne der dinierenden High Society ausgemalt hat:

> Am zweiten Tag der Reise fand die Wache frühmorgens
> Auf dem Promenadendeck Zelte. Was sind das für Zelte?
> Wer hat sie aufgeschlagen? Wo kommen diese Leute her?
> Gesichter von hellem Oliv, von dunklem Ocker,
> manche behaupten sogar, sie waren barbarisch bemalt.
> Matrosen mit Enterbeilen vertrieben sie eilends,
> doch über Nacht kamen sie wieder und wurden mehr.
> Hammelgeruch drang aus den Luken, weißer Qualm
> Zeugte von Holzkohlenfeuern, überall Asche, Weiber
> mit golden gewendelten Armreifen tauchten auf,
> in bunten Flicken, mit Spiegelchen auf der Brust
> nackte Kinder turnten über Treppengeländer,
> Brustwehren, Barrieren, Greise in weiten Hosen,
> mit großen Turbanen angetan, saßen schweigsam
> um Wasserpfeifen geschart, hinter der Funkstation
> Säbel trugen sie, oder vielmehr silberne Dolche
> Und krumme Messer. Auf dem Sonnendeck sah man,
> zwischen den Booten, verschleierte Damen wandeln,
> ganz in Weiß, und Herren im Burnus.[95]

---

93 Enzensberger, *Der Untergang der Titanic* 1978, S. 30.
94 Ebd.
95 Ebd., S. 79.

Während die Matrosen und der Zahlmeister vom Ursprung dieser „Erscheinungen" nichts wissen wollen, geht dem Dekorationsmaler als ihrem Schöpfer ein Licht auf: „Ich erkenne sie wieder! Nomaden sind es, / sie kommen aus meinem Gemälde im Palmensaal, / die Bilder sind übergelaufen."[96] Und das ist hier ganz wörtlich zu nehmen. Denn in den abgründigen Spiegelchen der eingebildeten Beduinen starrt der guten Gesellschaft die eigene Fratze entgegen wie in einer grotesken *mise en abyme*. Und in die auf dem Sonnendeck ganz in Weiß wandelnden Damen und Herren hat sich die *leisure class* auf der *Titanic* der Moderne längst selbst verwandelt. „Mein Bild, das bin ich!" Das muss sich der Maler von den Nomaden nachrufen lassen; und die müssen es als nomadisierende Bilder ja wissen.[97] Verjagen lassen sie sich jedenfalls nicht, sie werden aber auch nicht verschwinden, wenn man sie wie der Maler einfach nie wieder malen will. Sie werden sich allein um den Preis der Selbstvernichtung der modernen Einbildungskraft auflösen – „am Morgen des vierzehnten April", als die historische *Titanic* 1912 sank – und sie werden nur noch „einen wüstenhaften Geruch" hinterlassen.[98]

Wenn die Kunst und die Literatur nach der Moderne sich nicht selbst abschaffen wollen, dann müssen auch ihre Kritiker auf dem fatalen Grund dieser Moderne weitermalen und weiterschreiben. So lässt sich die Lehre von Enzensbergers postmodernem Luxusdampferdrama resümieren. Die dekonstruktivistische Konsequenz daraus zieht der holländisch-amerikanische Architekt Rem Koolhaas in seinem Manifest *Delirious New York*.[99] Sein „Retroactive Manifesto for Manhattan", das wie *Der Untergang der Titanic* 1978 erschien, sollte für die Architektur der Postmoderne eine ähnlich wegweisende Bedeutung bekommen wie sie Le Corbusiers *Vers une architecture* für die Baukunst der historischen Moderne hatte. Koolhaas legt sein ‚retroaktives Manifest' denn auch gezielt als Pastiche von Le Corbusiers Architekturklassiker an, indem er dessen rhetorische, typografische und ikonografische Ästhetik zitiert und gegen sich selbst aussagen lässt.[100] Dies geschieht, effektvoll kalkuliert, auf der bewährten Matrize aller modernen transatlantischen Luxusreiseberichte. Das Schlusskapitel von *Delirious New York* erzählt (und zitiert!) in Wort und Bild nach, wie Le Corbusier mit dem in Paris

---

96 Ebd., S. 79f.
97 Ebd., S. 80.
98 Ebd.
99 Rem Koolhaas: *Delirious New York. A Retroactive Manifesto for Manhattan*. New York 1978.
100 *Delirious New York* sei „eine der am vollständigsten formulierten Architekturfiktionen der Gegenwart mit surreal-narrativen Bezügen", heißt es dazu im *Lexikon der Weltarchitektur*. Dritte, aktualisierte und erweiterte Aufl. Hg. Nikolaus Pevsner, Hugh Honour und John Fleming. München 1992, S. 771 (Nachträge).

gescheiterten „Plan Voisin" im Gepäck 1935 nach NYC dampft, um den wildwüchsigen Wolkenkratzer-Dschungel von Manhattan zu roden und mit seinen eigenen „kartesischen" Wohnhochhäusern von Grund auf neu zu überbauen.[101] Dafür reinszeniert Koolhaas Le Corbusier als neuen Noah, der die wenigen Gerechten der internationalen Moderne auf seinen Archen aus Eisenbeton vor der Sintflut der kapitalistischen US-Spekulationsarchitektur retten möchte:

> [He] has cultivated a rhetorical justification modeled on Noah's paranoid-critical episode in the Bible. Modern architecture is invariably presented as a last-minute opportunity for redemption, an urgent invitation to share the paranoiac thesis that a calamity will wipe out that unwise part of mankind that clings to old forms of habitation and urban coexistence. „While everybody else foolishly pretends that nothing is wrong, we construct our Arks so that mankind may survive the coming flood ..." [...] Le Corbusier's favorite method of objectification—of making his structures *critical*—is reinforced concrete. [...] What Noah needed was reinforced concrete. What Modern Architecture needs is a flood.[102]

Dieser Plan des puristischen Noah-Le Corbusier scheitert bei Koolhaas zwar kläglich. Schon bei der Einfahrt unter der Freiheitsstatue *Liberty Enlightening the World*, die die Franzosen den Amerikanern zur Erinnerung an ihre Unabhängigkeit geschenkt hatten, in den Hafen von New York interessiert sich kein Schwein für den Meister aus Frankreich und seine Pläne.[103] Aber gerade dieses Scheitern – oder eben dieser Schiffbruch – des modernen Übervaters Le Corbusier birgt ein zukunftsweisendes Potential für den postmodernen Koolhaas. Dafür muss er die Moderne allerdings auf die Couch legen, damit sie ihm ihr verdrängtes Unbewusstes eröffnet. Beim Nacherzählen der modernistischen Arche-Noah-Mythen aus Büchern, Zeitschriftenaufsätzen und Zeitungsartikel von Le Corbusier kommt zum Vorschein, welche Spezies auf den Archen der Moderne speziell biopolitisch ‚gerettet' werden sollen: es sind die Pariser Clochards („Bums"), die Le Corbusier in einem „Asile flottant" für die Heilsarmee auf umgebauten Flussschiffen aus armiertem Beton unterbringen – das heißt unter Kontrolle bringen – wollte[104]. Vor allem aber sind es die amerikanischen „Indians", die in der Gestalt der New Yorker Skyscrapers pazifiziert – sprich: ausgerottet – werden sollten.[105] „It is Le Corbusier's all-consuming ambition", diagnostiziert der postmoderne Psychoanalytiker Koolhaas,

---

101 Vgl. Koolhaas, *Delirious New York* 1978, S. 198–231.
102 Ebd., S. 206f.
103 Vgl. ebd., S. 220–222.
104 Ebd., S. 207f.
105 Vgl. ebd.

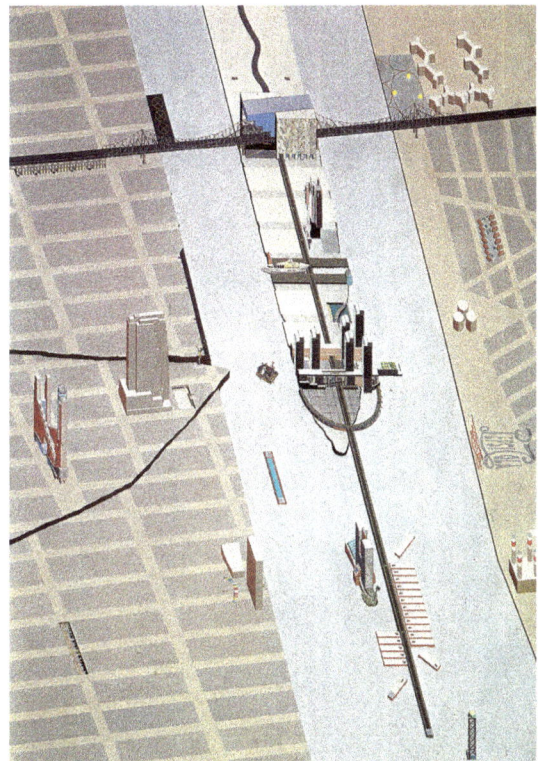

Abb. 14: Situationsplan der „Welfare Island" aus Rem Koolhaas' ‚retroactive Manifesto' *Delirious New York* 1978, S. 249.

to invent and build the New City commensurate with the demands and potential glories of the machine civilization. It is his tragic bad luck that such a city already exists when he develops this ambition, namely Manhattan. Le Corbusier's task is clear: before he can deliver the city with which he is pregnant, he has to prove that it does not yet exist. To establish the birthright of his brainchild, he has to destroy New York's credibility, kill the glamorous sparkle of its modernity.[106]

Eben dieses glamouröse Glitzern Amerikas will Koolhaas retten, indem er die europäische Mission *vers une architecture* retroaktiv bearbeitet. Denn für Koolhaas ist der Plan, die Welt mit einer asketischen Luxusarche aus der Sintflut heraus- und in die neue Welt hinüberführen zu wollen, nicht einfach nur verkehrt gewesen und kann deshalb auch nicht ungestraft entsorgt werden. Weil alles, was die europäische

---

106 Ebd., S. 208.

Abb. 15: „Arriving of the Floating Pool" mit den postmodernen Architekten/Lifeguards. In: Koolhaas, *Delirious New York* 1978, S. 254.

Moderne (weg)bauen wollte, eigentlich schon da war, müssen ihre postmodernen Erben gleichzeitig vorwärts und rückwärts bauen und fahren. Das vom Missionschef Le Corbusier Dargebrachte *und* das von ihm Verdrängte – sein kartesischer Wolkenkratzer *und* die ‚eingeborenen' Skyscrapers von Manhattan – müssen darum *sichtbar* zusammengebaut werden. Aus diesem Grund platziert der Freibeuter Koolhaas sein neues New York auch leicht deplatziert auf „Welfare Island" (heute Roosevelt Island) im East River. Der langgezogene Grundriss dieser postmodernen Wohlfahrtsinsel, die von 1921 bis 1973 als moderne Spital- und Asylinsel genutzt worden war, erinnert tatsächlich ein bisschen an einen Ozeandampfer. In der Planung von Koolhaas nimmt sie sich wie eine fantastische Kreuzung zwischen Le Corbusiers „Asile flottant" und seinem „Plan Voisin" aus (Abb. 14).

Koolhaas' Architekt aber steht nicht länger als neuer Noah von Gottes Gnaden auf der Kommandobrücke eines weltendzeitlichen Ozeandampfers. Er muss selbst als stylischer Lifeguard in den Pool seiner Luxusarche steigen und mitschwimmen, das heißt: gegen den Strom schwimmen, um endlich im Nirgendwo dieser modernen Wohnutopie zwischen Autarkie, Abundanz und Askese anzukommen – oder mit dem alten Phantasma der Luxusarche zu kollidieren, die in der Silhouette Manhattans gespenstisch am Horizont erscheint (Abb. 15):

> Arriving of the Floating Pool: after 40 years of crossing the Atlantic, the architects/lifeguards reach their destination. But they hardly notice it: due to the particular form of loco-motion of the pool—its reaction to their own dis-placement in the water—they have to swim toward what they want to get away from and away from where they want to go.[107]

---

[107] Ebd., S. 254f. Die Skyline von Manhattan gleicht auf dieser Abbildung auch im Aufriss einem Ozeandampfer mit drei Schornsteinen (WTC, Empire State Building und Chrysler Building), Hudson und East River sind zum Ozean geweitet. Den Hinweis auf diese Bildidee verdanke ich Raphael J. Müller.

Kurzbiographien

Kira Jürjens, Dr., wissenschaftliche Mitarbeiterin am Institut für deutsche Literatur der Humboldt-Universität zu Berlin. Forschungsschwerpunkte: Text und Textilien; literarische Raum- und Geschlechterordnungen; Verdichtung als poetologische Denkfigur. Publikationen (u. a.): *Der Stoff der Stoffe. Textile Innenräume in der Literatur des 19. Jahrhunderts*, Wien, Köln und Weimar 2021; *Fenster, Korridor, Treppe: Architektonische Wahrnehmungsdispositive in der Literatur und in den Künsten*, hg. zus. mit Lena Abraham, Edith Anna Kunz und Elias Zimmermann, Bielefeld 2019; *Kataloge. Medien und Schreibweisen des Verzeichnens*, hg. zus. mit Ulrike Vedder, Berlin 2022 (= *Zeitschrift für Germanistik* NF XXXII/1).

Stephan Kammer, Prof. Dr., Neuere deutsche Literatur an der Ludwig-Maximilians-Universität München. Forschungsschwerpunkte: Theorie und Geschichte des Künstlichen; Deutschsprachige Literaturen des 17. bis 21. Jahrhunderts im medialen Kontext; europäische Moderne; Literatur- und Wissensgeschichte der Schrift, des Schreibens und der Philologie. Publikationen (u. a.): *Figurationen und Gesten des Schreibens. Zur Ästhetik der Produktion in Robert Walsers Prosa der Berner Zeit*, Tübingen 2003; *Überlieferung. Das philologisch-antiquarische Wissen im frühen 18. Jahrhundert*, Berlin und Boston 2017; *Make it Real. Für einen strukturalen Realismus*, hg. zus. mit Karin Krauthausen, Zürich und Berlin 2020.

Maria Magnin, M. A., Neuere deutsche Literatur an der Universität Lausanne und Mitarbeiterin (Doktorandin) im SNF-Forschungsprojekt *Luxus und Moderne*. Forschungsschwerpunkte: Literatur des 19. Jahrhunderts; Gegenwartsliteratur; Realismus; Literatur aus der Schweiz; Gottfried Keller; Literatur und Luxus. Publikationen: „Ist sie nicht ein Luxusartikel für den Mann?" – Luxus- und Emanzipationsdiskurse bürgerlicher Schriftstellerinnen im Vor- und Nachmärz. In: *Zwischen Emanzipation und Sozialdisziplinierung: Pädagogik im Vormärz*, hg. Katharina Gather, Bielefeld 2020 (= *Jahrbuch Forum Vormärz Forschung* 25), S. 171–186; Selbst- und Fremdinszenierungen 1869. Die Feier zu Gottfried Kellers 50. Geburtstag in Zürich. In: *Vexierbilder. Autor:inneninszenierung vom 19. Jahrhundert bis zur Gegenwart*, hg. Alina Boy, Vanessa Höving und Katja Holweck. Paderborn 2021, S. 31–49.

Sebastian Meixner, Dr., Neuere deutsche Literaturwissenschaft an der Universität Zürich. Forschungsschwerpunkte: Narratologie; Rhetorik; Wissenspoetik; Johann Wolfgang Goethe; Ästhetik und Ökonomie. Publikationen (u. a.): *Narratologie und Epistemologie. Studien zu Goethes frühen Erzählungen*, Berlin und Boston 2019; *Ambivalenz in Sprache, Literatur und Kunst*, hg. zus. mit Matthias Bauer und Frauke Berndt, Würzburg 2019.

Raphael J. Müller, M. A., Neuere deutsche Literatur an der Universität Lausanne und Mitarbeiter (Doktorand) im SNF-Forschungsprojekt *Luxus und Moderne*. Forschungsschwerpunkte: Literatur des 19. und 20. Jahrhunderts; Literatur und Ökonomie; Thomas Mann; Literary Animal Studies; Literatur und Musiktheater. Publikation: „Wie? sind die Hunde mehr / als Menschen dein Ergetzen?" Unmäßige Hundeliebe in galanter Poesie und moralischen Wochenschriften. In: *Aufklärung und Exzess. Epistemologie und Ästhetik des Übermäßigen im 18. Jahrhundert*, hg. Bernadette Grubner und Peter Wittemann, Berlin und Boston 2022, S. 39–58.

Cornelia Pierstorff, M. A., Oberassistentin, Neuere deutsche Literaturwissenschaft an der Universität Zürich. Forschungsschwerpunkte: Narratologie und Fiktionstheorie; Rhetorik; Literatur und Ökonomie; Psychoanalyse; Literatur des 19. Jahrhunderts. Publikationen (u. a.): *Realismus/Realism. figurationen* 20/1 (2019), hg. zus. mit Frauke Berndt; Catachresis: The Rhetorical Structure of Realism in Keller's „Die mißbrauchten Liebesbriefe". In: *Colloquia Germanica* 53/4 (2021), S. 473–493; *Ontologische Narratologie. Welt erzählen bei Wilhelm Raabe*, erscheint Berlin und New York 2022.

Andrea Polaschegg, Prof. Dr., Allgemeine und neuere deutsche Literaturwissenschaft an der Friedrich-Wilhelms-Universität Bonn. Forschungsschwerpunkte: Medien- und Gattungspoetik; Literatur im System der Künste; Orientalismus; Transformationen der Antike(n); Bibel und/als Literatur; Literatur-, Kultur- und Wissenschaftsgeschichte des deutschsprachigen Raums vom 18. bis 21. Jahrhundert. Publikationen (u. a.): *Der andere Orientalismus. Regeln deutsch-morgenländischer Faszination im 19. Jahrhundert*, Berlin und New York 2005; *Der Anfang des Ganzen. Eine Medientheorie der Literatur als Verlaufskunst*, Göttingen 2020; *Berlin – Babylon. Eine deutsche Faszination*, hg. zus. mit Michael Weichenhan, Berlin 2017 (^{2}2018).

Anne-Berenike Rothstein, Prof. Dr., Romanische Literatur und Kultur, Vergleichende und allgemeine Literaturwissenschaft an der Universität Konstanz. Forschungsschwerpunkte: Erinnerungskultur nach der Shoah; Dekadenz; Mythos und Hybridität. Zahlreiche Publikationen und Herausgeberschaften. Neueste Buchpublikationen (Auswahl): *Kulturelle Inszenierungen von Transgender und Crossdressing. Grenz(en)überschreitende Lektüren vom Mythos bis zur Gegenwartsrezeption*, Bielefeld 2021; *Entgrenzte Erinnerung – Erinnerungskultur der Postmemory-Generation im medialen Wandel*, Berlin und Boston 2020; *Rachilde – Weibliches Dandytum als Lebens- und Darstellungsform/Literatur, Kultur, Geschlecht*, Wien, Köln und Weimar 2015; *Poetik des Überlebens – Kulturproduktion im Konzentrationslager*, Berlin und Boston 2015.

Ruth Signer, Dr. des., Neuere deutsche Literaturwissenschaft an der Universität Genf und Postdoc-Mitarbeiterin im SNF-Forschungsprojekt *Luxus und Moderne*. Forschungsschwerpunkte: Literatur und Luxus; Aufklärung; Literatur und Ökonomie; Kulturtheorie; Kritische Theorie; Poststrukturalismus; Literatur um 1968; „Neue Subjektivität"; Autofiktion. Publikationen (u. a.): *Auszeiten. Temporale Ökonomien des Luxus in Literatur und Kultur der Moderne*, hg. zus. mit Christine Weder und Peter Wittemann, Berlin und Boston 2021; Die Relationalität des Luxus bei Jean-Jacques Rousseau. In: *Aufklärung und Exzess. Epistemologie und Ästhetik des Übermäßigen im 18. Jahrhundert*, hg. Bernadette Grubner und Peter Wittemann, Berlin und Boston 2022, S. 181–196; *Neue Subjektivität. Paradoxe Subjekte denken und erzählen in den 1970er Jahren* (im Erscheinen).

Hans-Georg von Arburg, Prof. Dr., Neuere deutsche Literatur an der Universität Lausanne. Forschungsschwerpunkte: Literatur und Ästhetik; Wissensgeschichte und alternative Wissensformen (Physiognomik); Literatur und Kunstwissenschaft (Architektur); Intermedialität. Aktuelles Buchprojekt zur Literatur- und Mediengeschichte des Wohnens. Thematisch verwandte Publikationen: Archäodermatologie der Moderne. Zur Theoriegeschichte der Tätowierung in der Architektur und Literatur zwischen 1830 und 1930. In: *DVjs* 77/3 (2003), S. 407–445; *Alles Fassade. ‚Oberfläche' in der deutschsprachigen Architektur- und Literaturästhetik 1770–1870*, München 2008; The Last Dwelling Before the Last: Siegfried Kracauer's Critical Contribution to the Modernist Housing Debate in Weimar Germany. In: *New German Critique* 47/3 (141) (November 2020), S. 99–140.

René Waßmer, Dr., Neuere deutsche Literaturwissenschaft an der Albert-Ludwigs-Universität Freiburg. Forschungsschwerpunkte: Deutsche Großstadtliteratur um 1800; Reiseliteratur; Flanerie; literarische Imagologie; Stadt-Land-Verhältnisse in der Literatur. Publikationen (u. a.): Urbane Muße jenseits der Stadt. Literarische Idyllen aus London und Paris (1798–1815). In: *Urbane Muße. Materialitäten, Praktiken, Repräsentationen*, Tübingen 2021, S. 55–81; *Muße in der Metropole. Flanerie in der deutschen Publizistik und Reiseliteratur um 1800*, Tübingen 2022.

Register Orte des Überflusses

Abraham, Nicolas   36
Adorno, Theodor W.   91f., 96
Alexandra Fjodorowna   82
Arcet, Jean-Pierre-Joseph d'   206, 208
Aristoteles   174

Bacon, Francis   21
Bajazet I.   79
Baker, Josephine   265, 281
Baldinger, Ernst Gottfried   50, 52, 54
Balzac, Honoré de   233
Barbey d'Aurevilly, Jules   220, 233f., 241
Barthes, Roland   215
Bataille, Georges   92
Baudelaire, Charles   91, 96, 185, 220, 233
Beckford, William   77
Benjamin, Walter   286
Béraud, Jean   163
Bergmann, Carl   185
Bernhard, Johann Gottfried   84
Bertuch, Friedrich Justin   48, 50, 56f., 59, 70, 72f.
Bloch, Ernst   309–311
Blom, August   296
Blumauer, Karl   (s. Bernhard, Johann Gottfried)
Blumenberg, Hans   290
Bodmer, Johann Jakob   138f., 145, 147–149, 151, 156
Bögli, Lina   18, 295f., 298
Botticelli, Sandro   242
Bouché, Carl Paul   78
Bourdieu, Pierre   91f., 110
Brammer, Julius   249, 256, 258, 263, 277
Breitinger, Johann Jakob   139, 151
Brod, Max   305
Brontë, Charlotte   1–5, 7
Brontë, Patrick   1
Bucher, Lothar   3, 13

Cameron, James   14
Campanella, Tommaso   21
Carnot, Nicolas Léonard Sadi   183f.

Caxton, William   97, 108
Cendrars, Blaise (Frédéric Louis Sauser)   18, 307–309
Charlotte von Preußen   (s. Alexandra Fjodorowna)
Chaucer, Geoffrey   97, 108
Clausius, Rudolf   185

Decsey, Ernst   247, 260f., 274
Defoe, Daniel   22, 38
Derrida, Jacques   36
Devay, Francis   190
Dieterich, Johann Christian   55
Diez, Ferdinand von   71
Doré, Gustave   304
Droste-Hülshoff, Annette von   16, 86–89
Dumas fils, Alexandre   17, 86, 181–216

Eckermann, Johann Peter   93, 108
Enzensberger, Hans Magnus   18, 311–313
Escher, Alfred   149
Eymery, Marguerite   (s. Rachilde)

Flaubert, Gustave   96
Fleury, Charles Rohault de   199
Fonssagrives, Jean-Baptiste   186, 207
Fontane, Theodor   165, 184
Foucault, Michel   2, 79, 220
Fourier, Joseph   183f.
Frank, Hilarius   (s. Wieland, Ludwig)
Frauberger, Heinrich   74
Freiligrath, Ferdinand   67
Freytag, Gustav   13, 17, 113–136, 158
Friml, Rudolf   276–278, 280
Furrer, Jonas   149

Gelsted, Otto   306f.
Georg III.   61
Georg IV.   61
Gessner, Salomon   139, 145, 147, 150–155
Giedion, Sigfried   286–288, 292
Gillray, James   200f.

Goethe, Johann Wolfgang von 60f., 67, 93, 108
Goldmark, Karl 76
Goltz, Auguste von der 84
Gossen, Hermann Heinrich 13, 17, 113, 115–122, 130
Grimmelshausen, Hans Jacob Christoffel von 12
Gropius, Walter 297
Grünwald, Alfred 249, 256, 258, 263, 277

Hackländer, Friedrich Wilhelm 2–4
Haffter, Elias 292–295
Haghe, Louis 4
Hammer-Purgstall, Joseph von 83
Hammerstein II, Oscar 276
Handke, Peter 91, 96
Harbach, Otto 276
Hardenberg, Lucie von 60
Hārūn ar-Raschīd 80
Harvey, William 187
Hauptmann, Gerhard 296
Heinrich III. 237f.
Hildebrandt, Hans 299
Hirschfeld, Ludwig 250, 256, 260, 263
Hobbes, Thomas 187
Hoffmann, Ernst Theodor Wilhelm 81, 242
Hofmannsthal, Hugo von 12, 77
Homer 312
Huber, Therese 73–75
Hugo, Victor 94f.
Hüttner, Johann Christian 16, 50, 56–60, 62, 64f.
Huysmans, Joris-Karl 12, 185, 222, 236, 238, 244

Irigaray, Luce 243
Iselin, Isaak 144

Jean Paul (Johann Paul Friedrich Richter) 215
Jeanneret, Charles-Édouard (s. Le Corbusier)
Justi, Johann Heinrich Gottlob von 187

Kafka, Franz 305
Kähler, Gerd 310

Kálmán, Emmerich 11, 18, 247–283
Kant, Immanuel 92
Karczag, Wilhelm 255f.
Karl der Große 80
Keller, Gottfried 14, 17, 137–156
Keun, Irmgard 11
Kisch, Egon Erwin 305f.
Klopstock, Friedrich Gottlieb 215
Klotz, Heinrich 311
Koolhaas, Rem 18, 313–317
Korngold, Julius 264
Kracauer, Siegfried 271
Křenek, Ernst 264

Landolt, Salomon 137f., 141–143, 147, 149, 151
Lang, Fritz 308
Langer, Anton 86
Le Corbusier (Charles-Édouard Jeanneret) 18, 286, 292, 297–305, 307–309, 313–316
Lehár, Franz 251f., 260
Léon, Victor 252
Lichtenberg, Georg Christoph 16, 50, 52–62, 64f., 161f.
Liebstoeckl, Hans 256f.
Liedtke, Harry 264f.
Littmann, Enno 80
Lotman, Jurij M. 113f.
Ludwig XV. 117f.

Mandeville, Bernard 143f.
Mann, Heinrich 10
Mann, Thomas 18, 290–292
Marcuse, Ludwig 91, 94f., 97, 107
Marischka, Franz 249
Marischka, Hubert 247, 249, 256–258, 260, 263, 265
Marischka, Lilian 249
Marx, Karl 135
May, Karl 68
Mecklenburg, Karl zu 84
Meister, Leonhard 144
Menger, Carl 116f.
Mercier, Louis-Sébastien 51
Millöcker, Carl 251
Montesquieu, Charles-Louis de Secondat, Baron de 144

Moore, Thomas   81
Morus, Thomas   21, 29
Mosenthal, Salomon Hermann von   76
Motte Fouqué, Friedrich de la   81
Mozart, Wolfgang Amadeus   250
Muralt, Beat Ludwig von   144
Musäus, Karl August   83

Nash, John   61
Nash, Joseph   4f.
Nerval, Gérard de   96
Nikolaus I.   82

Offenbach, Jacques   250f.

Paxton, Joseph   1
Pestalozzi, Johann Heinrich   144, 149
Pettenkofer, Max von   185f.
Pfeiffer, Heinrich Reinhold   164
Pringsheim, Klaus   252f., 255, 261
Pückler-Muskau, Hermann, Fürst von   16, 50, 60–65, 77
Puschner, Johann Georg   32

Quesnay, François   187

Raabe, Wilhelm   14, 17, 157–180
Rachilde (Marguerite Eymery)   15, 18, 219–245
Rau, Karl Heinrich   116
Rebner, Arthur   276f.
Reinhardt, Max   247
Renner, Paul   287
Richter, Adolf   294
Richter, Johann Paul Friedrich   (s. Jean Paul)
Roberts, David   4
Rosen, Rudolf von   77
Rousseau, Jean-Jacques   97, 187
Rüttimann, Johann Jakob   149

Sainte-Beuve, Charles-Augustin   94f., 97
Salice-Contessa, Carl Wilhelm   84
Salin, Edgar   45

Salten, Felix   251
Sauser, Frédéric Louis   (s. Cendrars, Blaise)
Schikaneder, Emanuel   250
Schmidt, Arno   28
Schnabel, Johann Gottfried   12f., 16, 21–46
Sombart, Werner   6, 15, 93, 182, 189, 295
Spontini, Gaspare   81f.
Stefan, Paul   263
Stein, Leo   252
Stern, Ernst   247, 249, 271f., 274, 280f.
Stothart, Herbert   276
Strauß (Sohn), Johann   251
Strauß (Vater), Johann   80
Symanskis, Johann Daniel   83f.

Tauber, Richard   276
Thomas, John   199
Thomson, William, 1. Baron Kelvin   185
Tieck, Ludwig   13, 16, 91–110
Timur Lenk   79
Torok, Maria   36
Turgot, Anne-Robert Jacques   21f.

Varnhagen von Ense, Karl August   60
Veblen, Thorstein   204, 292
Victoria   4
Vigny, Alfred de   94
Voltaire, François-Marie Arouet   143

Wenk, Willy   259
Wezel, Johann Carl   22
Wieland, Christoph Martin   70, 83
Wieland, Ludwig   70–72, 75f.
Wilde, Oscar   235
Wilhelm II.   294
Woolf, Virginia   243

Zedler, Johann Heinrich   9f., 34, 36f., 105
Zehnder-Stadlin, Josephine   141f., 151
Zeller, Carl   251
Zellweger, Laurenz   145
Zola, Émile   17, 181–216, 253
Zwingli, Huldrych   137

www.ingramcontent.com/pod-product-compliance
Lightning Source LLC
Chambersburg PA
CBHW050514170426
43201CB00013B/1955